汝信文集

第三卷

西方哲学史（下）

商务印书馆
创于1897
The Commercial Press

图书在版编目(CIP)数据

西方哲学史.下/汝信著.—北京:商务印书馆,2021
(汝信文集;第3卷)
ISBN 978 - 7 - 100 - 19530 - 0

Ⅰ.①西… Ⅱ.①汝… Ⅲ.①西方哲学－哲学史－文集 Ⅳ.①B5-53

中国版本图书馆 CIP 数据核字(2021)第 032408 号

权利保留,侵权必究。

汝信文集
第三卷
西方哲学史(下)

商 务 印 书 馆 出 版
(北京王府井大街36号 邮政编码100710)
商 务 印 书 馆 发 行
北京新华印刷有限公司印刷
ISBN 978 - 7 - 100 - 19530 - 0

2021年6月第1版　　开本710×1000 1/16
2021年6月北京第1次印刷　印张 28½
定价:168.00元

目　录

黑格尔范畴论批判

绪论　黑格尔范畴论的前驱——亚里士多德和康德 …………3
一、黑格尔范畴论的主要特点 …………………………………35
　（一）黑格尔范畴论建立在唯心主义可知论的基
　　　　础上 ……………………………………………………35
　（二）黑格尔范畴论是辩证的 …………………………………44
　（三）黑格尔范畴论与哲学史紧密相联 ………………………53
　（四）黑格尔范畴论的神秘主义 ………………………………61
二、黑格尔《逻辑学》中"本质论"的若干范畴 ………………76
　（一）矛盾 ………………………………………………………77
　（二）本质与现象 ………………………………………………88
　（三）同一与差别 ………………………………………………94
　（四）根据与条件 ………………………………………………100
　（五）形式与内容 ………………………………………………105
　（六）规律 ………………………………………………………109
　（七）可能性与现实 ……………………………………………113
　（八）偶然性与必然性 …………………………………………119
　（九）因果关系与相互作用 ……………………………………126

结束语……………………………………………………136
黑格尔哲学重要名词译名对照表……………………145
后记………………………………………………………147

黑格尔哲学研究札记
——从《精神现象学》到《逻辑学》

第一部分 《精神现象学》

一、《精神现象学》——黑格尔哲学体系的诞生………157
二、《精神现象学》是黑格尔哲学体系的"导言"………181
　　（一）关于真理………………………………………186
　　（二）关于发展和变革………………………………189
　　（三）关于绝对即主体………………………………191
　　（四）关于认识的发展和深化………………………193
　　（五）关于形式主义、形式推理的批判……………195
三、意识——《精神现象学》的开端……………………200
四、自我意识………………………………………………215
五、理性……………………………………………………232
六、精神——人类意识历史发展的缩影…………………249
七、绝对精神………………………………………………278

第二部分 《逻辑学》

一、从《精神现象学》到《逻辑学》……………………299
二、黑格尔逻辑学与传统逻辑学的本质不同……………310

三、黑格尔对以往哲学的评论 …………………………… 324

四、黑格尔逻辑学的开端——"有论" ……………………… 342
  （一）黑格尔关于哲学开端的论述和费尔巴哈的批判 …… 343
  （二）黑格尔"有论"的起点：有-无-变 ………………… 351
  （三）从有到实有，质的规定，有限与无限 ……………… 357
  （四）自为之有 ……………………………………………… 368
  （五）质和量 ………………………………………………… 372
  （六）尺度，质与量的关系与互变 ………………………… 378

五、黑格尔逻辑学的精华——"本质论" …………………… 386
  （一）反思，从映象到本质 ………………………………… 388
  （二）同一、区别、矛盾，创造性的矛盾学说的提出 …… 390
  （三）论根据，形式与内容，充足理由律 ………………… 409
  （四）论本质与现象，规律 ………………………………… 419
  （五）论现实，可能与现实，偶然与必然 ………………… 426
  （六）论因果关系，相互作用，自由与必然 ……………… 438

黑格尔范畴论批判

绪 论
黑格尔范畴论的前驱
——亚里士多德和康德

  范畴是人的思维反映现实界的最一般的、最本质的联系和关系的逻辑概念。人借助于思维活动,在认识过程中从个别推进到一般,从具体推进到抽象,从事物的外部现象推进到内部的本质,从繁复的偶然性推进到必然的规律性。在这种自浅入深、由表及里、从低级到高级的无限的认识发展运动中,作为逻辑概念的范畴,既是认识的武器,又是认识成果的结晶。由于人的认识运动是一个不断发展的过程,因此关于范畴的理论和学说也有它本身的发展史。

  范畴问题在哲学史上经常是唯物主义和唯心主义、辩证法和形而上学展开尖锐斗争的题目之一,而且在同一个阵营内(例如在唯心主义阵营内),范畴问题也往往引起各个不同派别之间的斗争。在古希腊有亚里士多德对柏拉图的批判,在中世纪有唯名论与实在论之争,在近代则有黑格尔对康德的批判。这些批判和斗争都涉及范畴理论的根本问题,即范畴的本性问题。唯物主义哲学家们认为范畴和思维抽象是客观现实世界的反映;相反的,唯心主义哲学家们却主张范畴和思维抽象不仅不依赖于现实世界，而且还居于第一性的地位，或者认为范畴仅仅是我们主观的产物。在范畴问题上，同样也存在着辩证法派和形而上学派的对立：辩证法派认为范畴是流动的、发展的、互相联系和转化的；相反的，形而上学派则把范畴看成固定的、一成不变的、现成的思维框子。

德国古典哲学的完成者黑格尔，从唯心主义辩证法的立场总结并且发展了前人有关范畴问题的研究成果，对范畴学说的发展作了相当的贡献。可以说，在无产阶级的科学世界观——马克思主义哲学诞生以前，黑格尔的范畴理论是资产阶级哲学的范畴学说史上的一个高峰。用马克思主义的观点指出黑格尔范畴论中合理的、辩证的、有益的因素，彻底揭露其荒谬的、错误的和有害的因素，显然是很有意义的。

研究黑格尔的范畴理论还有另一重要意义。在范畴问题上，黑格尔曾经对康德主义以及反辩证法的形而上学观点进行了深刻的批判。当然，黑格尔本人是一个唯心主义者，他的批判是在唯心主义的基础上进行的，因而不可能是彻底的。然而对我们今天反对主观唯心主义、二元论和形而上学的斗争来说，却仍然保持着一定的意义。特别是，以反理性主义和主观唯心主义的经验主义与直觉主义作为特征的现代资产阶级哲学流派（例如新实证主义、实用主义、语义哲学、生存主义、柏格森主义等等），都千方百计地贬低、甚至否认科学的思维抽象和一般概念在人的认识活动中的作用，从而根本否定理性及范畴的作用。因此，批判地研究黑格尔的范畴论，将有助于我们对现代资产阶级哲学的斗争。

在批判黑格尔的范畴论时，我们将揭露现代资产阶级学者、特别是所谓新黑格尔学派对黑格尔学说的歪曲的解释。他们抹杀和取消了黑格尔哲学中的合理的辩证因素,继承和发展了黑格尔哲学中的神秘主义的、唯心主义的糟粕。为了认清黑格尔范畴论的真实面目,我们就必须无情地揭露这些哲学史伪造者的伎俩。

为了说明黑格尔范畴论的历史地位,有必要对黑格尔以前的范畴学说作一个简略的回顾,我们想扼要谈谈历史上两位有代表性的哲学家,即亚里士多德和康德的范畴学说。因为他们在哲学史上不仅以建立各自的完整的范畴理论而著名,而且还代表着黑格尔以前范畴学说方面的两个主要派别——辩证法派和形而上学派。因此,通过对亚里士多德和康德的范畴理论的叙述,我们可以大致弄清楚黑格尔以前范畴学说的发展达到了怎样的水平,这样就便于我们确定黑格尔在范畴学说史上应占的地位。

我们先来对亚里士多德的范畴学说作一个简略的考察。

亚里士多德是古希腊哲学思想的最杰出的代表之一,在古希腊哲学家中间,他对范畴问题作了最系统和最深刻的研究。在《形而上学》、《工具论》(特别是其中的《范畴篇》)和其他著作中,他探讨了有关范畴的一般理论和某些重要范畴。

正像列宁所指出的,在哲学观点上,亚里士多德往往动摇于唯心主义和唯物主义之间。亚里士多德哲学的这个基本特征,也表现在他的范畴理论中。但是应该指出,如果说按其整个哲学世界观而论,亚里士多德较多地倾向于唯心主义,那末在范畴论方面,唯物主义因素却经常占了上风。这是因为他在认识论上遵循着物质第一性的唯物主义原理,用列宁的话来说,他"不怀疑外部世界的实在性"①。亚里士多德在《范畴篇》中这样写道:"如果知识的对象不存在,就没有知识;这是真的,因为将会没有什么东西可以被认识。同样这也是真的:如果对某物的知识不存在,此某物却很可以存在着。"②这就是说,他认为不依赖于主体而独立存在的客观世界,是我们一切知识的来源。这种唯物主义的认识论原理,是亚里士多德范畴论的出发点。可惜的是,他未能一直贯彻这个完全正确的原理,有时就向唯心主义那方面动摇了。

在亚里士多德看来,范畴的作用在于使我们在观察事物时能够确切、条理化和全面。他第一次进行了范畴的分类,列举出以下的十个范畴:实体、数量、性质、关系、地点、时间、姿态、状况、活动、遭受。③

在上面的十个范畴中,亚里士多德最着重的是"实体"这个范畴。他把实体分为两种:第一性实体和第二性实体。第一性实体指的是个别的事物,例如一个个别的人或某匹马;第二性实体指的是包含着第一性实体的属或是包含着属的种,例如"人"这个属和"动物"这个种。他认为第一性实体是最重要的,"除第一性实体之外,任何其他的东西或者是被用来述说第一性实体,或者是存在于第一性实体里面,因而如果没有第一性实体存在,就不可能有其他的东西存在"④。总之,第一性实体乃是其他一切东

---

① 《亚里士多德〈形而上学〉一书摘要》,《列宁全集》,第38卷,人民出版社,第418页。
② 亚里士多德:《范畴篇 解释篇》,三联书店,第28页。
③ 参阅亚里士多德:《范畴篇》。
④ 亚里士多德:《范畴篇 解释篇》,三联书店,第13页。

西的基础,因此在第二性实体中,越接近于第一性实体的,实体性就越多,例如"人"这个属就比"动物"这个种更接近于"个别的人"这个第一性实体,因此在描述一个个别的人时,说他是人就比说他是动物更为确切、更为中肯。第二性实体则不是一个个体,而是具有某一种性质的一类东西,例如"人"和"动物"就都可以用来述说一个以上的主体。

实际上,亚里士多德所说的第一性实体与第二性实体的相互关系,涉及到个别与一般这对范畴。他在《形而上学》一书中关于个别与一般的相互关系这样写道:"人和马等等都是一个个地存在着,普遍的东西本身不是以单一实体的形式存在着,而只是作为一定概念和一定物质所构成的整体存在着。"[①]他在该书的另一个地方也强调指出,实际存在着的是若干幢个别的房屋,不能设想,在看得见的房屋之外还存在着一般的房屋。[②]亚里士多德在这里基本上是正确的,他把个别看作一般的基础,认为一般是由个别构成的,并且是个别的概括。他正是从这一点出发,对柏拉图的"理念论"展开了尖锐的批判。

大家都知道,在客观唯心主义者柏拉图看来,只有所谓"理念世界"才是真实的存在,而"可感觉的实物世界"则是不真实的,它只是"理念世界"的苍白的影子。因此,个别事物不是"理念"的泉源,恰恰相反,"理念"倒反而是个别事物的原型。柏拉图的"理念",其实就是最简单的抽象,就是被夸大成为绝对的一般概

[①] 转引自《列宁全集》,第38卷,人民出版社,第415页。
[②] 参阅亚里士多德:《形而上学》,商务印书馆,第47页。

念。在他那里,一般概念不仅与个别具体事物分割开和对立起来,并转变成"单个存在物"而独立存在,而且还被抬高到个别具体事物的创造主的地位。

亚里士多德显然是与柏拉图完全对立的。如果说柏拉图把一般、抽象、概念看作第一性的东西,那么亚里士多德却把个别的具体事物看作第一性的东西,并且断定"同单一并列和离开单一的普遍是不存在的"。应该指出,亚里士多德对柏拉图的批判,虽然着重点在于个别与一般这对范畴的相互关系,但其意义却远不止于此,这是因为亚里士多德在这里涉及到哲学的基本问题——物质第一性或精神第一性的问题,而他对柏拉图的批判,破坏了唯心主义的基础。所以列宁说:"亚里士多德对柏拉图的'理念'的批判,是对唯心主义,即一般唯心主义的批判"①。

但是,亚里士多德虽然对个别与一般这对范畴基本上采取正确的唯物主义态度,却并没有真正解决它们之间的相互关系问题。他不理解个别与一般之间的辩证关系,因而有时就把两者截然对立起来。例如,他在《范畴篇》中指出,"人"可以用来述说一个个别的人,但绝不存在于一个主体里面。他不了解一般与个别的相互渗透关系,不了解一般存在于个别之中,而且只能通过个别而存在。列宁指出,亚里士多德"在一般与个别的辩证法,即概念与感觉得到的个别对象、事物、现象的实在性的辩证法上陷入稚气的混乱状态,陷入毫无办法的困窘的混乱状态"②。一般地

---

① 《黑格尔〈哲学史讲演录〉一书摘要》,《列宁全集》,第38卷,人民出版社,第313页。

② 《亚里士多德〈形而上学〉一书摘要》,《列宁全集》,第38卷,人民出版社,第416页。

说，亚里士多德所注意的与其说是一般与个别、普遍的东西与个体之间的联系，倒不如说是它们之间的区别。

我们不来一一叙述亚里士多德所列举的十个范畴了。在这里只需指出，实体这个范畴实际上是统率其余的九个范畴的，它是其他一切范畴的基础，亚里士多德自己就是这样说的，他说："很显然，正是借这一个范畴（指实体。——引者），其他的任何一个范畴才会'有'。因此，基本意义上的'有'，亦即并非在一种有限制意义上、而是在无限制的意义上的'有'，应该就是实体。"① 除了实体之外，其他的范畴没有一个能独立存在。

在我们看来，亚里士多德对实体的看法也有一个很大的错误，因为他除了承认物理的实体以外，还断言有一个永恒的不动的非物理的实体，这个实体就是所谓"第一推动者"。他认为在这个永恒的实体中有一种能引起变化的根源，它必须是没有质料的，因为如果有质料的话，就不可能是永恒的了。这当然是一种神秘主义的形而上学的虚构。

亚里士多德把所有范畴都看作是宾词，并且认为所有借这些范畴而形成的命题，都是表示某物的性质、数量或其他任何一种宾词。他说："很显然，把某物的本质表示出来的人，所表示出来的有时是一个实体，有时是一种性质，有时是其他各类型的宾词中的任一种。"② 这说明他借助于范畴来对事物的各种不同的方面进行分类，通过范畴去把握事物的不同的方面。例如，他提出了相对、相反和相关这三个不同的概念，对它们作了区分，同时也

---

① 亚里士多德：《形而上学》，《古希腊罗马哲学》，三联书店，第262页。
② 亚里士多德：《正位篇》，《古希腊罗马哲学》，三联书店，第298页。

指出了它们之间的联系。他说:"有些东西由于它们是别的东西'的',或者以任何方式与别的东西有关,因此不能离开这别的东西而加以说明,我们就称之为相对的东西。"① 例如"更高"、"二倍"这样的词就是要借与别物比较而说明的。在他看来,"相对的东西可以有相反者……但不是所有相对的东西都有这个特性"②,例如德性和知识可以有相反者,那就是恶行和无知,但"二倍"就没有相反者。同样的,相对的东西有的可以容许有程度上的不同,有的就不容许。接着他又指出,"所有相对的东西都有与它相关的东西"③,"奴隶"的意思是指一个主人的奴隶,"主人"的意思是指奴隶的主人。所有的相关者都是相互依存的。在这里,亚里士多德既区分了不同的概念,又注意到概念之间的彼此联系,这表明他的逻辑思维的辩证性质。当然,他在这个问题上也未能摆脱形而上学的局限性。例如他认为有两种对立,一种是相关者的对立,一种是相反者的对立,前者相互依存,后者不相互依存,他说:"作为相反者的各对对立者,不在任何方式之下互相依存,而是彼此相反的"④。显然,他不是把对立理解为对立面的统一中的对立,而是把对立的双方孤立起来,看不到它们之间又统一又斗争的辩证关系。

亚里士多德强调范畴在我们认识世界方面的作用,同时他也认为,范畴并不是我们主观思维的产物和工具,而是存在本身,是

---

① 亚里士多德:《范畴篇 解释篇》,三联书店,第23页。
② 同上,第24页。
③ 同上,第25页。
④ 同上,第39页。

存在的客观世界本身的基本的类。不是范畴和概念产生存在,而是存在表现于范畴之中。这种看法无疑是唯物主义的。

亚里士多德有关范畴问题的论述决不限于他所列举的十个范畴的范围内,有许多很重要的范畴都没有被他包括在十个范畴中,但他却对这些范畴作了相当深刻的探讨,并且显示出明显的自发辩证法倾向。

例如,亚里士多德认为实体的最突出的标志似乎是在保持数量上的同一性的同时,却能够容许有相反的性质。"同一个实体,当它保持着自己的同一性的时候,却同时能够容许有相反的性质。同一个人有的时候白,有的时候黑,有的时候热,有的时候冷,有的时候好,有的时候坏。"① 在他看来,实体之所以容许有相反的性质,是由于它本身发生变化。"正是由于本身变化,先前是热的东西现在变成冷的,因为这个东西已进入了一种不同的状态。同样,通过一种变化的过程,先前是白的东西现在变成黑的,先前是坏的现在变成好的,同样的在所有其他的场合也都是由于变化,实体才能够容许有相反的性质。"② 在这里,亚里士多德所强调的是变化,把变化看作是使事物的性质向相反的方面转化的原因,他不认为事物是一成不变的,这种看法当然含有辩证法因素。但是,他的辩证观点是有局限性的,例如在他看来,实体以外的任何东西,都不可能有实体所独有的这种突出标志,这说明他不理解任何事物本身都包含着矛盾,不懂得任何事物都是对立面的统一,而对立面的斗争就是事物本身发生变化的泉源。

---

① 亚里士多德:《范畴篇 解释篇》,三联书店,第17页。
② 同上,第18页。

亚里士多德还指出另一种情况，就是同一句话或同一个意见也同样可能既是正确的又是错误的。但是他对这一问题的解释却是形而上学的，他认为言语和意见既然不是实体，因此其自身便不能发生变化，只是由于实际情况发生了变化，才使它们具有相反的性质。譬如说，"'他坐着'这句话保持不变，但有时候它是正确的，有时候它是错误的，视当时的实际情况而定"①。亚里士多德以素朴的、甚至有些简单化的形式接近于这样一个辩证法原理：真理是具体的，抽象的真理是没有的，一切都以时间、地点和条件为转移。但是，他却并没有自觉到这一点，而且他把言语和意见的自身看成是不变的，这也表明他并没有摆脱形而上学的局限性。

在古代，亚里士多德比其他哲学家更多地研究了内容与形式这对范畴。他制定了著名的四因论（即认为凡物都有四种原因：质料因、形式因、动力因、目的因），试图通过这种理论来探讨内容与形式的相互联系。在他看来，每一个实物都由质料和形式所构成，都是形式化了的质料。例如，铜像的铜，银碗的银，就是质料，必须赋予铜和银以铜像和银碗的形式，铜和银才会成为铜像和银碗，因此质料和形式是统一的、有着相互联系的。这种对内容与形式的相互关系的理解，包含着辩证法的因素。但是，亚里士多德却错误地把形式当作存在的本质，照他说来，质料只是消极的具有惰性的材料，它本身只含有发展的可能性，必须要在形式的作用下，加以形式化以后，才能转变为现实。这样，他就确认

---

① 亚里士多德：《范畴篇 解释篇》，三联书店，第18页。

了形式对内容的优先地位,陷入了唯心主义的泥沼。不仅如此,他还进一步发展了这种错误,直到承认"一切形式的形式"、世界理性为止,也就是直接投入了神学的怀抱。最后,这种把质料看作消极的被动的本原、把形式看作积极的能动的本原的看法,归根结蒂必然会把两者截然对立起来,因此,亚里士多德并没有真正解决形式与内容的统一和相互联系的问题。

亚里士多德还有一个不小的功绩,那就是他相当详细地研究了运动这个范畴,他的运动理论是古希腊哲学思维的重要成果之一,在他以前,没有人对运动这个范畴达到像他那样深刻的理解。他把运动与客观物质世界紧密联系在一起,并且把运动看作从可能性(即他的所谓"潜能"、"潜在者")到现实的转化的环节。他在《形而上学》一书中写道:"离开事物而独立存在的运动是没有的;因为变化总是根据'有'的诸范畴来分类的,与这些范畴有共同之处而又不属于任何一个范畴的东西是没有的……'有'有多少种,运动和变化就有多少种。既然在每一类事物中,都有潜在和完全实在之分,所以我把潜在者本身的现实化称为运动。"①在他看来,运动是在能运动的东西之中,它是能运动的东西受能引起运动的东西的作用而引起的完全实现。所以他在《物理学》中把自然定义为"运动和变化的根源",并且指出运动和静止的根源是在于每一个自然物的内部,这种看法在当时说来是难能可贵的。

在哲学史上,亚里士多德首先区分了运动的各种形态。他认

---

① 亚里士多德:《形而上学》,《古希腊罗马哲学》,三联书店,第268页。

为运动、变化共有六种形态：(1)产生；(2)消灭；(3)从一种状态到另一种状态的转变——性质上的变化；(4)增加；(5)减少——数量上的变化；(6)转移——位置上的变化。他不仅对运动的形态作了这样具体的区分，而且还论证了运动的不灭性，他在《物理学》中写道："显然运动是永恒的，不能在一个时候曾经存在，在另一个时候不曾存在"①。他的这种思想也是具有积极意义的。

亚里士多德在运动问题上的错误在于：他把运动区分为"完善的、天上的运动"和"不完善的、地上的运动"，这样，他就又一次走向了神秘主义。

亚里士多德在他的《物理学》中还初步探讨了偶然性与必然性这对范畴。在他看来，偶然性与必然性并不是没有联系的，例如，"降雨并非为了使谷物生长，而是出于必然性。上升了的水蒸气冷却了，被冷却的水就成为雨落下来"，但是，"谷物因此而茂盛起来，那乃是偶然的。正如假定谷物因此受害，也不是雨点为了使它们受害而落下，雨点不过是无意地造成灾害而已"。②所以偶然的事也有一种必然性的联系，只不过这种联系是外部的联系，而不是事物本身内部的联系。至于说到必然性，亚里士多德认为，任何一物如果没有某种有必然性的东西，就不能存在，但它之所以存在，却不是由于这种有必然性的东西，这种有必然性的东西只是一种质料。"必然的东西之所以是必然的，只是因为它是被假定的，而不是因为它是目的；必然性在质料那里，但目的却是

---

① 亚里士多德：《物理学》，《古希腊罗马哲学》，三联书店，第280页。
② 转引自黑格尔：《哲学史讲演录》，第2卷，三联书店，第310页。

在根据里面。"①

总起来说,亚里士多德对偶然性与必然性这对范畴并没有作深刻的研究,而只是提出了这对范畴。应该予以肯定的是,他不把偶然性与必然性截然对立起来,并认为任何事物都因为有必然性所以才能存在。但是,他仍然远没有理解偶然性与必然性之间的真正辩证关系,特别是不理解两者的内在联系。尤其错误的是,他把所谓目的性与必然性对立起来,并且把目的看作高于必然性的一种原理。在他看来,目的是真正的根据,是推动者,它对外在的必然性起控制的作用,而必然性则只是消极的质料而已。这样他就堕入了神秘主义的目的论,得出了目的是事物本身的内在决定性这种错误的唯心主义结论。

一般说来,亚里士多德的范畴理论,是以形式逻辑为基础的,但是他的范畴并不是空洞的、抽象的思维形式,而是有内容的。同时也应该指出,形式逻辑在他那里也不是不论内容的。使形式逻辑成为僵死的、空洞的思维形式,应该由中世纪经院哲学家负责。

亚里士多德的范畴理论与语言学有密切的关系,从他的著作中可以清楚地看出这一点,但这里我们不拟详细讨论了。

那末,黑格尔对亚里士多德的范畴理论作怎样的评价呢?

首先,黑格尔称颂亚里士多德是"从来最多才最渊博(最深刻)的科学天才之一,——他是一个在历史上无与伦比的人"②。

---

① 亚里士多德:《物理学》,转引自黑格尔:《哲学史讲演录》,第2卷,三联书店,第316页。
② 黑格尔:《哲学史讲演录》,第2卷,三联书店,第269页。

为什么黑格尔对亚里士多德作这样高的评价呢？原来，照黑格尔看来，"亚里士多德在思辨的深度上超过了柏拉图，因为亚里士多德是熟识最深刻的思辨、唯心论的，而他的思辨的唯心论又是建立在广博的经验的材料上面"①。黑格尔避而不谈亚里士多德对唯心主义的批判，而把他歪曲成一个彻头彻尾的客观唯心主义者，以作为自己的"前驱"。黑格尔的这种作伪手法，遭到了列宁的尖锐批判，列宁指出，黑格尔对亚里士多德的歪曲是"一个唯心主义者唯心的牵强附会之说的典型例子!! 把亚里士多德伪造成一个十八－十九世纪的唯心主义者!!"②。

其次，黑格尔说："亚里士多德深入到了现实宇宙的整个范围和各个方面，并把它们的森罗万象隶属于概念之下；大部分哲学科学的划分和产生，都应当归功于他。当他把科学这样地分成为一定概念的一系列理智范畴的时候，亚里士多德的哲学同时也包含着最深刻的思辨的概念。没有人像他那样渊博而富于思辨。但总的看起来，他的哲学却不像是一个次序及联系皆属于概念的有系统的整体，而却是各个组成部分都从经验取来，被搁在一起；部分单独被认为一定的概念，但概念却不是起联系作用的运动。"③黑格尔的这段话，既有正确的一面，显然也有错误的一面。亚里士多德的认识论中确实包含着强大的唯物主义经验主义的因素，他关心用确定的概念去把握经验材料，因此他的范畴理论也

---

① 黑格尔：《哲学史讲演录》，第2卷，三联书店，第270页。
② 《黑格尔〈哲学史讲演录〉一书摘要》，《列宁全集》，第38卷，人民出版社，第322页。
③ 黑格尔：《哲学史讲演录》，第2卷，三联书店，第269页。

是以经验作为基础的。然而他的经验主义是素朴的,对经验缺乏辩证的理解和概括。黑格尔看出了这一点。但是,黑格尔本人是站在唯心主义立场上反对亚里士多德的,他把概念的作用夸大到支配一切、统率一切的程度,要求哲学是"一个次序及联系皆属于概念的有系统的整体",这是极端错误的。

第三,黑格尔认为,亚里士多德"紧紧抓住每个东西的特殊性","他竭力把每个对象加以规定……但他更进而思辨地深入到对象的本性里面去。这个对象却停留在它的更具体的规定里;他甚少把它归结到抽象的范畴上面"[①]。黑格尔的这种评价有一定的根据,他在另一个地方说,亚里士多德所强调的是作为区分、规定的否定性的环节,这也是同样符合实际情况的。亚里士多德的范畴确实就是对象的各个具体的规定,它们帮助人去揭示对象的各个不同的方面,免于使不同的方面混淆起来。如果考虑到亚里士多德的时代人类逻辑思维还处于发展的初期,那末他的范畴理论的重要意义就更为明显了。

最后,黑格尔也对亚里士多德提出了一些批评,他指责亚里士多德"常常是一个又一个地讨论每个规定,而没有指出它们之间的联系"[②]。黑格尔的这个意见是从辩证法观点提出的,亚里士多德虽然是古代辩证法的最大代表者,可是由于历史条件的限制,就不能避免这样的缺陷。黑格尔的另一个批评则是完全错误的,他说:"亚里士多德看来常常只是在个别的、特殊的东西上面作哲学思考,而不谈说绝对者、普遍者、神是什么;他总是从个别进到

---

① 黑格尔:《哲学史讲演录》,第2卷,三联书店,第284页。
② 同上,第285页。

个别……他好像只认识了特殊里面的真理,认识了特殊的东西,一系列特殊的真理,——他没有把那普遍的提取出来。这就没有什么辉煌的东西;他好像没有升高到理念、共相上面。"[1] 在客观唯心主义者黑格尔看来,只有绝对者、普遍者、神以及诸如此类的虚构,才是所谓"辉煌的东西",仿佛哲学思维的目的就是要"升高到理念、共相上面"。这当然是彻头彻尾的唯心主义的偏见,同时也证明了这样一个无可辩驳的真理:唯心主义就是僧侣主义。

总的说来,黑格尔对亚里士多德的范畴学说虽然作了某些正确的评述,但整个评价在根本上是错误的,原因在于黑格尔是个唯心主义者,他不仅用唯心主义的尺度去衡量亚里士多德,而且还把亚里士多德歪曲成一个彻底的唯心主义者。

上面我们对亚里士多德的范畴学说作了简略的叙述。可以看出,亚里士多德对范畴的理解基本上是唯物的,但在一系列问题上则向唯心主义方面让步和动摇。他属于范畴论中的辩证法派,正如列宁所指出的,他的"最典型的特征就是处处、到处都显露出辩证法的活的萌芽和探索"[2],但是这种辩证法是素朴的、自发的,因而也是不彻底的。他的学说中确实也有"僵死的东西",形而上学的神学的虚构,而被经院哲学和僧侣主义抓住不放的也正是这些东西。

现在我们再来简略地考察一下康德的范畴学说。

在亚里士多德以后,康德系统地研究了范畴理论,创立了一

---

[1] 黑格尔:《哲学史讲演录》,第2卷,三联书店,第287页。
[2] 《亚里士多德〈形而上学〉一书摘要》,《列宁全集》,第38卷,第416页。

个完整的主观唯心主义的范畴论体系。黑格尔曾经对康德哲学作了详尽的批判,其中也包括对康德的范畴理论的批判。黑格尔对康德的批判是建立在唯心主义基础之上的,因而自然是不彻底的,但这种批判在哲学史上却占有十分重要的地位。黑格尔对康德的批判实质上就是对二元论、不可知论和形而上学思想的批判,关于这一点,恩格斯和列宁都曾经作过肯定的评价。

大家都知道,在哲学观点上,康德是一个二元论者。列宁对康德哲学作了这样一个著名的评述:"康德哲学的基本特征是调和唯物主义和唯心主义,使二者妥协,使各种相互对立的哲学派别结合在一个体系中。当康德承认我们以外的某种东西、某种自在之物和我们表象相符合的时候,他是唯物主义者;当康德宣称这个自在之物是不可认识的、超验的、彼岸的时候,他是唯心主义者。在康德承认经验、感觉是我们知识的唯一泉源时,他是在把自己的哲学引向感觉论,并且在一定的条件下通过感觉论而引向唯物主义。在康德承认空间、时间、因果性等等的先天性时,他就把自己的哲学引向唯心主义。"[①]列宁的这个精辟的分析,揭示了康德哲学的真正本质。

康德突出地提出了研究人的认识本性的问题。他把过去被人们当作不言而喻的自明的真理而接受的许多原理,作为尚待解决的问题提出来,属于这一类问题的,其中最首要的便是关于范畴、即思维的一般概念的起源和性质的问题。例如,康德的哲学前驱们从来没有明确地提出过关于普遍性范畴和必然性范畴的起

---

① 《唯物主义和经验批判主义》,《列宁全集》,第14卷,人民出版社,第203页。

源问题,而康德则向自己提出了诸如此类的一些前人所忽略的重大的认识论问题。当然,他只是提出了问题,他对问题的解答则是完全错误的。

康德认识论的根本出发点就是把事物的现象同事物本身(即所谓"物自体")人为地割裂开来,在现象与本体之间划下一道不可逾越的鸿沟:现象属于人的主观的认识所能达到的此岸世界,而"物自体"则属于超验的、绝对无法认识的彼岸世界。当然,康德并不否认事物的客观存在,并且承认它们不依赖于我们的主观的感觉,就这一点而论,康德是唯物主义者。但接着康德就陷入了唯心主义,提出了充满着唯心主义精神的不可知论。他在1783年出版的、为了通俗地阐述《纯粹理性批判》而写的《可能作为科学而产生的任何未来形而上学的绪论》一书中写道:"关于事物本身可能是怎样的,我们毫无所知,我们只知道它们的现象,即它们作用于我们的感觉而在我们心中产生的表象。"[①]

从这种现象与本体的对立出发,康德在认识论上作出了直接反对唯物主义反映论的结论。他断定说,现象世界是人的意识的创造物,认识的对象是由认识的主体的主观认识能力和创造活动所创造的,这显然是主观唯心主义的认识论观点。但康德的错误不仅于此,他在进一步分析人的认识能力时,犯了更严重的错误。

康德把认识分为三个阶段:直观、理智、理性。按照他的意见,时间和空间是一切感性知觉对象的普遍的、必然的存在条件,

---

① 康德:《可能作为科学而产生的任何未来形而上学的绪论》,俄文版,第51页。

它们是人所固有的感觉能力的主观形式、感性直观的手段,时间和空间的概念并不发源于经验,而是先于经验的,并且是任何经验的先决条件,因此它们是先天的。正因为人们的意识中具有这种先天的能力,才能使知觉系统化。在这一点上已经暴露出他想把物质存在的客观的、一般的、普遍的形式归结为人的主观思维形式的企图,这正是他的全部范畴学说的错误的萌芽。

康德认为,要使直观成为知识的要素,就需要思维的统一,而这种统一的形式就是所谓范畴。从他的观点看来,范畴是"纯粹理智概念",它们是在理智中先天地、现成地给予的,是思维的先天的基础,也就是说,范畴是使一切思维的认识成为可能的根本形式。按照康德的说法,范畴就是"一般关于对象的概念"①,就是"'对于现象以及对于一切现象总和的自然(从内容来说的自然)规定先天的法则'的概念"②。这种概念完全是由人的认识能力所构成的,因而是先天的、主观的。

在康德看来,思维的范畴是普遍的和必然的,因为它们是人的理智所固有的思维活动形式。"范畴仅仅来源于理智,与感性无关"③,所以范畴不属于客观世界,不是客观现实的反映和概括。思维范畴不可能获自经验,相反的,只是由于有了这些范畴的先天的存在,经验才有可能成立。也就是说,范畴不是经验的概括,而任何概括倒反而要以先天的理智范畴作为先决条件。康德说道:"范畴是先天的概念,因而独立于经验之外……范畴包含有使

---

① 《纯粹理性批判》,《康德全集》,第3卷,柏林,1911年,第106页。
② 同上,第126页。
③ 同上,第115页。

所有一般经验成为可能的根据。"①当然,康德也承认单凭纯粹理智概念或范畴是得不到知识的,因此他也指出"范畴除了应用于经验的对象以外,在对事物的认识中别无其他应用之途"②,范畴只有应用于经验的直观,才会产生知识。

康德自以为这样就可以克服在他以前占有统治地位的理性主义和经验主义这两大哲学派别的片面性和局限性。在他看来,"按时间先后说,先于经验我们没有知识,我们的一切知识都以经验开始……但是并不能就说一切知识都来自经验。因为很可能,即使我们的经验知识,也是由我们得自印象的与我们认识能力(感觉印象只作为诱因)自身所供给的二者构成的"③。所以康德断定知识包含两个因素,一个因素是概念,通过概念(范畴)来思想一般的对象;另一个因素是直观,通过直观,对象被给与。由此他得出结论说,范畴只是提供经验知识的可能性,必须同经验的直观结合起来。但是,康德并没有真正达到他的主观愿望。

显然,康德在这里完全把感性和理性、感觉和思维割裂开,并且把它们形而上学地对立起来了。康德以为感觉或感性直观只能感知个别对象的个别特征,至于范畴和一般概念却属于所有的对象,是感觉不到的,因此范畴并不以感性知觉为基础。在康德的认识论中,显然片面地过分夸大了理智范畴的作用,赋予它们以认识过程中的决定性的意义,他写道:"一切感性直观都从属于范畴,范畴是感性直观的杂多性赖以统摄在一个意识中的唯一

---

① 《纯粹理性批判》,《康德全集》,第3卷,柏林,1911年,第128页。
② 同上,第116页。
③ 同上,第27页。

条件。"①

康德的这种主观唯心主义的认识论和范畴学说把他导向了荒谬的结论,他竟认为我们所认识的并不是客观现实,而是某种由认识的主体本身所构成的东西,真正的认识不应该是概念符合认识的客体,而是认识的客体符合于概念。他这样写道:"迄今为止,人们总是假定我们的全部认识都必须与对象相一致;但是,在这种假定下,想先天地通过概念来扩大我们关于对象的知识的一切企图,都遭到了失败。因此,必须尝试一下,如果我们假定对象应当与我们的知识相一致,我们是否会较成功地解决形而上学的任务……"②

康德十分强调理智范畴的所谓必然性和普遍性。他认为如果有一个命题,当它被思想时,我们把它看作是必然的,那末这就是一个先天的判断。同样地,也只有先天的判断才具有真正的或严格的普遍性,因为这种普遍性是经验所不能给予的。因此康德说:"在人类知识里,实际上有些判断是必然的,也是最严格意义下普遍的,从而也就是纯先天判断。"又说:"必然性与严格普遍性是先天知识的可靠标准。"③康德认为科学知识的可靠性便在于逻辑的必然性和普遍性,因此科学知识之所以可靠,应当归功于先天的直观形式和先天的逻辑思维形式。空间和时间这两种先天的直观形式,是数学知识可靠性的条件,而先天的理智形式、范畴则是自然科学知识可靠性的条件。

---

① 《纯粹理性批判》,《康德全集》,第3卷,柏林,1911年,第115页。
② 同上,第11-12页。
③ 同上,第3页。

康德认为:"理智把所与的观念(不管是直观,还是概念)的杂多置于一个统觉之下的这种活动,乃是判断的逻辑的功能……所以,一切杂多,只要是在一单个的经验的直观里被给予,就相关着判断的逻辑功能中的一种功能被规定了,并且由此被带到一个意识里面。而范畴,就其被用来规定所与的直观的杂多来说,正好是判断的这些功能。"① 因此,在康德那里,范畴就是判断的主观形式。

从这里我们可以清楚地看出,康德的范畴体系是与形式逻辑紧密相联的。在康德看来,"在一个判断里把统一性给予不同观念的那种功能,也正好在一个直观里把统一性给予对不同观念的单纯综合。这种统一性,最一般地来说,我们称之为理智的纯概念(即范畴。——引者)。"② 他认为每一个判断形式都是以特殊的、纯粹先天的和形式的综合概念、即范畴作为基础的,正是借助于这种概念或范畴才把感性材料和理智的活动形式结合起来。因此,康德的范畴表是和他的形式逻辑判断分类表相适应的。

康德提出了下面这个判断的分类表:

(一)判断的量 { 全称的 / 特称的 / 单称的 }

(二)质 { 肯定的 / 否定的 / 不定的 }　　(三)关系 { 定言的 / 假言的 / 选言的 }

---

① 《纯粹理性批判》,《康德全集》,第3卷,柏林,1911年,第44-45页。
② 同上,第35页。

(四)样式 $\begin{cases} 或然的 \\ 实然的 \\ 必然的 \end{cases}$

根据判断的分类表,康德引申出他的著名的范畴表:

(一)量的范畴 $\begin{cases} 统一性 \\ 多数性 \\ 全体性 \end{cases}$

(二)质的范畴 $\begin{cases} 实在性 \\ 否定性 \\ 限制性 \end{cases}$ (三)关系的范畴 $\begin{cases} 依附性与存在性 \\ 因果性与依存性 \\ 交互性 \end{cases}$

(四)样式的范畴 $\begin{cases} 可能性——不可能性 \\ 存在性——非存在性 \\ 必然性——偶然性 \end{cases}$

应该指出,康德的范畴表比起判断的分类表,是前进了一步,例如关系和样式这两类范畴就显然带有辩证逻辑的萌芽,从这里我们已经可以看到处于萌芽状态下的对立面的统一。但是,总的说来,康德的范畴表是建筑在形式逻辑之上的,对辩证思维的发展并没有起多大的推动作用。他的那些范畴都带有先天的固定不变的性质,构成一个死板的框子,它们既不流动,也不发展和相互转化。特别是,康德完全忽视范畴的客观性质,把范畴看作可以脱离内容的先天形式。他的范畴是脱离客观物质世界,脱离认识的历史发展过程的,当然也是脱离认识的基础和标准——实践的。

黑格尔从客观唯心主义的观点批判了康德的主观唯心主义，从唯心主义辩证法的观点批判了康德的形而上学见解。可以说，黑格尔对康德范畴学说的批判是他对整个康德哲学的批判的一个重要组成部分。

黑格尔对康德范畴学说的批判可以概括为以下几点：

第一，黑格尔认为，康德以前的旧形而上学往往应用一些现成的范畴，而没有先经过一番思想的考察，便把这些范畴当作自然而然的前提，对它们不表怀疑，也不追究它们本身在什么限度内具有价值与效准。康德则要求首先考察认识的能力，对旧形而上学的范畴加以考验，这是一个重要的进展。但是，黑格尔指出："康德对于思想范畴的考察，有一个重要的缺点，就是他没有从这些思想范畴的本身去考察它们，而只是从一种观点去看它们，即只是问：它们究系主观的抑系客观的。"① "批导哲学（即康德哲学。——引者）……对形而上学以及别的科学上和日常观念中所用的理智概念的价值，加以考察。但这种批导工作尚未进入于这些思想范畴的内容，和彼此相互间的关系，而只是按照主观性与客观性一般的对立的关系去考察它们。"② 因此，在黑格尔看来，康德的范畴学说的缺陷就在于：它不能揭示出范畴所具有的真实内容和彼此间的相互关系。而相反地，黑格尔却正是强调要研究范畴的内容，从范畴本身着手，揭露范畴本身所固有的对立面和矛盾，从而阐明范畴的发展和彼此间的必然联系。

---

① 黑格尔：《小逻辑》，三联书店，第130页。
② 同上，第128页。

黑格尔反对康德把范畴本身看成空虚的东西,他认为范畴是有内容的,他这样写道:"说范畴本身是空虚的,在某种意义下,这话是没有根据的,因为这些范畴至少是有规范有范围的,亦即有其特殊内容的。范畴的内容诚然不是感官可见的,不是在时空之中的,但这并不能认为是范畴的缺陷,反而正是范畴的优点。这种意义的内容(即不是感官可见,不在时空内的内容),即在通常意识里,亦早已承认的……通常意识亦明白承认,属于内容的必比感觉材料为多,而这多于感觉材料的内容便是思想,亦即这里所说的范畴了。"①

就这一点而论,黑格尔的批评是有一定道理的。黑格尔并不把范畴当作思维的空泛的规定,而要进一步探究其内容,尽管他对范畴内容的理解是完全从他的唯心主义体系的观点出发的,我们在后面即将进行详细的批判。

列宁很重视黑格尔的这种看法,他援引了黑格尔的意见:"认为思维形式是'外在的形式',只是附着于内容而非内容本身的形式,这也是不对的",然后指出,"黑格尔则要求这样的逻辑:其中形式是具有内容的形式,是活生生的实在的内容的形式,是和内容不可分离地联系着的形式。"②

黑格尔辩证地理解形式与内容的关系,反对把形式与内容形而上学地割裂开,而要求两者的辩证的统一。黑格尔的范畴学说就是贯彻着这一思想的,所以他的范畴不是空洞的思维形式,而

---

① 黑格尔:《小逻辑》,三联书店,第136页。
② 《黑格尔〈逻辑学〉一书摘要》,《列宁全集》,第38卷,人民出版社,第89页。

是有所谓"实体性的内容"的,这无疑是他的范畴论的强有力的一面。

应当指出的是:黑格尔的唯心主义思想像影子似地伴随着他的整个学说,因而黑格尔在反对康德关于范畴本身是空虚的看法上是不够彻底的。他说,康德关于范畴本身是空虚的看法也还有一定的正确意义,"因为这些范畴和范畴的总体(即逻辑的理念)并不是停滞不动,而须向前进展到自然和精神的真实领域里,但这种进展却不可认作逻辑的理念借此袭取一外在的生疏的内容,而乃是逻辑理念基于自身的主动,进一步发展并实现其自身为自然和精神。"① 可见,黑格尔为了坚持他的唯心主义体系,不得不向康德的错误观点让步。这种不彻底性,贯穿在黑格尔对康德的范畴论的整个批判中。

第二,黑格尔批评康德认为范畴完全是主观的这种意见,而提出范畴必须是主、客观的统一的看法。他在《小逻辑》中写道:"所谓'客观'在日常生活习用的语言中,大都系指存在于我们之外的事物,并自外面通过我们的感觉而达到我们的事物。康德否认思想范畴,如因与果,具有刚才所说的客观性的意义,换言之,他否认思想范畴之为感觉的与料。反之,他认为思想范畴乃属于我们思想的自身或属于思想的自发性,在这意义下,乃是主观的。"② 黑格尔接着又指出:"认范畴为只是属于我们的,只是主观的,这在自然意识看来,必觉甚为奇怪,无疑地这种看法确有些太偏的地方。范畴绝不包含在当下的感觉里,这诚然不错……这些

---

① 黑格尔:《小逻辑》,三联书店,第136页。
② 同上,第130页。

范畴,如统一性、因果等,虽说是思想本身的功能,但亦决不能因此便说只是我们的主观的,而不复是客观对象的性质。但照康德的看法,范畴却只是属于我们的,不是对象的性质,所以,他的哲学就是主观唯心论。"①

但我们必须指出,黑格尔反对康德的主观唯心主义在这里又是不彻底的,因为他从唯心主义原则出发,坚持思维第一性的观点,否认客观物质世界先于意识的存在对这个问题所具有的决定性意义。黑格尔在这里所采取的手法就是把"客观"和"主观"这两个概念,予以唯心主义的解释,而竭力贬低唯物主义的解释。黑格尔不得不承认大多数人都把"客观"理解作"存在于我们之外的事物,并自外面通过我们的感觉而达到我们的事物",这也正就是对"客观"的正确的唯物主义的解释,他也不得不承认绝大多数人都反对把范畴看作主观的那种康德主义的看法。但他却把绝大多数人所固有的那种素朴的唯物主义见解,贬低为"日常生活习用的语言"、"自然意识",而认为它们是非哲学的见解。黑格尔为康德辩护,认为康德把有普遍性和必然性的思想内容称为客观的,而把感觉中的与料称为主观的这种对主客观意义的解释是正确的,因为照他看来,"那感官可以觉察之物才是真正附属的,无独立存在的,而思想乃正是原始的,真正独立自存的。因此康德称那符合思想法则的成分(或有普遍性和必然性的)为客观的,在这意义下,他完全是对的。"② 毫无疑问,在唯物主义和唯心主义两大阵营的斗争中,黑格尔和康德是能找到共同语言来向

---

① 黑格尔:《小逻辑》,三联书店,第134-135页。
② 同上,第130-131页。

唯物主义进攻的。不过,黑格尔和康德也有重大的区别,因此黑格尔接着又指出:"但进一步来看,康德所谓思想的客观性,在某种意义下,仍然是主观的。因为,依康德讲来,思想虽说是有普遍性和必然性,但只是我们的思想,而与事物自身间却有一个无法渡越的鸿沟隔开着。须知,思想的真正客观性应该是:思想不仅是我们的思想,同时复是事物的本身,或对象的本质。"① 黑格尔这种关于主客观统一的思想,是直接反对康德的不可知论的,他从唯心主义辩证法的观点肯定了思维与存在的同一性的原理。恩格斯在《费尔巴哈与德国古典哲学的终结》一书中以及列宁在《哲学笔记》一书中,都曾对黑格尔的这一功绩作了相当高的评价。列宁写道:"黑格尔要求的是和实质相符合的抽象:'事物的客观概念构成事物实质本身',——按照唯物主义的说法,就是和我们对世界的认识的实际深化相符合的抽象。"② 当然,黑格尔完全是以唯心主义精神来解释思维与存在的同一性的原理的,他只是猜到了人的认识的发展过程,在他那里,这个认识的发展过程是披着神秘的外衣的,表现为绝对精神的自我认识的过程,而各个不同的思维范畴也就转化为绝对精神发展中的诸阶段。这个过程表现为主客观的统一,因此,"我们最好抛开主观和客观的区别,而着重对象内容的真实性,内容之为内容,既是主观的,又是客观的"③。黑格尔的这一思想中的合理因素已如上述,其错误因

---

① 黑格尔:《小逻辑》,三联书店,第131页。
② 《黑格尔〈逻辑学〉一书摘要》,《列宁全集》,第38卷,人民出版社,第88页。
③ 黑格尔:《小逻辑》,三联书店,第135页。

素则在于否认认识对象的实在性在认识论中的意义,在他看来,只是说事物存在,对于事物的真实性并无帮助,因为凡是存在的,转瞬可以变为不存在。这样,黑格尔就作出了唯心主义的结论,在主客观的统一中强调精神第一性的原则,而把客观的物质世界"融解"掉了。

第三,黑格尔对康德所提出的理智范畴本身引起理性世界的矛盾的说法,予以很高的估价,认为这是近代哲学的一个最重要的进步。但黑格尔批评康德对世界采取一种"温情主义的"态度,认为世界的本质并不具有矛盾,矛盾并不属于对象本身,而只属于认识这对象的理性。黑格尔反对康德以为当应用范畴去把握世界时方陷于矛盾的说法,而认为世界本身就内含着矛盾。康德批判旧形而上学抽象地应用一些片面的范畴去求知识,而揭示出应用这些范畴时所引起的无法解决的矛盾,即二律背反。黑格尔以为这还没有认识理性矛盾的真正意义,照他看来,"理性矛盾的真实积极的意义乃在于认识凡一切真实之物都包含有相反的成分于其中。因此认识甚或把握一个对象,也就是要觉察到此对象为相反的成分之具体的统一。"① 黑格尔一再强调:"一切事物在其自身中都是矛盾的",并且以为这个命题"最能表现事物的真理和本质"。② 矛盾不仅存在于主观的反思中,而且包含在事物自身中,它是一切自己运动的原则,没有矛盾,就没有运动,没有世界。"思辨的思维就在于它能把握住矛盾,又能在矛盾中把握住自

---

① 黑格尔:《小逻辑》,三联书店,第144页。
② 黑格尔:《逻辑学》,转引自《列宁全集》,第38卷,人民出版社,第144页。

身。"①黑格尔的这个思想，如果加以正确的、唯物主义的解释，就必然会得出这样的结论，即概念、思维范畴的矛盾只不过是客观物质世界所存在的矛盾的反映，但黑格尔本人由于受他的唯心主义体系的束缚，是无法达到这样的结论的。

在《精神现象学》一书中，黑格尔指出，作为自我意识和存在的单纯的统一的范畴，在自身中就包含着差别，"因为指范畴的本质正在于：在异在或是在绝对的差别中，直接与自身相同一。因此，非常明显，差别同时也就是没有差别。差别表现为范畴的复多性……但是，以任何一种方式把众多的范畴作为一种发明而再度例如说从判断中收集得来，事实上这必须被看作是对科学的侮辱。"②显然，黑格尔正是从矛盾发展的观点来看范畴的，他把不同的范畴看作统一的过程中的不同阶段，而不把范畴当作一成不变的、彼此没有必然联系的东西。在这里，黑格尔显然是攻击康德的范畴表，因为康德的范畴表正是以形式逻辑的判断分类作为基础的。在黑格尔看来，康德"照他后来所心喜的办法，应用他的范畴表，不从一个对象的概念去求出对象的性质，而只是把那对象安排在现成的方式之内"③。黑格尔则认为不能把事物安排在现成的范畴表里，范畴本身并不是停滞不动的，它们的数量也不一定是十二个，而是无限制的。但是他的解释是神秘主义的，他说："这些范畴和范畴的总体（即逻辑的理念）并不是停滞不动，而须向前进展到自然和精神的真实领域里，但这种进展却不

---

① 黑格尔：《逻辑学》，转引自《列宁全集》，第38卷，人民出版社，第147页。
② 黑格尔：《精神现象学》，德文版，1952年，第178—179页。
③ 黑格尔：《小逻辑》，三联书店，第143页。

可认作逻辑的理念借此袭取一外在的生疏的内容,而乃是逻辑理念基于自身的主动,进一步发展并实现其自身为自然和精神。"①换句话说,逻辑范畴的发展不是客观物质世界发展的反映,而反过来自然界和人类精神却反而是这些范畴(或作为它们的总体的逻辑理念)发展的结果,黑格尔辩证法的头脚倒置的唯心主义性质,在这里也暴露无遗。

第四,黑格尔把康德和费希特加以对比,指出在康德那里范畴之间没有必然的逻辑联系和统一性,而问题正是在于要充分发挥被理智所呆板地割裂开的各范畴之间的实际统一性。他指出,费希特的功绩是"促使我们注意到一点:即须揭示出思想范畴的必然性,亦即须认真地推演出范畴的必然性和系统性来"②。费希特以自我作为他的哲学的出发点,证明一切范畴都出自这个自我的活动,产生了一个范畴推演的系统。黑格尔对这一点是赞赏的,但他也批评费希特没有贯彻自己运动的原则,因为在费希特那里,自我的活动只是由于外界(非我)的刺激而激励起来的。

黑格尔反对康德"对思想的活动只加以历史的叙述,对意识的各成分,只加以事实的列举"③。黑格尔正是要求揭发思想活动的发展规律,阐明意识各成分之间的内在的、必然的联系。

当然,黑格尔也注意到了康德的范畴表中包含着某些辩证的因素。康德的四大类范畴之中的每一类范畴,其中第一个范畴是肯定,第二个是第一个的否定,而第三个则是两者的综合。关于

---

① 黑格尔:《小逻辑》,三联书店,第136页。
② 同上,第132页。
③ 同上,第162页。

这一点,黑格尔在他的《哲学史讲演录》中评论说:"这种三段式,这种毕达哥拉斯派、新柏拉图派和基督教所采用的古老的形式,虽然它在这里仅仅再现为一个非常浅薄的图式,却在自身中隐藏着绝对的形式、概念。但是,由于康德说,一个概念可以在我头脑中自行决定其为偶然的东西,决定其为原因、结果、统一性、复多性等等,因此我们就有了理智的全部形而上学。康德不去进一步探究这些范畴的演绎,他发现它们是不完全的,但他却说其他东西都是从它们中推演出来的。因此,康德用一种经验的方式接受范畴,而没有想到必须把这些差别从统一中发展出来。"[①] 黑格尔把康德的这种观点称为"十分非哲学的和不正当的方法"。

的确,康德的范畴表中的辩证因素是很有限的,它当然不能满足黑格尔的要求,正如恩格斯所说,"要从康德那里学习辩证法,却是一个白费力气的和极少报酬的工作"[②]。

总括起来,黑格尔对康德范畴学说的批判可以简述如下:康德的范畴是缺乏内容的、主观的,而黑格尔则强调范畴必须具有内容,必须是主客观的统一;康德的范畴是固定不变的现成的框架,相互之间缺乏辩证的必然的联系,黑格尔则把不同的范畴看作统一的发展过程中的各个阶段,彼此间保持有密切的逻辑关系。黑格尔对康德的批判,实质上也就是对二元论、不可知论和形而上学思想的批判,因此具有重要意义,但是他的批判是不够彻底的。

---

① 黑格尔:《哲学史讲演录》,第3卷,英文版,第439页。
② 恩格斯:《自然辩证法》,人民出版社,第26页。

一、黑格尔范畴论的主要特点

黑格尔对范畴学说的发展起了相当大的作用,恩格斯曾经指出,"对思维形式、逻辑范畴的研究,是很有益和很必要的,而且从亚里士多德以来,只有黑格尔一个人才有系统地做到了这点"①。可见黑格尔在范畴论史上占有十分重要的地位。

黑格尔是唯心主义辩证法的完成者,他的范畴论具有唯心主义的、辩证的性质。黑格尔哲学的基本矛盾——体系与方法之间的矛盾,也同样反映在他的范畴论中。我们应当善于从唯心主义的外壳中剥出合理的内核,改造和吸收黑格尔范畴论中的辩证因素,而批判和抛弃它的唯心主义的糟粕。

黑格尔范畴论有以下几个主要特点。

(一)黑格尔范畴论建立在唯心主义可知论的基础上

黑格尔的范畴论是与唯心主义的可知论紧密相联的。在不可知论者、例如康德看来,本体与现象之间横着一条永远不能逾越的鸿沟,我们所能认识的只是现象世界,而所谓"物自体"则是

---

① 恩格斯:《自然辩证法》,人民出版社,第201页。

我们所无法认识的,因此,康德认为逻辑范畴仅仅是我们主观的思维形式,用来整理我们的感官所感知的现象世界的感觉材料,而与所谓"物自体"毫无关系。黑格尔坚决驳斥了不可知论,他在唯心主义辩证法的基础上批判了康德把思维与存在、现象世界与本体世界割裂开来的形而上学观点。在黑格尔看来,所谓无法认识的"物自体"只不过是"摆脱了一切规定的抽象","无非是虚假的、空洞的抽象",因此,如果我们问什么是"物自体","那末这个问题本身就已经不知不觉地包含着不可能回答的成分了"。①黑格尔说,康德"把某种玄妙的、成为认识范围之外的自在之物的特性附加在客体上,并且这种自在之物同真理一样,被看做某种对认识说来是绝对彼岸的东西"②,因而把一般思想的规定、范畴当作某种主观的东西。在黑格尔看来,这是一种谬误。

黑格尔把唯心主义辩证法的对立统一规律应用于思维与存在的关系问题,他对哲学基本问题的第一个方面——我们的思维能否认识现实世界、能否正确地反映现实、思维与存在有没有同一性的问题,作了肯定的答复。恩格斯指出:"黑格尔对这个问题的肯定答案是一目了然的:在现实世界中,我们可以认识的,正是这世界的思想的内容,即世界所赖以成为绝对观念的逐渐实现的东西,而绝对观念是不依赖于世界并且先于世界而永古存在在某处的。但是思维能够认识那早已是思想内容的内容,这一点是很清楚的。"③在这里,恩格斯既指出黑格尔承认思维与存在的同一

---

① 黑格尔:《逻辑学》,转引自《列宁全集》,第38卷,人民出版社,第110页。
② 同上,第222页。
③ 恩格斯:《路德维希·费尔巴哈和德国古典哲学的终结》,人民出版社,第14页。

性(从而比否认这种同一性的康德高出了一头),又深刻地揭露了黑格尔关于思维与存在的同一性的理论的唯心主义和神秘主义性质。在黑格尔看来,思维与存在归根结蒂是统一于思维的,因为存在、客观世界无非是思维、精神的"异化"。这是与辩证唯物主义对于思维与存在的同一性的理解根本相反的。

但是,应该指出,黑格尔在驳斥康德的不可知论这一点上是起过积极作用的。恩格斯曾经指出:"在驳斥不可知论上具有决定性的东西,已由黑格尔说过了,凡从唯心主义观点上所能做的,他都做到了。"① 当然,黑格尔对不可知论的批判,在我们看来,也是不可能彻底的,因为他不能科学地解决思维与存在的关系问题。

黑格尔认为范畴不仅仅是人的主观的思维形式,而且也是客观实在本身的存在形式,他在《逻辑学》一书中指出,不能说思维形式是为我们服务的,因为它们"贯穿着我们的一切表象",它们就是"一般性的东西本身"。关于黑格尔的这个思想的积极意义,列宁这样指出过:"客观主义:思维的范畴不是人的用具,而是自然界的和人的规律性的表现。"②

如果对思维与存在的关系加以辩证唯物主义的理解,那末,这意思无非就是说,人的认识符合认识对象的性质,但认识是一个过程,人的认识的发展过程就是客观事物的发展过程的反映,概念的辩证法只是客观事物的辩证法的反映;同时在一定条件

---

① 恩格斯:《路德维希·费尔巴哈和德国古典哲学的终结》,人民出版社,第15页。
② 《黑格尔〈逻辑学〉一书摘要》,《列宁全集》,第38卷,人民出版社,第87页。

下,思维对存在起着积极的反作用,两者可以互相转化。从这个观点来看,思维范畴乃是人对客观世界的认识过程中的各个阶段。黑格尔在某种程度上接近于这样的理解,因为他从唯心主义的思维与存在的辩证关系出发,也把范畴同人的认识过程联系起来,把范畴理解作认识过程中的各个阶段。但在他那里,一切都是头脚倒置的,因为他把一切发展都归结为绝对理念、绝对精神的自我认识过程,而赋予思维范畴以第一性的意义。列宁用唯物主义的原则光辉地改造了黑格尔关于范畴在认识中的作用的见解,他写道:"在人面前是自然现象之网。本能的人,即野蛮人没有把自己同自然界区分开来,自觉的人则区分开来了。范畴是区分过程中的一些小阶段,即认识世界的过程中的一些小阶段,是帮助我们认识和掌握自然现象之网的网上纽结。"[1]

黑格尔结束了现象与本体、思维与存在的形而上学的对立,在他看来,范畴是"外部存在和活动的无数局部性"的简化或略语,"范畴用来更切近地规定和发现客观的关系"[2]。在这里,黑格尔接近于把范畴理解作对客观世界的事物和现象进行概括的结果,并借助于范畴来揭示出客观世界的本质联系和关系。但黑格尔自己却没有也不可能达到这一点,如果达到这一点,他就不成其为唯心主义者了。其他黑格尔主义者也都不是这样理解黑格尔的,他们全都承袭黑格尔哲学中的唯心主义的、神秘主义的糟粕,而竭力躲避黑格尔接近于辩证唯物主义的地方。例如,英

---

[1] 《黑格尔〈逻辑学〉一书摘要》,《列宁全集》,第38卷,人民出版社,第90页。
[2] 黑格尔:《逻辑学》,《黑格尔全集》,第4卷,德文版,1958年,第24页。

国新黑格尔主义的首创者詹姆斯·赫契逊·斯特林在《黑格尔的秘密》一书中说道,在黑格尔看来,范畴是"理性的普遍原则,它们构成一个菱形的网,而物质世界则把自己结成为这个网上的看不见的网眼"。显然,这个新黑格尔主义者所着眼的是所谓"理性的普遍原则",而把物质世界贬低到理性或绝对理念借以体现自己的一种廉价的手段。这说明他只不过是一个庸俗的黑格尔的学徒,只会用浅薄的眼光去重复和扩大他老师的错误。

黑格尔从认识论的角度去考察范畴论,把可知论作为范畴论的基础,把范畴理解作认识过程中的各个阶段,这确实是他对范畴论的贡献。然而,黑格尔把认识过程归结为绝对精神的自我认识,所以是与唯物主义的反映论完全敌对的。这也反映在他的范畴论中,他不承认范畴作为物质世界的抽象是依赖于物质世界的,却反而把物质世界看作这种抽象的体现。马克思把黑格尔的范畴论从头脚倒置的状态下解救出来了,他在给安年科夫的信中指出:"经济范畴只是……现实关系的抽象,并且它们仅仅在这些关系存在的限度上才是真确的。"①毫无疑问,这一原则对哲学范畴来说,也是完全适用的。

黑格尔关于抽象与具体的辩证见解,不论对认识论或范畴论来说,都是具有一定意义的。黑格尔认为,概念、范畴并不是脱离具体的东西的空泛的抽象,他十分强调所谓具体共相的重要性,他要求:"不只是抽象的普遍,而且是自身体现着特殊、个体、个别东西的丰富性的这种普遍"②。列宁在摘引这句话的时候评论

---

① 《马克思恩格斯文选》,第2卷,人民出版社,第447页。
② 黑格尔:《逻辑学》,转引自《列宁全集》,第38卷,人民出版社,第98页。

说:"好极了!"并称之为"绝妙的公式"。①

黑格尔阐明了抽象概念与具体事物之间的辩证关系,在他看来,正确的抽象并不与感性事物相对立,而是更深刻地把握了感性事物的本质。在《逻辑学》一书中,他对这个问题发表了以下一段议论:"'这不过是概念而已'——人们通常这样说,他们不但把观念,并且也把在空间和时间上可感触到的感性实存当做更优越的东西来和概念对立。这样,抽象的东西就被认为比具体的东西卑微,因为据说从抽象的东西中抛出了如此多的这类材料……按照这种观点,理智只是由于无能,才不能汲取这全部的丰富性而不得不满足于贫乏的抽象……但是,抽象着的思维却是扬弃了感性材料并把它这种简单现象归结为只在概念中显现的本质的东西。"②

黑格尔在阐明抽象概念与具体感性事物的辩证关系时,也就发挥了他关于人的认识逐步深化的辩证的发展过程的见解。列宁非常重视黑格尔的这一见解的合理因素,并且在辩证唯物主义的基础上加以彻底的改造和发挥。列宁写道:"当思维从具体的东西上升到抽象的东西时,它不是离开——如果它是正确的……——真理,而是接近真理。物质的抽象,自然规律的抽象,价值的抽象及其他等等,一句话,那一切科学的(正确的、郑重的、不是荒唐的)抽象,都更深刻、更正确、更完全地反映着自然。"③大家

---

① 《黑格尔〈逻辑学〉一书摘要》,《列宁全集》,第38卷,人民出版社,第98页。
② 转引自《列宁全集》,第38卷,人民出版社,第180-181页。
③ 《黑格尔〈逻辑学〉一书摘要》,《列宁全集》,第38卷,人民出版社,第181页。

都知道,毛泽东同志在他的著名哲学著作《实践论》中,曾经创造性地运用了列宁所表述的这个重要的认识论原理,对由浅入深、由感性到理性的认识的推移运动作了光辉的马克思主义的说明。毛泽东同志指出:"认识的真正任务在于经过感觉而到达于思维,到达于逐步了解客观事物的内部矛盾,了解它的规律性,了解这一过程和那一过程间的内部联系,即到达于论理的认识。重复地说,论理的认识所以和感性的认识不同,是因为感性的认识是属于事物之片面的、现象的、外部联系的东西,论理的认识则推进了一大步,到达了事物的全体的、本质的、内部联系的东西,到达了暴露周围世界的内在的矛盾,因而能在周围世界的总体上,在周围世界一切方面的内部联系上去把握周围世界的发展。"[1]

马克思主义关于认识发展过程的理论是与黑格尔学说根本对立的。在黑格尔看来,认识的深化过程无非是意识的自己发展过程,例如他在《精神现象学》中就是描述从认识的低级阶段(所谓感性确定性)到最高阶段(所谓绝对知识)的发展,而认识对象、客体则只不过是自我意识、主体的"异化"罢了。因此,黑格尔所注重的是理论活动在认识深化过程中的作用。而在马克思主义者看来,则是人的物质实践活动在认识深化过程中占主要的地位,马克思主义强调理论对于实践的依赖关系,强调理论要为实践服务,把实践看作真理的标准。马克思主义认为,认识的低级阶段(感性)与高级阶段(理性)是在实践的基础上统一起来的,正像毛泽东同志所指出的:"我们的实践证明:感觉到了的东

---

[1] 《实践论》,《毛泽东选集》,第1卷,人民出版社,第2版,第275页。

西,我们不能立刻理解它,只有理解了的东西才更深刻地感觉它。感觉只解决现象问题,理论才解决本质问题。这些问题的解决,一点也不能离开实践。"①

黑格尔关于认识深化过程的学说,既有唯心主义的错误,也有一些合理因素。他以歪曲的形式表述了认识过程的辩证法(列宁曾经说过,辩证法也就是黑格尔的认识论②),他坚决主张世界的可知性,并且强调理性在认识中的作用。凡此种种,都是具有一定积极意义的。

应该指出,所谓新黑格尔主义的特征之一,就是竭力抹杀黑格尔认识论中的辩证法,千方百计地把黑格尔伪造成一个非理性主义者。例如克罗纳在《从康德到黑格尔》一书中写道:"毫无疑问,黑格尔是哲学史上最伟大的非理性主义者……黑格尔是非理性主义者,因为他对思维中的非理性因素的意义作了正确的评价,因为他把思维本身非理性化了。"③又说:"思维作为辩证的、思辨的东西,其本身就是非理性的、即超理性的,因为这是活生生的思维:它就是思维的生命本身。"④另一些新黑格尔主义者也大都唱着同一个滥调。"生命哲学"的宣扬者狄尔泰,就曾在名扬一时的《青年黑格尔的历史》一书中,完全把黑格尔说成是一个"神秘主义的泛神论者"和非理性主义者。阿克斯曼在《论黑格尔的辩证思维的起源问题》一书中,也效法狄尔泰,把黑格尔哲学歪曲

---

① 《实践论》,《毛泽东选集》,第1卷,人民出版社,第2版,第275页。
② 参阅《谈谈辩证法问题》,《列宁全集》,第38卷,人民出版社,第410页。
③ 克罗纳:《从康德到黑格尔》,第2卷,德文版,1924年,第271—272页。
④ 同上,第282页。

成非理性主义哲学,并且硬说德国神秘主义者如波墨是黑格尔哲学的历史泉源。

新黑格尔主义的这种谬论是与帝国主义时代反动资产阶级哲学的总的发展趋势相一致的。现代帝国主义思想家所宣传的是蒙昧主义、非理性主义、神秘的直觉主义,借以欺骗和愚弄劳动人民,力图贬低概念、理性、范畴的作用,这条道路是和黑格尔相反的。

许多现代资产阶级哲学家、特别是所谓语义学派认为,抽象的程度愈高,知识就愈贫乏。例如,约翰逊认为,必须"退到低级阶段,我们才能获得更多地接近认识的理想边缘的物象"①;柯日布斯基主张拒绝采用一般的范畴,他建议:"从科学中完全消除'物质'、'实体'、'空间'、'时间'诸如此类的用语"②;而有些哲学家如切斯,则索性说连"资本主义"之类的概念都是凭借语言而人为地制造出来的,因为据他说用"最高能率的显微镜也无法揭示它们"③! 与黑格尔相比,这些现代资产阶级的文化人无非是一些借科学之名进行招摇撞骗的蒙昧主义者。

现代科学的发展证明,科学的抽象是保证科学进一步发展的最重要的条件之一。如果只是停留在感觉经验上,便无法认识事物的本质和内在联系,无法揭示出客观规律,无法解决重大的科学问题。马克思、恩格斯和列宁都屡次强调抽象、概念、范畴在科学研究中的作用,例如恩格斯曾经指出,"要思维就必须有思维规

---

① 约翰逊:《人们在困惑中》,英文版,1946年,第109页。
② 柯日布斯基:《科学和精神健全》,第234-235页。
③ 切斯:《词的暴政》,第34页。

定〔逻辑范畴〕"①。列宁曾经指出,光速不能被人的感觉所把握,而只被人的思维所把握。这充分说明了范畴对科学思维的重要意义。

(二)黑格尔范畴论是辩证的

黑格尔的范畴论是辩证的,这主要表现在他从发展、变化和相互联系与相互转化的角度去考察范畴。

黑格尔的范畴不是固定不变的,而是在不断地变化着、发展着的。恩格斯注意到黑格尔范畴论的这一特点,他指出:"两种哲学派别:带有固定范畴的形而上学派,带有流动范畴的辩证法派(亚里士多德、特别是黑格尔)"②。

黑格尔的辩证的范畴观念是在十八世纪末至十九世纪初的社会变革和自然科学成就的影响下形成的,正如恩格斯所指出的,科学的发展结束了范畴的固定不变性。

黑格尔从辩证的观点批判了形而上学的范畴观念,他以为形而上学的缺陷在于它认为"抽象的孤立的思想概念即本身自足,可以用来表达真理而有效准"③,并且它的思想是有限的思想,"因为此种思想老是活动于其所坚执的限制之内,而不知对它所执着的限制,再加以否定或扬弃"④,因此,"这种形而上学便成为

---

① 恩格斯:《自然辩证法》,人民出版社,第172页。
② 同上,第167页。
③ 黑格尔:《小逻辑》,三联书店,第106页。
④ 同上,第107—108页。

独断论,因为依照有限范畴的性质,这种形而上学的思想,于两个相反的论断之中……必须肯定其一必真,而其他必错"①。在黑格尔看来,形而上学的独断论把各个分离的范畴,当成坚定不移的真理,而实际上,真理却在于这些片面的范畴的联合的全体之中,必须力求从全体的角度、从各个范畴之间的内在的必然联系去发挥思想范畴的有机性和系统性。黑格尔认为,"我们切不可将理智的范畴坚执为最后的范畴,亦即是不可认为对立的任何一方有其本身的自存性,或认为任何一方在其孤立的状态下有其本质性与真实性。"②

黑格尔对形而上学的批判,在许多地方是打中了要害的。形而上学坚执片面的孤立的范畴,而黑格尔则要求把握范畴的整个发展、范畴的全体;形而上学用"非此即彼"的原则把个别的范畴对立起来,而黑格尔则要求范畴间的必然联系和互相转化。

在《精神现象学》一书的序言中,黑格尔深刻地发挥了关于真理或科学认识是一个过程、是全体的思想,嘲笑了认为用一个孤立的范畴就能把握真理的形而上学者。他说:"作为思维方式的独断论,不论在普通知识或是在哲学研究中,都只不过是这样一种看法,就是认为真理就包含在一个命题之中,这个命题是一个固定不变的结果,或者还可以直接地认知。"③他讽刺地说,这种看法只能适用于回答如同"凯撒何时诞生?"之类的问题,而这种所谓真理是与哲学真理不同的。他把真理喻作酒神节的狂饮

---

① 黑格尔:《小逻辑》,三联书店,第111页。
② 同上,第115—116页。
③ 黑格尔:《精神现象学》,德文版,1952年,第34页。

会,在那里没有一个酒客不喝醉的,任何一个酒客一离会场,就会马上瓦解。①他用这个譬喻生动地说明了真理是运动的全体,运动的各个环节都是有机地密切联系在一起的。

因此,在黑格尔看来,用个别的范畴不足以把握真理,真理在于范畴的推演之中,在于整个范畴系统之中。黑格尔这种反对把认识绝对化的辩证思想是十分重要的,恩格斯在《费尔巴哈与德国古典哲学的终结》中指出:"黑格尔哲学……的真实意义和革命性质,正在于黑格尔哲学永远结束了那以为人的思维和行动的结果具有最终性质的一切看法。哲学所应当认识的真理,在黑格尔看来,已经不是一堆现成的、一经被发现后就只要熟读死记的教条了;现在,真理包含在认识过程本身中……"②。

黑格尔要求从发展和变化的观点,而不是从一成不变的观点去考察事物,他坚持认识是一个过程,因此,不能用只符合这个过程中的某一阶段的观点去评判完全属于另一阶段的事物和现象。例如,他在论及柏拉图的理想国时指出,主观自由的原则是一种晚出的原则,是近代开明的时期的原则,而它在希腊社会里却是作为败坏希腊国家的原则而出现,因为这个原则与希腊的精神、政治制度和法律是决不相容的,所以柏拉图排斥了这个新的原则。他说:"这就是柏拉图关于国家的理想的一般概念;我们必须从这个观点出发去考察它。从近代观点出发去探究这样一个理想的国家是否可能或是否最好的国家,只会陷入谬误的见解。在

---

① 黑格尔:《精神现象学》,德文版,1952年,第39页。
② 恩格斯:《路德维希·费尔巴哈和德国古典哲学的终结》,人民出版社,第5页。

近代国家里人们有了良心的自由,每一个人有权利要求顺从他自己的兴趣;但这在柏拉图国家的理念里却被排斥了。"① 在这里值得注意的是黑格尔所流露的历史主义的观点而不是他对柏拉图的辩护是否正确(应当说是不正确的)。他在实际上是指出:概念、原则本身并不是固定不变的,它处于发展和变化之中,因此,必须以历史主义观点来观察和分析问题。

黑格尔不仅反对固定地坚执一个一成不变的概念或范畴,而且也反对把各个概念和范畴并列起来考察。他强调范畴自身的发展和系统的推演,在他看来,这种发展和依次推演是有必然性的,推演的序列不以人们的主观爱好为转移。黑格尔认为,最初的范畴是最抽象的范畴,即纯存在,然后愈来愈向具体化发展,内容就愈来愈丰富化起来,后一个范畴对前一个范畴是扬弃的关系,即既否定前一个范畴,又在自身中保存了前一个范畴。

在黑格尔的范畴论中,范畴的转化和相互联系始终是最值得我们注意的,列宁在阅读黑格尔的《逻辑学》一书时指出:"关于范畴的相互转化非常重要……"②。

形而上学对一些对立的范畴都采取固定不变的看法,否认这些对立的范畴除了对立的一面以外,还有相互联系、相互转化的一面。黑格尔批判这种形而上学的看法,反对把这些对立的范畴单独地孤立起来,并在它们之间划下一条不可逾越的鸿沟。他说,形而上学认为,主观的仅仅是主观的,总是与客观相对立,有限的仅仅是有限的,恰好与无限相对立,因而两者不是同一的,

---

① 黑格尔:《哲学史讲演录》,第2卷,三联书店,第251页。
② 《黑格尔〈逻辑学〉一书摘要》,《列宁全集》,第38卷,人民出版社,第224页。

"但逻辑学所昭示的却是上面这些说法的反面。〔辩证〕逻辑指出凡仅仅是主观的主观性,仅仅是有限的有限性,仅仅是无限的无限性以及类似的观念,皆没有真理,且陷于自相矛盾,而须过渡到它们的对方"①。

在黑格尔看来,作为他的逻辑体系的出发点的存在,并不是一个一成不变的僵死的规定,它与它的对立面——非存在、无——是同一的。用他的话来讲,"说'存在'与'无'是同一的,与说'存在'与'无'是绝对不同的,也一样是对的"②,在现实或思想的每个场合下都有着存在与无的统一,"在天地间没有任何东西不在自身中包含存在和非存在这两者"③。因此,在形而上学的观点看来是绝对相反的存在与无这两个规定,在黑格尔那里却是处于辩证的统一之中的,这个统一就是他所谓的"变易"。

黑格尔也着重指出,不能过于强调存在与无的统一,同时也应当注意到两者之间的差别,"因为须借差别,才能理解统一,统一同时即包含了并建立了差别。""变易就是存在与无的结果之真实的表明。变易就是存在与无的统一。变易不仅是存在与无的统一,而又是内在的不安息……存在过渡到无,无过渡到存在,为变易的原则"④。因此,黑格尔在这里所强调的是对立面的矛盾运动和转化,也就是他所谓的"内在的不安息"。这个思想是有合理因素的。

新黑格尔主义者竭力想贬低和缩小黑格尔关于变易的思想

---

① 黑格尔:《小逻辑》,三联书店,第402页。
② 同上,第205页。
③ 黑格尔:《逻辑学》,转引自《列宁全集》,第38卷,人民出版社,第106页。
④ 黑格尔:《小逻辑》,三联书店,第208页。

的意义,例如英国新黑格尔主义者麦克塔格特(他曾经被资产阶级无聊文人吹捧为"比黑格尔更高明的黑格尔主义者"),硬说黑格尔的变易的范畴是不包含变化的意思的。他写道:"变化包含着变化的东西中的某种永恒的因素的存在——这个因素本身是不变的。因为假如两种状态没有任何共同之处,那就没有理由说一种状态会变成另一种状态。因此,任何一个东西要能发生变化,它就必须能分成两种因素,其中一种因素是不变的。而这在质的范畴中是不可能有的。"①麦克塔格特甚至建议为了使辩证法的历程更加清楚起见,干脆取消掉变易这个范畴,而代之以"向现有的存在的过渡"(Uebergang in das Dasein),作为存在与无的综合。显然这就是抛弃掉黑格尔的辩证因素,对它作形而上学的曲解。

黑格尔关于质与量这对范畴的解释可以作为范畴相互转化的一个很好的例子。黑格尔把量看作"扬弃了的质",认为质由于内在矛盾的发展就过渡到量。这种质量相互转化的思想是与形而上学思想完全相反的,因为形而上学总是把这两个范畴看作两个独立并存、漠不相关的范畴。黑格尔指出:"存在的变化从来都不仅是从一个量转化为另一个量,而且是从质转化为量和从量转化为质"②。他说,量的增减只在一定的限度内才不影响到质,一超出这个限度,便会引起质变,例如水的温度的增减超过一定限度就会变成蒸汽或冰,同样,由于量的变化,轻率会变成犯罪,法律会转化为不公平,善会转化为恶,节俭会转化为奢侈或吝啬等等。黑格尔所揭示的这条质量互变的规律,对理解自然现象和

---

① 麦克塔格特:《黑格尔逻辑学注释》,英文版,1931年,第18页。
② 黑格尔:《逻辑学》,转引自《列宁全集》,第38卷,人民出版社,第128页。

社会现象都具有十分巨大的意义，但是他并未赋予这条辩证法规律以普遍的意义，并且他的解释也是唯心主义的。

新黑格尔主义者对质量互变的规律是抱着敌视态度的，他们或是避而不谈，或是对黑格尔所提出的这个规律百般挑剔，力图抹杀它的意义。同一个麦克塔格特就说过："黑格尔断定化合物只有在它的元素发生一定的量变之后才会分解——这种量变在达到某个限度以前并不会使化合物分解。这不见得是正确的。"①换句话说，他的用意就在于只承认渐进的变化，而否认飞跃。另一个现代资产阶级黑格尔哲学研究者费恩德莱，他虽然不得不承认黑格尔有从量变过渡到质变和飞跃的思想，却对这种思想进行恶意攻击，他在《对黑格尔的重新审查》一书中写道："对黑格尔来说，度量关系交错线实际上是他关于量和质的概念的同语反复的结果，而对马克思主义者来说，它是一个作经验的预言的重要工具。"②

黑格尔在谈到范畴的转化和过渡时，发挥了内在矛盾是发展动力的思想，亦即自己运动的思想。在他看来，引起范畴的转化和过渡的，并不是外在的力量，而是由于概念自身的矛盾。他在论及赫拉克利特的辩证法时指出："事物在它们自身内的变化和过渡，这就是理念的变化和过渡，这就是事物的范畴的变化和过渡，这不是外在的变化，而乃是从自身出发、通过自身的内在的过渡。"③

---

① 麦克塔格特：《黑格尔逻辑学注释》，英文版，1931年，第85页。
② 费恩德莱：《对黑格尔的重新审查》，伦敦，1958年，第180页。
③ 黑格尔：《哲学史讲演录》，第2卷，三联书店，第204页。

不难看出，黑格尔关于自己运动的思想是深刻的，但是他把事物内部的变化和过渡看作理念和范畴的变化和过渡，却是十分荒谬的。真实的关系被他完全颠倒过来了，因为概念和范畴的变化和过渡无非是客观世界内部的变化和过渡的反映。唯心主义辩证法的局限性在这里暴露得很明显。

黑格尔除了注重范畴的转化和过渡以外，还强调范畴之间的相互依赖，他认为独立的范畴不能自足，而必须要在与对方的统一中才有意义。他指出形而上学的缺陷正在于把各个范畴看作独立自存，只能用一个"与"字将对立的范畴外在地联合在一起，而不能把它们作为对立面而统一起来。在《精神现象学》一书中，黑格尔谈到了范畴之间的相互联系和相互依赖关系，他写道："统一、差异和关系是这样的一些范畴，其中任何一个范畴都不是自在的和自为的，而只有在与它的对方的关系中才存在，因此它们不能相互分离。"[①]

黑格尔关于一般与个别这对范畴的阐述，清楚地说明了范畴之间的这种相互联系和相互渗透。在黑格尔看来，一般与个别并不是绝对对立、相互没有联系的两个范畴，一般必然要体现在个别之中，否则就只是抽象的、空洞的东西，他提出的所谓"具体共相"，就是在自身中包含着个别事物的丰富性的那种一般。在《小逻辑》中，黑格尔指出，"一切事物都是将普遍的与单一的综合起来的特殊事物"[②]，这意思也就是说，一般与个别是不能割裂

---

① 黑格尔：《精神现象学》，德文版，1952年，第264页。
② 黑格尔：《小逻辑》，三联书店，第94页。

的。但是,黑格尔对一般与个别的相互关系的看法虽然是辩证的,同时却也犯了严重的唯心主义的错误,而根本地歪曲了一般与个别的关系。他夸大了共相(一般)的地位和作用,把共相说成是殊相的内在力量和本质,而殊相或个别事物反而只是这种内在力量的外部表现,这样就颠倒了一般与个别的真实关系。而且黑格尔认为个别事物生灭无常,共相则常住不变,从而把共相绝对化了。他不是从个别中引申出一般,而是从一般中引申出个别,这是彻头彻尾的神秘主义。

总起来说,黑格尔关于范畴的转化与相互联系的学说对辩证法的发展起了重要的作用,但是其中却具有浓厚的神秘主义色彩,黑格尔哲学的基本内在矛盾——辩证法与唯心主义体系之间的矛盾,在他的范畴推演系统中也暴露无遗。依据辩证法的精神,范畴的发展和推演过程本来就不可能有一个终点,因为世界的发展和人的认识过程都是无止境的。但黑格尔却杜撰出一个所谓绝对理念来终结他的范畴发展,照他说来,"绝对理念是一共相,但共相并不是与特殊内容相对立的抽象形式,而乃是一绝对的型式,一切的范畴和它所建立的全部充实的内容最后均须回复到这一绝对型式里"[①]。这样,黑格尔最后就为了顾全他的保守的唯心主义体系,而牺牲了辩证的方法。至于黑格尔杜撰的一套范畴演变的图式,那更是荒谬的,我们将在后面专门来论述这一问题。

[①] 黑格尔:《小逻辑》,三联书店,第422页。

（三）黑格尔范畴论与哲学史紧密相联

在哲学史上，黑格尔第一个把概念、范畴的逻辑发展同哲学思想发展史联系起来，同人类由浅入深的认识的深化过程联系起来，这不能不承认是他的一个历史功绩。列宁很重视黑格尔对于逻辑学的这一贡献，他指出："显然黑格尔是把他的概念、范畴的自己发展和全部哲学史联系起来了。这给整个逻辑学提供了又一个新的方面。"①

可以说，黑格尔的整部《哲学史讲演录》都是贯彻着逻辑与历史的一致这个思想的。黑格尔在这部讲演录的导言中，详尽地阐述了他对哲学史的基本见解，他说："我认为：历史上的那些哲学系统的次序，与理念里的那些概念规定的逻辑推演的次序是相同的。我认为：如果我们能够对哲学史里面出现的各个系统的基本概念，完全剥掉它们的外在形态和特殊应用，我们就可以得到理念自身发展的各个不同的阶段的逻辑概念了。"② 当然，黑格尔也承认，哲学史上的各个体系的时间次序与概念发展的次序是有区别的，但他认为两者大体上是同一的。

应该注意到，黑格尔关于逻辑与历史的一致的思想是建立在唯心主义基础上的，因此具有浓厚的神秘主义色彩。在黑格尔看来，无论是逻辑或是哲学史，都无非是绝对精神的表现形式，都是

---

① 《黑格尔〈逻辑学〉一书摘要》，《列宁全集》，第38卷，人民出版社，第117页。
② 黑格尔：《哲学史讲演录》，第1卷，三联书店，第34页。

绝对精神的自我认识的发展过程，两者的区别仅仅在于：逻辑是绝对精神在概念中的发展，而哲学史则是绝对精神在历史上的发展，所以他的见解与辩证唯物主义对逻辑与历史的一致的理解是根本对立的。但是，他毕竟第一个在哲学史上以唯心主义的歪曲的形式猜中了逻辑与历史的一致这一个具有深刻意义的认识论原理，并且为研究哲学发展的内在规律提供了一种崭新的辩证的方法，虽然这种研究方法在其原有的唯心主义形式下也是完全不适用的，而必须加以唯物主义的彻底改造。

黑格尔反对把哲学史看作哲学家们的"意见的展览"，看作"堆满着死人骨骼的战场"。黑格尔认为哲学史是一个有规律的、必然的、合理的思维发展过程，在这个思维精神的运动中有本质上的联系。他指出："概念的发展在哲学里面是必然的，同样概念发展的历史也是必然的。这种发展的主导力量是各种多样性的形态之内在的辩证法则。"[①] 因此，黑格尔把各种哲学学说的相互交替的过程看作一个统一的概念的运动过程，把每一个哲学体系都看作对真理的认识上的一个历史阶段，一个有机的环节。从哲学的辩证发展过程中去考察哲学，这无疑是黑格尔所采用的方法的积极方面。

根据黑格尔的意见，思维范畴的发展和推演也同样是合乎内在辩证规律的，因而是必然的、合理的。与形而上学的观点相反，黑格尔认为思维范畴既不是先天地赋予人的，也不是固定的、一成不变的。他从哲学史上考察范畴的发生、发展和丰富化的过

[①] 黑格尔：《哲学史讲演录》，第1卷，三联书店，第40页。

程。例如,他指出"多样性"这个范畴虽然是人人所熟知的,大家都以为可以容易地充分了解这个范畴并加以运用,但那些把"多样性"认作绝对固定的概念的人,对于它的性质和辩证发展却毫无所知,因为多样性是处于流动中、处于发展运动中的,是一个暂时的过渡的环节。至于像"主观性"、"人本性上是自由的"这样的一些概念,也并不是古已有之,而是在后来才产生的。可见,在哲学史上,思维范畴有其本身的发生、发展的过程。

照黑格尔看来,每一个哲学体系就是一个范畴,"这些范畴有不可逃避的命运,这就是它们必然要被结合在一起,并被降为一个整体中的诸环节。"① 换句话说,各个哲学体系或各种思维范畴都是统一的发展过程中的诸环节和有机部分。每一种哲学体系都是必然的,它虽然已经被其他体系所代替和扬弃,但却仍作为全体的一个环节被保存在哲学的总体之中。思维范畴的发展也同样如此,那最初的、抽象的、贫乏的范畴虽然被晚出的、具体的、内容丰富的范畴所代替和扬弃,但也同样作为一个有机的环节被保存在整个范畴系统之中。黑格尔的这个思想中包含着对于人类认识发展的连续性和继承性的合理的猜测,但也显然包含着调和矛盾的那种保守的倾向,那在本质上是批判的、革命的辩证方法的真正精神被窒息了。

黑格尔认为,思维范畴的发展和哲学史上各个学派的发展一样,都是从低级到高级、从抽象到具体、从贫乏到丰富推演的。他指出:"那初期开始的哲学思想是潜在的、直接的、抽象的、一般

---

① 黑格尔:《哲学史讲演录》,第1卷,三联书店,第38页。

的,亦即尚未高度发展的思想。而那较具体较丰富的总是较晚出现;最初的也就是内容最贫乏的。"①这与思维范畴的发展过程完全吻合,例如,在黑格尔看来,作为哲学的开端的"纯存在"这一个思维范畴,是不确定的单纯的直接性,而不可能予以进一步的规定,它是最抽象、最空疏的,随着概念的逻辑发展,思维范畴逐步由"存在"的范围推演到"本质"和"概念"的范围,其内容才逐渐具体和丰富起来,这个过程是与哲学史的发展进程相一致的。

黑格尔用历史观点来考察范畴的发展,他指出,当范畴已经摆在我们面前时,从一个范畴推进到另一个范畴是很容易的,但在历史上,从一个范畴推进到另一个范畴却往往要花费几百年。黑格尔以古希腊哲学为例,说明了范畴的这种发展。

黑格尔以古希腊哲学史上的三个学派来代表以下这个思维范畴的发展序列:

"存在"-"变易"-"自为的存在"。

在他看来,代表"存在"这个范畴的是爱利亚学派,特别是巴门尼德;代表"变易"的是赫拉克利特;代表"自为的存在"的是留基伯和德谟克里特。

黑格尔认为,爱利亚学派,特别是巴门尼德,开始把绝对本质理解为纯粹概念或被思维者,理解为概念或思维的运动,因此,他指出辩证法开始于爱利亚学派,因为他把辩证法理解为概念里的纯粹运动。在黑格尔看来,爱利亚学派否定感觉世界的真实性,而达到了所谓纯粹的思想,算是一个巨大的进步。特别是存在和

---

① 黑格尔:《哲学史讲演录》,第1卷,三联书店,第43页。

非存在的对立在巴门尼德那里更进一步明确了,巴门尼德已经超出了关于无限者的空疏概念,而认为只有必然性,只有"存在"才是真实的。黑格尔说真正的哲学思想从巴门尼德开始,因为他把哲学提高到思想的领域,黑格尔指出:"巴门尼德认'存在'为'绝对',他说:惟'存在'在,'无'不在。这须得认作哲学的真正开始点,因为哲学总是据思想以认识,而在这里第一次将纯思坚执住,并即以纯思本身作为认识的对象了。"① 应该指出,黑格尔自己的体系也是从"纯存在"这个范畴开始的,他认为这与哲学史上的爱利亚学派是相适应的。

黑格尔对赫拉克利特作了高度的评价,在他看来,赫拉克利特从"存在"的范畴进到了"变易"的范畴。真理被认作对立物的统一,绝对对立的范畴联成了一个东西,"变易"是"存在"与"无"的统一,"不仅发生属于变,而且消灭也属于变;二者不是孤立的,而是同一的……存在不存在,无亦不存在;无不存在,存在亦不存在;这就是二者同一的真理"②。黑格尔指出,赫拉克利特是第一次说出了无限的本质的人,他第一次把自然了解为自身无限的,把自然的本质了解为过程。在黑格尔的范畴推演系统中,"变易"是第一个具体的或真正的思想范畴,他以为这个阶段上的逻辑理念即相当于哲学史上的赫拉克利特的哲学。

黑格尔认为,留基伯和德谟克里特的原子论是紧接着赫拉克利特之后的一个哲学发展阶段,在这个阶段上首先提出了"一"、"自为的存在"的规定,而这样的规定是过去所没有的。黑格尔指

---

① 黑格尔:《小逻辑》,三联书店,第201-202页。
② 黑格尔:《哲学史讲演录》,第1卷,三联书店,第300页。

出,自为的存在是一个基本的必然的思想范畴,其他的存在是对我的否定,自为的存在则是对其他的存在的否定,因此,自为的存在是否定之否定或绝对的否定性。黑格尔说道:"'自为的存在'是一个伟大的原则。'变易'是从存在到无和从无到存在的转化,在这转化过程里,每一个都被否定了;但是建立一种理论,说两者〔即存在与无〕都存在着,单纯地在自身内,这就是'自为的存在'的原则,这原则在留基伯这里得到自觉,并成为绝对的规定。"① 黑格尔十分强调原子论者提出"自为的存在"这个原则的意义,他在《小逻辑》中也指出:"原子论的哲学在理念之历史的发展里构成一主要的阶段"②。

从以上黑格尔对于古希腊哲学第一阶段的评述我们可以看到,他认为思维范畴不是一成不变地现成存在着的,而是经历着一个漫长的发展过程,在这个发展过程中,有些新的范畴出现了,代替了旧的范畴,思维规定从起初的抽象的、贫乏的阶段逐渐向更具体、更丰富的阶段过渡。而哲学史上的这种思维范畴的发展大体上是同逻辑中的范畴的发展相一致的,当然,黑格尔也指出,有的逻辑中的范畴如"现有的存在"是哲学史上所没有的。黑格尔在研究古希腊哲学时,始终把主要注意力放在辩证法的发展上,他力求指出,古希腊辩证思想的发展进程是与逻辑理念的辩证发展过程一致的。

黑格尔关于逻辑与历史的一致的思想,虽然包含着合理因素,但是,作为一个唯心主义者,他对逻辑与历史的一致这个原理

---

① 黑格尔:《哲学史讲演录》,第1卷,三联书店,第330-331页。
② 黑格尔:《小逻辑》,三联书店,第225页。

的理解是不可能正确的。他往往为了顾全他自己的唯心主义的范畴系统,而粗暴地歪曲了哲学史的真相。他不遗余力地攻击唯物主义,抹杀唯物主义对哲学思维发展的作用和贡献,他或是把伟大的唯物主义者曲解为唯心主义者来壮大唯心主义阵营的声势,如对待赫拉克利特那样(对待在唯心主义和唯物主义之间摇摆不定的亚里士多德也同样如此),或是贬低唯物主义者的地位,如对待德谟克里特那样。列宁曾经指出,黑格尔对待德谟克里特正像后母对待继子一样。甚至为了表明唯心主义比唯物主义"优越",黑格尔硬把早于德谟克里特的不够彻底的唯物主义者阿那克萨哥拉歪曲成唯心主义者,并且把他排列在德谟克里特之后,作为古希腊哲学第一阶段的总结。为了迁就黑格尔本人的体系,他不顾唯物主义的伊奥尼亚学派的成就,夸大爱利亚学派的唯心主义学说的意义,把它作为哲学的真正开端,以适应他本人的逻辑体系的开端——"纯存在"的范畴。

恩格斯在《论马克思的"政治经济学批判"》一文中指出:"整个说来,经济范畴出现的先后,同它们在逻辑发展中是一样的……历史从什么开始,思维进程也应从什么开始,而思维进程的进一步的发展不过是历史过程在抽象的、理论上前后一贯的形式上的反映;这种反映是修正过的,但是它是依照着现实的历史过程本身的法则修正过的"①。这就是马克思主义的逻辑与历史的统一观。

逻辑与历史的一致绝不意味着可以为了凑合一定的逻辑体

---

① 参阅马克思:《政治经济学批判》,附录,人民出版社,第181页。

系而歪曲历史,相反地,首先必须以科学的客观态度充分尊重历史事实,才能正确地解释逻辑与历史的一致这个原理。黑格尔依据唯心主义原则来解决历史与逻辑的关系问题,虽然有时他依据"广大的历史知觉",在他的逻辑系统中提供了某些符合历史发展的成分,但有时却陷于独断主义,歪曲了历史。因此,黑格尔只是猜中了逻辑与历史的一致的原则,却没有正确地解释这个原则。

黑格尔对哲学史的解释抹杀了哲学史上唯物主义与唯心主义两大阵营的不调和的斗争,这个斗争在古希腊表现为德谟克里特路线与柏拉图路线的斗争,而黑格尔则完全采取调和矛盾的态度,把互不相容的哲学学说化为统一的哲学思维的发展过程中的环节。

在前面已经指出过,列宁把范畴称为"认识世界的过程中的一些小阶段",因此,把范畴与哲学史上的一定学说联系起来是有道理的。在黑格尔那里,逻辑学与哲学史是相互补充和相互印证的,所以恩格斯在给斯米特的信中说:"由于在黑格尔那里,每一个范畴都代表着哲学史上的一个阶段(像他大体上所指出那样),所以如果把《逻辑学》和他关于哲学史的讲演录——最大的天才著作之一——加以比较,那对于你将是有益的。"① 的确,我们的任务就在于深刻地揭示出黑格尔的逻辑学与哲学史的真实联系,吸收有用的、合理的成分,彻底地批判其独断的、杜撰的、反历史的成分,这样,才能批判地改造黑格尔关于逻辑与历史的一致的思想。

---

① 《马克思恩格斯通信选集》,德文版,第525页。

（四）黑格尔范畴论的神秘主义

我们不应该忘记：整个黑格尔哲学体系是建立在唯心主义的基础上的，在他那里，辩证的方法虽然与他的唯心主义体系发生尖锐的矛盾，但却并不像某些人所想的那样可以互相分开。黑格尔的辩证法同样贯串着唯心主义的精神，是唯心主义的辩证法，它与马克思主义的唯物辩证法是完全对立的，马克思在《资本论》的"跋"中就已明确指出了这一点。

黑格尔的范畴论不仅就其基础来说是唯心主义的，而且就其具体的推演方式来说也同样是唯心主义的。由于黑格尔的唯心主义在许多地方带有浓厚的神秘主义色彩，因此他的范畴论也同样充满了神秘主义。

唯心主义者黑格尔的范畴论带有浓厚的神秘主义色彩的根本原因在于：他不是从物质世界引申出范畴，而相反地却从范畴中引申出整个物质世界。于是他就面临着一个注定无法科学地解决的任务，那就是要在物质世界之外去探溯范畴的本源，也就是不得不仿效那个"万能的"耶和华创造亚当的办法把它捏造出来。黑格尔认为，范畴的本源是绝对理念、世界精神或可以称之为上帝的那种虚构出来的东西。在他看来，逻辑范畴是先于自然界和人而客观地存在的，是不依赖于人的意识的。

恩格斯在《自然辩证法》一书中指出了黑格尔的逻辑范畴的神秘性："范畴在他看来是先存在的东西，而现实世界的辩证法仅仅是它的反光"①。因此,在黑格尔那里,一切都被颠倒了,他的范畴推演系统脱离了它们所反映的真实的物质世界的发展过程,而完全变成了离开物质而独立的精神的自我发展。黑格尔这样写道:"逻辑学中的思想形式乃是一些纯粹的精神力量。这些思想的型式或范畴乃是事物内在的核心……研究这些逻辑型式的自身,认之为自身目的,还有一层较深远的意义,即表示我们乃是即从思想的本身将思想的型式推演出来,即从这些思想型式的本身来看它们是否是真的。"②在这一段话中,充分明显地暴露出黑格尔的范畴论的唯心主义和神秘主义的本质。他把逻辑范畴看作所谓"纯粹的精神力量",又把范畴说成是"事物内在的核心",这意思就是宣扬精神第一性、物质第二性的唯心主义原理,这种看法是黑格尔范畴论的基础,它不能不降低黑格尔的另外一些见解(例如,把范畴看作"外部存在和活动的无数局部性"的略语)的价值。至于他认为范畴自身就是研究范畴的目的,主张从思想本身中把范畴推演出来,更是一种极其荒谬的胡说。这无疑是要求脱离对物质世界的认识来抽象地考察范畴,并且完全脱离人们的物质实践来评判范畴的真实性,这实质上恰恰也就是黑格尔指责康德所犯的主要错误。

黑格尔在这里还有一个明显的矛盾:一方面,他坚持逻辑范畴存在于自然界和人之先;而另一方面,他又主张把范畴从思想本身中推演出来。于是就产生了一个棘手的问题:在自然界和人

---

① 恩格斯:《自然辩证法》,人民出版社,第167页。
② 黑格尔:《小逻辑》,三联书店,第95页。

之前有没有思想？自然科学对这个问题作了否定的回答，而黑格尔在这个问题上却与主张上帝创造世界的鄙俗的宗教教义同流合污，陷入了反科学的泥沼。实际上，黑格尔所说的那种存在于自然界和人之先的思想，只不过是脱离现实的人类思维的一种思辨的抽象，只不过是变相的上帝。

黑格尔认为，哲学的历史就是发现关于"绝对"的思想的历史，但要思想这个"绝对"，就要通过思维规定或范畴。黑格尔在这里所说的"绝对"，指的就是绝对理念。唯物主义者费尔巴哈对黑格尔的"绝对"作了尖锐的批判，他写道："在黑格尔看来，绝对是存在、实体、概念（精神、自我意识）。但是，仅仅被思想成存在的绝对；不是什么别的东西，只是存在。绝对如果被放在这种或那种规定、范畴里面思想，就完全融化为这种范畴、这种规定，因而除此以外，绝对仅仅是一个名称。"① 他还把黑格尔的"绝对"称为"抽去一切规定的抽象"，说它"只不过是陈旧的、神学-形而上学的、并非有限的、并非人性的、并非物质的、并非确定的、并非创造出来的实体或虚构——，被看成行动的先于世界的虚无"。② 费尔巴哈对黑格尔的这一批判是完全正确的，黑格尔追求一个绝对的型式（绝对理念），把它作为一切范畴的基础和归宿，费尔巴哈当然不能容忍这一点，他完全有理由把黑格尔的绝对理念看作神学-形而上学的虚构。费尔巴哈彻底揭穿了黑格尔逻辑学的这种神秘主义性质，他指出："黑格尔的逻辑学，是理性化

---

① 《关于哲学改造的临时纲要》，《费尔巴哈哲学著作选集》，上卷，三联书店，第102-103页。

② 同上，第102-103页。

和现代化了的神学,是化为逻辑学的神学。"①他把神学和黑格尔的逻辑学作了如下的对比:"神学的本质是超越的、被排除于人之外的本质。黑格尔逻辑学的本质是超越的思维,是被看成在人以外的人的思维。"②所以,在费尔巴哈看来,黑格尔哲学乃是神学最后的避难所和最后的理性支柱。

现代资产阶级学者却走着一条与费尔巴哈完全相反的道路,他们最为欣赏的恰恰就是黑格尔范畴论中的神秘主义因素,他们都把黑格尔的绝对理念奉为神明,大力吹捧。例如,史泰斯认为,"最后的范畴,绝对理念,是绝对的第一者,是'存在'和其他一切范畴的绝对基础和先决条件"③。而缪尔则在他的《黑格尔引论》一书的《范畴》这一章中写道:"范畴是'绝对'的明确的规定,哲学家之所以能够自以为能把它引申出来,仅仅是因为绝对精神是内在于他的思想的。归根结蒂,由于同样的原因,范畴乃是绝对精神的自我规定。"④总之,资产阶级学者对待黑格尔范畴论的态度,像他们对整个黑格尔哲学体系的态度一样,总是作这样那样的反理性主义的和神秘主义的解释,甚至加以公开的歪曲,力图拉他同现代唯心主义哲学合流,而完全阉割了他的学说中的辩证的合理因素。

绝对理念是黑格尔的范畴系统的内在灵魂,正因为黑格尔把范畴的推演看作绝对理念的自我发展,所以他的整个范畴系统,

---

① 《关于哲学改造的临时纲要》,《费尔巴哈哲学著作选集》,上卷,三联书店,第103页。
② 同上。
③ 史泰斯:《黑格尔哲学》,伦敦,1924年,第110页。
④ 缪尔:《黑格尔引论》,牛津,1940年,第112页。

特别是范畴的转化和过渡都不能不带有神秘主义的性质。现在我们以黑格尔《逻辑学》中的第一部分《存在论》作为例子来说明他的范畴系统的神秘性,因为这一部分特别抽象和晦涩,最明显地暴露了黑格尔范畴论的根本错误。

黑格尔认为,"存在"只是潜在的概念,"存在"这个范畴以及从"存在"中推出的范畴,乃是一般的逻辑上的范畴,而且"这些范畴也可以认作对于绝对的界说,或对于上帝之形而上学的界说"①。黑格尔一开始便捧住"绝对"和上帝,并且把"绝对"看成是表示上帝的最高的范畴,这并不是偶然的,因为如果不是这样,那末他的范畴体系就缺乏唯心主义的基础。列宁把黑格尔的这种言论斥之为"呓语",把它视作糟粕而坚决加以抛弃。

黑格尔把"纯存在"这个范畴作为逻辑学的开端,在他看来,最初的开端不能是任何有间接性的东西,不能有任何规定,"纯存在"就是这样的东西,它是一个纯粹的抽象,正因为如此,所以"纯存在"和"纯无"是同一个东西。

从"纯存在"开始,也就是意味着从共相开始,而不是从现实的存在开始。费尔巴哈一针见血地驳斥了黑格尔的这种根本错误的观点,他在《黑格尔哲学批判》中问道:"黑格尔是从存在开始,也就是说,是从存在的概念或抽象的存在开始。为什么我就不能从存在本身,亦即从现实的存在开始呢?"②费尔巴哈坚定地捍卫了物质第一性的唯物主义原理,坚持客观世界的实在性,并且认为客观实在是先于我们关于它们的概念的。他说:"感性的、

---

① 黑格尔:《小逻辑》,三联书店,第197页。
② 《费尔巴哈哲学著作选集》,上卷,三联书店,第51页。

个别的存在的实在性,对于我们来说,是一个用我们的鲜血来打图章担保的真理。"① 应该指出,费尔巴哈虽然是从人本主义的立场来批判黑格尔的,因而有着他本身的局限性,但是,就他批判黑格尔哲学的开端这一点而论,则是非常正确而深刻的。

在《精神现象学》中,黑格尔是从感性确定性开始的,但基本精神却和《逻辑学》的开端完全一致。在他看来,感性确定性或直接的感性知识虽然似乎是最丰富、最真实的,但是,事实上它所提供的是最抽象、最贫乏的真理。感性确定性只能使我们知道"这一个",一点也不更多。黑格尔考察了"这一个"的两个存在形式:"这时"和"这里"。"这时"是什么?如果我们回答说,"这时是夜晚",那末一到正午,它就失去真理性,但"这时"却保存着,不过是作为"这时是白天"的"这时"而保存着。可见,"这时"是常在的,白天和夜晚都被它否定,它永远是单纯的"这时"。对"这里"来说,情形同样如此。"这里是一棵树",但一转身,这里就不是树,而是一座房子,"这里"本身并不消失,而常在于房子、树木等等的消失之中。因此,"这一个"自身表明为间接的单纯性或普遍性,黑格尔写道:"一个这样的单纯的东西,它通过否定作用而存在,它既不是这一个,也不是那一个,一个非这一个,而同样又毫无差别地既是这一个又是那一个——像这样的东西我们就叫做普遍的东西(或共相),事实上就是感性确定的真理。"② 黑格尔又指出,由于感性确定证明共相是它的对象的真理,所以"纯存在"就仍然是它的本质,但这个"纯存在"不是一般所说的

---

① 《黑格尔哲学批判》,《费尔巴哈哲学著作选集》,上卷,三联书店,第68页。
② 黑格尔:《精神现象学》,德文版,1952年,第82页。

存在，而是具有抽象性和纯粹普遍性的特性的存在。

在这里，黑格尔哲学的抽象性和思辨的神秘性暴露无遗，正如费尔巴哈所指出的那样，黑格尔不是从思想的对方开始，而是从关于思想的对方的思想开始，因此黑格尔过分夸大了共相（一般）的意义，进而否认感性存在的实在性。费尔巴哈机智地驳斥了黑格尔关于"这时"、"这里"的唯心主义谬论。黑格尔说，这里是树，我转过来，这个真理就消失了；费尔巴哈挖苦他说："当然，在现象学中，只要说句把话就转过身来了；可是在实际上，当我必须把我的笨重的身体转过来的时候，那个'这里'仍然作为一种非常实在的存在在我的背后向我显示着。树限制了我的背；它把我推出它原来占据的地位。"① 正因为黑格尔不承认感性存在物的真理性和实在性，否认共相是感性存在物的抽象概括，而坚持共相的独立存在，所以他就不能正确地说明范畴的起源，而不得不虚构出一个"纯存在"来作为他的范畴系统的开端，并且把它同"绝对"、上帝联系在一起。

黑格尔的"纯存在"既然只是一个纯粹无确定性的抽象，因此他又把它看作绝对的否定，也就是"无"。照他说来，"纯存在"是不可言说的，它与"无"的区别，只是单纯的指谓上的区别。"存在"与"无"是同一的，因此它们的真理乃是两者的统一——"变易"。黑格尔对"变易"这一范畴十分重视，说它是第一个具体思想、第一个概念、第一个真正的思想范畴，并且强调在变易中的"存在"与"无"的统一，是不安息的，也就是说，是自己反对自

---

① 《黑格尔哲学批判》，《费尔巴哈哲学著作选集》，上卷，三联书店，第69页。

己的。相互过渡是变易的原则,变易的结果就是"现有的存在","现有的存在"是具有一种性格的"存在",而这种直接存在的性格就是"质"。在黑格尔看来,"现有的存在"的范畴内才有某物,抽象的存在是先于具体的存在的。但某物由于其某种质,所以是有限的,内在矛盾驱使"现有的存在"不断地超出自己,达到无限,这就是"现有的存在"的理想,而这种理想便表现为"自为的存在","自为的存在"就是自身存在之物,排斥他物之物,也就是"一"。

列宁指出了黑格尔的这种抽象思辨的神秘性,他写道:"为什么自为的存在是一,我不明白。依我看来,在这里黑格尔是非常晦涩难懂的。"[①]列宁揭穿了黑格尔的真正用意:"一般说来,黑格尔之所以用得着自为的存在这一套东西,想必也是为了引申出'质是如何转化为量的'……这些东西给人一种非常勉强而又空洞的印象。"[②]

确实是这样的,黑格尔之所以要杜撰出"自为的存在"这个范畴,就是为了要便于从质过渡到量。依他说来,"自为的存在"扬弃其自身,因而在其全部发展过程中扬弃其质,这种被扬弃了的质,是中立于任何确定性的存在,也就是"量"。应该认为,黑格尔的这种思辨的范畴推演法是神秘的,它并没有任何现实的根据。黑格尔以为,我们观察事物时是从质开始然后推及量的,因此可以印证从质到量的范畴推演次序。就这一点而论,黑格尔正

[①] 《黑格尔〈逻辑学〉一书摘要》,《列宁全集》,第38卷,人民出版社,第116页。

[②] 同上,第118页。

与康德相反,因为康德是把量置于质之前的。姑且不论黑格尔和康德谁是谁非,但是,把观察事物的次序当作事物本身发展的次序却总是荒谬的。大家都知道,每一事物本身都是质与量的统一,我们既无法把两者割裂,也不能呆板地分出它们的先后。只要不在概念中绕圈子,就不难看出黑格尔的范畴推演只是神秘的臆造。

黑格尔关于量的叙述也是同样晦涩的,他用同样的三段式把量分为三个阶段:纯量、限量和等级。但在这里,我们没有必要去重复他的那一套神秘主义的议论了。

从以上我们关于黑格尔《逻辑学》中"存在论"范围内的范畴推演的简要叙述中可以看出,如果脱离了客观的事物辩证法,概念辩证法会把真实的世界发展图景歪曲到何等令人吃惊的地步!我们决不否认黑格尔在"存在论"中发挥了许多辩证法思想,但同样不容否认的是,他的整个逻辑范畴推演是一个杜撰的充满了神秘主义的图式,他把他的辩证方法与唯心主义思想完全搅合在一起了。他虽然处处从对立统一的观点出发,特别重视范畴自身的必然性,但是,神秘的潜在说,使他无法真正把握范畴自身的必然性,这是不可辩驳的事实。他在《小逻辑》里写道:"哲学推演的历程,如果要有方法性或必然性的话,只是把涵蕴在概念中的道理,加以明白的发挥罢了。"① 这充分暴露出他的范畴推演是建立在神秘的潜在说的基础上的。

为了深刻地理解黑格尔范畴论的神秘本质,列宁的以下这个

---

① 黑格尔:《小逻辑》,三联书店,第205页。

指示对我们有很大的帮助:"唯心主义的实质在于:把心理的东西作为最初的出发点;从心理的东西引出自然界,然后再从自然界引出普通的人的意识。因此,这种最初的'心理的东西'始终是把冲淡了的神学掩盖起来的僵死的抽象概念。例如,任何人都知道什么是人的观念,但是脱离了人的和在人出现以前的观念、抽象的观念、绝对观念,却是唯心主义者黑格尔的神学的虚构。"①黑格尔的根本错误正在于此,因此只有从唯物主义的原则出发,才能真正揭露黑格尔的范畴推演系统的谬误。有的唯心主义者,例如新黑格尔主义者克罗齐也对黑格尔的范畴系统表示不满,指责它为独断论②,但是,由于新黑格尔主义比黑格尔主义更倒退,因此在批判黑格尔的时候往往犯了比黑格尔更严重的错误,像克罗齐就是以更为神秘的直觉主义来代替黑格尔的神秘主义,他对黑格尔的批评基本上是一种来自右面的批评。

黑格尔的神秘的范畴推演法不仅运用于他的《逻辑学》中,而且也运用于所谓应用逻辑学,即自然哲学和精神哲学的各部门中。

例如,在黑格尔的《法哲学原理》中就充斥着神秘主义的逻辑范畴推演,马克思曾经指出,逻辑范畴在那里的运用很值得我们进行专门研究。马克思在他的《黑格尔法哲学批判》中彻底揭露了黑格尔的神秘主义,并予以毁灭性的批判。

黑格尔在《法哲学原理》第二六二节中写道:"现实的理念,

---

① 《唯物主义和经验批判主义》,《列宁全集》,第14卷,人民出版社,第237页。
② 参阅克罗齐:《黑格尔哲学中的活东西和死东西》。

即精神,把自己分为自己概念的两个理想性的领域,分为家庭和市民社会,即分为自己的有限性的两个领域,目的是要超出这两个领域的理想性而成为自为的无限的现实精神,于是这种精神便把自己这种有限的现实性的材料分配给上述两个领域,把所有的个人当做群体来分配,这样,对于单个人来说,这种分配就是以情势、任性和本身使命的亲自选择为中介的。"①

马克思指出,"这一节集法哲学和黑格尔全部哲学的神秘主义之大成"②,因为黑格尔把家庭和市民社会看作国家的概念领域,看作国家的有限性的领域,而国家之所以要把自己划分为这两个领域,其目的就是要超出这两个领域的理想性而成为自为的无限的现实精神。马克思揭穿了黑格尔的这种手法,他写道:"所谓'现实的理念'(即无限的现实的精神)被描述成似乎是按照一定的原则和抱着一定的目的而行动的。它把自己划分为有限的领域;它这样做是为了'返还于自身,成为自为的',同时,它这样做,是要使结果恰恰成为在现实中存在的那样。逻辑的泛神论的神秘主义在这里已经暴露无遗。"③

黑格尔在这里也把一切都头脚倒置起来了,他把理念变成了独立的主体,而家庭和市民社会对国家的现实关系则变成了理念所具有的想象的内部活动。实际上,家庭和市民社会是国家的前提,但在这里却变成了和它们自身不同的、非现实的、理念的客观

---

① 转引自《马克思恩格斯全集》,第1卷,人民出版社,第249页。
② 《黑格尔法哲学批判》,《马克思恩格斯全集》,第1卷,人民出版社,第253页。
③ 同上,第250页。

要素。本来是家庭和市民社会把自己变成国家,它们本身是原动力,但黑格尔却认为它们是由现实的理念产生的。因此,马克思指出,家庭和市民社会到政治国家的推移,"不是从家庭的特殊本质等等中引申出来,也不是从国家的特殊本质中引申出来,而是从必然性和自由的普遍的相互关系中引申出来的。这正是黑格尔在逻辑中所玩弄的那种从本质领域到概念领域的推移。在自然哲学中也玩弄这种推移——从无机界到生物界的推移。永远是同样的一些范畴时而为这一些领域,时而为另一些领域提供灵魂。总之,就是在替各个具体规定寻求适应于它们的抽象规定"①。在这里,马克思尖锐地批判了黑格尔的方法的根本错误,黑格尔不是从具体的对象中引申出它的发展,而是把他的逻辑学的范畴推移图式硬加于具体的对象。所以马克思进一步指出,黑格尔"不是从对象中发展自己的思想,而是按照做完了自己的事情并且在抽象的逻辑领域中做完了自己的事情的思维的样式来制造自己的对象。黑格尔要做的事情不是发展政治制度的现成的特定的理念,而是使政治制度和抽象理念发生关系,使政治制度成为理念发展链条上的一个环节,这是露骨的神秘主义"②。

马克思在《黑格尔法哲学批判》里还揭露了黑格尔的泛逻辑主义的错误:黑格尔在《法哲学》中所注意的中心不是法哲学,而是逻辑学;不是事物本身的逻辑,而是逻辑本身的事物;他不是用逻辑来论证国家,而是用国家来论证逻辑。这种泛逻辑主义使黑

---

① 《黑格尔法哲学批判》,《马克思恩格斯全集》,第1卷,人民出版社,第254页。
② 同上,第259页。

格尔陷入牵强附会的独断主义的泥沼,把具体科学的范畴与逻辑范畴加以主观的不适当的类比,而不能不走向神秘主义。

黑格尔的这种逻辑的神秘主义也同样表现在他的《美学》中,在这里,我们只能简赅地指出这一点。

黑格尔的美学和他的整个客观唯心主义思想是分不开的,他把美看作理念(绝对精神阶段上的理念)发展上的一个阶段,并且从理念自身的发展去考察美和艺术。在黑格尔看来,绝对精神依次地表现在艺术、宗教和哲学中,在艺术中,绝对精神以形象出现;在宗教中以表象出现;而在哲学中,则以概念出现。因此,美和艺术只不过是黑格尔的整个体系中的一个过渡的环节。

在《美学》中,黑格尔同样地运用他的从精神-自然-精神的逻辑推移法,照他说来,美作为理念是先于自然界的,并且表现为一般的美的概念。黑格尔写道:"一切存在的东西只有在作为理念的一种存在时,才有真实性。因为只有理念才是真正实在的东西。这就是说,现象之所以真实,并不由于它有内在的或外在的客观存在,并不是由于它一般是实在的东西,而是由于这种实在是符合概念的。"① 理念在先,它是绝对的第一性,当它与它的外在现象处于统一体时,它就是美的,因此黑格尔对美下了这样的定义:"美就是理念的感性显现。"② 在这里,黑格尔又施用了受到马克思斥责的那种"精神生出自然界,儿子生出母亲"的惯技,把美"推演"出来了。

在肯定了美的理念的第一性后,黑格尔把理念推广到自然

---

① 黑格尔:《美学》,人民文学出版社,第137页。
② 同上,第138页。

界，他认为理念的最浅近的客观存在就是自然，第一种美就是自然美。但是，在黑格尔看来，自然美是低级的美，因为美的理念在自然界中被物质事物弄模糊了，只有当美的理念从自然界回返到精神时才能充分地表现自己。因此，黑格尔说，"只有艺术美才是符合美的理念的实在"①。

黑格尔在划分艺术发展阶段时，也是武断地使艺术史凑合他的逻辑演绎三段式。他划分了三种艺术类型：象征主义艺术（东方艺术），古典艺术（古希腊罗马艺术）和浪漫主义艺术（基督教艺术）。照他的说法，在象征主义艺术（他认为主要是建筑）中，形式与内容没有达到和谐的统一，形式对内容来说还是外在的，物质材料对理念占着优势，因此这是低级的艺术美。在古典艺术（他认为主要是雕塑）中，实现了形式与内容的和谐结合，物质材料与理念融为一体，因此这种艺术美是卓绝的。在浪漫主义艺术（他认为主要是绘画、音乐和诗）中内容压倒了形式，美的理想达到了最高点，艺术和谐开始瓦解，于是绝对精神就不再停留在艺术的领域内，而向宗教的领域过渡了。

不难看出，在美学中，也像在其他学科中一样，黑格尔的这种神秘的泛逻辑主义往往妨碍他从辩证法的观点去深刻地揭露客观现实的真正发展规律性，而有意无意地歪曲了他所研究的对象的真实面貌。

上面我们对黑格尔范畴论及其具体运用中的神秘主义作了简略的考察，我们认为黑格尔的客观唯心主义是造成他的神秘主

---

① 黑格尔：《美学》，人民文学出版社，第179页。

义的根本原因,不过,片面地运用他的由抽象到具体的方法,也是一个不可忽视的原因。马克思曾经在《政治经济学批判》一书里指出,作为一种研究方法,从抽象上升到具体显然是科学上正确的方法,"具体之所以为具体,因为它是许多规定的总结,因而是复杂物的统一(Einheit des Mannigfaltigen)。因此,在思维中它表现为总结的过程,表现为结果而不是表现为出发点……因而黑格尔陷入幻想,把实在理解为自行总结、自行深化与自行运动的思维之结果。其实由抽象上升为具体的这种方法,仅仅是思维掌握具体而把它当作一个精神上的具体来再生产的方法。但决不是具体本身的产生过程"[①]。在这里,马克思既指出了从抽象到具体的方法作为一种科学研究方法的合理性,同时也指出了把它夸大为现实的产生过程的错误性。费尔巴哈也严厉地批判了黑格尔的这种方法,但他的批判却远没有达到马克思的辩证法的水平。他只看到这种方法的错误,而没有理解到它作为一种科学研究方法的合理意义。

我们批判黑格尔范畴论的神秘主义,并不是意味着一笔抹杀他对范畴学说的历史贡献,恰恰相反,我们要批判他的学说中的糟粕,正是为了要恰当地确定他在哲学史上所应占的地位,这样才能使其精华部分不为其糟粕部分所淹没。

[①] 马克思:《政治经济学批判》,人民出版社,第163页。

二、黑格尔《逻辑学》中"本质论"的若干范畴

前面我们已经概略地叙述了黑格尔范畴论中的合理因素和唯心主义的、神秘主义的糟粕，为了进一步分析批判黑格尔的学说，我们有必要来考察一下他对若干范畴的具体阐述。我们选择黑格尔《逻辑学》中"本质论"的若干范畴作为探讨的对象，这不仅是因为"本质论"是黑格尔《逻辑学》的"最重要的部分"①，而且是因为黑格尔在这部分中涉及一些最主要的哲学范畴，因此他的范畴论的精华与糟粕在这部分中表现得最为鲜明。

为了论述的方便，我们大体上按照黑格尔本人的逻辑推演系统依次地探讨他的《逻辑学》中"本质论"的诸范畴。但这决不是意味着我们承认黑格尔的逻辑推演系统是合理的，我们在前面已经指出过，由于黑格尔的唯心主义的理念论和神秘主义的潜在说，他的逻辑推演系统基本上是杜撰出来的、牵强附会的、独断的。

下面我们就来考察一下黑格尔对这些范畴的阐述，并试图评价黑格尔的贡献，批判他的错误。

---

① 恩格斯：《自然辩证法》，人民出版社，第39页。

（一）矛盾

首先必须说明，矛盾这个范畴是黑格尔的逻辑推演系统的灵魂。它像一条红线似地始终贯串在整个黑格尔哲学体系之中，因此，严格地说，不能把这个范畴只看作是黑格尔《逻辑学》中"本质论"的范畴。

我们之所以要从矛盾这个范畴开始，是因为对立面的统一和斗争这一辩证法规律，黑格尔主要是在《逻辑学》的"本质论"中阐明的，恩格斯在《自然辩证法》一书中就曾经指出过这一点。而对立面的统一和斗争规律所研究的中心问题就是矛盾的产生、发展和转化的问题，因此"本质论"的主要问题也就是矛盾及与之相关的范畴问题。从这一点可以看出，如果不先阐明黑格尔关于矛盾的学说，就无法深刻地理解他的《逻辑学》中的"本质论"。

列宁在《谈谈辩证法问题》一文的开头便指出："统一物之分为两个部分以及对它的矛盾着的部分的认识……是辩证法的实质（是辩证法的'本质'之一，是它的主要的特点或特征之一，甚至是它的最主要的特点或特征）。黑格尔也正是这样提问题的。"[①]正因为黑格尔到处揭示出对立面的矛盾，并把矛盾作为注意的焦点，所以就在我们对世界的认识方面开辟了一个新的方向，系统地阐述了辩证的方法。

在黑格尔看来，矛盾是无所不在的、普遍的，他写道："天地

---

① 《谈谈辩证法问题》，《列宁全集》，第38卷，人民出版社，第407页。

间绝没有任何事物,我们不能或不必在它里面指出矛盾或相反的特性。"① 在《逻辑学》一书中,黑格尔提出了这样的命题:"一切事物在其自身中都是矛盾的",并且认为这个命题和其他命题比起来最能表现事物的真理和本质。

应该指出,黑格尔认为"一切事物在其自身中都是矛盾的"这个命题最能表现事物的真理和本质的这种见解,在哲学思想发展史上是一个创见。

我们知道,在哲学史上,矛盾问题始终是哲学家所探讨的一个题目,但它从没有取得像它在黑格尔那里所取得的这样高的地位。黑格尔以前的哲学家,除了极少数以外,对矛盾问题都或多或少地抱有形而上学的观点,或对矛盾的真实性表示怀疑。

形而上学是根本否认事物自身中包含矛盾的,它只承认各个不同的事物之间可能存在矛盾,换句话说,它绝对否认事物的内部矛盾,而坚决主张事物自身的绝对同一性。恩格斯写道:"旧的形而上学意义下的同一律是旧的世界观的基本原则:$a = a$。每一事物和它自己相同。一切都是永久不变的,太阳系、星体、有机体都是如此。"② 在形而上学看来,一个事物或是存在,或是不存在;一个事物不能同时是它自己而又是其他事物;正与反是绝不相容的,正如黑与白、美与丑、真理与谬误是绝对互相排斥的一样。总之,形而上学的金科玉律就是:"是－是,否－否;除此以外,就是鬼话"。

由于否认事物的内在矛盾,坚持事物自身的抽象的同一性,

---

① 黑格尔:《小逻辑》,三联书店,第210页。
② 恩格斯:《自然辩证法》,人民出版社,第178页。

形而上学就不把事物当作处于运动过程中的东西,而把它看作处于静止状态中的永恒不变的东西。形而上学往往把事物孤立起来,不顾事物与外界的联系,而片面地加以观察。因此,形而上学是"关于事物的科学——并非关于运动的科学"①。

严格说来,这种形而上学的思维方法是在中世纪以后自然科学发展的基础上最后形成的,而由英国人培根和洛克移植到哲学中去,构成形而上学的世界观。但是,广义地说,形而上学的思维方法早在古代就已经有了萌芽,甚至某些对辩证法的制定颇有贡献的大哲学家如亚里士多德,也难免犯有形而上学的错误。大家都知道,亚里士多德曾经作过一些关于事物内部矛盾性的辩证的猜测,但是,他一般只把事物内部的对立面统一限制在可能性(他称之为潜能)的范围内。他认为每一潜能中总是包含正反两项,譬如说,人既可能做好事,也同样可能做坏事,既可能健康,也可能患病。他甚至提出了这样一个值得深思的问题:"活人是否是可能性中的死人呢?"然而,当亚里士多德谈到现实这一范畴时,就否认现实中有正反两项对立面的同时存在,而作出了现存事物不可能有内部矛盾的错误结论。他把形式逻辑的矛盾律奉为最高的思维原则,他的中心思想是:不能认为既肯定同时又否定某个东西的做法是正确的,那末(在某一东西中)也就不可能同时存在相互对立的规定。②在这里,很明显地可以看出亚里士多德哲学的形而上学的局限性。这种否认事物内部矛盾的形而上学观点,在后来,特别是在十七-十八世纪机械论世界观占统治地

---

① 恩格斯:《自然辩证法》,人民出版社,第168页。
② 参见亚里士多德:《形而上学》,第4卷,第3、4章。

位的时期,得到了进一步的发展,并且获得了广泛的传播。

除了否认事物的矛盾性的形而上学者以外,还有一些哲学家,他们虽然并不否认事物和现象的内部矛盾性,但却怀疑这种矛盾的真实性,或是把矛盾限制在一定的范围内。例如,被黑格尔称为"辩证法的创始者"的芝诺,他首先指出了运动的矛盾性,但他认为正由于运动的观念中包含有矛盾,所以运动是不真的,它不能享有真正的存在,并且他还提出著名的四个证明来反驳运动,企图借以指出运动没有真理性。黑格尔关于这一类哲学家写道:"理智的抽象作用坚强地执着一片面的性质,且竭力抹杀并排斥对其中所包含的另一性质的意识。只要我们于任何对象或概念里发现了矛盾,总惯常作这样的推论说:这个对象既然有了矛盾,所以就是无物。"① 又如德国古典哲学的著名代表、黑格尔的前驱康德,曾经提出过对以后的哲学思维的发展起过一定作用的所谓二律背反,也就是说,理性在认识世界时必然会陷于矛盾,因为对于同一对象的两种相反的论断都有同样的必然性。康德认为,知识之所以陷于矛盾,并不是由于偶然的主观错误,而是由于思想要去认识无限时,思想自身就有陷于矛盾的趋势,这种矛盾是理智范畴本身所引起的,因而是本质的、必然的。康德的这种见解含有合理的辩证因素,但他所说的矛盾并不是存在于对象本身之中,而只是存在于人的理性之中。黑格尔责备康德说:"他的解答只出于对世界事物的一种过度的温情主义。他似认为世界的本质是不应具有矛盾的污点的,只好说是矛盾仅是由于思想的

---

① 黑格尔:《小逻辑》,三联书店,第210—211页。

理性，或心灵的本质。"① 因此，康德认为矛盾只是限于人的主观的领域，即理性的范围内，并不是客观世界所固有的一种本质，而且康德所列举的理性矛盾在宇宙论中只限于四种二律背反，并不具有普遍的性质。

黑格尔驳斥了所有这些错误的观点，在《逻辑学》中，他发表了一段精彩的议论。黑格尔说："通常人们总是先把矛盾从事物、从一般存在的和真实的东西中排除出去，他们断言没有任何矛盾的东西。然后，反过来又把矛盾推到主观的反思中，似乎主观的反思通过联系和比较才造出了矛盾。但就是在这个反思中矛盾其实也是不存在的，因为矛盾的东西是不能想象的，不可思索的。总之，不论在现实中或在思维的反思中，矛盾都被认为是某种偶然的东西，好像是一种不正常的现象，或者是一种暂时性的病态的发作。

"但是，至于有人硬说没有矛盾，硬说矛盾不是存在着的什么东西，那我们倒不必因这种论断而担心……普通的经验本身证明，至少许多矛盾的事物、矛盾的结构等等是存在着的，它们的矛盾不仅包含在外在的反思中，而且也包含在它们自身中。其次，不应当认为矛盾只是在某些地方遇到的不正常现象：矛盾是在其本质规定中的否定的东西，它是一切自己运动的原则，而自己运动就是矛盾的表现。外部的感性运动本身就是矛盾直接的现有的存在。某物之所以运动，不仅因为它在这个'此刻'在这里，在那个'此刻'在那里，而且因为它在同一个'此刻'处在这

---

① 黑格尔：《小逻辑》，三联书店，第143页。

里而又不处在这里,因为它同时又在又不在同一个'这里'。我们应当承认古代辩证论者所指出的运动中的矛盾,但是不应当由此得出结论说,运动因此是不存在的,相反地,应当说,运动就是存在着的矛盾本身。"①

因此,在黑格尔看来,矛盾是事物本身所固有的。没有矛盾,就没有世界,就没有运动。用黑格尔的话来说,在一切种类的对象里,在一切表象、概念和理念中,都可以发现矛盾,而且认识一切对象的矛盾性乃是哲学思考的本质。黑格尔在这里所说的哲学思考,实际上也就是指的辩证的思想方法。在哲学史上,黑格尔的最大功绩就在于他第一个把整个自然界、历史和精神的世界看成一个矛盾的过程,也就是认为它处于不断的运动和发展中,从而结束了把世界看成一成不变的形而上学观点的统治。

根据黑格尔的矛盾学说,本质的最初的规定是同一,然后通过差别(而在这阶段上又通过绝对的差别、杂多和对立)而达到矛盾,矛盾是有规定性的本质或反思的规定的发展过程中的第三个,也就是最后一个环节。因此,黑格尔反对把同一和矛盾形而上学地割裂开和对立起来,按照他的看法,矛盾毋宁说是从同一转化出来的,同一本身就孕育着矛盾。其次,他认为矛盾并不是一下子就以最终的尖锐形式表现出来,而首先要采取差别和对立这样一些较低级的形式。但是,黑格尔的意思决不是说,矛盾只出现在事物发展的最后阶段(例如某些机械论者就曾经作过这种反辩证法的错误解释),相反地,黑格尔认为事物的发展过程中存

---

① 黑格尔:《逻辑学》,转引自《列宁全集》,第38卷,人民出版社,第145-146页。

在着自始至终的矛盾运动。

但是,承认矛盾的普遍性和客观的、真实的存在,还只是黑格尔矛盾学说的一部分,而且并不是最重要的部分。黑格尔辩证法的真髓就在于它把矛盾和发展联系起来,把矛盾看作发展的泉源和动力。

黑格尔写道:"同一和矛盾相反,它只是简单的直接的僵死存在的规定;而矛盾却是一切运动和生命力的根源;事物只因为在本身之中包含着矛盾,所以它才能运动,才具有趋向和活动。"① 因此,黑格尔到事物的内部去寻找发展的原因,强调事物的必然的自己运动。他接着写道:"某物之所以是有生命的,只是因为它本身包含着矛盾,因为它正是那种能够把矛盾包括于自身并把它保持下来的力量。如果现存的某物不能在自己肯定的规定中同时转化为自己否定的规定,并且使一方面保持在另一方面中,如果它不能在自身中包含矛盾,那末这个某物就不是活生生的统一体,就不是根据,它会通过矛盾而消灭。"②

后来列宁在总结哲学史上两种基本的发展观点,即形而上学的观点和辩证法的观点时指出,辩证法把发展看作对立面的统一,并且说,"要认识世界上一切过程的'自己运动'、自生的发展和蓬勃的生活,就要把这些过程当做对立面的统一来认识"③。毫无疑问,黑格尔对于发展的理解也正就是辩证的观点。

黑格尔总爱说这样一句话:"矛盾引导前进"。他正是从这个

---

① 黑格尔:《逻辑学》,转引自《列宁全集》,第38卷,人民出版社,第145页。
② 同上,第147页。
③ 《谈谈辩证法问题》,《列宁全集》,第38卷,人民出版社,第408页。

角度去观察自然界、精神和社会历史的发展,因此作出了许多辩证的猜测。在精神现象学(马克思把它叫作黑格尔哲学的真正来源和秘密,恩格斯把它称为与精神胚胎学和精神古生物学相类似的学问)、逻辑学、自然哲学、历史哲学、法哲学、哲学史、美学等等中,黑格尔都力求找出贯串其中的发展线索,把它们看作矛盾的发展过程。因此,尽管由于他的哲学体系是建立在唯心主义的沙滩之上的,所以整个说来是根本错误的,但贯串在他的体系中的发展观点却向我们指明了一种认识世界的辩证方法。

马克思主义经典作家对黑格尔的矛盾学说给予很高的评价,列宁写道:"运动和'自己运动'(这一点要注意!自生的〔独立的〕、天然的、内在必然的运动),'变化','运动和生命力','一切自己运动的原则','运动'和'活动'的'动机'(Trieb)——'僵死存在'的对立面,——谁会相信这就是'黑格尔主义'的实质、抽象的和 abstrusen(晦涩的、荒谬的?)黑格尔主义的实质呢??"[①]他接着又指出,必须揭发、理解、拯救、解脱、清洗这种实质,并且说马克思和恩格斯已经做到了这点。

黑格尔的矛盾学说是他的哲学思想中最有价值的一部分,其积极意义已如上述,但是,我们在继承这份遗产时,必须要"清洗"它。黑格尔哲学的唯心主义性质和妥协性,也同样有害地影响到他对矛盾的理解,所以我们有必要把"合理的内核"从这种有害的影响下"拯救"出来。

那末黑格尔的矛盾学说有什么错误和缺点呢?首先,黑格尔

---

① 《黑格尔〈逻辑学〉一书摘要》,《列宁全集》,第38卷,人民出版社,第147页。

哲学的根本错误的前提使他不能正确地认识矛盾的真实性质,他主要到概念和逻辑范畴中去发现矛盾,并且抽象地把矛盾从"差别"和"对立"中引申出来,而不把矛盾看作是自己发展的客观存在的反映。黑格尔虽然并不否认客观现实中存在着矛盾,但他只是从概念、逻辑范畴的矛盾出发猜到了客观事物的矛盾,他把精神领域内的矛盾看成第一性的东西,把物质领域内的矛盾反而看成第二性的东西,这显然是本末倒置的唯心主义的错误。第二,黑格尔对矛盾解决的看法具有更严重的缺陷,在这里,黑格尔体系的保守方面显然是占上风的。按照黑格尔的说法,矛盾在根据中得到了调和,而黑格尔所强调的正是矛盾的调和以及调和矛盾的所谓中介作用。马克思把这一点看作黑格尔学说的反动的、保守的本质,而对之进行了尖锐的批判,马克思在《黑格尔法哲学批判》中写道:"真正的极端之所以不能被中介所调和,就因为它们是真正的极端。同时它们也不需要任何中介,因为它们在本质上是互相对立的。"① 又指出:"黑格尔的主要错误在于他把现象的矛盾理解为本质中的理念中的统一,而事实上这种矛盾的本质当然是某种更深刻的东西,即本质的矛盾。"② 显然,马克思所强调的正是矛盾的对立面之间的斗争,并且认为这种斗争是无法调和的,从而得出了真正革命的结论。列宁进一步发展了马克思主义关于矛盾与对立面斗争的学说,他指出:"对立面的统一(一致、同一、同等作用)是有条件的、暂时的、易逝的、相对的。相

---

① 《黑格尔法哲学批判》,《马克思恩格斯全集》,第1卷,人民出版社,第355页。
② 同上,第358页。

互排斥的对立面的斗争则是绝对的,正如发展、运动是绝对的一样。"① 在这一点上也明显地表现出马克思主义辩证法与黑格尔辩证法之间的对立。第三,黑格尔的发展观点是不彻底的,带有半途而废的妥协的性质。依据辩证法的观点,发展是绝对的、无限的,根本不能为它设想出一个终点。"在辩证法哲学看来,并没有什么一成不变的、绝对的、神圣的东西。辩证法哲学认为一切和任何事物中都有着不可避免的灭亡的印迹;在它看来,除了不断的发生和消灭的过程,除了无穷的由低级进到高级的上升过程以外,没有任何东西是永存的。"② 但是,黑格尔却屈服于他的保守的体系的要求,违背了辩证法,把绝对理念的自我认识宣布为世界发展的终点,而在社会发展方面,则把卑污的威廉第三的容克贵族专政的君主政体说成是绝对精神的体现,仿佛它是社会历史发展的最高峰。这一切都说明黑格尔的发展观点是不彻底的。不仅如此,黑格尔所理解的发展还是有限制的。在黑格尔看来,真正的发展只发生在概念和思维的领域内,自然界在时间上是不发展的,它只是机械地重复已经发生了的过程。这显然是对世界发展的真实图景的严重歪曲,因为概念的发展实际上只不过是现实世界发展的反映。

资产阶级学者,包括自称为黑格尔哲学继承者的新黑格尔派在内,都千方百计地贬低、抹杀和歪曲黑格尔的矛盾学说。以克罗齐为例,他在《黑格尔哲学中的活东西和死东西》一书中,就

---

① 《谈谈辩证法问题》,《列宁全集》,第38卷,人民出版社,第408页。
② 恩格斯:《路德维希·费尔巴哈和德国古典哲学的终结》,人民出版社,第6页。

竭力歪曲和阉割黑格尔的矛盾学说中的合理因素，说什么对立面的统一是"唯一的真理"，而根本抹杀对立面的斗争和相互转化。另一个黑格尔主义者库诺·费舍，则在他的篇幅浩瀚的《近代哲学史》第八卷、即《黑格尔的生平、著作及学说》这一部分中，把黑格尔描述成一个平庸的进化论者，黑格尔的矛盾学说中的革命方面完全被窒息了。在这方面做得最彻底的也许是我们在前面提到过的那个麦克塔格特了。他根本反对黑格尔把矛盾列为一个范畴，他问道：我们怎么能够过渡到我们知道它本身是矛盾的这样一个概念呢？照他说来，"辩证方法的全部要旨在于，认识到有矛盾，是使我们抛弃掉我们发现矛盾的那个范畴的原因。"[①] 在他看来，矛盾这个范畴既然自身是矛盾的，那就不能作为同一和差别的合题。所以他说矛盾不适宜于作为范畴的名称，而建议代之以什么"固定的本质性"（stable essentiality）。这个曾经写过一本《黑格尔辩证法研究》的专著的新黑格尔主义者，就是这样篡改黑格尔辩证法的。

马克思主义辩证法是与黑格尔辩证法完全对立的，在矛盾学说方面也不例外。但马克思主义在批判黑格尔辩证法的唯心主义的、保守的性质时，也反对资产阶级学者抹杀他的辩证法中的合理内核。毫无疑问，在黑格尔的矛盾学说中，比起黑格尔哲学的其他部分来，合理因素是最多的，因此黑格尔矛盾学说的研究应当在整个黑格尔学说的研究中占有首要地位。

---

① 麦克塔格特：《黑格尔〈逻辑学〉注释》，英文版，1931年，第116页。

（二）本质与现象

本质与现象这一对范畴，在黑格尔《逻辑学》的"本质论"中占有特殊的地位，因为它们占了整个"本质论"所包含的三篇中的前两篇（"本质论"第一篇的标题是"本质"，第二篇的标题是"现象"）。这两篇的内容很多，包括了许多较小的逻辑范畴，我们在这里只谈这两个范畴本身，而将这两篇包含的关于其他较小的范畴的论述，放在别处探讨。

在哲学史上，本质与现象这对范畴也是展开热烈讨论的题目之一。黑格尔以前的哲学家们在这个问题上的主要缺陷，就是不善于辩证地看待这两个范畴之间的相互联系。我们在前面已经指出，不可知论者康德把本质与现象截然割裂成为两个互相隔绝的世界，在他看来，我们的认识对象只限于现象世界，至于现象世界背后的本质世界，也就是所谓"物自体"，则是我们的认识能力所永远达不到的彼岸世界。因此，就产生了这样一个令人烦恼的矛盾：我们所能认识的丰富多彩的现象世界，并没有客观的真实性，而作为客观实在的本质世界却又只是一个没有任何规定性的纯粹的抽象，并且不能为我们所认识！以英国哲学家休谟为代表的主观唯心主义的经验论者，则陷于另一种错误，他们把主观的感官作用绝对化，只承认感官所感触到的现象世界是唯一真实的实在，把整个世界说成是人们的"感觉的复合"，而根本否认有感官所不能达到的事物的内在方面，也就是根本取消了感觉之外是否有什么东西存在的问题。

黑格尔既反对把本质与现象割裂开的康德主义,也反对根本不承认现象背后有本质存在的休谟主义,但是,他的批判的锋芒主要集中于反对康德主义。

在黑格尔看来,现象与本质表现着事物或过程的外在方面与内在方面的统一,人的认识过程就是从现象逐渐深入到本质的过程,在现象与本质之间并没有什么不可逾越的鸿沟。黑格尔这样描述人的认识过程:"存在是直接的东西。因为知识要想认识自在的和自为的存在的真相,所以它并不停留在直接的东西及其各种规定上,却透过直接的东西深入到里面去,认定在这个存在的背后还隐藏着某种同存在本身不一样的东西,认定这个隐藏在背后的东西构成存在的真理。"①在这里,黑格尔是从认识论出发的,他主张现象只是直接的东西,在它背后隐藏着本质,人的认识不应停留在现象上,而要深入到本质。现象与本质一方面是相互对立的,另一方面又是相互转化的,只有从这样的观点出发,才能充分理解人类认识的辩证法。但是,黑格尔的这一段话也包含着唯心主义的、神秘主义的因素,所谓构成存在的真理的"同存在本身不一样的东西",其实指的就是理念,因为在他看来,现象界只不过是理念的映现。

黑格尔非常强调本质是反思中建立起来的概念。他说,"存在"和本质的区别,就在于"存在"是直接的,与本质比较起来,只是一个映象,而本质则是间接的,通过反思的。他写道:"我们所欲认识的对象,不是它的直接性,而是它的间接的反映过来的现

---

① 黑格尔:《逻辑学》,转引自《列宁全集》,第38卷,人民出版社,第133页。

象。我们常认哲学的职责或目的在于认识事物的本质,这意思当只是说,事物不应当遗留在它的直接性里,而须指出它是间接地以别的事物为根据。事物之直接的存在,依此说来,就好象一个空壳或一个帷幕,在这里面或后面,尚蕴藏着本质。"①

首先应当指出,黑格尔对本质的解释是唯心主义的,他不是把本质看作客观事物本身的内在联系,不把人们的本质的概念看作客观事物的本质在人的头脑里的反映,而仅仅根据我们借反思来认识本质这一点,得出了本质是在反思中建立的结论。他显然是把我们认识事物的过程和事物本身的发展过程混为一谈了。但是,黑格尔的观点中也有合理的因素,那就是他把从现象到本质的推移运动,与人的认识深化过程联系在一起,主张不能到直接的感觉中,而必须到间接性、事物的相互联系中去寻找本质。另外,黑格尔还把本质和矛盾联系在一起,他说,本质的范围是显明的矛盾的范围,但是他对这种矛盾的解释也是充满唯心主义糟粕的。

黑格尔在他的《哲学史讲演录》中谈到爱利亚学派的辩证法时,曾经指出所谓"本来意义上的辩证法"的特征和任务,列宁在概括黑格尔的见解时写道:"辩证法特别是研究自在(Ansich)之物、本质、基质,实体跟现象、'为他存在'之间的对立的。(在这里我们也看到相互转化、往返流动:本质在表现出来;现象是本质的。)人的思想由现象到本质,由所谓初级的本质到二极的本质,这样不断地加深下去,以至于无穷。"②

---

① 黑格尔:《小逻辑》,三联书店,第251页。
② 《黑格尔〈哲学史讲演录〉一书摘要》,《列宁全集》,第38卷,人民出版社,第278页。

列宁所说的"本质在表现出来；现象是本质的"这句话,极其确切地概括了黑格尔对本质与现象这两个范畴的相互联系和相互转化的辩证观点。黑格尔在"本质论"第二篇"现象"中的第一句话就是说:"本质应该表现出来"①,也就是说,本质并不是独立自存的、不表现为现象的东西,并不是像康德所说的那种与现象没有内在的必然联系的"物自体"。黑格尔写道:"本质和内心只有表现成为现象,才可借以证实其为真正的本质和内心。"②因此,本质并不是在现象之外的某种东西,而只是表现为现象的那种东西。同样现象也不是与本质无关的东西,而是本质的表现,黑格尔说:"假象就是怀疑论所说的现象③亦即唯心主义所谓的现象,就是这样一种直接性,它不是某个东西或事物,总之,它不是那种在自己的规定性以外或者同主体无关的无足轻重的存在。"④黑格尔又继续说道:"因此,假象就是本质自身,然而是某种规定性中的本质,并且这种规定性只是本质的一个环节,而本质则是它自己在自身内部的表现。"⑤

黑格尔反对怀疑论或康德主义对现象或假象的理解,怀疑论和康德主义以为假象根本不应该以任何存在作为基础,它们把世界的全部丰富性都包括在假象里面,却又否认假象的客观性,否认这种假象是世界本质的表现。假象是直接的被规定的东西,而

---

① 《逻辑学》,《黑格尔全集》,第4卷,德文版,1958年,第597页。
② 黑格尔:《小逻辑》,三联书店,第254页。
③ 黑格尔所用的假象(Schein,或译映象)和现象(Erscheinung)这两个词对我们来说其实没有多大区别,所谓假象指的也就是通常所说的现象。
④ 黑格尔:《逻辑学》,转引自《列宁全集》,第38卷,人民出版社,第135页。
⑤ 同上,第137页。

怀疑论和康德主义都没有超出这种规定性、这种直接性的范围，在黑格尔看来，假象是本质在自身中的反映。列宁总结了黑格尔关于假象与本质的相互关系的见解，他写道："假象的东西是本质的一个规定，本质的一个方面，本质的一个环节。本质具有某种假象。假象是本质自身在自身中的表现（Scheinen）。"①

列宁非常重视黑格尔对康德的主观主义的批判，他指出黑格尔赞成假象、"直接的现存的东西"的客观意义，并且注意到黑格尔比其他唯心主义哲学家高明的地方："较小的哲学家（康德、休谟及一切马赫主义者）在争论：应该用本质或者还是用直接的现存的东西作为基础。黑格尔用以及二字代替了或者，并且说明'以及'二字的具体内容。"② 这也就是说，康德之流的哲学家都这样那样地把现象与本质割裂开，偏重于前者或后者，而黑格尔则注意到两者之间的辩证关系。

黑格尔认为本质世界与现象世界既是对立的，同时又是同一的，两者都是独立完整的存在（前者是被反映的存在，后者是直接的存在），"但是每一个世界都在自己的对方中不断地继续存在着，因而它自身就是这两个环节的同一性。于是，便有了这样一种整体，它使自己排斥自己本身，并且成为两个整体，其中之一是被反映的整体，而另一个是直接的整体。这两个世界首先是独立的，不过这只是指它们作为整体而言，只是指每一个世界实际上都在自身中包含着对方这个环节而言"③。显然，在黑格尔看

---

① 《黑格尔〈逻辑学〉一书摘要》，《列宁全集》，第38卷，人民出版社，第137页。
② 同上，第139页。
③ 《逻辑学》，《黑格尔全集》，第4卷，德文版，1958年，第637—638页。

来，本质世界与现象世界是不能互相割裂的，它们总是处于统一之中，而且它们只是人对自然界的认识的各个环节、（认识的）阶段、变化或深化。

这样，黑格尔就在唯心主义所能允许的限度内彻底驳斥了康德主义。我们都知道，康德除了在现象与本质之间划下一条鸿沟以外，还坚持本质是不可认识的，在他看来，所谓二律背反正是证明了这一点。黑格尔既然填平了这条鸿沟，坚持现象与本质的辩证统一，也就摧毁了康德的不可知论的结论，而主张本质世界的可知性。照他说来，如果我们真正彻底认识了现象，也就是认识了本质，因为本质正是表现在现象中的，现象也不是某种没有本质的东西，而是本质的显现。

在黑格尔看来，本质与现象表现为稳定的东西与不稳定的东西，本质具有稳定性与经常性，而现象则具有易变性。列宁指出黑格尔的这个思想是正确的："非本质的东西，假象的东西，表面的东西常常消失，不象'本质'那样"扎实'，那样'稳固'。例如：河水的流动就是泡沫在上面，深流在下面。然而就连泡沫也是本质的表现！"① 当然，在黑格尔那里，这个思想被表述得晦涩而神秘，并没有像列宁概括得那样明确。

总的说来，黑格尔是从辩证的观点去考察本质与现象这对范畴而反对形而上学与不可知论的，因而他的阐述包含着不少合理的因素。但是，作为一个"绝对唯心主义者"，黑格尔不可能真正科学地、正确地解释这两个范畴。黑格尔的主要错误首先在于他

---

① 《黑格尔〈逻辑学〉一书摘要》，《列宁全集》，第38卷，人民出版社，第134页。

对本质所作的唯心主义的、神秘主义的解释。

黑格尔从存在的范畴中引申出本质的范畴,"存在的真理是本质"——这就是黑格尔《逻辑学》的"本质论"的第一句话,正如列宁所说,这句话听起来是彻头彻尾唯心主义的、神秘主义的。黑格尔在这里玩弄了德语中的一个文字游戏,德语中称过去的 Sein(有、是、存在)为 Gewesen,而本质(Wesen)一词似乎就是用来表示存在(Sein)的过去时,因此,黑格尔以为我们无疑可以把本质看作过去的存在,也就是被扬弃的存在。这当然是牵强附会的,但这也是符合黑格尔的整个唯心主义体系的。按照黑格尔的体系,本质只是绝对理念发展中的概念,是"存在的自我映现",因此它完全只是概念的东西,而不是被理解为物质世界。正因为黑格尔对本质作了这种极端错误的唯心主义的解释,他当然也就不能正确地说明本质与现象之间的真实的相互关系。

(三)同一与差别

同一与差别这两个范畴在黑格尔的《逻辑学》中的"本质论"被称为"纯反映规定"(Die reine Reflexionsbestimmungen),它们是"本质论"中的范畴推演的出发点。

黑格尔对这对范畴的阐述在哲学史上、特别是在逻辑史上具有十分重要的意义,因为他在这里集中地批判了形式逻辑和把形式逻辑奉为指针的形而上学的思维方法。

黑格尔在《小逻辑》中写道:"本质映现于自身之内,或本质是纯粹的反映;因此本质只是自我关系,——不是直接的,而是反映的自我关系,亦即自我同一。"① 所以"本质论"的范畴从同一开始。

黑格尔认为,抽象的或形式的同一、亦即排除任何差别的同一,是毫无意义的,形式逻辑的同一律在他看来正是这样的东西。同一律:$a = a$ 和矛盾律:a 不能同时是 a 和非 a,其实并不是真正的思想定律,而只是抽象理智的定律,因为这个命题的形式本身就陷于矛盾,只是同义语反复,毫不提供任何新的知识。黑格尔说,"照普遍经验看来,没有意识依照同一律思想或想象,没有人依照同一律说话,也没有任何种存在依照同一律存在。如果吾人说话都遵照这种自命为真理的定律(一星球是一星球,磁力是磁力,心灵是心灵)简直应说是笨拙可笑。"② 他认为倡导这种形式逻辑定律的哲学学派已经在人类的健康常识和理性的法庭面前声名狼藉了。

黑格尔指出,认真地分析同一的真正意义是极其重要的,而首先就必须不把同一理解为排斥差别的抽象的、形式的同一。黑格尔认为这一点乃是真正配称为哲学的那种哲学有别于一切坏的哲学的关键所在。

因此,黑格尔提出了具体的同一来与抽象的同一相对立,具体的同一不仅不排斥差别,并且在自身中就包含着差别。"概念,进而理念,诚然是与它们自身是同一的,但是,它们之所以同一,只由于它们同时包含有差别于其自身。"③

---

① 黑格尔:《小逻辑》,三联书店,第256页。
② 同上,第257页。
③ 同上,第258页。

黑格尔认为，重要之点正在于同一与差别这两个范畴的相互转化，但他以为同一怎样转化为差别的问题是自明的，因为同一的概念本身如果没有差别的概念，就会是无法想象的、不可思议的，反之亦然。他批判了形而上学论者，亦即同一律的拥护者把同一与差别抽象地对立起来的错误："由于他们死抓住这个以差别为自己对立面的呆板的同一，所以他们看不到自己这样做时就是把同一变成了片面的规定性，而片面的规定性是没有真理可言的。"①

为什么同一在自身中必然包含着差别呢？黑格尔首先用每一判断命题的形式去证明这一点，在命题中，主语必须与述语（谓语）有所不同，否则就根本毫无意义（如 $a=a$）。举例来说，如果有这样一个命题：玫瑰花是红的，那末在这里主语与述语就有了差别，不论在主语或者在述语中，都包含有述语或主语所包括不了的东西，玫瑰花包括不了红，红也包括不了玫瑰花。

在这里，姑且不论黑格尔对形式逻辑的定律的批判正确到何等程度（某些研究者认为，黑格尔没有充分估计到形式逻辑定律在一定范围内的作用），这是有关形式逻辑与辩证逻辑的相互关系的一个逻辑学问题。我们在这里感到兴趣的是黑格尔对形而上学思维方法的批判，这种思维方法片面地夸大了形式逻辑定律的作用，把它们奉为神圣不可侵犯的普遍适用的规律。黑格尔的历史功绩正在于他指出了形式逻辑定律的局限性，从而根本摧毁了形而上学思维方法的基础。黑格尔在某些场合下，确实有把形

---

① 黑格尔：《逻辑学》，转引自《列宁全集》，第38卷，人民出版社，第140页。

式逻辑与形而上学思维方法混为一谈的倾向,这当然是错误的,但是他这样做也是有历史原因的。在他的时代形而上学确实是与形式逻辑常常混杂在一起的。

恩格斯在《自然辩证法》中曾经详尽地阐述了黑格尔对于抽象的同一性的批判的意义。恩格斯指出,抽象的同一性在有机自然界中同样是不适用的,植物、动物,每一个细胞,在其生存的每一瞬间都既和自己同一,又和自己相区别,抽象的同一性的根本缺陷就是无法解释事物的发展。恩格斯接着说,由于自然科学的发展,由于自然科学从研究静止状态下的个别事物进而研究事物的发展过程,"因而同一性内部的差别的考察也就愈加重要,而那旧的抽象的形式的同一性观点,即把有机体当作单只和它自己同一的东西,看作常住不变的东西的观点,便过时了"①。但是,尽管抽象的同一性观点已经不能适应科学发展的需要,它在理论上却仍然长期地占有统治地位,"大多数的自然科学家还以为同一性和差别性是两个不可调和的对立物,而不认为它们是同一个东西的两极,这两极之所以是真实的只是由于它们的相互作用,由于差别性包含在同一性中"②。黑格尔批判了这种形而上学观点,便为科学中的辩证思维方法开辟了道路。

黑格尔所提出的所谓具体的同一性,实际上也就是指建立在唯心主义基础上的对立面的统一。他写道:"事实上无论在天上或地上,无论在精神界或自然界,绝没有像理智所固执的那种'非此即彼'的抽象事物。无论什么可以说得上存在的东西,必定是

---

① 恩格斯:《自然辩证法》,人民出版社,第177页。
② 同上,第178页。

具体的,包含有差别和对立于其自身。"①只有具体的同一,才是真正的同一。不是抽象的自身同一,而是对立面的同一。黑格尔对同一的这种新的解释,确实为最重要的辩证法规律、即对立面的统一与斗争规律奠定了基础。马克思主义从根本上改造并进一步发展了黑格尔辩证法中的这一合理内核,列宁写道:"对立面的同一……就是承认(发现)自然界(精神和社会都在内)的一切现象和过程具有矛盾着的、相互排斥的、对立的倾向。"②

前面已经说过,黑格尔认为同一自身中包含着差别,现在我们来考察一下黑格尔对于差别这个范畴的阐述,但我们不应忘记,黑格尔主张同一与差别不能截然分开,差别只是同一之中的差别。

差别首先表现为直接的差别或杂多,"所谓杂多即不同的事物各自独立,其性质与别物发生关系后互不受影响,而这关系对于双方是外在的"③。譬如说,一支笔和一头骆驼这两个不同的概念自身都是同一的,但相互间毫无内在的联系与关系,它们之间的差别因而不在它们之内,而在它们之外,即只在第三者,也就是把它们进行比较的主体。主体把两个对象进行比较,知其相似或不相似,这种差别只是外在的不相干的差别,在黑格尔看来是低级的差别。他所着重的乃是事物自身中的差别,也就是要求看出差别中的同一、同一中的差别,于是就进入更高的阶段——对立。

黑格尔写道:"在对立中,被规定的反思(差别)得到了完成。

---

① 黑格尔:《小逻辑》,三联书店,第266-267页。
② 《谈谈辩证法问题》,《列宁全集》,第38卷,人民出版社,第407-408页。
③ 黑格尔:《小逻辑》,三联书店,第260页。

对立是同一和杂多的统一。"① 对立是本质的区别,是事物自身的区别,也就是自身中的肯定与否定两面的区别。肯定与否定这两面各有其自身的存在,但只是由于对方的存在而才能保持自身的存在,每一方都要借对方来反映其自身。"在对立中,相异者,不是任一别物,而是与它正相反对的别物,这就是说,每一方面只由于与另一方面有了关系方得到它自己的性格,此一方面只有从另一方面反映回来,方能自己照映自己。"②

黑格尔认为对立是从差别中发展出来的,在对立中,对立的一面不是与任何另一面相对立,而是与它正相反对的另一面相对立,这个思想具有极其重要的意义,如果把它正确地应用于观察社会现象(当然黑格尔自己没有,也不可能做到这一点),就必然会导致阶级斗争不可避免的结论:在资本主义社会中,无产阶级不是与任何另一个阶级相对立,而是与资产阶级相对立,对立的双方经常处于斗争中,它们是不能调和的。

对立的双方都是既肯定、又否定自己的对方的,但一方自身就是肯定的,另一方自身就是否定的。黑格尔把这些独立的反思的规定称为矛盾,矛盾就是统一之中的对立、对立面的统一。所以黑格尔说:"一般地说,差别在自身中就已经是矛盾。"③

这样,黑格尔就从同一出发而达到了矛盾。《逻辑学》中的这一部分确实是黑格尔辩证法的精华之一。从同一到矛盾的辩证法在黑格尔那里虽然只局限于概念的领域内,但即使这样,它

---

① 《逻辑学》,《黑格尔全集》,第4卷,德文版,1958年,第525页。
② 黑格尔:《小逻辑》,三联书店,第263页。
③ 《逻辑学》,《黑格尔全集》,第4卷,德文版,1958年,第535页。

也仍然触犯了力图抹杀社会矛盾和阶级对立的现代资产阶级的大忌,无怪乎现代资产阶级学者不是攻击、便是歪曲黑格尔的这一学说。克罗齐是最明显不过的例子,照他说来,对立概念和差别(相异)概念的混同是"黑格尔的体系里在哲学上所犯的所有错误"[①],"我们不能把对立的概念跟相异的概念等同起来,亦不能把对立的概念看作是相异的概念的特例,是相异的概念之一个种类……两个相异的概念甚至在它们的相异中自行联合起来……至于两个对立的概念便好象互相排斥"[②]。一句话,克罗齐就是用形而上学的精神在差别与对立、矛盾之间划下一条鸿沟,从而否认矛盾的普遍性。克罗齐根本不懂得在一定条件下差别可以发展成为对立,这完全反映了他的反辩证法的形而上学观点。

(四)根据与条件

在黑格尔看来,矛盾的解决、肯定与否定的扬弃,就使本质进展到根据。黑格尔的阐释是相当晦涩的:"肯定是一种差别,这种差别是独立的,但同时与它的对方并非不相干。否定也同样是一种独立自为的消极的自我关系,但同时既是单纯的否定,只有在它的对方里它才有它的自我关系,它的肯定性。因此肯定与否定,表面上是矛盾的,实质上却是同一的。两者之所以如此,由于每方面都是对方的扬弃和自身的扬弃。于是两者便进展到

---

① 克罗齐:《黑格尔哲学中的活东西和死东西》,商务印书馆,第56页。
② 同上,第6页。

根据。"① 黑格尔这些晦涩的词句的真实意思是这样的：矛盾在根据里得到了调和，对立面的斗争得到了和解，它们的综合就构成根据。在这里，黑格尔体系的调和矛盾的倾向是暴露得十分明显的。

恩格斯早已指出过，在黑格尔那里，从矛盾到根据的转化是十分勉强而不自然的。黑格尔为了论证他的思想，在这里又玩弄了一次文字游戏，利用了德文中的一个双关语：zu Grunde gehen。这个成语的意思是完蛋、垮台、毁灭，但按字意直解则是走向根据，黑格尔利用了这双重意义来证明矛盾的解决就是进入到根据，其用心可谓苦矣，然而在科学论证中不得不乞助于文字游戏，也可见其计穷力绌了。

黑格尔认为，根据是同一与差别的统一，是从它们发展出来的真理，他替根据作了这样的解释："任何事物皆有其充分的根据，这就是说，任何事物的真正本质，不在于说该物为自我同一或异于对方，亦不仅在于说该物为肯定或否定，而在于表明一物之存在乃基于他物，而此他物即是与它自身同一的，即是它的本质。"所以黑格尔又说："根据即是内在的本质，而本质实质上即是根据"②。在另一个地方，黑格尔认为一切事物都有根据这一命题的意义，无非是说不应当把一切事物看作直接的现存的东西，而应当把它们看作被设定的东西。

黑格尔认为根据是内在的本质的这个看法，是有一定道理的，本质必然要有根据，否则就不成为本质。本质需要有中介，才

---

① 黑格尔：《小逻辑》，三联书店，第267页。
② 同上，第268页。

能成为本质。

在谈到根据时,黑格尔对形式逻辑的充足理由律进行了批判。他说,这条形式逻辑的定律主张一切真实的思考必须要有根据,但"形式逻辑于阐明这一思想律时,却对于别的科学提出一坏的榜样。因为形式逻辑要求别的科学〔须说出根据〕,勿以直接与料为有效准,但其自身却提出一未经推证、未经说明间接根据的思想律"①。黑格尔指出,充足理由律并不能予人以确定的满足。但黑格尔在攻击充足理由律时却为它的创始者莱布尼茨辩解,竭力想掩饰莱布尼茨的形而上学的机械观点,但这是徒劳无功的。然而我们应当注意到,黑格尔反对充足理由律的真实用意其实是在于反对寻求形式的根据,因为对于同一的内容显然可以提出不同的根据,甚至是正相反对的根据,单靠充足理由律就无法解决问题。他举出偷窃与士兵临阵脱逃为例,说明同一事实可以有不同的根据。他指出:"一方面,任何根据都是充足的,另一方面,没有根据可以说是充足的。因为……这种形式的根据并无本身自决的内容,因此并无自我主动性和自我创造性。"②黑格尔认为,在形式的根据中,根据与被论证的东西(后果)并无不同的内容,它们的区别仅仅是形式上的。因此,用形式的根据来解释某种现象,就往往陷于同语反复。"如果在回答某人为什么到城市去的问题时指出这样一个根据,就是说在城市里有着吸引他去的诱力,那末这类在科学中核准的回答会

---

① 黑格尔:《小逻辑》,三联书店,第269页。
② 同上,第271页。

被人认为是荒谬的庸俗见解。"① 黑格尔还追随莱布尼茨攻击牛顿的引力学说,以为牛顿只是提出所谓形式的根据,这显然是不够公允的。

但是,黑格尔反对形式的根据确实有其积极的方面,这集中地表现在他对诡辩派的批判上。黑格尔认为,在法律和道德范围内只寻求形式的根据,乃是诡辩派的立场和原则,"诡辩者并不深究所须辩护者之真理的内容,他只求说出根据的形式,凭借这些理由或根据,他可以为一切辩护,但同时也可以反对一切"②。他指出,在我们的时代,人们总能为世界上一切最坏、最腐败、最不合理的事物找到一些好的理由或根据,替不道德的违法的行为寻求根据,并不难于为道德的合法行为寻求根据。因此,要决定哪一根据较好,就只能依赖于各人主观的抉择,依赖于各人不同的观点,于是众所公认的本身有效的标准的客观基础便被摧毁了。黑格尔在批判诡辩派时为苏格拉底捧场,说他用辩证方法指出形式的根据站不住脚,因而将真的、善的、普遍的客观标准又重新建立起来了。

黑格尔认为各种形式的根据取决于不同的观点,是值得我们注意的,因为他实质上是反对主观主义的。然而黑格尔却想要建立一种"普遍的观点",苏格拉底在他心目中就是这种新观点的代表者,但实际上苏格拉底却只是当时的奴隶主贵族的代言人罢了。

黑格尔批判诡辩论者的主观主义与相对主义是做得正确的,

---

① 《逻辑学》,《黑格尔全集》,第4卷,德文版,1958年,第571页。
② 黑格尔:《小逻辑》,三联书店,第272页。

但问题在于他自己怎样理解评判根据的所谓"客观标准"。显然，他到概念的发展中、到理念本身中去寻找这种标准，因此实际上仍然没有能超出人的主观的范围。由于受到唯心主义世界观的限制，黑格尔没有、也不可能到客观现实中，到物质实践中去寻找这种标准。

黑格尔接着从根据的概念进到条件的概念。他指出，一个根据可以产生某种实效，也可以不产生某种实效；可以发生某种后果，也可以不发生某种后果。因此，根据并不能说明后果。只有在一定的条件下，根据才会产生后果。使后果赖以产生的种种情况的总和，也就是条件。

与根据相比，黑格尔关于条件的论述显然要少得多，并且夹杂了许多神秘主义的、令人费解的议论，但其基本思想是有合理因素的："如果某一事物具备了一切条件，那末它就是实存的"[①]。列宁非常赞赏黑格尔的这个思想，他指出："好极了！这跟绝对理念和唯心主义有什么关系呢？"[②]

在黑格尔看来，一个事物在实存以前早已存在，但只有通过根据和条件、通过中介，才能达到实存。如果说，在存在的阶段，黑格尔只是在纯粹的逻辑范畴的自己发展中进行考察，那末到了实存的阶段，他就开始注意到客观条件了，因而就或多或少地摆脱了神秘主义的潜在说的有害影响。

黑格尔说："所谓一个事物的条件有两种意义，第一指一个现

[①] 《逻辑学》，《黑格尔全集》，第4卷，德文版，1958年，第594页。
[②] 《黑格尔〈逻辑学〉一书摘要》，《列宁全集》，第38卷，人民出版社，第154页。

有的存在,一个实存,简言之,指直接性的事物而言。第二指此种直接性将遭遇被扬弃的命运,而去补助他物的实现而言。"①因此,黑格尔指出,条件的概念包含着相互性,作为条件的那种"直接的实在性"被利用了,被扬弃了,从而产生了新兴的实在性,好像这完全是另一个新形态的事物,但它却不是外来的事物,而就是前面那种直接实在性的本质的发展。

黑格尔把条件列为必然性的环节之一,在条件里潜伏着实质,有了条件与实质才可能有活动,活动就是一种从条件里建立起实质的运动。在这里,黑格尔在极其抽象而晦涩的形式下,多少猜中了条件与活动的辩证关系。不过,总的说来,黑格尔关于根据与条件这两个范畴的论述,可取之处不多。

(五)形式与内容

形式与内容这对范畴在哲学史上也早已被提出来作为讨论的对象了。亚里士多德在他的《形而上学》一书中制定了四因论,其中质料与形式这两因,实际上也就是内容与形式这两个范畴。亚里士多德探讨了这两个范畴之间的相互关系,把每一个实物看作形式化了的质料,但他错误地把质料看作消极的东西,夸大了形式的作用,认为形式是存在的本质。以康德为代表的另一些哲学家,把形式与内容割裂开,认为直接的感觉与料本身是混沌一团,并无形式,形式只是人的主观理智赋予它们的。黑格尔

---

① 黑格尔:《小逻辑》,三联书店,第311页。

以前的唯物主义学派对形式与内容的相互关系有比较正确的理解,但由于他们都是形而上学的机械论者,所以看不到形式与内容之间的辩证关系。

黑格尔批判了以上的这些观点,从唯心主义辩证法的立场出发,对形式与内容的相互关系作了新的解释。

在论述黑格尔对这两个范畴的阐述以前,必须首先指出,他在《逻辑学》和后来所写的《小逻辑》中把这两个范畴放在不同的位置。在《逻辑学》中,形式与内容是包括在"根据"的第一部分——绝对根据——中的,而在《小逻辑》中,则它们占了更重要的地位,成为"现象"的第二部分。当然,它们在黑格尔的范畴体系中应该占什么位置并不使我们感到兴趣,我们感兴趣的是黑格尔对这两个范畴本身的阐述。

照黑格尔说来,绝对根据在自身的发展中经历三个阶段:(1)形式与本质,(2)形式与质料,(3)形式与内容。实际上,这里的本质、质料和内容三者只有微妙的区别:本质固有某种形式,因为作为某物的根据的本质是基质、规定的本质,这种规定性也就是与本质对立的形式,形式只是本质自己的反思;质料则是无形式的与自身同一的本质,它本身也有形式,但它的存在却表现出与形式不相干;而内容之所以成为内容,即由于它包括有成熟的形式在内。

在考察形式与本质时,黑格尔指出:"不能这样提问题:形式是怎样偶然附在本质上的;因为形式就是本质自身的表露,是本质固有的自己的反思。"[①] 在这里,黑格尔强调的是形式与本质的

---

① 黑格尔:《逻辑学》,转引自《列宁全集》,第38卷,人民出版社,第151页。

统一,所以列宁评论说:"形式是本质的。本质是有形式的。不论怎样形式都还是以本质为转移的……"①。

在谈到形式与质料时,黑格尔所着重指出的仍然是两者的相互联系与统一。在他看来,"我们说把质料孤立出来认作一种无形式的东西,仅是一种抽象理智的看法,反之,事实上,质料概念里彻底的包括有形式原则在内,而且在经验中再也没有无形式的质料出现"②。黑格尔认为,如果抽出某物的一切规定与一切形式,那末剩下的就是没有规定的质料,它是纯粹抽象的东西,凡是经验中的质料都已经是有规定的质料,即质料与形式的统一体,所以他说,质料必须具有形式,而形式必须质料化。从黑格尔的观点看来,要认识质料与形式的真正的相互关系,就既要看到两者的统一性,又要看到两者的区别性。

黑格尔的这种基本思想在他论及形式与内容这两个范畴时,得到了进一步的发展。黑格尔这样写道:"关于形式与内容的对立,主要地须得确切把握住一点:即内容并不是没有形式的,内容即具有形式于其自身,同时亦一样的有其外在的形式。"③ 因此,黑格尔就区分开内在的形式和外在的形式,外在的形式与内容不相干,并不反映自身,内在的形式则与内容紧密相联,反映着它的自身。黑格尔认为形式与内容的本来的绝对关系,就是两者的相互回转(或转变),"所以内容非他,即形式之回转到内容,形式非

---

① 《黑格尔〈逻辑学〉一书摘要》,《列宁全集》,第38卷,人民出版社,第151页。
② 黑格尔:《小逻辑》,三联书店,第280页。
③ 同上,第286页。

他,即内容之回转到形式"①。

　　黑格尔关于形式与内容的统一和相互回转的思想,始终贯串在他的整个哲学体系中,特别是贯串在他的美学中。在他看来,只有内容与形式彻底统一的作品,才是真正的艺术品。他反对这样一种说法:某一艺术品具有超绝的内容,可惜的是没有找到适当的优美的形式,他说这是一种很坏的自我解嘲,因为如果缺乏适当的形式,这作品就不能算作真正的艺术品,真正超绝的内容本身就具有超绝的形式。单是故事的内容,仍然是很空疏的,不足以造成真正的艺术品,"因为《伊里亚特》之所以成为有名的史诗,乃是它的诗的型式,而它的内容乃是依此型式陶铸而成。同样又如莎士比亚《罗密欧与朱丽叶》一悲剧的内容,乃由于两姓的仇恨而引起的一对爱人的毁灭,但单是这个故事的内容,尚不足以造成莎士比亚不朽的悲剧。"②

　　一般地说,黑格尔在形式与内容的统一中赋予内容以决定性的地位,但是他同时也强调形式的能动作用,并不把形式看作跟随着内容而变化的附属的、消极的东西。他批判忽视形式的人说道:"抽象理智最习于认内容为重要的独立的一面,而认形式为不重要的无独立性的一面。为纠正此点须得指出的,即事实上,两者皆同等重要……"③。

　　黑格尔既然主张形式与内容不可分割,形式是内容自身所固有的,那末他也就反对把形式当作是主观的、由人的理智所赋予

---

①　黑格尔:《小逻辑》,三联书店,第286-287页。
②　同上,第288页。
③　同上,第287页。

事物的那种康德主义的说法。在黑格尔看来，形式同样是客观的，正如内容是客观的一样。这与康德主义相比，无疑是前进了一步。

黑格尔在形式与内容这个问题上的根本缺陷首先表现在他对内容作了完全唯心主义的理解，他并不把内容看作客观物质实在，而把它理解作概念的东西。他说："由于仔细分析所得最后结果，我们就可见得对于一个有学养的人，所谓内容除了指符合思想规律外，没有别的意义了。"① 在这里，也像在其他地方一样，我们总是能看到绝对理念的幽灵站在黑格尔身后。其次，还应该指出的是，黑格尔只注意强调形式与内容的统一，而忽视它们之间的矛盾与斗争。这也是黑格尔辩证法和马克思主义辩证法根本对立的表现之一，列宁在概括辩证法的要素时指出的第十五点就是："内容和形式以及形式和内容的斗争。抛弃形式、改造内容。"② 马克思主义辩证法认为，形式与内容的统一是建立在它们之间的斗争的基础之上的，形式一般地说往往落后于内容，于是旧的形式与新的内容便发生了矛盾与冲突，而归根到底则消灭旧形式，建立与新内容相适应的新形式，从而重新达到形式与内容的统一。这种革命的理解在黑格尔那里是找不到的。

（六）规律

黑格尔在《逻辑学》中"本质论"的"现象"这一篇里，提出了

---

① 黑格尔：《小逻辑》，三联书店，第288页。
② 《黑格尔〈逻辑学〉一书摘要》，《列宁全集》，第38卷，人民出版社，第239页。

"现象的规律"这个逻辑范畴。黑格尔对这个范畴的阐述十分重要,列宁在《哲学笔记》中对这一部分曾加以详细的摘要,并且作了不少的评论。

黑格尔借以引申出规律这一范畴的方式是纯粹思辨的,列宁说黑格尔的叙述是极其晦涩难懂的,但也包括着活的思想:"规律的概念是人对于世界过程的统一和联系、相互依赖和整体性的认识的一个阶段"①,并且说黑格尔反对把规律的概念绝对化、简单化、偶像化。

大家都知道,康德认为规律并不是现象世界所固有的,而只是人的理智的先天的形式,现象世界本身并无规律可言,规律是人加于现象界的,因而只是主观的。当然,康德虽然不承认规律的客观性,但却承认它的必然性,不过这种必然性只局限于人的理智的范围内,与客观现象界无关。

黑格尔显然不同意康德的这种主张,在黑格尔看来,规律是现象中固有的、稳定的东西,是现象中同一的东西。他写道:"现象与规律具有同一个内容。规律是现象的与自身同一的反思。"②这也就是说,现象与规律之间没有一条原则上的区别的界限,现象是客观的,规律也是客观的,而且规律存在于现象之中,并不是从外面强加于现象界的。

那末,现象与规律的相互关系是怎样的呢? 黑格尔说:"规律不是现象的彼岸,而是为现象直接固有的;规律的王国是现存

---

① 《黑格尔〈逻辑学〉一书摘要》,《列宁全集》,第38卷,人民出版社,第158页。
② 《逻辑学》,《黑格尔全集》,第4卷,德文版,1958年,第627页。

世界或现象世界的平静的反映。"① 列宁非常同意黑格尔的这种提法,他写下了这样的批语:"这是极其唯物主义的、极其确切的(从'平静的'这个词来看)规定。规律把握住平静的东西——因此,规律、任何规律都是狭隘的、不完全的、近似的。"②

黑格尔认为,规律的王国是现象的静止的内容,就现象自身来说,它有着这样的内在矛盾:一方面,现象是在不断变化着,是不稳定的;而另一方面,现象之中又有着某种稳定的静止的东西,这种东西就是现象的规律。因此,黑格尔得出结论说:"同规律相比,现象是一个整体,因为它包含着规律,并且还包含着更多的东西,即自己运动着的形式的环节。"③ 照黑格尔看来,现象与规律的关系,也就是整体与部分的关系。规律只是运动着的现象界的本质的反映,它并不完全包括现象所有的多样性,因此,现象要比规律更为丰富,正是在这个意义上,列宁认为"任何规律都是狭隘的、不完全的、近似的"。

正因为这个缘故,所以黑格尔反对把规律绝对化和偶像化,这对反对机械决定论具有十分重要的意义,机械决定论把规律完全理解成呆板的、宿命的东西,这是同辩证法背道而驰的。

列宁还要我们注意黑格尔关于规律是本质的现象这一提法,并且指出:"规律和本质是表示人对现象、对世界等等的认识深化的同一类的(同一序列的)概念,或者说得更确切些,是同等程度

---

① 《逻辑学》,《黑格尔全集》,第4卷,德文版,1958年,第628页。
② 《黑格尔〈逻辑学〉一书摘要》,《列宁全集》,第38卷,人民出版社,第159页。
③ 《逻辑学》,《黑格尔全集》,第4卷,德文版,1958年,第629页。

的概念。"① 在这里，黑格尔的贡献是在于他从认识论的角度去考察规律，把人的认识过程描述为从个别现象进到一般规律、透过现象寻找本质的过程。

黑格尔从规律的范畴推进到本质关系的范畴，认为就现象世界与本质世界的相互独立，而又相互符合这一点而论，"规律就是本质的关系"，而"本质的关系是现象的真理"。②

黑格尔把规律看作关系的这种理解，列宁是赞同的，并且认为这有助于反对马赫主义、康德主义与其他不可知论的斗争。黑格尔在这一点上接近于马克思主义对规律的看法，马克思曾经在《资本论》中说，规律是"事情之间的内在的和必然的联系"③，这也就是说，规律是现象之间的本质的关系。

马赫主义者以及其他现代主观唯心主义者都特别热衷于否认规律的客观性，否认规律反映事物的本质的关系，甚至根本否认规律的存在。例如，马赫主义者毕尔生就把规律看作人的方便假说，他竟然说，规律实质上是人的精神的产物，"规律的存在应该归功于人的理性的创造力。与其说自然给予人以规律，还不如说人赋予自然以规律"。诸如此类的谬论在实质上只是反映出垄断资产阶级在铁面无情的历史规律面前的恐慌心理，因此不得不像鸵鸟那样地把头埋在沙里，似乎这样就能逃避必然灭亡的命运。黑格尔与这些没落的资产阶级代言人相比，确实要比他们高出一头。

---

① 《黑格尔〈逻辑学〉一书摘要》，《列宁全集》，第38卷，人民出版社，第159页。
② 《逻辑学》，《黑格尔全集》，第4卷，德文版，1958年，第639页。
③ 马克思：《资本论》，第3卷，人民出版社，第265页。

可是,尽管黑格尔在规律问题上发挥了许多卓越的见解,我们却仍然不得不指出,他对规律的解释是非常神秘的。在他看来规律只不过是理念的自己发展中的一个特定的阶段,仅仅是作为绝对理念的能动性的反映而表现出来的。正因为对规律抱着这种唯心主义的理解,所以他对规律的解释在许多地方非常抽象,只局限在思辨的领域内玩弄概念游戏。

(七)可能性与现实

黑格尔在《逻辑学》中"本质论"第三篇"现实"中,考察了可能性与现实、偶然性与必然性这两对范畴。黑格尔在叙述时并没有把这两对范畴分开,而把它们安排在他所惯用的三段式里。现实被他分为这样三个阶段:(1)偶然性或形式的现实,形式的可能性和形式的必然性;(2)相对的必然性或实在的现实,实在的可能性和实在的必然性;(3)绝对的必然性。库诺·费舍在复述黑格尔的思想时,把这三个阶段简化为:可能性的王国、偶然性的王国和必然性。① 姑且不论库诺·费舍的做法是否恰当,黑格尔原来的表述方法确实不够清楚明确。为了叙述的方便起见,我们把可能性与现实、偶然性与必然性这两对范畴分开来加以考察。我们先来谈可能性与现实这对范畴。

根据黑格尔的说法,现实就是本质与实存、内与外的统一。现实在自身中包含着内与外这两个环节,内在的或潜在的现实就

---

① 参阅库诺·费舍:《近代哲学史》,第8卷,《黑格尔的生平、著作及学说》。

是可能性,可能性最初表现为形式的或抽象的可能性。黑格尔写道:"就这种形式的可能性来说,凡是不自身矛盾的一切,就都是可能的;因此可能性的王国乃是无限的多样性。"① 黑格尔认为这种可能性是十分空疏无聊的,因为只要用抽象的形式去设想,只要把一个内容从它所有的许多关系中分离出来,那末无论什么荒谬不堪的内容,就都是可能的了。他挖苦说,用这种形式的可能性去设想,就可以说月亮今晚可能落到地球上来,因为月亮是与地球分离的物体,而土耳其的苏丹皇也可能成为罗马教皇,因为他既是一个人,就有可能转而皈依基督教。在黑格尔看来,一个人对于客观事物的确定关系愈是无知,他就愈会驰骛于这种抽象的可能性里。由于形式的可能性是脱离现实的,由于它只是某种内在的东西,所以它在实质上就等于不可能性。

黑格尔认为,"某一事物是可能的还是不可能的,要取决于内容,也就是说,取决于现实的各个环节的全部总和,而现实在自己的发展中表明自己是必然性"②,于是他提出了实在的可能性这个概念来与形式的可能性相对立,在他看来,形式的可能性是不顾及某一事物成为现实所需要的条件的,而相反的,实在的可能性却就是这些条件的总和。"这种实在的可能性本身就是直接的实存……某一事物的实在的可能性,因而就是实际存在的各种与其有关的条件。"③ "因为实在的可能性是实在的,所以它本身也就

---

① 《逻辑学》,《黑格尔全集》,第4卷,德文版,1958年,第687页。
② 黑格尔:《逻辑学》,转引自《列宁全集》,第38卷,人民出版社,第166页。
③ 《逻辑学》,《黑格尔全集》,第4卷,德文版,1958年,第686-687页。

是现实。"① 因此，黑格尔说，实在的可能性并没有与它相反的另一种实在的可能性，具有实在的可能性的一个事物，就必然要以这样的方式出现，而不可能以另一种方式出现，所以黑格尔就从实在的可能性的范畴进到必然性的范畴，说实在的必然性就是实在的可能性与现实的统一。

黑格尔关于两种可能性的理论是有其积极意义的，他对于形式的、抽象的可能性的批判，实质上是对主观主义的批判，他强调实在的可能性，强调由可能性转化为现实的条件，就这一点而论，他是正确的。但是，黑格尔提出了实在的可能性只有一种的说法，他不承认同时存在着几种实在的可能性，这就必然会得出宿命论的结论，抹杀各种可能道路之间的斗争，而把可能性与必然性混为一谈了。

毛泽东同志在"关于打退第二次反共高潮的总结"一文中写道："这些同志，当着我党中央令其准备对付国民党的可能的破裂，对付时局发展的最坏的一种可能性的时候，他们就把别的可能性丢掉了。他们不了解向着最坏的一种可能性作准备是完全必要的，但这不是抛弃好的可能性，而正是为着争取好的可能性并使之变为现实性的一个条件。"② 在《论联合政府》这一名著中，毛泽东同志也提出了当时中国所面临的好坏两个前途、两个可能性的问题，号召全国人民对坏的可能性有所准备，并有勇气去力争好的可能性的实现。由此可见，黑格尔认为实在的可能性只有一种的看法是完全错误的，这实质上是形而上学观点的残余。

---

① 《逻辑学》，《黑格尔全集》，第4卷，德文版，1958年，第689页。
② 《毛泽东选集》，第2卷，人民出版社，第2版，第784页。

按照黑格尔的说法,实在的可能性进一步发展为现实,现实这个范畴是黑格尔《逻辑学》中"本质论"的第三个也就是最后一个环节。列宁在《黑格尔〈逻辑学〉一书摘要》中这样地概括了黑格尔的三段式:

现实高于存在和实存。

(1)存在是直接的　　　　"存在还不是现实的。"
　　　　　　　　　　　　存在转化为他物。

(2)实存(它转化为现象)　——实存来自根据、
　　　　　　　　　　　　条件,但是在实存中
　　　　　　　　　　　　还没有"反思和直接
　　　　　　　　　　　　性"的统一。

(3)现实　　　　　　　　实存和自在的存在的
　　　　　　　　　　　　统一。①

从列宁所概括出来的图式中,可以清楚地看出黑格尔思想的发展线索。在《小逻辑》中,黑格尔也发挥了同样的思想,照他说来,存在和实存是直接性的两个形式,现实是两者的统一,"它的表现即是它的内蕴力量之外在化。在它的内蕴力之外在化里,它自己反映自己。它的存在只是它自身的表现,而非他物的表现"②。因此,现实是有必然性的,一切非现实的东西之所以不能实现,就是因为缺乏足够的根据,而历史上所发生过的一切,都是只能这样发生而不能换一种方式发生的。

---

① 《列宁全集》,第38卷,人民出版社,第165页。
② 黑格尔:《小逻辑》,三联书店,第303页。

在黑格尔看来，现实就是内与外的统一。"外与内乃是同一的内容。凡物内面如何，外面亦见得是如何……凡现象所表现的没有不在本质内的。凡在本质内的没有不表现于外的……内表示抽象的自我同一，外表示单纯的杂多或实在……凡只是在内者，亦即只是在外，凡只是在外者，亦只是在内。"① 内与外是不可分割的，内与外得到真实的同一，两者的区别被当作抽象的主观建立，那末这种同一便是现实。

黑格尔对于现实与思想（或理想、理性、理念）的相互关系的看法是很有意义的。

形而上学的观点把现实与思想完全抽象地对立起来，某一思想非常正确合理，但它只存在于人们的头脑中，无法在实际上实现，而人们所面对的现实却是卑污的、不合理的。黑格尔彻底打破了这种形而上学的对立，他说道："一方面观念或理念并不是仅藏在我们的头脑里，理念大体上讲来并不是薄弱无力以致它自身的实现和不实现，均须得依赖人的意愿。反之，理念乃是绝对能动并且绝对真实的。另一方面实在亦并不是那样的污浊、不合理，有如那盲目的头脑单纯的狂诞的改革家所想象的那样……实在并不居于与理性对立的地位，而乃是彻头彻尾地合理的。任何不合理的事物，即因其不合理，便不得认作实在。"② 正是在这个意义上，黑格尔提出了他的一个著名的命题：一切现实的都是合理的，一切合理的都是现实的。黑格尔在评价柏拉图的理想国时，也正是从这种观点出发的。他说，真实的理想并非应该是现

---

① 黑格尔：《小逻辑》，三联书店，第296-297页。
② 同上，第303-304页。

实的,而乃是现实的,并且是唯一现实的东西,如果一个理想太美妙了,以致在现实中并不存在,那末这理想本身就有缺陷,柏拉图的理想国之所以是一个幻想,并非因为人类缺乏他所描述的那些卓越的东西,而是因为这些卓越的东西还不够好。①

当然,黑格尔提出这个命题的直接目的,是为当时的德国容克贵族专制政体辩护,因此受到了统治集团的热烈欢迎,招致了近视的自由主义者的愤恨。但如果加以正确的、革命的理解,黑格尔的这个命题就会走向自己的反面,而得出极其革命的结论:"凡人类历史领域内的一切现实的东西,随着时间的推移,都会变成不合理的东西,因而,它按其本性就已是不合理的,老早就包含着不合理性;凡在人们头脑中是合理的一切,一定要变成现实的东西,不管它和现存的、表面上的现实性如何相抵触。按照黑格尔思想方法的各种条规,凡是现实的东西都合乎理性这个原理,就变为另一个原理:凡是现存的一切,都是应当灭亡的。"②

恩格斯的上面这段精辟的议论,向我们提供了批判地、革命地改造黑格尔辩证法的一个光辉的典范。黑格尔永远也得不出这样革命的结论来,在他那里,辩证法不仅隐藏在神秘主义的唯心主义的外壳下,而且连黑格尔本人也不知道可以用它来做些什么。只有经过马克思主义者的批判改造以后,辩证法才真正成为认识和改造世界的强大的革命工具。

---

① 参见黑格尔:《哲学史讲演录》,第2卷,三联书店,第247-248页。
② 恩格斯:《路德维希·费尔巴哈和德国古典哲学的终结》,人民出版社,第5页。

（八）偶然性与必然性

在黑格尔那里，偶然性与必然性这两个范畴属于"现实"的范围。

前面已经说过，在黑格尔那里，现实是从可能性开始的，而现实如果仅仅具有单纯的可能性的价值，那末它便成为偶然的了。可能性与偶然性是现实的两个环节，偶然的或可能的事物的有限性即在于把内容从形式的范畴分别开，所以一物之是否偶然或可能全系于内容。可能性是现实的内在的一面，与现实的内在的一面——可能性——相对立的外在的一面，就是偶然性。黑格尔写道："偶然性一般讲来，即指一物存在之根据不在其自身而在他物而言。实在之呈现于吾人意识前面，最初大都是采取偶然性的形式……但偶然性仅是实在的片面的形式——反映他物的那一面或就实在之为单纯的可能性的那一面。因此我们认为偶然性系指一物能存在或不能存在，能这样存在或能那样存在，以及一物之存在或不存在，这样存在或那样存在均不系于自己，而依赖他物。"① 黑格尔对偶然性的看法是贯串着辩证观点的，偶然的东西没有内在的根据，因此它是缺乏根据的，但因为它不是没有根据而产生的，因此它又有自己的根据。"偶然的东西，因为它是偶然的，所以他就没有根据；但也正因为它是偶然的，所以他就具有某种根据。"②

---

① 黑格尔：《小逻辑》，三联书店，第308页。
② 黑格尔：《逻辑学》，《黑格尔全集》，第4卷，德文版，1958年，第684页。

黑格尔指出，偶然性虽然只是现实的一个方面，不能与现实相混淆，但它在客观世界里仍有其相当的地位。就他承认偶然性的作用这一点而论，他无疑是反对形而上学的机械论观点的。

在哲学史上，机械论者向来是不重视偶然性这个范畴的，他们之中有些人甚至根本否认偶然性的存在。古希腊的德谟克里特认为偶然性是没有原因的现象，它只是被用来掩饰人们的无知。近代哲学家如斯宾诺莎在他的《伦理学》一书中写道："自然中没有任何偶然的东西（Contingens），反之一切事物都受神的本性的必然性所决定而以一定方式存在和动作。"① 而十八世纪法国唯物主义的卓越代表霍尔巴赫也说道："自然界中没有任何偶然的东西，任何东西都必须遵循一定的规律。"②

由于机械论者否认偶然性的存在，所以他们把一切偶然性都提高到必然性的高度去解释，例如霍尔巴赫就在《自然体系》中写道："我们应当相信，没有什么微小的或远在的原因不能对我们有时发生极其巨大和极其意外的影响。很可能在利比亚的不毛原野上刚形成暴风雨，而暴风雨给我们这里带来了低气压，从而影响人们的情绪和情欲，而人又由于这种情绪就可能影响其他许多人，于是就任凭自己的意志来解决许多民族的命运。"③ 正如恩格斯所说，这些机械论者必然堕入了宿命论的泥沼。

黑格尔是反对这种不承认偶然性的地位的机械论看法的，他说："科学，特别哲学的职责，诚属不错，在于从偶然性的假象里

---

① 斯宾诺莎：《伦理学》，商务印书馆，第27页。
② 霍尔巴赫：《自然体系》，俄文版，第131页。
③ 同上，第36页。

去认知潜蕴着的必然性。但这意思并不是说,那偶然的事物仅属于我们主观的表象,因此,为求得真理起见,只消完全予以排斥就行了。任何科学的研究,如果太片面地采取排斥偶然性单求必然性的趋向,将不免受到空疏的'把戏'和'固执的学究'的正当的讥评。"[1]

但是黑格尔只是赋予偶然性以一定的地位罢了,他所着重的还是必然性。在他看来,科学的任务就是要克服偶然性,行为的目的就是要超出意志的偶然性或克服任性。

黑格尔的贡献主要并不在于赋予偶然性以一定的地位,而是在于他辩证地解决了偶然性与必然性的相互关系。

那末,黑格尔怎样看待必然性呢?前面已经说过,黑格尔认为实在的可能性与必然性只有表面上的区别。但是,他又指出:"这种必然性同时又是相对的。——就是它有着某种它借以开始的前提,它自己的出发点是在偶然的东西之中。"[2] 这种相对的必然性,被黑格尔叫作实在的必然性。相对的必然性实际上在自身中也就是偶然性,它无论在内容上,甚至在形式上都包含着偶然性。因此,必然性与偶然性取得了统一,这种统一被称为绝对的现实。

与实在的必然性不同的是所谓绝对的必然性,黑格尔所说的绝对的必然性,指的是完全自己决定自己的、不依赖其他东西的那种东西。在绝对的必然性中,已经没有偶然性了,因为在这里偶然性是等于必然性的,"但是,这种偶然性又宁可说是绝对的必

---

[1] 黑格尔:《小逻辑》,三联书店,第310页。
[2] 黑格尔:《逻辑学》,《黑格尔全集》,第4卷,德文版,1958年,第689—690页。

然性；它是那些自由的、自身是必然的现实的本质"。①

黑格尔对必然性与偶然性的关系的理解，是与形而上学观点完全对立的。形而上学或是把这两个范畴抽象地、绝对地对立起来，认为必然性与偶然性是两个永远互相排斥的规定，一个事物、关系或过程不是偶然的，便是必然的，决不可能既是偶然的，又是必然的；或是用根本否认偶然性的办法，把一切偶然性都说成是必然性。正如恩格斯所说，"偶然性在这里并没有从必然性得到说明，而倒是把必然性降低为纯粹偶然性的产物。如果一个豆荚中有六粒豌豆而不是五粒或七粒这一事实是和太阳系的运动规律或能量转化规律列于同一等级，那末实际上不是偶然性被提高到必然性，而倒是必然性被降低到偶然性。"② 黑格尔的历史功绩正在于他彻底摧毁了这两种形而上学的观点，在黑格尔那里，偶然性与必然性之间的绝对界限消失了，代替这条界限的是两者的统一与相互转化：偶然性的背后有着必然性，而必然性则通过偶然性而表现出来；在一定的条件下，偶然的东西就是必然的，而必然性本身就表现为偶然性。

黑格尔关于必然性的阐述中还包含着一个可贵的辩证因素，就是他把活动列为必然性的一个环节。活动是作为从实在的可能性转化为现实的过程中的最后一个阶段而出现的，也就是说，实在的可能性的实现必须经过活动的中介。在这一点上，黑格尔强调的是人的主观能动作用，反对把必然性看作人们在它面前无能为力的盲目的力量，这也是与形而上学的机械论观点完全对立

---

① 《逻辑学》，《黑格尔全集》，第4卷，德文版，1958年，第695页。
② 恩格斯：《自然辩证法》，人民出版社，第182页。

的。但是,黑格尔把活动仅仅理解为人的精神活动,而并未把它理解为物质实践。

黑格尔关于偶然性与必然性的辩证见解,把人们引出了形而上学的死胡同,为正确地理解这两个范畴的相互联系提供了可能性。但是,必须指出,黑格尔思想按其本来的面目来说是不适用的,它充斥着不少宗教神秘主义的胡说。

黑格尔强调指出必然性是一个很难的概念,因为照他说来必然性就是概念自身。概念是必然性的真理,包含了并扬弃了必然性在内,可以说必然性是潜在的概念。毫无疑问,黑格尔在这里对必然性的解释完全是唯心主义的,因为他把必然性移入了人的主观概念的领域,而不承认概念中的必然性只不过是现实界的必然性的反映。

在黑格尔看来,必然性是这样的一种东西,它的原因在于自身,而不是在于他物。他这样写道:"我们总以为凡必然的事物必是被建立起来的,是一有前提的间接的事物。但假如我们固执着必然性是间接地从前提派生出来的,那么我们就还没有了解必然性的真正意义。那仅是间接派生的事物,其存在由于依他,而非自依,因而它仍然仅是偶然的。反之,我们所欲达到的必然性,即一物之所以是一物乃由于其自身"[①]。黑格尔的这个思想,有其一定的合理意义,也就是说,他暗示了必然性是合乎规律地导源于事物的本质,导源于事物的内在联系,而不是决定于次要的外部原因。

[①] 黑格尔:《小逻辑》,三联书店,第313页。

应该指出,黑格尔借必然性这个范畴来宣扬神学的目的论。他说,只有在必然的历程里目的或目的因还没有明显地出现的时候,才可以说必然性是盲目的;相反的,如果我们考察一个目的性的活动,那末我们在这里就早已意识到一个目的作为内容,因此这种活动就不是盲目的必然性了。从这里他引出了"神意"和"天道"这些宗教的胡说:"无论如何我们须认识那认世界为必然性所决定的看法与关于天道或神意的信仰并不是彼此互相排斥的……真正的历史哲学实具有证明天道不爽或表明世事符合天意的意义。"①这样,他就直接走向了僧侣主义和神秘主义的泥沼,公然拜倒在神像的脚下了。

从必然性的概念,黑格尔走向了自由的概念。用他的话来说,自由是必然性的真理。

黑格尔关于自由与必然这两个范畴的见解也贯串着范畴相互转化的辩证思想,他的见解也是明显地反形而上学的。形而上学坚持这两个范畴的区别和对立,它总认为自由与必然互不相容,人的心灵是自由的,而自然现象则受必然规律的支配。黑格尔反对这种看法,他说:"一种不包含必然性于其自身的自由,或是一种无有自由的纯粹必然性,只是一些抽象而不真实的范畴罢了。自由本质上是具体的,永远自己决定自己,因此同时又是必然的。一说到必然性,一般人总以为只是从外面去决定之意……但这只是一种外在的必然性,而非真正内在的必然性,因为内在的必然性即是自由。"②因此,黑格尔认为,如果把自由与必然截

---

① 黑格尔:《小逻辑》,三联书店,第314页。
② 同上,第116页。

然分开,则两者都会失去真实性,不仅如此,而且"必然性的真理即是自由"①,也就是说必然性会转化为自由,当人们认识了必然性,他们就成为自由了,这种自由不是消极的、抽象的自由,而是积极的、具体的自由,例如一个人如果充分意识到他的行为内容的必然性和义务性,他就不会感到妨害了他的自由,而相反的,正由于他对这种必然性和义务性的意识,他才得到真正的内容充实的自由。因此,人的刚愎任性并不是自由本身,而只是形式的、空泛的、只是单纯可能性的自由。恩格斯很高地评价了黑格尔关于必然转化为自由的思想,他在《反杜林论》一书中指出:"黑格尔第一个正确地陈述了自由和必然之间的关系。在他看来,自由是对于必然的认识。'必然只在其未被理解之时是盲目的。'"②

但是,黑格尔关于自由是认识了的必然性的学说,是用来为丑恶的现实辩护的。据他说来,因自己的不幸遭遇而去责备别人、责备环境,就是"不自由的观点",而"假如一个人承认他所遭遇的横逆,只是由他自身演变出来的结果,他自己只是担负他自己的罪责,那么他便挺身为一自由的人,他并会相信,凡他所遭遇的一切,并没有冤枉……只要一个人能意识到他的自由性,则他所遭遇到的不幸将不会扰乱他灵魂的谐和和心情的平安。所以必然性的观点就是决定人的平安和不平安,亦即决定人的命运的观点"③。

黑格尔的这个思想是十分错误的,它为统治阶级服务是非常

---

① 黑格尔:《小逻辑》,三联书店,第328页。
② 恩格斯:《反杜林论》,人民出版社,第117页。
③ 黑格尔:《小逻辑》,三联书店,第316—317页。

明显的,其用意无非是要在精神上麻醉被压迫、被剥削的人民群众,使之安于无权与贫困的地位,并且自认晦气。黑格尔哲学体系的保守的一面在这里得到了充分的表现。

(九)因果关系与相互作用

黑格尔在《逻辑学》中"本质论"的最后一章"绝对关系"中,用因果关系与相互作用这两个范畴的探讨结束了他的"本质论"。

我们先谈因果关系。众所周知,因果关系问题在哲学史上占有重要的地位,它甚至成为个别哲学家(例如休谟)的主要探讨中心。在黑格尔以前,有两种对因果关系的错误观点在哲学家中间占着统治地位,一种是主观唯心主义的、不可知论的观点,另一种是形而上学唯物主义的机械决定论的观点。前一种观点以休谟与康德为代表,而后一种观点则以斯宾诺莎和十八世纪法国唯物主义者为代表。

在休谟看来,事物之间的客观的因果联系实际上是不存在的,我们仅仅在经验中看到,某一现象随着另一现象而产生,但是,我们毫无根据来断定前者是后者的原因,post hoc(在这以后)决不能确证 propter hoc(由于这)。这意思也就是说,现象之间并没有使一种现象引起另一种现象的那种必然的联系,休谟写道:"一件事情虽然跟着另一件事情而来,可是我们永远看不到它们中间有任何纽带。它们似乎是'会合'在一块的,却不是'联系'在一块的。"① 因此,休谟错误地认为,因果性只是一种纯粹主

---

① 休谟:《人类理解研究》,商务印书馆,第60页。

观的、心理的习惯性联系，只是感觉与观念的一定顺序的联系。

另一个著名的不可知论者康德在某些地方与休谟略有区别，他不同意主张因果性是一种心理的习惯性联系，而认为它是纯粹的思维形式。在他看来，因果联系并不是人从感觉中得出的，经验给予我们的只是一堆杂乱无章的材料，只有我们依靠先天的理智范畴加以整理，才使这些材料具有一定的秩序。康德在他的《纯粹理性批判》中把原因与结果这一对范畴列入"关系"这一类，认为因果性不存在于客观世界，而只存在于我们的理智之中。就康德否认因果性的客观存在这一点而论，他与休谟并没有原则上的分歧，因此列宁把他们都归入因果性问题上的主观主义路线，并且指出："因果性问题上的主观主义路线，即不从外部客观世界中而从意识、理性、逻辑等等中引出自然界的秩序和必然性的主观主义路线"①。

形而上学的机械论的代表人物陷入了一个相反的极端，他们承认因果联系的客观存在，这是完全正确的，但他们却从正确的出发点达到了错误的结论。斯宾诺莎就由于认为每个样态都处于因果的无限锁链上，因而认定一切都是必然的，严格地预先决定的，从而否认偶然性的存在。法国唯物主义哲学家霍尔巴赫是又一个明显的例子，一方面，他正确地认为："我们所看到的一切现象都是由于它们本身的原因必然产生的，不管我们知道还是不知道这些原因"②；另一方面，他却把因果联系理解得十分肤浅，加以过分简单化的解释，因而一些完全是偶然的、次要的、不涉及

---

① 《唯物主义和经验批判主义》，《列宁全集》，第14卷，人民出版社，第156页。
② 霍尔巴赫：《自然体系》，俄文版，第303页。

本质的表面原因,都被他提高到必然性的高度,解释成为历史运动的重大原因。他写道:"狂信者的胆汁过多,征服者心中的血的沸腾,某个君王的消化不良,某个女人的怪癖——都是挑起战争,把千百万人送上屠场,毁灭城堡,使城市变为灰烬,使人民陷于贫困和悲哀之中,引起饥荒和瘟疫并且把绝望和灾难延至好几个世纪之久的充分原因。"① 显然,正由于霍尔巴赫不懂辩证法,所以他不能正确地解释因果关系,而陷入了荒谬可笑的地步。

黑格尔既反对主观唯心主义对因果关系的理解,也反对机械的决定论,当然,由于唯心主义的偏见,他特别厌恶形而上学唯物主义的机械决定论。但如果撇开这种唯心主义的偏见不谈,黑格尔的批判意见是有辩证的积极因素的。

在黑格尔看来,因果关系并不是认识的主体赋予对象的东西,而是现实本身的一种绝对的关系,就这一点而论,黑格尔是承认因果关系的客观性,承认它是客体之间客观存在的一种内在的必然联系的。当然,如果一直追溯到底,那末黑格尔所谓的现实本身,也只是绝对理念发展的一个阶段,因此黑格尔所承认的因果关系的客观性,与唯物主义者的理解是有原则的区别的。但是,无论如何,比起休谟与康德来,黑格尔是前进了一步。

黑格尔认为,原因与结果这两个范畴,在内容上是同一的,两者并不是抽象地、绝对地对立的,而是互相同一、互相转化的。他写道:"原因,作为原始的实质,具有绝对独立并在结果里保持其自存性的特性。但原因在那构成原始性本身的同一性里,便完全

---

① 霍尔巴赫:《自然体系》,俄文版,第147页。

过渡到效果了。并且当我们一说到一种确定的内容时,我们找不到一种只在效果里而不在原因里的内容。"① 因此,结果并不包含原因中没有包含的东西,反之,原因也不包含结果中没有包含的东西。不表现在结果里的原因,就不是原因,原因只有在结果里才有效,才真正是原因。黑格尔举例说明原因与结果的内容的同一性:雨是湿的原因,湿是雨的结果,但两者都是同一件东西——水,因此原因与结果只有形式上的区别。而且,原因与结果并不是固定不变的,而是可以相互转化的:"同一事物在一种场合下表现为原因,在另一种场合下却表现为结果,在那里是作为特殊的稳定性,在这里就是作为他物的设定性或规定。"② 显然,黑格尔并不把原因与结果孤立起来加以考察,而把它们看作普遍联系的一个环节。

列宁着重地指出了黑格尔的这种思想的合理意义,并且用唯物主义的精神对它进行了改造。列宁写道:"原因和结果只是各种事件的世界性的相互依存、(普遍)联系和相互联结的环节"。又指出:"因果性只是片面地、断续地、不完全地表现世界联系的全面性和包罗万象的性质。"③

黑格尔反对机械唯物主义对因果所作的片面的、肤浅的理解,他指出:"决不能说,食物是血液的原因,或某种食品或寒冷、潮湿是热病的原因等等;也同样不能指出伊奥尼亚的气候作为荷马创作的原因,或是指出恺撒的野心作为罗马共和国制度崩溃的

---

① 黑格尔:《小逻辑》,三联书店,第323页。
② 黑格尔:《逻辑学》,转引自《列宁全集》,第38卷,人民出版社,第168页。
③ 《黑格尔〈逻辑学〉一书摘要》,《列宁全集》,第38卷,人民出版社,第168页。

原因。"① 在黑格尔看来，这种表面上的因果关系实际上是什么也说明不了的，他说在历史上常常有人把一些奇闻轶事当作历史事件的原因，以为从小小的原因中产生了重大的结果。黑格尔认为对历史事件的这种解释是完全错误的，因为真正的原因被人同导因完全混为一谈了，导因只是一种外部的刺激，事件的内在精神是完全可以不需要它的。"宁可相反地说，只有这种事件的内在精神本身，才决定按本身来说是微不足道和偶然的某物，成为引起它的导因。"②

　　黑格尔不满足于事件的导因或外部刺激，而要求到事件的内在精神中去寻找更深刻的、本质的原因，这种思想是有积极意义的。列宁关于这一点说道："这种'内在精神'（参看普列汉诺夫的著作）是唯心主义的和神秘主义的东西，但却非常深刻地指出各种事件的历史原因。黑格尔充分地用因果性把历史归纳起来，而且他对因果性的理解要比现在的许许多多'学者们'深刻和丰富千百倍。"③ 列宁既批判了黑格尔的唯心主义与神秘主义的错误，又肯定了黑格尔的因果观中的合理内核。普列汉诺夫基本上也持有这样的马克思主义的态度，列宁在这里所说的普列汉诺夫的著作，指的是后者的"黑格尔逝世六十周年"这篇论文。一般地说，普列汉诺夫在这篇论文中正确地评价了黑格尔的因果学说，特别是黑格尔《历史哲学》中的因果观，因而博得了恩格斯的赞赏，但他对黑格尔的批判在个别地方是做得不够的。

---

① 《逻辑学》，《黑格尔全集》，第4卷，德文版，1958年，第707页。
② 同上，第708页。
③ 《黑格尔〈逻辑学〉一书摘要》，《列宁全集》，第38卷，人民出版社，第169页。

应该指出,黑格尔所说的"事件的内在精神"实际上就是指绝对理念,因此他对因果性的解释往往与神秘主义的目的论以及潜在说联系在一起。在《逻辑学》中,他甚至认为"不能允许把因果关系应用于物理-有机的和精神的生活"①。这显然是完全错误的看法。在该书的《概念论》中,黑格尔提出了目的论的概念来同因果性的概念相对比,并且认为前者是更为高级的概念,无怪乎他在《自然哲学》、《法哲学原理》、《历史哲学》中尽可能避而不谈因果关系,而主要从目的论的观点去解释自然现象与社会现象。但是,黑格尔也是不彻底的,例如在《历史哲学》中他就常常违反目的论而从因果关系去解释历史事件,因而得到了一些精辟的结论。在这部著作中,把历史发展看作"神意"的结果的错误的历史观点,是同对个别事件的因果关系所作的深刻分析混杂在一起的,在这一点上也表现出黑格尔的保守体系的有害影响。

黑格尔的因果观是与他的唯心主义可知论紧密相连的,既然因果关系不是主观的东西,而是客观存在的,并且可以被我们所认识,那末世界上也就没有什么在原则上我们不可能知道它的原因的东西了。

一般地说,黑格尔只用了不多的篇幅来讨论因果性,列宁认为,黑格尔之所以对于康德主义者所喜爱的这个题目谈得这样少,是因为他只把因果性看作普遍联系的一个规定,而他已经在自己的所有的阐述中更深刻而全面地把握住了这种联系。的确如此,黑格尔认为因果关系只是全宇宙联系的一小部分,事物运

---

① 《逻辑学》,《黑格尔全集》,第4卷,德文版,1958年,第707页。

动的其他许多规定并不构成因果性,因此只有从全部联系的观点去解释因果性才是正确的。

在黑格尔看来,由于原因与结果的相互转化,原因作为结果又有其原因,结果作为原因又有其结果,因此,无论从果追溯因,或是从因追溯果,都是无穷尽的。这样,无穷系列的原因同时又表现为一无穷系列的结果,产生了所谓"坏的无穷性"。这种"坏的无穷性"到相互作用的范畴中才被扬弃,于是就从因果关系推进到相互作用。

黑格尔指出,"相互作用就是互为前提和相互制约的实体互为因果"①,因此,在相互作用里,"因果关系虽说尚未达到它的真实性质,但业已从由因到果,由果到因的直线式的无穷进展,得到真正的扬弃,而转为圆圈式的历程而能回复到自己了"②。在相互作用中,因果关系得到了进一步的发展,在结果中,产生了与原因相比是新的某些东西,因为在这里结果不单是由于原因而产生,而是由于两个实体的相互作用与反作用。

因此,黑格尔把相互作用看作因果关系的充分的发展,并且说它是由因果关系直接发展出来的真理。他所强调的正是万物之间的普遍联系,一切都处于这种联系之中,例如一个民族的性格与礼俗,同它的宪章与法律,就是处于相互作用下的。这种观点特别适用于动物有机体,有机体的每个官能与功能都是处于彼此发生相互作用的关系中。恩格斯对黑格尔关于相互作用的思想评价很高,他指出:"自然科学证实了黑格尔曾经说过的

---

① 《逻辑学》,《黑格尔全集》,第4卷,德文版,1958年,第718页。
② 黑格尔:《小逻辑》,三联书店,第325页。

话……：相互作用是事物的真正的 causa finalis〔究极原因〕。"又说："只有从这个普遍的相互作用出发,我们才能达到现实的因果关系。"①

但是,尽管黑格尔把相互作用的位置放在因果关系之上,他却并没有停留在相互作用上,他认为相互作用只是快走进概念的门槛,而为了求得概念的知识,是不能满足于相互作用的。下面是黑格尔的一段很有名的话,列宁在《黑格尔〈逻辑学〉一书摘要》中摘录了这段话：

> 如果只从相互作用的观点去考察某一内容,那末这实际上是一种完全没有概念的考察方法。在这种情况下,人们所碰到的只是一堆枯燥无味的事实,而关于中介的要求(这正巧是应用因果关系时最主要的问题),却仍然得不到满足。仔细观察一下就会看到,在应用相互作用关系时的不满足就在于：这种关系不但不等于概念,而且它本身还应当被理解。为了要理解相互作用的关系,我们不应当把这种关系的两个方面当做直接现存的东西；而是……应当承认它们是那有着更高的规定的第三者即概念的环节。②

在这里,黑格尔的看法既有积极的一面,也有消极的一面,既有正确的、深刻的东西,也有荒谬的、肤浅的东西。

---

① 恩格斯：《自然辩证法》,人民出版社,第193页。
② 黑格尔：《逻辑学》,转引自《列宁全集》,第38卷,人民出版社,第172-173页。

黑格尔确实提出了一个重要的问题，就是到什么地方去寻找那"有着更高的规定的第三者"的问题。举例来说，黑格尔认为，如果我们把斯巴达人的风尚看作他们的社会制度的结果，又把他们的社会制度看作风尚的结果，那末归根结蒂就什么也不能解释了。曾经流行一时的所谓"因素论"，即主张社会生活各方面相互影响、而不承认有任何决定社会发展的决定性因素的一种近代资产阶级社会学说，实质上就是黑格尔所反对的那种折衷主义理论。黑格尔不满足于相互作用而要求寻求一个"第三者"，就反对这种折衷主义而论，是具有积极意义的。

但黑格尔只是提出了问题，却没有也不可能正确地解决这个问题，他对这个问题的解答是完全唯心主义的、神秘的。照他看来，应该到概念、到民族精神的本性中去寻找决定社会发展的所谓"第三者"。因此，譬如说，斯巴达人的风尚与社会制度，就要用作为它们的基础的概念去解释。在这里，黑格尔就不得不陷入了最浅薄的历史唯心主义，不得不歪曲历史事实，杜撰出一套莫名其妙的社会历史发展图式来。

黑格尔在批评相互作用的时候，玩弄了一个狡猾的手法。相互作用既然是"本质论"的最后一个范畴，相互作用有局限性，要进而寻求"第三者"，那就"自然而然"地进入了概念的领域，于是就在暗底下完成了从"本质论"到"概念论"的过渡。

"这就是概念，主观性或自由的王国"，——黑格尔《逻辑学》"本质论"的最后一句话就是如此。用这句话作为"本质论"的结尾，正像"本质论"开头第一句话一样，暴露出黑格尔体系的彻头彻尾的唯心主义性质。

上面我们评述了黑格尔《逻辑学》中"本质论"的若干范畴，当然，这只是其中的一部分，"本质论"所包含的逻辑范畴还有不少没有列入我们讨论的范围，但比较重要的范畴基本上都已包括在内了。因此，即使这个论述是不完全的，我们也能从其中窥见黑格尔《逻辑学》中"本质论"的概貌。

毫无疑问，"本质论"是黑格尔《逻辑学》中的精华部分，恩格斯曾经在给朗格的信中说道："黑格尔的真正的自然哲学包含在《逻辑学》的第二部分，即"本质论"中，老实说，整个学说的核心也在这里。"

在《逻辑学》的这一部分中，黑格尔充分发挥了他的辩证法观点，他对一系列逻辑范畴的阐述，完全打破了过去人们所习惯的形而上学的看法，恩格斯认为，黑格尔本人说出了本质的一切规定的真正本性，那就是：在本质中，一切都是相对的。的确如此，在黑格尔的"本质论"中，没有固定不变的、互相绝对对立的逻辑范畴，一切范畴都是处于发展与相互联系之中，都是相互转化的。

但是，决不能忽视黑格尔逻辑体系的根本的唯心主义与神秘主义的性质，决不能不适当地过分夸大黑格尔《逻辑学》的合理意义。必须指出，甚至在该书的最有价值的一部分，即"本质论"中，唯心主义与神秘主义的糟粕也比比皆是。

黑格尔《逻辑学》中"本质论"的合理因素，只有经过马克思主义的批判改造，才能充分明显地表现出来，列宁的《哲学笔记》就是一个辉煌的证明。

结束语

现在我们来对黑格尔的范畴论作一个简短的总结。

评价黑格尔的范畴论是与对黑格尔哲学的总评价分不开的，因为他的范畴论正是建立在他的整个哲学体系之上的，所以也就分享着整个学说的历史命运。

如果说李嘉图的政治经济学是资产阶级的代表人物所能达到的经济学思想的顶峰的话，那末黑格尔哲学是资产阶级哲学思想发展的最高峰，并且迄今是资产阶级所未能逾越的哲学上的顶峰。

黑格尔最重大的历史功绩在于，他首先系统地阐述了辩证方法，探讨了基本的辩证法规律。当然，由于历史条件的限制，特别是由于黑格尔本人的阶级局限性，他没有也不可能理解辩证法的本来面目，尤其是不可能正确地运用辩证法去观察并研究自然现象与社会历史现象。他只是在唯心主义的歪曲的形式下全面地研究了辩证法，在他那里，作为整个学说的合理内核的辩证方法是隐藏在神秘主义的、唯心主义的外衣下的。但是，尽管如此，辩证法与黑格尔的名字密切地联系在一起这个事实本身，就奠定了他在哲学史上所应占的地位。

列宁曾经说过："黑格尔在概念的辩证法中天才地猜测到了

事物（现象、世界、自然界）的辩证法。"①因此，在这个意义上，黑格尔对科学的唯物主义辩证法的历史准备是有贡献的。

但是，黑格尔是一个客观唯心主义者。在他看来，整个物质自然界是从绝对理念中派生出来的，是绝对理念的"异在"。他说："精神是自然的真理，因而是自然的绝对第一性。自然消逝在这种真理里面，而精神则作为达到其自为存在的理念显露在自然中，理念的客体和主体皆同是概念。"②又说："绝对者是精神；这是关于绝对者的最高定义。"③于是，一切都被颠倒过来了。因此，在黑格尔那里，辩证法仅仅是"纯思维的辩证法"（马克思语），而不是客观事物发展和运动的规律在人脑中的反映。至于他的整个唯心主义体系，也就不能不是虚构的、独断的、神秘的。

马克思主义经典作家们不止一次地指出，黑格尔哲学的基本内在矛盾，就是保守的唯心主义体系与实质上是革命的辩证方法之间的矛盾，而整个说来，他更倾向于保守的方面，因此在过分增长的保守方面的重压之下，革命方面——辩证法便被窒息了。这是马克思主义对黑格尔哲学的基本观点，我们无论在评价黑格尔哲学的哪一部分时，都绝对不能离开这个马克思主义的基本观点。当然，我们要考察黑格尔的范畴论也必须以它作为出发点。

体系与方法的矛盾在黑格尔的范畴论中达到了非常尖锐的

---

① 《黑格尔〈逻辑学〉一书摘要》，《列宁全集》，第38卷，人民出版社，第210页。
② 《精神哲学》，《黑格尔全集》，第3卷，俄文版，第32页。
③ 同上，第44页。

程度。辩证的方法使黑格尔对范畴的研究得到了许多有价值的结论,从而在这方面远远地超越了他的前驱;但另一方面,客观唯心主义的世界观却又到处把他导向荒谬的绝境,抹去了他的辩证法的光辉,暴露出他的整个范畴体系只不过是用哲学的假面具伪装起来的神学,只不过是论证绝对理念——上帝的别名——的一种工具。

黑格尔范畴论的积极意义首先在于:他批判了过去一直在哲学中占统治地位的以康德为代表的主观唯心主义范畴学说与形而上学观点。

黑格尔从根本上摧毁了康德的范畴理论。康德的中心思想在于强调范畴的先天性,企图在人开始认识以前,来考察人的认识能力。因此,他的范畴表是一成不变的,与人的认识的发展并没有联系。黑格尔嘲笑康德是在教人在下水以前学会游泳,在他看来,离开人的认识发展过程来考察范畴是没有意义的。黑格尔不像康德那样把范畴抽象地并列起来,而把范畴看作一个统一过程中的各个发展环节。其次,有一点十分重要:黑格尔反对康德认为范畴只是人的主观的思维形式,因而是空洞的与没有内容的那种意见,黑格尔指出,范畴既是主观的、又是客观的,也就是说,范畴有其本身的客观内容,不仅是主观的思维形式,而且也是存在本身的形式。诚然,黑格尔在这里关于主客观统一的说法,是以他的唯心主义的思维与存在的同一性理论作为基础的,但在反对康德的主观唯心主义这一点上,是有其积极的意义的。最后,黑格尔认为康德的范畴之间缺乏必然的逻辑联系,没有指出它们的发展与转化,而黑格尔的范畴论的优越性则正在于他从发展观点来考察范畴,从而结束了把范畴看作固定不变的现成的思维形式的看法。

仅仅以上这三点就足以说明黑格尔在范畴学说方面比康德前进了怎样的一大步。黑格尔对康德主义的批判,在唯心主义所能允许的范围内,确实已经做到了一切,我们对他的这一历史功绩应该予以足够的估计,因为列宁曾经说过:"当一个唯心主义者批判另一个唯心主义者的唯心主义基础时,常常是有利于唯物主义的。"[①] 列宁在谈到这一点的时候,是把黑格尔对康德的批判作为一个例子提出的。

至于说到黑格尔对形而上学观点的批判,那末在他对康德的批判中就已涉及了,因为康德的范畴论是带有浓厚的形而上学色彩的。

形而上学从静止的观点来考察范畴,它把范畴绝对化,在各个不同的范畴之间划下绝对不容超越的界限,常常固执地坚持个别分离的范畴,把它当成坚定不移的真理。因此,形而上学在根本上是反对从发展、从全面联系与相互转化的观点去研究范畴的。

如果说形而上学所着眼的是统一的过程中的个别的孤立的点,那末黑格尔所强调的则是整个过程,过程中的各个环节的相互联系与转化。形而上学否认范畴本身之中的矛盾,而黑格尔则把矛盾当作范畴发展与推演的内在动力;形而上学认为各个单独的范畴即本身自足,各个对立的范畴只有外在的关系,没有内在的联系,而黑格尔则认为单独的范畴不足以表达真理,对立的范

---

① 《黑格尔〈哲学史讲演录〉一书摘要》,《列宁全集》,第38卷,人民出版社,第313页。

畴之间有着内在的相互依赖关系,而且每个范畴随着发展的过程会过渡到自己的反面。这样,黑格尔就打破了形而上学的范畴论的局限性,把矛盾与发展的思想带进了范畴学说,从而为正确地、科学地、辩证地理解范畴创造了重要的条件。

黑格尔反对形而上学范畴理论的功绩,得到了马克思主义创始人的很高的评价,这并不是偶然的。在黑格尔以前,形而上学的范畴论曾长期居于统治的地位,这种理论在过去从来没有受到过像黑格尔对它所作的那样系统而尖锐的批判,在资产阶级哲学家中间,黑格尔是反对形而上学观点最彻底、最坚决的一个。当然,我们在后面还将指出,正因为他是一个资产阶级的唯心主义哲学家,所以从马克思主义观点看来,他反对形而上学仍然是不彻底的。不过如果我们估计到黑格尔本人所处的历史条件的话,我们无疑地应当承认黑格尔在唯心主义哲学所允许的范围内,尽可能深刻地批判了形而上学观点,形而上学范畴理论的基础已经被他根本动摇了。

从黑格尔对主观唯心主义的与形而上学的范畴学说的批判,我们已经可以大致窥见黑格尔本人的范畴理论的轮廓。

黑格尔范畴论的主要特点可以概括为下面这几点:

1.黑格尔始终从发展观点来理解各个逻辑范畴,在他那里,范畴与人的认识发展过程密切相连,他的范畴论是建立在唯心主义的可知论的基础之上的,也就是说,他把范畴看作人对世界的认识过程中的各个不同的阶段。

2.黑格尔强调范畴之间的相互联系、相互依赖与相互转化,各个范畴并不是独立自存的,而是构成一个统一的过程的不可缺少的环节。也就是说,黑格尔的范畴论是辩证的,这一点最明显地表现在他的《逻辑学》中的"本质论"当中。

黑格尔承认范畴的客观内容,认为范畴是客观实在本身的存在形式。在他看来,范畴不是空洞的思维抽象。当然,应该指出,黑格尔所理解的客观实在,决不是指不依赖于精神而独立存在的物质世界,相反地,他指的恰恰是不依赖于物质世界而存在的精神,也就是所谓绝对理念之类的神学的虚构。

3. 黑格尔的范畴论贯彻着逻辑与历史的一致这一辩证法原理,这无论对逻辑学的研究来说,或是对哲学史的研究来说,都有其积极的意义。同时,我们也应当注意到黑格尔在贯彻这一原理时用唯心主义精神歪曲了哲学史。

归根结蒂,黑格尔的范畴论的全部价值就在于其中包含着辩证法,列宁在阅读黑格尔《逻辑学》的时候指出:"黑格尔逻辑学的总结和概要、最高成就和实质,就是辩证的方法,——这是绝妙的。"① 确实如此,如果除去了辩证法,那末黑格尔的范畴论还有什么值得称道的东西呢?

4. 在前面我们曾经详尽地批判了黑格尔范畴论的神秘主义,在这里我们只想再一次着重指出,黑格尔范畴论的神秘主义是由他的哲学体系所决定的。黑格尔是一个客观唯心主义者,因此他就不能不到物质世界之外去寻找范畴的本源。在他看来,整个自然界既然只是绝对理念"异化"的结果,那末作为绝对理念自身发展的各个阶段的逻辑范畴,就当然不能以物质世界为依据,而

---

① 《黑格尔〈逻辑学〉一书摘要》,《列宁全集》,第38卷,人民出版社,第253页。

反要充当物质世界的创造主了。正因为在黑格尔那里范畴不是物质世界的反映,而只是抽象的精神发展的环节,所以范畴的推演系统就不能不成为杜撰的、独断的、凭空想出来的东西。当然,黑格尔也在某种程度上在他的范畴系统中猜测到了人对客观物质世界的认识的深化过程,但整个地说,他的范畴系统是矫揉造作的,在许多地方甚至在逻辑上也很难自圆其说,在这种情况下,晦涩难懂的思辨议论,往往是帮助他渡过难关的救星。普列汉诺夫曾经指出过,黑格尔的唯心主义哲学本身就包含着足以证明唯心主义站不住脚的证据①。这句话说得很对,黑格尔的辩证法如果贯彻到底,就必然会导致他的范畴系统的破产。

前面已经说过,黑格尔反对形而上学是不彻底的,这是因为:如果他不用形而上学的框子来限制他的辩证法,那他就无法建立起他的整个体系。黑格尔违背他自己的辩证法,为他的逻辑范畴推演系统设立了一个终点,名之为绝对理念,到这里范畴的发展就停止了,而按照辩证法的精神,这种发展本来应该是无限的。反对形而上学而自己不免堕入形而上学的泥沼,这是黑格尔的悲剧。

因此,我们必须牢记列宁的以下这个指示:"不能原封不动地应用黑格尔的逻辑;不能把它现成地搬来。要挑选出其中逻辑的(认识论的)成分,清除掉它的神秘观念:这还是一项巨大的工作。"②这个指示应当作为我们批判地改造黑格尔范畴论的指针。

---

① 参阅《普列汉诺夫哲学著作选集》,第1卷,三联书店,第477页。
② 《黑格尔〈哲学史讲演录〉一书摘要》,《列宁全集》,第38卷,人民出版社,第293页。

我们不仅不能现成地搬用黑格尔的范畴学说,而且还应当看到,黑格尔范畴论与马克思主义范畴论是根本对立的。

马克思主义的范畴论是以辩证唯物主义作为基础的,它反对任何形式的唯心主义,对哲学范畴作了科学的、辩证的、唯物主义的解释,从而在范畴论史上开辟了一个新的时代。

黑格尔把范畴看作绝对理念的自己发展中的各个阶段,马克思主义则彻底批判了黑格尔的理念论,指出他的绝对理念无非是脱离人与自然界的抽象思维的虚构。在马克思主义看来,范畴乃是自然界与社会中的最一般的、最本质的方面在人的意识中的反映,人的认识发展并不是反映现实的简单的、机械的动作,而是通过一个形成范畴与概念的错综复杂的过程。因此,马克思主义认为范畴是人认识物质世界的深化过程中的各个阶段。正如物质世界与人的认识的发展是无限的一样,范畴的发展也是无限的,它们的数量与内容会随着现实世界与人的认识的发展而愈益丰富起来。正因为马克思主义"从顽强的事实出发",到客观物质世界本身中去寻找范畴的本源,所以就根本破除了黑格尔的神秘主义,使范畴论成为一门真正的科学。

马克思主义范畴论是彻底辩证的,在这里,辩证法获得了宽广的活动范围,而完全不像在黑格尔那里受到唯心主义体系的压抑与歪曲。在马克思主义看来,既然客观物质世界处于永恒的运动与变化的状态中,既然各种自然现象与社会现象不是孤立地存在的,而是相互联系着的,因此作为现实世界本身的内在联系的反映形式的范畴,也就不能不是流动的、发展的、相互转化与相互联系的。正因为马克思主义辩证法除了变化与发展的过程本身之外，不承认任何绝对不会灭亡的东西，所以就消灭了形而上学的最后的巢穴。辩证唯物主义的范畴是能动的、灵活的，而不形成一个故步自封的、一成不变的体系，这是马克思主义范畴论的最鲜明的特色之一。

就内容而论，马克思主义范畴论也比黑格尔范畴论丰富得不可比拟，黑格尔的范畴论往往局限在狭隘的概念范围内绕圈子，而马克思主义的范畴论则首先广泛地应用于认识与研究各种复杂的自然现象与社会现象。

总而言之，从马克思主义范畴论的观点看来，黑格尔的范畴论早已是被超越与扬弃的东西了。但这意思当然不是说，黑格尔现在已经是一只毫无价值的死狗，而是说黑格尔范畴论中的合理内核经过批判改造后，已经被吸收到一种更为高级的哲学、即马克思主义哲学中来了。

应该指出，列宁的《哲学笔记》是从马克思主义观点去研究黑格尔范畴论的一个典范，不仅如此，这部著作对马克思主义范畴论的贡献也是无法估量的。我们在前面曾经尽可能地引用了列宁在这部著作中关于范畴所发表的意见，但我们对列宁的这些天才思想的理解与领会，显然还是十分不够的。我们认为，这是留待研究的另一个具有重大意义的题目。

黑格尔哲学重要名词译名对照表

（括号内为目前通用的其他译名）

Sein——存在（有）

Dasein——现有的存在（限有，定在）

Fürsichsein——自为的存在（自为之有）

reine Sein——纯存在（纯有）

Nichtsein——非存在（非有）

Nichts——无（虚无）

das Werden——变易（生成，变）

Existenz——实存（存在）

Geist——精神（心灵）

Idee——理念（观念）

Begriff——概念（总念）

Ding——事物（东西）

Reflexion——反思（反省）

Verstand——理智（知性、悟性）

Entfremdung——异化（疏远化）

Form und Materie——形式与质料（形式与物质）

Identität——同一（同）

Untershied——差别（异）

das Allgemeine——共相（普遍的东西，普遍者）

Sinnliche Gewißheit——感性确定性（感觉确实性）

后　记

　　近年来我国哲学工作者对黑格尔哲学的研究正在逐步深入，这是一个可喜的现象。早在几十年前，伟大的列宁就曾在他的著名的"哲学遗嘱"《论战斗唯物主义的意义》中指示我们，应该从唯物主义的观点对黑格尔的辩证法组织系统的研究；并且他认为，在初步尝试研究黑格尔辩证法时免不了要犯一些错误，但不应当害怕犯这样的错误，因为"只有什么事也不干的人才不会犯错误"。正由于这样，我们才敢于把这个粗陋的著作奉献给对黑格尔哲学有兴趣的读者，希望它能起到抛砖引玉的作用。

　　本书当然不是对黑格尔辩证法的系统研究，我们只是试图从一个方面、即从范畴论问题的角度来探讨黑格尔辩证法，但我们认为，这个方面对黑格尔辩证法的研究是相当重要的。列宁曾指出，研究黑格尔的逻辑学，必须注意挑选出其中的逻辑的、认识论的成分。范畴论问题与认识论有着极其密切的关系，我们在探讨黑格尔范畴论时，主要着重的也正是认识论的问题。

　　德国古典哲学在黑格尔那里达到了登峰造极的地步，黑格尔的哲学遗产是十分丰富的，他的哲学体系乃是集以往全部哲学发展之大成。正如恩格斯所说，谁要是真正深入到黑格尔的哲学大厦中去，他在那里就可以发现无数宝藏，这些宝藏直到如今还保持着十足的价值。但是,作为普鲁士的官方哲学家,黑格尔不能不具有很大的阶级的、历史的局限性,对于这种局限性,恩格斯在《路德维希·费尔巴哈和德国古典哲学的终结》一书中已经作了全面的、精辟的评述。因此,在黑格尔哲学中,鱼龙混杂,精华与糟粕错综结合在一起,要取其精华,去其糟粕,使之成为对我们有用的东西,这就需要以马克思列宁主义为指针,对黑格尔辩证法进行批判改造。在这方面,马克思主义经典作家们已经为我们树立了光辉的榜样。可是对黑格尔哲学作系统的研究,仍然是一个艰巨的任务,需要我们付出巨大的努力。特别是,黑格尔著作的晦涩难懂是有名的,这为后世的研究者增添了不少麻烦。我们的马克思列宁主义水平有限,对黑格尔哲学的知识也很不够,这个著作中的不妥或错误之处,恐所难免,希望读者不吝指正。

本书在写成后,曾在中国科学院哲学研究所西方哲学史组进行过讨论,并由哲学研究所逻辑组、北京大学哲学系有关同志看过,承他们提出不少宝贵的意见,谨向他们表示衷心感谢。

最后,还要提一下我们在本书中采用的黑格尔哲学名词的译名问题。黑格尔哲学的某些名词是不容易译的,迄今出版的黑格尔哲学著作中译本所用的译名也很不一致(例如 Sein 译为:存在,有;das Werden 译为:生成,变易)。为了使读者阅读方便,除了少数例外,我们基本上采用列宁《哲学笔记》中译本(《列宁全集》第 38 卷)的译名,引自现有的黑格尔著作中译本的引文中的译名,都根据我们所用的译名进行统一。这完全是为了方便,决非意味着我们所采用的译名最为妥善。为了便于读者查对原文,我们附上目前有不同译法的黑格尔哲学重要名词译名对照表,供大家参考。

丕之　汝信

一九六一年五月

黑格尔哲学研究札记
——从《精神现象学》到《逻辑学》

题　记

这是我在上世纪六、七十年代写的一部未完成的书稿,当时在哲学研究所和已故的叶秀山同志商定,共同合作写一部论述"辩证法从康德到黑格尔的发展"的专著,由他负责写康德的部分,我负责写黑格尔的部分。但随后发生的"文化大革命"使这一研究课题无法进行,化为泡影。"文革"结束后,我们俩人又先后去国外任访问学者,未能重新完成这一课题研究。我的工作和研究兴趣也发生了变化,就把这部未完成的书稿束之高阁了。这次为了编《文集》,从旧稿堆里翻出这一手稿,睹物思故人,不胜感慨。秀山虽比我年轻几岁,却已先我而去,现在斯人已逝,要共同完成以前的约定已是不可能了。思之再三,决定把这些旧稿收入《文集》,作为对故友的纪念。此稿中某些部分曾在过去发表过的文章和讲稿中采用,它们是:《论黑格尔〈精神现象学〉的方法》,发表于《外国哲学史论文集》1979年;《黑格尔与谢林的决裂》,发表于《哲学史论丛》1980年;《黑格尔〈精神现象学〉中的意识和自我意识》,发表于《上海社会科学院学术季刊》1985年第2期;《关于黑格尔〈逻辑学〉的若干问题》,发表于《康德黑格尔研究》第一辑,上海人民出版社1985年。特此说明。

2019年6月

第一部分

《精神现象学》

一、《精神现象学》
——黑格尔哲学体系的诞生

《精神现象学》一书是黑格尔在耶拿时期写的一部最重要的巨著。在这部著作中,黑格尔开始建立他自己独创的哲学体系,对他的唯心辩证法作了深刻的阐明和广泛的运用。如果说,在这以前,青年黑格尔的世界观还处于正在形成的阶段,还有一些观点不够明确坚定,时常摇摆不定,那末,到了《精神现象学》的出版,黑格尔就已经成长为一个成熟的独立思想家。他的哲学思想的轮廓业已大致勾画出来,只有待于他作进一步的探讨和发挥了。因此,在黑格尔的著作中,《精神现象学》值得我们予以特别的重视。马克思在《1844年经济学-哲学手稿》中指出,"精神现象学是黑格尔哲学的真正诞生地和秘密",[①]这就充分说明了这部著作的重要性。

《精神现象学》完成于1805年冬至1806年10月(该书序言写于1807年1月),出版于1807年。这部著作虽然写得比较仓促,特别是在当时战争已经临近、耶拿即将成为战场的动荡不安的情况下,黑格尔事实上也不可能从容地进行推敲。因此,该书

[①] 马克思:《黑格尔辩证法和哲学一般的批判》,人民出版社,第10页。

的某些部分语焉不详,十分晦涩难懂。在西方哲学史上,《精神现象学》一向被认为是最艰深的哲学著作之一。但是,黑格尔写这部著作是经过长期思想准备、酝酿已久的。前面已经说过,黑格尔的早期著作大多是偏重于社会政治、历史和宗教伦理问题,但他决不是对比较抽象的哲学问题漠不关心。相反,黑格尔一直密切地注视着哲学的动态,并且早就开始思考如何建立他自己的独创的哲学体系的问题。在法兰克福时,他曾写信给谢林说,"我在科学上的形成是从人的一些次要的需求开始的,现已达到了科学,而我的青年时期的理想也不能不转化为反思的形式,转化为某一种体系;现在我一直在研究这个问题时向自己提出了这样的问题:我可能找到深入到人的本质中去的什么样的归途?"①大概在黑格尔去耶拿以后,他就把自己的主要精力集中于构思他的哲学体系。他早就打算写一部系统的哲学著作,但迟迟没有动笔,可见他对写作这样一个著作是持十分认真和郑重的态度的。他在1805年给海德堡大学教授福斯的一封信里,强调指出了哲学的重要意义。他认为,哲学是"一切科学的灵魂",它提高科学的地位,并推动它们进一步发展,如果没有这种运动,科学就将死灭,科学是在概念中获得自己的生命力的,而概念归根结底来自哲学。科学在自己的领域内应用哲学,正如哲学本身在科学中获得自己的营养、原料和财富。哲学由于自己的本性,或是由于它和其他科学的相互作用,实际上可称得上"科学的女王"。黑格尔告诉福斯说,他将在当年秋开始阐述他自己的哲学体系,

---

① 1800年11月2日黑格尔给谢林的信。

希望得到福斯的支持。他还说路德把《圣经》翻译成德语,您把荷马的著作翻译成德语,我则打算迫使哲学说德语。① 黑格尔的努力确实没有白费,以《精神现象学》开始的他的一系列哲学著作为德语赢得了这样的声誉,即成为世界上最富有哲学意味的语言。

按照黑格尔原来的计划,《精神现象学》应该是他的整个体系的第一部,有时他也把它称之为他的体系的"导言"。实际上,《精神现象学》本身也是自成体系的,而且黑格尔以后所完成的整个哲学体系的许多部分早已包含在《精神现象学》中,仿佛只是这部著作的各个环节的进一步展开和发挥。关于这一点,青年黑格尔派的头面人物、即那个以《耶稣传》一书名噪一时的施特劳斯,曾经以赞许的口吻说道:"人们可以恰当地把《现象学》叫做黑格尔著作的开始和终结。在这儿黑格尔乘上自己的船第一次离港航行,经历了一次奥德赛式的环绕世界的航程;而他以后的远征,虽然进行得较好,却只是局限于内海而已。黑格尔后来的所有著作和讲演录,如他的《逻辑学》、《法哲学》、宗教哲学、美学、哲学史和历史哲学,都只不过是取自《现象学》的各个段落而已,甚至在《哲学全书》中也只是不完整地、无论如何有些枯燥地保存了《现象学》的财富。在《现象学》中,黑格尔的天才达到了最高峰。"② 海谋虽然对该书采取激烈批评的态度,但他也认为

---

① 1805年5月黑格尔给福斯的信。
② 施特劳斯:《克利斯兴·梅尔克林》,引自格洛克纳:《黑格尔》,第2卷,第539页。

《精神现象学》包含着黑格尔体系的一切部分。①因此,研究《精神现象学》,可以说是我们理解黑格尔的整个体系和方法的一把钥匙。

现在我们就来着手探索一下黑格尔哲学的这个"真正诞生地和秘密",并且循着黑格尔自己的足迹去看看他走的究竟是一条什么样的道路。但是,在这之前,我们先要读读黑格尔在走上自己独立发展的道路时,是怎样同德国古典哲学的其他代表人物分手的。

在写作《精神现象学》一书之前,黑格尔是同谢林一起批判以费希特为代表的主观唯心主义哲学的。黑格尔和谢林不仅是同窗好友,而且在哲学上也曾经是携手并进的同路人。黑格尔到耶拿大学任教,是经谢林的推荐,他们在耶拿又共同创办《哲学评论杂志》。这个杂志实际上是宣扬他们共同的哲学观点、反对他们的共同论敌的"同人刊物"。②这个时期的黑格尔起初显然受到谢林很深的影响,他不仅采用了谢林的某些哲学术语,而且也接受了谢林的基本哲学原则。只是到了1803—1806年间,黑格尔才和谢林在哲学思想上发生分歧,转而对谢林哲学采取批判态度,直至同谢林完全决裂,而《精神现象学》一书则是他们彻底分道扬镳的一个标志。在该书出版前,谢林还写信给黑格尔,表示他迫切地等待着这部"最后终于出现的著作"③。但是,当他收到

---

① 海谋:《黑格尔和他的时代》,第253页。
② 《哲学评论杂志》出版于1802—1803年间,共出六期。关于创办这个杂志的目的,黑格尔于1801年12月写信给法兰克福的朋友说,他要用各式各样的武器,用"粗棒和长鞭短鞭"来进行战斗。
③ 1807年1月11日谢林给黑格尔的信。

了黑格尔的这部著作后,只读了序言就读不下去了。直到半年以后,他才给黑格尔回信,推说他由于种种原因没有足够的时间来安心阅读这部著作。①他们之间的通信联系就由这封信而宣告结束,这两个从图宾根神学院时期就志同道合的好朋友在哲学上也越走越远,成为思想上的仇敌。可以毫不夸大地说,如果不是由于《精神现象学》一书的写作而彻底摆脱了谢林的影响,那末黑格尔也就不成其为后来的那个作为辩证法大师的黑格尔了。

那么,黑格尔是怎样逐步和谢林分手的呢?又是怎样批判谢林的呢?我们不妨在这里简略地观察一下黑格尔在耶拿时期的几篇哲学论文,从中探索他的思想发展历程。

黑格尔到了耶拿以后,为了取得在耶拿大学讲课的资格,进行了一次论文答辩。他提交的论文是用拉丁文写的,题为:《论行星轨道的哲学论文》。实际上,在举行答辩时,这篇论文未能及时搞出来,大学当局是破例允许黑格尔根据先印出的论文提纲来进行答辩的。②《论行星轨道》一文表明,当时的黑格尔基本上还站在谢林哲学的立场上,论文的答辩情况也说明了黑格尔和谢林的亲密关系。③这里不打算详细讨论这篇论文的内容。在今天看来,它除了作为历史文献引起人们兴趣外,并没有很大的哲学价值,其中包含的明显的错误,只能有损于黑格尔的科学

---

① 1807年11月2日谢林给黑格尔的信。
② 这次论文答辩是在1801年8月27日举行的。罗森克朗茨说,提纲是作为论文的附录一起提出的(《黑格尔传》,第156页),这个说法不确切。
③ 这次论文答辩的主要质询人就是黑格尔的好友、耶拿大学的年轻教授谢林和另一位尼泰默教授,黑格尔答辩的助手则是谢林的弟弟、大学生卡尔·谢林。参见"关于黑格尔在耶拿担任讲师的活动情况的文献(1801-1807年)",《黑格尔研究》第4卷,波恩,1967年。

声誉。① 黑格尔的论文主要是反对自然科学中的经验论方法,反对牛顿在《自然哲学的数学原理》一书中对开普勒定律的数学论证和关于行星轨道的解释。他的基本思想是理性和自然的同一(identitas rationis et naturae)、理想和现实的同一,并把这个原则应用于解释行星的轨道。他企图证明,行星的轨道也是服从于理性的规律的。在论文的开头,他说:"再没有比我们名之为太阳系的那个活生生的东西更崇高和更纯粹的理性表现了,再没有比它更值得作哲学考察了。西塞罗赞扬苏格拉底说他使哲学从天上降下来并把哲学引入人们的日常生活中去,这种赞扬或者一般地不值得注意,或者应当加以这样的解释,即如果哲学不是从天上降到人间,它就不可能给人们带来任何利益,因此,必须尽一切努力把哲学升高到天上去。"②

---

① 黑格尔对自然科学有相当深的造诣,但当他用哲学观点去解释太阳系的行星轨道时,却闹了一个大笑话。当时有的天文学家根据算术级数推论,在火星和木星之间还有尚未被发现的星球(后来证明这种推论也是错误的),而黑格尔则认为这种看法是"没有任何哲学意义的"。黑格尔武断地说,毕达哥拉斯派在《蒂迈欧篇》里的看法(这点黑格尔也搞错了,毕达哥拉斯应为柏拉图)更符合"理性"的规律,因此火星和木星之间不可能还有其他的星球。他不知道,就在几个月之前,庇亚齐已经在火星和木星之间发现了一个小行星。这个错误引起了某些人的嘲笑。哲学家不应该随便干预自然科学问题的争论,不应该用哲学去代替自然科学的研究和科学实验,这又是一个例证。

② 黑格尔:《论行星轨道的哲学论文》。我们可以把黑格尔的这些话和马克思主义创始人的话作一对比。马克思恩格斯在《德意志意识形态》中曾经指出:"德国哲学从天上降到地上;和它完全相反,这里我们是从地上升到天上,就是说,我们不是从人们所说的、所想象的、所设想的东西出发,也不是从只存在于口头上所说的、思考出来的、想象出来的、设想出来的人出发,去理解真正的人。我们的出发点是从事实际活动的人,而且从他们的现实生活过程中我们还可以揭示出这一生活过程在意识形态上的反射和回声的发展"(《马克思恩格斯全集》,第3卷,第30页)。马克思恩格斯所说的使哲学"从地上升到天上"和黑格尔的意思完全不同,他们指的是哲学必须从人们的现实物质生活出发,从而使哲学建立在唯物主义的基础上。黑格尔所说的"把哲学升高到天上去",则是从唯心主义出发把哲学神化、绝对化。他们正好代表着两条截然相反的路线。

毫无疑问，黑格尔的这篇论文是从谢林的客观唯心主义的"同一哲学"的原理出发的，他把整个太阳系说成是什么纯粹的理性表现，这正是纯粹的客观唯心主义观点。他要求把哲学升高到天上去，也无非是说明他企图使哲学取代过去神学的地位。这些唯心主义的糟粕在以后的黑格尔哲学体系中都原封不动地保留下来了，而且得到了进一步的发展。但是，值得我们重视的是他的论文的《提纲》，其中包含着丰富的辩证法思想的萌芽。例如，这十二条提纲的第一条说："矛盾是真理的标准，而没有矛盾则是谬误的标准。"①黑格尔的这个提法是同传统的形式逻辑的规律相反的，他显然已经看到了形式逻辑的局限性，而力图把辩证法应用于认识论。他对矛盾的重视和强调，在当时也与谢林的影响有关。早在《自然哲学观念》（1797年）中，谢林就谈到现实界的矛盾的普遍性，指出自然界到处都存在着相互对立的力量。而在《先验唯心论体系》一书（1800年）中，谢林又着重地指出了矛盾是一切运动的根据，他说："对立在每一时刻都重新产生，又在每一时刻被消除。对立在每一时刻这样一再产生又一再消除，必定是一切运动的最终根据。"②但是，我们不能把黑格尔的《提纲》看作简单地重复谢林的思想。应该说，黑格尔虽然基本上是从谢林的观点出发的，但在辩证法思想方面早已超出谢林了。《提纲》的内容与论文颇为不同，它有好几条是关于社会道德问题的，也闪耀着辩证法的光辉。例如，其中的第九条说："自然状态并不

---

① 《黑格尔早年刊印的著作》，拉松编，莱比锡，1928年，第405页。
② 谢林：《先验唯心论体系》，商务印书馆，第148页。

是不公正的,但正因为如此,就必然要脱离这种状态。"① 这句话包含着很深刻的道理。一切事物都要走向自己的反面,自然状态要转化为社会状态,公正要转化为不公正,人类社会就是这样通过矛盾而发展起来,在这里任何道德的考虑是不起决定作用的,历史的辩证法就是如此无情。以卢梭为代表的启蒙学派往往把自然状态理想化,黑格尔早期曾经受到卢梭的强烈影响,这时则已经开始摆脱这种影响,转而对卢梭的非历史主义观点持批判态度了。

黑格尔在耶拿正式发表的第一部著作是:《论费希特和谢林的哲学体系的区别》(1801年)。在这一著作中,黑格尔支持谢林,对费希特的主观唯心主义观点进行斗争。

大家知道,费希特的主观唯心主义是在批判和继承康德的基础上形成和发展的。康德承认在人的意识之外存在着不可知的"自在之物",这就把认识和客体割裂了开来,否定了思维和存在的同一性。康德企图调和唯物主义和唯心主义,结果却更深地陷入了主观唯心主义。他的这种调和的立场本来是当时幼小的德国资产阶级的软弱性的反映。随着德国资产阶级的成长,特别是经过法国大革命的冲击,康德的这一套就显得过于消极,不能更有力地干预现实,以符合德国资产阶级的新的需要。因此,康德以后的德国古典唯心主义哲学的代表们,都努力用不同的方式去填平康德在主体和客体之间划下的鸿沟,在唯心主义的基础上去重新建立思维和存在的同一性原则。费希特就是这样。列宁指

---

① 《黑格尔早年刊印的著作》,拉松编,莱比锡,1928年,第405页。

出:"费希特认为康德和康德主义者最不彻底的地方就在于他们承认自在之物是'客观实在的基础'。"① 费希特根本否认有不依赖于人的意识的"自在之物"的存在,说它完全是一种"纯粹的虚构"。他利用康德哲学中的"自我意识",把它发展成为绝对。在他看来,"自我"是哲学的根本出发点,是第一性的、绝对的、无条件的,是最高的实在,而我们周围世界的一切事物则是"非我",是由"自我"设定的。"非我"并没有真正的实在性,它们只是"自我"的产物,是由"自我"所创造和建立起来的。照费希特的说法,整个世界就成了自我意识的创造物,创造活动也就是认识活动,而认识归根到底只不过是自我认识,因为"自我"并不是去认识什么客观世界,而只是去认识自己。他说:"注意你自己,把你的目光从你的周围收回来,回到你的内心,这是哲学对它的学徒所做的第一个要求。哲学所要谈的不是在你外面的东西,而只是你自己。"② 这当然是彻底的主观唯心主义,而且必然要导致唯我论。费希特正是用这种办法去解决康德的问题,既然客体是由主体产生的,存在是由思维产生的,那末它们之间当然就没有什么不可逾越的界限了。这样,费希特就通过主观唯心主义的道路,达到了主体和客体的同一,思维和存在的同一。

谢林起初是赞同费希特哲学的,他也曾企图把自然界理解为思维活动的结果,把客体说成是主体的创造物。但他很快就感到费希特的主观唯心主义不能令人满意,转而对它进行批判,并

---

① 《唯物主义和经验批判主义》,《列宁选集》,第2卷,第198-199页。
② 费希特:《"知识学"引论第一篇》,《十八世纪末-十九世纪初德国哲学》,商务印书馆,第137-138页。

着手建立他自己的客观唯心主义哲学体系。谢林认为，必须用与"自我"相对立的客观的一方面、即自然界，去补充费希特的理论。因为费希特的"自我"只是主观意识，不能充分说明丰富多样的自然界的精神本质，所以不能说是"自我"产生"非我"。在谢林看来，"自我"和"非我"、主体和客体、思维和存在，都是由一个更高的本原产生的，这个本原就是"绝对"。他说："这种更高的东西无非是绝对的主观事物与绝对的客观事物、有意识的东西与无意识的东西之间的同一性的根据"，它本身"既不能是主体，也不能是客体，更不能同时是这两者，而只能是绝对的同一性"[①]。正是在"绝对"中，意识和自然、主体和客体、思维和存在都融合为一，达到"绝对的同一"、"无差别的同一"。这个"绝对"是一种精神力量或所谓"宇宙精神"，它本身原来是没有任何差别的，是无意识的，但由于它有一种要把自己提高为自觉的精神实体的"原始冲动"，才超出"无差别的同一"，而产生精神和自然、主体和客体、思维和存在的差别和对立。这个"绝对"的发展过程，就是所谓理智进行创造的过程，或是盲目地和无意识地进行创造，形成自然界的发展，或是自由地和有意识地进行创造，形成人类社会的发展。但是，不管自然界也好，人类精神也好，都是"绝对"的变化形态，二者虽然有差别和彼此对立，却仍然是同一的。用他的话来说，"自然应该是可见的精神，精神应该是不可见的自然"[②]。因此，谢林是通过另一个途径，即客观唯心主义的途径，来论证精神和自然、主体和客体、思维和存在的同一性的。

---

① 谢林：《先验唯心论体系》，第250页。
② 《自然哲学观念》，《谢林全集》，第2卷，第56页。

面对费希特和谢林的分歧,黑格尔写作《论费希特和谢林的哲学体系的区别》时是站在谢林这一边的。他写这一著作的直接原因是为了反驳赖因霍尔德,因为赖因霍尔德对谢林哲学的独创性提出异议,认为它只不过是费希特的知识学的旁枝附叶而已。黑格尔则充分地阐明了这两个哲学体系的区别和这种区别的意义。他指出,费希特虽然创立了同一哲学并且确立了它的原则,但却并没有把同一哲学发展到底,真正完成了这一发展的是谢林,因此应该把谢林看作绝对同一的哲学体系的真正代表者。黑格尔认为,费希特是把"主观的主体－客体"作为自己哲学体系的出发点,也就是说,他的出发点乃是一个主观的因素。但是,用这种办法并不能真正克服主体和客体的二元论,因为世界并不是主观意识的简单的产物,主体也决不能和客体简单地等同起来。在黑格尔看来,客体是不同于主体的"他物",是"Sein Anderes",把客体归结为主体显然是不行的,费希特哲学的片面性和局限性也正在于此。黑格尔用谢林的主客体同一的原理来同费希特哲学相对照,他说,谢林的主体－客体不同于费希特,它是"客观的主体－客体",而赖因霍尔德正是忽视了这一点。他指出,在费希特那里,"绝对同一"、即对"绝对"的认识,仍然是一个不能实现的假定,费希特主观唯心主义哲学的最大的缺陷在于不能认识自然界,因为自然界是"没有意识的存在"(bewusstloses sein),它无论如何也不可能被意识所同化。黑格尔之所以赞同谢林,重要原因之一就是他认为谢林的客观唯心主义能够更好地理解自然界。

有意思的是,黑格尔对费希特的批判还涉及社会政治问题。

黑格尔指出，费希特体系的原则和结果往往是不相符合的，随着体系的发展，"自我"等于"自我"的原则转化为"自我"应该等于"自我"的原则，因而也就转化为"自我"不等于"自我"的相反的论断。因此，主体和客体的同一结果就成了像康德学说中的理念那样的终极目的，而必然同现实生活处于经常的对立之中。这种同一始终只不过是努力争取的东西，而在费希特的学说中，国家也只有借助于没完没了的规定和命令来管理公民的生活。黑格尔批评费希特并不真正理解自由，因为在费希特的体系中，强制手段和在生活中的一切方面无限制地使用强制手段乃是绝对必然的。他指责费希特为了制止和预防犯罪而设计了一种令人不能忍受的警察制度，在这样的制度下，任何一种活动都必须服从于某种法律，并处于警察的直接监督下，"警察清楚地知道，每天每小时每个公民在什么地方、在干什么事"。他敏锐地看出了费希特的主观唯心主义的社会后果，它表面上看是主张个人自由的，但实际上却不能真正保证个人自由，而相反会走向自由的反面。从这方面来说，黑格尔对费希特的批判是从更好地维护德国资产阶级利益的立场出发的。

应该指出，黑格尔虽然批判了费希特的主观唯心主义，但却并没有予以全盘否定。例如费希特对康德主义的批判，在某些点上就和黑格尔有共同之处。他们都反对康德的"自在之物"，都对康德伦理学的形式主义表示不满等等。更确切地说，黑格尔的目的不在于消灭费希特的主观唯心主义，而在于纠正它的错误，他一方面揭露了主观唯心主义在对待理论问题和实践问题上的缺陷和谬误，另一方面却又把主观唯心主义看作哲学发展中的必然环节。

黑格尔当时还没有看出谢林的错误，他一般地是同意谢林的同一哲学的原则，甚至还从谢林那里借用了像"理智直观"那样神秘的概念。但是，即使在那个时候，黑格尔的观点也并不是和谢林完全一致，而是已经有所分歧了。最突出的一点是黑格尔十分重视矛盾，把矛盾看作事物的本质，这个辩证法思想后来终于导致了黑格尔和谢林的决裂。黑格尔所注重的不是主体和客体的什么"无差别的同一"，而是主体和客体之间的辩证关系。他在《论费希特和谢林的哲学体系的区别》一书中说："当我们进一步考察一种哲学所具有的特殊形式时，我们就可看到，一方面它是从精神的生动的创造力中发源的，精神在这种哲学形式中通过自身恢复了已经分裂的和谐；另一方面，它是从体系所发源的那种分裂为二（Entzweiung）的特殊形式中产生的。分裂为二是哲学的需要的源泉。"他指出，分裂为二的结果是出现了精神与物质、灵魂与肉体、信仰与理智、自由与必然的种种对立，这些对立与人类的重大利益有密切的关系，而且在文化发展的进程中转化为理性与感性、理智与自然的对立形式，转化为绝对主观性和绝对客观性的对立。接着黑格尔又说了一段很精彩的话："理性的唯一兴趣就在于去扬弃这些固定化了的对立。这样说并不是意味着理性好像是一般地反对对立和限制；因为必然的分裂为二乃是生命的一个因素，生命就是永恒地在对立中形成其自身的，而具有最高生命力的全体，只有通过从最大的分离中的恢复才有可能。理性的目的即在于反对由知性引起的把分裂为二绝对固定化，特别是因为那绝对对立本身就起源于理性。"①

在这里，黑格尔的辩证法思想已经表现得比较成熟了。他所强调的"分裂为二"这个哲学概念，正是对辩证法的基本规律、即对立统一规律的最初表述。他把分裂为二看作必然的、普遍的现象，把它看作"生命的一个因素"，并且认为生命是永恒地在对立中形成其自身，这就是承认矛盾对立的普遍性，承认生命本身就包含着矛盾。这种思想和否认矛盾的存在，或是把矛盾看作某种偶然的、不正常现象的形而上学观点，是完全对立的。其实，黑格尔在这里所说的理性和知性的区别，实质上就是辩证法和形而上学的区别。形而上学观点把精神与物质、主观与客观、自由与必然等范畴之间的对立绝对化、固定化，否认它们之间的辩证联系和相互转化，而黑格尔则在承认矛盾对立的前提下，强调对立面之间的辩证的统一。他甚至认为，需要哲学的原因就在于反对形而上学的绝对化思想，而认识对立的统一。他说，当统一的力量从人的生活中消失，对立面丧失了它们之间的活生生的关系和相互作用而变成独立的东西时，对哲学的需要就产生了。黑格尔这样地把对立的统一和哲学联系在一起，正好说明他心目中的哲学、特别是他自己的哲学，本质上就是辩证法。

当然，我们也应该看到，黑格尔那时初创的辩证法思想，就已经具有唯心辩证法的根本缺陷和局限性。黑格尔所谈的分裂为二，只是精神本身的分裂为二，而不是客观物质世界的分裂为二及其在人们意识中的反映。因此，他不能正确地解释这种分裂为二

---

① 以上参阅《黑格尔早年刊印的著作》，拉松编，莱比锡，1928年，第12—14页。

的现象的客观基础。尤其是，黑格尔只谈对立的统一，而忽视对立的斗争，或是离开对立的斗争去谈统一，强调去恢复已经分裂的"和谐"，这就不可避免地会走向矛盾的调和论。黑格尔辩证法的这种倾向，也正是当时德国资产阶级的妥协立场的思想反映。在以后黑格尔哲学思想的发展中，这种倾向是越来越强烈了。

《论费希特和谢林的哲学体系的区别》这一著作和黑格尔后来写的《精神现象学》的著名序言，有着密切的关系。包含在前一著作中的某些思想，后来都在那个序言中得到了进一步的发挥。例如，黑格尔早就指出，哲学必须是一个体系，哲学真理不可能包含在单独的基本命题之内；又如，他认为"思辨可以理解常识，但常识却不能理解思辨所理解的东西"[①]。上面这些思想在《精神现象学》序言中都得到了详细的探讨而被赋予更丰富的内容，成为黑格尔的著名论点。从这一点来说，《论费希特和谢林的哲学体系的区别》在黑格尔哲学思想的发展史上也是有着一定意义的。

黑格尔在《哲学评论杂志》上发表的一些文章，也说明当时他的哲学观点在基本上接近于谢林，而又开始在某些问题上与谢林发生分歧。1802年发表于该杂志第一期的"泛论哲学批评的本质、特别是论它和当前哲学状况的关系"一文，可以说是这个由黑格尔和谢林合办的刊物的宣言书。在这篇文章里，黑格尔站在客观唯心主义立场上反对主观主义和"拙劣的经验主义"。在他看来，理性只有一个，因此哲学也只有一个，而且只可能有一个。

---

① 《黑格尔早年刊印的著作》，拉松编，莱比锡，1928年，第22页。

作为客观评价的批评之所以可能,就是因为只有一个统一的理性真理,正如只有一个统一的美一样。真哲学的理念在不同程度上存在于各种哲学学说中,而哲学批评的任务就在于阐明哲学的理念究竟在什么程度上自由而明白地出现,以及在什么范围内这一理念发展成为科学的哲学体系。在谢林的影响下,黑格尔当时错误地把哲学看作少数思想家的禁脔,反对把哲学的理念通俗化和普及化。他说:"哲学就其本性来说是某种秘传的东西,它既不是为群众而创造的,也不准备去适合群众的口味;它之所以成为哲学,是因为它和知性直接相对立,更和健康的常识相对立……对健康的常识而论,自在和自为的哲学世界乃是一个颠倒的世界。当亚历山大听说亚里士多德公布了有关自己哲学的著作以后,他从亚洲的中心写信给亚里士多德说,不应该把他们一起进行哲学思考所得的东西公之于众,而亚里士多德在答复时则为自己辩护说,他的学说虽然已经公布,但同时又没有公布;因此,哲学必须承认人民有上升到哲学的可能性,但却不能自己降低到人民的水平。"①黑格尔的这种错误观点后来在《精神现象学》序言中作了修正,但那已经是他和谢林彻底决裂后的事了。

  1802年黑格尔发表于《哲学评论》的另外两篇文章,也是从谢林的同一哲学的原则出发同别人展开论战的。在"一般的人类知性如何看待哲学"一文中,黑格尔用尖刻的讽刺的笔调,批判了反对同一哲学、主张维护健康的人类知性的权利的克鲁格。②"怀

---

  ① 黑格尔:《不同时期的著作》,第279-280页。
  ② 克鲁格(1770-1842年)当时任法兰克福大学教授,1804年继康德之后任哥尼斯堡大学教授。

疑论和哲学的关系"一文,则把批判的锋芒指向舒尔茨的怀疑论。舒尔茨打着古罗马怀疑论者埃奈西德穆的旗号来批判康德哲学,后来又在《理论哲学的批判》一书(1802年)中,反对费希特和谢林。黑格尔指出,怀疑论在哲学史上是具有重要意义的,但必须把高尚的怀疑论和庸俗的怀疑论区分开,舒尔茨的怀疑论就属于庸俗的一类,它是一种反哲学的思维方式,是与古代怀疑论相对立的。古希腊的怀疑论是反对独断论的,而舒尔茨的怀疑论则是一种低级形式的独断论。由此黑格尔得出结论说,舒尔茨和克鲁格实际上是一丘之貉,怀疑论和"健康的人类知性"同流合污,"舒尔茨的怀疑论同最粗野的独断论联合在一起,而同时克鲁格的独断论则自身归结为怀疑论"。

如果说我们从黑格尔的以上这两篇文章里还看不出他和谢林有多大的分歧,那末在1803年发表于《哲学评论杂志》的"论信仰和知识,或主观性的反思哲学"一文中,这种分歧就开始暴露出来了。黑格尔在这篇文章里批判了他的哲学前驱康德、雅柯比、费希特,因此这篇文章被拉松尖锐地指责为"典型的忘恩负义"。我们在这里暂且不谈黑格尔对前辈的批判能否叫作"忘恩负义",使我们感兴趣的是这种批判不仅是对准康德等人的,而且也使黑格尔和浪漫派划清了界限。黑格尔所批判的雅柯比,攻击一般的知识,把知识看作仅仅是对于有限事物的知识,认为知识按其内容来说是不能够认识绝对的。雅柯比推崇所谓直接知识,把理性说成是直接知识、信仰,是对于上帝的知识。他所谓的信仰或直接知识,其实也就是灵感、内心的启示之类的东西。黑格尔在批判耶柯比时,也不指名地批判了哲学家和神学家施莱尔马赫，他的批判实质上是对非理性主义和信仰主义的批判。费希特在离开耶拿后，与浪漫派代表人物施莱格尔以及施莱尔马赫等混在一起，思想越来越蜕化，连他自己也在给妻子的信中承认，他比以前任何时候都更深地钻到宗教里去了。在关于信仰的问题上，费希特是同意雅柯比和施莱尔马赫的，这恰好同黑格尔的态度相反。因此，黑格尔批判费希特也是很自然的。问题在于谢林，因为就其思想倾向而论，当时的谢林已经向浪漫派靠拢，谢林哲学中的非理性主义和宗教神秘主义倾向已经露头。黑格尔的"论知识和信仰"一文，虽然没有直接批判谢林，却清楚地表明他和谢林走的不是一条道路。黑格尔对浪漫主义一直采取批判态度，这是导致他和谢林决裂的重要原因之一。有的资产阶级学者如狄尔泰、克罗纳，竭力把黑格尔也说成是非理性主义者和浪漫主义者，这完全是对历史的歪曲和篡改。

黑格尔和谢林的原则分歧，到《精神现象学》一书问世就完全公开化了，特别是在该书的序言中，黑格尔对谢林哲学展开了全面的批判。海谋说，这篇序言可以名之为"论谢林和黑格尔的哲学体系的区别"，这个说法是很有几分道理的。诚然，黑格尔并没有抛弃谢林的客观唯心主义哲学的根本出发点，即主体和客体同一的原则，但他对这种同一的解释以及对达到这种同一的方法和途径的看法，都和谢林截然不同。《精神现象学》是黑格尔的"独立宣言"，它正式向人们宣告，一个新的黑格尔哲学体系已经取代谢林哲学体系的地位而诞生了。

黑格尔对谢林的批判集中在以下几点：

第一，黑格尔批判了谢林对"绝对"的理解。谢林的所谓"绝对"，指的是主体和客体的"绝对的同一"、"无差别的同一"，因此"绝对"本身是不包含任何差别和矛盾的，是没有运动和发展的。在他看来，世界上的一切都以这种"绝对的同一"作为自己的根源和最后归宿，也就是说，在差别和矛盾产生之前，有一个无差别、无矛盾的同一状态，而在差别和矛盾产生之后，最后又复归于这种原始的同一状态。所以他不承认矛盾贯穿于事物发展过程的始终，也不承认矛盾是推动事物发展的真正动力和源泉，他的看法是一种形而上学的观点。黑格尔正是针对谢林的这种否认差别和矛盾的形而上学观点来进行批判。他指责谢林说，谢林把一切都归属于绝对理念之下，仿佛绝对理念已在一切事物中都被认识到了，但实际上这并不是因为这同一个理念自己取得了不同的形象，而是因为它作了千篇一律的重复出现，"只因为它外在地被应用于不同的材料，就获得了一种无聊的外表上的差别性"。像谢林那样由认识主体把唯一的静止的形式在现存事物上到处引用，把材料从外面投入这个静止的要素里，这样做出来的就不是从自身发生出来的丰富内容，也不是各个形态给自身规定出来的差别，而是一种"单调的形式主义"。谢林的形式主义还主张这种单调性和抽象普遍性就是"绝对"，以为思辨的方法就等于把区别和规定消融掉，或是把区别和规定"抛入空虚的无底深渊"。黑格尔指出，根据谢林的观点，在考察任何一个有规定的东西在"绝对"里是什么的时候，不外乎是说，此刻我们虽然把它当作一个东西来谈论，而在"绝对"里，在 A＝A 里，则根本没有这类东西,在那里一切都是一。他批判谢林说:"无论是把'在绝对中一切同一'这一知识拿来对抗那种进行区别的、实现了的或正在寻求实现的知识,或是把它的绝对说成黑夜,就像人们通常所说的一切牛在黑夜里都是黑的那个黑夜一样,这两种作法,都是知识空虚的一种幼稚表现。"①

与谢林相反,黑格尔所理解的"绝对"不是 A = A 那样的形而上学的"无差别的同一",而是自身包含着差别和对立、自己运动和发展的理念。用黑格尔的话来说:"它是单一的东西的分裂为二的过程或树立对立面的双重化过程,而这种过程则又是这种漠不相干的区别及其对立的否定。所以唯有这种正在重建其自身的同一性或在他物中的自身反映,才是绝对的真理,而原始的或直接的统一性,就其本身而言,则不是绝对的真理。"②因此,黑格尔的"绝对"是自身分裂为二,自己为自己树立对立面,并且在他物中反映自身,通过否定而重建其自身的同一性。显然,黑格尔所谈的是对立的同一,他和谢林在这个问题上的分歧,实质上反映了辩证法和形而上学两种根本不同的观点的对立。

第二,黑格尔批判了谢林的非理性主义和神秘主义。他不仅批判了谢林对"绝对"的形而上学的理解,而且也反对谢林所鼓吹的认识"绝对"的途径和方法。在谢林看来,要理解这个"绝对",不能借助于概念和正常的思维活动,而只能通过一种直接知识的形式,即所谓"理智直观"。他说:"整个哲学都是发端于、并且必须发端于一个作为绝对本原而同时也是绝对同一体的本

---

① 黑格尔:《精神现象学》,上卷,商务印书馆,第10页。
② 同上,第11页。

原。一个绝对单纯、绝对同一的东西是不能用描述的方法来理解或言传的,是绝不能用概念来理解或言传的。这个东西只能加以直观。这样一种直观就是一切哲学的官能。但是,这种直观不是感性的,而是理智的;它不是以客观事物或主观事物为对象,而是以绝对同一体,以本身既不主观也不客观的东西为对象。这种直观本身纯粹是内在的直观"。[①] 谢林所提倡的这种神秘的"理智直观"本身是同理智相对立的,是反理性的。它同唯心主义的天才论和灵感说紧密地结合在一起,因为根据谢林的理论,只有少数天才人物凭着狂热的灵感才能达到"绝对同一"的神秘境界,广大群众是无法问津的。这样,谢林的认识论就带有秘传的性质,而且具有强烈的贵族主义色彩。

　　黑格尔从理性主义出发坚决驳斥了谢林,他指出,按照谢林的看法,"绝对不是应该用概念去把握,而是应该予以感受和直观","据说哲学不必那么着重于提供洞见而主要在于给予启发或启示"。他说,这是一种"放弃科学而自足自乐的态度",是一种"蒙昧的热情",它看来似乎很深邃,"其实与肤浅是同一回事"。黑格尔讽刺地写道:"由于这样的精神完全委身于实质的毫无节制的热情,他们就以为只要蒙蔽了自我意识并放弃了知性,自己就是属于上帝的了,上帝就在他们睡觉中给予他们智慧了;但正因为这样,事实上他们在睡眠中所接受和产生出来的,也不外是些梦而已。"[②] 在黑格尔看来,哲学必须竭力避免想成为有启示性

---

① 谢林:《先验唯心论体系》,第274页。
② 《精神现象学》,上卷,第6页。

的东西,哲学要成为科学,只有用概念去把握真理。靠什么天才和灵感都是无济于事的,因为"创见虽深刻,还没揭示出内在本质的源泉,同样,灵感虽闪烁着这样的光芒,也还没照亮最崇高的穹苍。真正的思想和科学的洞见,只有通过概念所作的劳动才能获得。只有概念才能产生知识的普遍性"①。

由此黑格尔对他自己前几年在"泛论哲学批评的本质"一文中的观点作了重要的修正,他明确地指出,科学不应成为少数个别人的一种内部秘传的东西,而应该有可能被人们所普遍理解,这是科学本身的性质所决定的。他说:"只有完全规定了的东西才是公开的、可理解的,能够经学习而成为一切人的所有物。科学的知性形式是向一切人提供的、为一切人铺平了的通往科学的道路,而通过知性以求达取理性知识乃是向科学的意识的正当要求;因为知性一般说来即是思维,即是纯粹的自我,而知性的东西则是已知的东西和科学与非科学的意识共有的东西,非科学的人通过它就能直接进入科学。"② 因此,科学并不是排斥理智的,而是以理智为基础,从知性上升到理性。黑格尔的这种理性主义观点是同谢林的非理性主义正好相对立的。

第三,黑格尔批判了谢林认识论的直观性。谢林哲学基本上是一种直观哲学,他认为只要通过所谓理智直观,就可以直接把握"绝对",而不需要经过漫长曲折的过程。换句话说,在谢林看来,真理是可以一次实现的,认识是可以一次完成的。正如黑格

---

① 《精神现象学》,上卷,第48页。
② 同上,第8页。

尔所指出的那样，谢林的理论是"一种象手枪发射那样突如其来的兴奋之情：一开始就直接与绝对知识打交道，对于其他观点认为只宣布一律不加理睬就算已经清算了"[①]。显然，谢林的这种认识论观点是地地道道的形而上学。

与谢林不同，黑格尔则总是强调对真理的认识是一个过程，而且真理存在的真正形态乃是真理的科学体系。因此，无论是真理的实现或是对真理的认识，都不是一蹴即就的，都需要经过自身的矛盾发展和展开的过程，"因为事情并不穷尽于它的目的，而穷尽于它的实现，现实的整体也不仅是结果，而是结果连同其产生过程；目的本身是僵死的共相，正如倾向是一种还缺少现实性的空洞的冲动一样；而赤裸的结果则是丢开了倾向的那具死尸"[②]。黑格尔告诫人们说，如果以为有了绝对原则或绝对直观就不需要使本质实现或使形式展开，这就是一个大大的误解。所以不应该把本质只理解和表述为本质，而同样应该把本质理解和表述为形式，具有着"展开了的形式的全部丰富内容"。黑格尔提出了真理是全体的论点，也就是说，真理寓于发展的全过程之中，"绝对"只有到终点才真正成为它之所是。因此，只讲开端或是只讲结果，都是不对的，必须要讲整个展开过程，才能把握真理。黑格尔的这种看法是符合于辩证法的。

从上面这三点可以看出，黑格尔和谢林之间有着深刻的原则分歧，这种分歧实质上就是辩证法和形而上学、理性主义与非理

[①] 《精神现象学》，上卷，第17页。
[②] 同上，第2页。

性主义的根本对立所引起的。黑格尔通过对谢林的批判,清算了谢林在前一时期对他的影响,从此走上了自己独立发展的道路,开始构造他自己的宏伟的哲学体系,而《精神现象学》就是他迈出的重要的第一步。

二、《精神现象学》是黑格尔哲学体系的"导言"

《精神现象学》是整个黑格尔哲学体系的"第一部"或"导言",因此它具有特殊的重要意义。只有通过《精神现象学》这个门户,我们才能登堂入室,进入到藏着无数辩证法珍宝的黑格尔哲学大厦里去。

那么,什么是《精神现象学》所研究的对象呢?根据恩格斯的经典式的定义,它"也可以叫做同精神胚胎学和精神古生物学类似的学问,是对个人意识各个发展阶段的阐述,这些阶段可以看做人的意识在历史上所经过的各个阶段的缩影"[①]。《精神现象学》的主题,就是叙述意识从最低级的形式一直发展到所谓绝对知识的过程,换句话说,它就是一部描述知识怎样在通往绝对知识的途程中产生的历史。关于这一点,海谋也曾经指出,"精神现象学企图提供由自然的意识,即类似胚胎的意识提高到高度有教养的、高度成熟的意识的发展史"[②]。

大家知道,所谓绝对理念乃是整个黑格尔哲学体系的基础,他把整个世界(自然界、人和社会都包括在内)的发展都看作绝

---

① 《路德维希·费尔巴哈和德国古典哲学的终结》,《马克思恩格斯选集》,第4卷,第215页。
② 海谋:《黑格尔和他的时代》,第236页。

对理念本身的体现和发展。黑格尔哲学体系实际上就是对绝对理念的自己发展的全过程的一个描述。在他看来,哲学的任务就在于去认识绝对理念,而关于绝对理念的知识就是他所说的哲学知识或绝对知识。但是,哲学知识却不是一下子就能达到的,从最初的、最低级的知识提高到哲学知识,必须经历一段艰苦而漫长的道路,需要有一把供人登攀的"梯子"。"精神现象学"就是这样的"梯子",它引导人们从最初知识而逐步达到哲学知识,得以进入科学之门。在这个意义上,黑格尔把"精神现象学"称作他的哲学的"导言"。但是,"精神现象学"不仅是指引人们进入科学之门的向导,而且它本身也是一门科学,因为用黑格尔的话来说,"这条达到科学的道路本身已经就是科学了,而且就其内容来说,乃是关于意识的经验的科学"①。实际上,作为黑格尔哲学"导言"的"精神现象学"和他的哲学体系本身也是很难截然分开的,特别是同哲学体系第三部分、即"精神哲学"的内容在许多地方互相交叉在一起。不过,一般地说,"精神现象学"探讨的是绝对知识本身的形成,而并不是研究绝对知识的内容,正如黑格尔自己所指出的那样,"这部《精神现象学》所描述的,就是一般的科学或知识的这个形成过程"②。

后来,黑格尔曾不止一次地谈到他怎样写《精神现象学》的问题。在《逻辑学》第一版序言中,他说:"精神否定了单纯的东西,于是便建立了知性所确定的区别;而它却又消解了这种区别,所以它是辩证的。但是精神并不停留于无这种结果之中,它在那

---

① 《精神现象学》,上卷,第62页。
② 同上,第17页。

里又同样是肯定的,从而将前一个单纯的东西重新建立起来,但这却是作为一般的东西,它本身是具体的;并不是某一特殊的东西被概括在这个一般的东西之下,而是在进行规定及规定的消融中,那个特殊的东西就已同时规定了自身。这种精神的运动,从单纯性中给予自己以规定性,又从这个规定性给自己以自身同一性,因此精神的运动就是概念的内在发展:它乃是认识的绝对方法,同时也是内容本身的内在灵魂。——我认为,只有沿着这条自己构成自己的道路,哲学才能够成为客观的、论证的科学。——我在《精神现象学》里,曾试图用这种方法来表述意识。意识就是作为具体的而又被拘束于外在的知的精神;但是,这种对象的前进运动,正如全部自然生活和精神生活的发展一样,完全是以构成逻辑内容的纯粹本质的本性为基础的。"①

我们所以在这里作长篇的引证,是因为在黑格尔的这些话里可以再清楚不过地看出《精神现象学》的长处和短处,也就是它的辩证的方法和唯心主义的实质。黑格尔把人的主观能动性提到了新的高度,强调精神的自己运动,把精神的发展看作对立统一的前进过程。精神是否定的,它否定单纯的东西,内在地产生区别,又自己否定了这种区别。精神又是肯定的,因为它并不是简单的否定,而是通过辩证的否定,从个别上升到一般而重新建立了自己。而且这不是抽象的一般,而是具有丰富内容的具体的东西。黑格尔把精神的这种否定和肯定的辩证过程,叫作"自己构成自己的道路",这一点曾经得到列宁的高度评价。列宁在

---

① 黑格尔:《逻辑学》,上卷,商务印书馆,第5页。

《哲学笔记》中指出:"'自己构成自己的道路'＝真实的认识、不断认识、〔从不知到知〕的运动的道路(据我看来,这就是关键所在)。"① 列宁在这里所说的"关键"就是指的认识论中的辩证法,而这正是资产阶级学者们以及包括普列汉诺夫在内的第二国际的英雄好汉们所没有理解的。

但是,黑格尔的这种认识论的辩证法是完全建立在唯心主义的基础之上的。在他看来,意识的运动,像全部自然生活和精神生活的发展一样,是以构成逻辑内容的纯粹本质的本性为基础的。这里讲的什么纯粹本质就是纯思维。因此,归根到底,一切运动和发展都是发源于纯思维的。这样,思维与存在的真实关系就完全被他弄颠倒了。所以列宁在批判黑格尔的唯心主义错误时说:"倒过来:逻辑和认识论应当从'全部自然生活和精神生活的发展'中引申出来"②。这就从根本上批判地改造了黑格尔的认识论,而把其中包含的辩证法的合理内核拯救出来了。

在《哲学全书》第一部、即《小逻辑》里,黑格尔也曾谈到《精神现象学》一书的方法。他在那里写道:"在我的《精神现象学》一书里,我是采取这样的进程,我从最初、最简单的精神现象,直接意识开始,进而从直接意识的辩证进展逐步发展以达到哲学的观点,完全从意识辩证进展的历程以指示哲学观点的必然性……哲学的探讨,不能仅滞留在抽象意识的阶段里。因为哲学的观点本身即是最丰富最具体的观点,乃是经过许多历程而达到的结果。所以哲学知识须以意识的许多具体的形态,如道德、伦理、艺

---

① 《黑格尔〈逻辑学〉一书摘要》,《列宁全集》,第38卷,第84页。
② 同上。

术、宗教等为前提。意识发展的历程,初看似乎仅限于形式,但同时既包含有内容发展的历程于其中,这些内容构成哲学各特殊部门的对象。"①黑格尔指出了他的《精神现象学》的另一个重要的方面,即历史主义的发展的原则。这也是他的认识论的辩证法的一大特色。

黑格尔把认识看作一个过程,从历史的角度去研究认识的发展,这在认识论史上是一个创举。在黑格尔以前,人们一般总是把意识看作某种既成的、固定的东西,似乎只需要在其中考察认识的手段和认识的可能性就足够了。而黑格尔则认为,意识本身就有一个矛盾发展的过程,它也要经历不同的阶段和一系列具体的形态。他把现实界的一切现象都看作某个发展着的整体的各个环节,因此对每一个现象都要放到整体中、放到与其他现象的辩证联系中去加以理解。在过去,譬如说在康德那里,认识论问题是同伦理学和美学问题严格地分开来加以考察的,而黑格尔则把这些被割裂了的领域重新统一起来,把它们当作统一整体的辩证发展过程中的不同环节来看待。当然,黑格尔的这种看法有着合理的辩证法因素,但同时又是唯心主义的,因为他把发展着的整体理解为精神,从而对人的认识过程作了歪曲的解释,并使之极度抽象化了。

因此,要了解黑格尔《精神现象学》的方法,主要还是应该依据该书著名的序言。这篇题为"论科学认识"的序言,实际上谈的不只是《精神现象学》的方法,而是整个黑格尔哲学的方法,它

---

① 黑格尔:《小逻辑》,三联书店,第103-104页。

本身是对黑格尔唯心辩证法的一个绝妙的叙述,因此很值得我们加以专门的探讨。

《精神现象学》序言涉及黑格尔哲学的许多问题,这里只能讨论其中几个主要观点。

(一) 关于真理

《精神现象学》序言谈得最多的是关于真理的问题。黑格尔从不同的方面去考察这个问题,反复地论述真理的性质以及达到真理的方法和途径,对形而上学的真理观进行了批判。

黑格尔一开始就指出,真理是一个科学的体系,真理存在的真实形态,只能是真理的科学体系。形而上学的观点把真理简单化、片面化、绝对化,往往执着于真理的个别的方面或环节,抓住个别的命题,认为真理就包括在片言只语之中。这种观点把真理与错误的对立看作固定不变,不是肯定一切,就是否定一切。黑格尔不赞成这种形而上学的看法,他说:"真实与虚妄通常被认为是两种一定不移的各具有自己的本质的思想,两者各据一方,各自孤立,互不沟通。与这种看法相反,我们必须断言真理不是一种铸成了的硬币,可以现成地拿过来就用。"[①] 黑格尔在这里引用的是莱辛的剧本《智者那坦》里的话,这句话形象地刻画出那些把真理当作现成的钱币来使用的人的嘴脸。他说,这样把真理简单化、庸俗化的人用的是"教条主义的思想方法",他们"以为真

---

① 《精神现象学》,上卷,第25页。

理存在于表示某种确定结果的或可以直接予以认识的一个命题里"。用这种思想方法最多只能解决像"凯撒生于何时？""一个运动场要有多少尺长？"之类的问题，但这样的所谓真理，其性质是和哲学真理不同的。

在黑格尔看来，真理与错误、真与假之间并没有一条不可逾越的鸿沟，因此不能把它们形而上学地绝对对立起来，而必须承认它们之间的相互转化。真理是从错误中发展出来的，错误往往成为真理的先导。从历史上来看，人的认识就是一个不断地克服错误的前进发展过程，不断地否定又不断地肯定的过程。因此，真理是全体，是整个过程，而决不能把它的个别环节孤立起来加以绝对化。"花朵开放的时候花蕾消逝，人们会说花蕾是被花朵否定了的；同样地，当结果的时候花朵又被解释为植物的一种虚假的存在形式，而果实是作为植物的真实形式出而代替花朵的。这些形式不但彼此不同，并且互相排斥互不相容。但是，它们的流动性却使它们同时成为有机统一体的环节，它们在有机统一体中不但不互相抵触，而且彼此都同样是必要的；而正是这种同样的必要性才构成整体的生命。"① 这样看来，无论是花蕾、花朵或是果实，单独地都不能代表植物的真理，真理只存在于植物生长的全过程中。各个不同的环节，一方面是互相矛盾、互相否定的，另一方面又是互相依赖、相辅相成的。它们是对立的统一，整体的生命就是建立在这种对立的统一之上的。

黑格尔认为，真理是不断发展的、运动的，而不是静止不动

---

① 《精神现象学》，上卷，第2页。

的、僵死的。他说:"哲学的要素是那种产生其自己的环节并经历这些环节的运动过程;而这全部运动就构成着肯定的东西及其真理。因此,肯定的东西的真理本身也同样包含着否定的东西,即也包含着那种就其为可舍弃的东西而言应该被称之为虚假的东西。正在消失的东西本身勿宁应该被视为本质的东西,而不应该视之为从真实的东西上割除下来而弃置于另外我们根本不知其为何处的一种固定不变的东西;同样,也不应该把真实的东西或真理视为是在另外一边静止不动的、僵死的肯定的东西。"① 真理既包含着肯定,也包含着否定,不断地生成和毁灭,而正是这种生成和毁灭的运动构成着真理的生命运动。黑格尔提出了一个有名的比喻,就是把真理比作"所有的参加者都为之酩酊大醉的一席豪饮",每个参加者一离开酒席就立即陷于瓦解。因此,在真理的运动过程中,每一个环节都是必然的、必不可少的。所以,在他看来,"象提出一个命题,替它找出理由根据,并以理由来驳斥反对命题这样的做法,并不是表达真理的方式。真理是它在其自身中的运动"。② 真理必然是一个科学的体系,其原因也就在于此。他说,一个哲学原理或原则,即使是真的,但只要它仅仅是单个原理或原则,它就已经是假的了,要反驳它因此也就很容易。由此可见,把真理割裂成为支离破碎的东西而加以绝对化、固定化和僵化,这只能是对真理的破坏。

　　黑格尔的真理观的合理因素就是他的辩证法,但是唯心主义

---

① 《精神现象学》,上卷,第30页。
② 同上,第31页。重点是引者加的。

的糟粕却使他的辩证法思想减色不少。问题在于,黑格尔的真理观未能摆脱目的论的强烈影响。他虽然指出,事情并不穷尽于它的目的,而穷尽于它的实现,说目的本身只是"僵死的共相",但是他还是认为真理的发展是有其内在的目的的。他说:"亚里士多德曾规定自然为有目的的行动,同样我们认为,目的是直接的、静止的、不动的东西;不动的东西自身却能引起运动,所以它是主体……结果之所以就是开端,只因为开端就是目的"①。戳穿了讲,黑格尔把自我意识的实现看作存在的目的,因此物质世界和精神世界所发生的一切,归根到底都只是自我意识借以实现的各个环节或手段。真理发展的整个过程及其结果,实际上早已包含在作为开端的目的之中了。所以他说:"真理就是它自己的完成过程,就是这样一个圆圈,预悬它的终点为目的并以它的终点为起点,而且只当它实现了并达到了它的终点它才是现实的。"②黑格尔的这种目的论思想,比那种认为猫被创造出来是为了吃老鼠的粗俗的神学目的论,固然要高明得多,但无论是他或亚里士多德,循着目的论的道路就必然要走向神学的结论。

(二)关于发展和变革

关于发展和变革的思想,是《精神现象学》序言中的主题思想之一。这个问题虽然谈得不多,却是黑格尔辩证法的精华。他有一段极其精彩的议论,我们在这里不妨全文摘录。他说:"我

---

① 《精神现象学》,上卷,第13页。
② 同上,第11页。

们这个时代是一个新时期的降生和过渡的时代。人的精神已经跟他旧日的生活与观念世界决裂,正使旧日的一切葬入于过去而着手进行他的自我改造。事实上,精神从来没有停止不动,它永远是在前进运动着。但是,犹如在母亲长期怀胎之后,第一次呼吸才把过去仅仅是逐渐增长的那种渐变性打断——一个质的飞跃——从而生出一个小孩来那样,成长着的精神也是慢慢地静悄悄地向着它新的形态发展,一块一块地拆除了它旧有的世界结构。只有通过个别的征象才预示着旧世界行将倒塌。现存世界里充满了的那种粗率和无聊,以及对某种未知的东西的那种模模糊糊若有所感,都在预示着有什么别的东西正在到来。可是这种逐渐的、并未改变整个面貌的颓毁败坏,突然为日出所中断,升起的太阳就如闪电般一下子建立起了新世界的形相。"①

　　这些话说得多么好啊!黑格尔在这里虽然没有明说,但显然谈的是法国资产阶级革命,他的上面这段话可以说是当时对法国革命的最好的哲学概括。这也正好说明黑格尔辩证法乃是法国革命在当时德国先进人物头脑里的一种反映。他在这里第一次生动地表述了从量变到质变的辩证法规律,肯定了在发展过程中渐变性的中断和质的飞跃的必然性,从而也就论证了社会革命的合理性。旧世界的死亡和新世界的诞生都是不可避免的,起初这是一个渐变的过程,慢慢地、静悄悄地、一块一块地拆除着旧世界结构,这种量变积累到某种程度,就突然发生质变、质的飞跃,它的特点就在于闪电般一下子就完成了破坏旧世界和建立新世界

---

① 《精神现象学》,上卷,第7页。

的工作。关于从量变到质变的飞跃的思想,后来黑格尔在《逻辑学》中又加以进一步的发挥,但在那里他举的是自然界和道德方面的例子,而不再谈论社会变革了。他自己大概也感觉到把这个辩证法规律应用于社会发展将会得出怎样的革命结论,因而有意地回避了。可是,在写作《精神现象学》的时候,黑格尔还是把法国革命当作"升起的太阳"那样地崇拜的。

(三)关于绝对即主体

在"序言"中,黑格尔提出了绝对即主体的思想。他说:"一切问题的关键在于:不仅把真实的东西或真理理解和表述为实体,而且同样理解和表述为主体。"① 他这个看法以唯心主义的形式深刻地猜测到了人的主观能动性。

黑格尔的这些话是针对斯宾诺莎哲学的。他批评斯宾诺莎的实体只有客观性,缺乏能动性,因此他用唯心主义观点改造了斯宾诺莎的实体,把实体作为主体来看待。黑格尔的实体是积极能动的,用他的话来说,活的实体只有当它是建立自身的运动时,它才真正是个现实的存在,才真正是主体。作为主体的实体,自身分裂为二,从自身中树立起对立面,异化为客体,然后又克服这种异化。所以黑格尔提出要"严肃地对待他物和异化,以及这种异化的克服问题"。他反对逃避矛盾、害怕矛盾,而主张勇敢地迎着矛盾前进。他说:"精神的生活不是害怕死亡而幸免于蹂

---

① 《精神现象学》,上卷,第10页。

蹒的生活,而是敢于承当死亡并在死亡中得以自存的生活"。精神之所以有力量,就是因为它敢于面对面地正视否定的东西并停留在那里,所谓主体也就是能把否定的东西转化为存在的一种"魔力"。① 应该承认,黑格尔的看法有其合理的一面,是对忽视主观能动性的消极被动的形而上学观点的批判。尤其是他把主体的能动性同克服异化、解决矛盾联系在一起,这一点是很有见地的。

但是,黑格尔关于实体即主体的思想是完全建立在唯心主义基础上的。他自己也明白地承认,实体即主体的说法实际上就是绝对即精神这句话所要表达的观念。在他看来,只有精神的东西才是现实的,因此归根到底,一切都只是精神而已。他根据"实体本身就是主体",推论说,"一切内容都是它自己对自己的反思",并进一步达到了极其荒谬的结论,说什么"具体存在从本质上说就是思想","存在即是思维"。② 唯心主义者黑格尔把思维的能动性夸大到了不适当的地步,直至把存在都统一于思维,这当然是完全错误的。马克思曾一针见血地指出了黑格尔的这个根本错误,他说:"在黑格尔看来,思维过程,即他称为观念而甚至把它变成独立主体的思维过程,是现实事物的创造主,而现实事物只是思维过程的外部表现。"③ 可以说,黑格尔以后建立的庞大的唯心主义体系都是和实体即主体这个思想有关联的。把思维过程变成独立主体而加以神化、绝对化,由它来创造宇宙万物,黑

---

① 参见《精神现象学》,上卷,第21页。
② 参见《精神现象学》,上卷,第36—37页。
③ 《资本论》,第二版"跋",《马克思恩格斯全集》,第23卷,第24页。

格尔唯心主义的秘密就在这里。

（四）关于认识的发展和深化

前面已经说过，黑格尔认为人的认识是一个漫长曲折的过程，并不是一蹴即就地一次完成的。在他看来，认识是一个由低级到高级的发展和深化的过程，其所以如此，是因为认识的对象和内容，亦即真理本身就是一个不断的矛盾发展的过程。他在分析人的意识发展过程时，猜测到了关于逻辑的东西和历史的东西统一的原则，提出了一个很卓越的创见，即个体为了达到科学的知识，就需要学习整个人类的历史，必须通过几千年来人类精神所经历的一切基本阶段。他指出，要把一个个体从未受教养的状态引导到知识，就不能把他当作一个离开社会的孤立的个体，而必须把他放到整个人类的历史发展中去。黑格尔说："每个个体，凡是在实质上成了比较高级的精神的，都是走过这样一段历史道路的，而他穿过这段过去，就象一个人要学习一种较高深的科学而回忆他早已学过了的那些准备知识的内容时那样，他唤起对那些旧知识的回忆而并不引起他的兴趣使他停留在旧知识里。各个个体，如就内容而言，也都必须走过普遍精神所走过的那些发展阶段，但这些阶段是作为精神所已蜕掉的外壳，是作为一条已经开辟和铺平了的道路上的段落而被个体走过的。"① 过去人类所努力追求的知识，现在已降为儿童的常识，甚至成了儿童的游戏。

---

① 《精神现象学》，上卷，第18页。

过去的陈迹已成为人类社会的现成财产,而个体的形成就在于获得这些财产,把它据为己有。因此,个体意识的发展在某种意义上说也就是普遍精神即社会意识在历史上的发展的重演。

在谈到认识的发展和深化时,黑格尔把数学的认识和哲学的认识区别开,并认为后者比前者要高明得多。他是反对哲学从数学那里借取方法的,因为在他看来,数学虽然以其知识的"自明性"自豪,但它所研究的只是数量,"而数量恰恰是非本质的、无概念的关系。因此,数学知识的运动是在表面上进行的,不触及事情自身,不触及本质或概念,因而不是一种概念性的把握"。他说,数学事物是非现实的、无生命的,它只有非现实的真理,亦即一些固定的、僵死的命题,"所以数学知识也就是沿着同一性的路线进行的,因为死的东西,自身不动的东西,到达不了本质的差别,到达不了在本质上对立或不同一的东西,因而到达不了对立面向对立面的过渡,到达不了质的、内在的运动,到达不了自身运动。因为数学所考察的只是数量,或非本质的差别"[1]。相反,哲学则并不考察非本质的规定,而只考察本质的规定,它的内容不是抽象的、非现实的东西,而是现实的东西、在自身中生活着的东西。因此,哲学不像数学那样是外在于材料的一种认识,而是深入于事物的内在本质,去观察和陈述对象的内在必然性。用他的话来说,"科学的认识则是深入于物质内容,随着物质的运动而前进,从而返回其自身的"[2]。

这里我们感兴趣的并不是数学和哲学孰高孰低的问题,而是

---

[1] 《精神现象学》,上卷,第28-29页。
[2] 同上,第36页。

黑格尔通过对哲学认识的描述,指出了认识论中的辩证法的某些重要的方面。他强调的是要认识事物内在的本质差别和对立,认识对立面的转化,认识事物的自身运动,并认为认识是随着事物的矛盾运动而发展和深化的。所有这些看法无疑是有积极意义的。只是黑格尔把认识的辩证法建立在唯心主义的基地上,把认识的过程说成是精神的自己运动,甚至把认识的对象也看作认识活动的产物,这就把人的认识和客观世界的关系完全弄颠倒了。

(五)关于形式主义、形式推理的批判

黑格尔在《精神现象学》序言里,还尖锐地批判了认识论中的形式主义,他所说的形式主义主要是指康德的认识论观点。他指责说,这种单调的形式主义就像调色板上只有两种颜色,却要用这两种颜色去画宇宙万物一样。这种形式主义的方法给所有天上和地上的东西、所有自然的和精神的形态都贴上普遍图式一些规定,并对它们加以安排整理,这样产生出来的至多不过是一张图表而已,"而这张图表等于一具遍贴着小标签的骨架,或等于一家摆着大批贴有标签的密封罐子的香料店,图表就象骨架和香料店一样把事情表示得明明白白,同时,它也象骨架之没有血肉和香料店的罐子所盛的东西之没有生命那样,也把事情的活生生的本质抛弃掉或掩藏了起来"[①]。在他看来,这种形式主义所

---

① 《精神现象学》,上卷,第34页。

依据的是"僵死的知性或理智",它提供的只是"内容目录式的知识",因为它给予我们的只是内容的目录,而不是内容本身。与此相反,科学的认识则通过概念的自己运动深入于内容,科学方法是和内容不可分的,并且由它自己来规定自己的节奏。所以也就没有必要从外面把形式主义加到具体的内容上去,因为形式就是具体内容自身所本有的形成过程。这里,黑格尔反对的是把形式和内容割裂开的形而上学观点,而主张形式和内容的辩证的统一。

从这种观点出发,黑格尔提出了形式思维(或形式推理)同概念思维的对立。他说,形式思维"以脱离内容为自由,并以超出内容而骄傲",而概念思维则努力放弃这种自由,"让内容按照它自己的本性,即按照它自己的自身而自行运动,并从而考察这种运动"。他指出,在两个方面,形式推理与概念思维是互相对立的。第一,形式推理否定地对待所认识的内容,它不能超越其自身而达到一种新的内容,而必须从别的不管什么地方取来另外某种东西以为其内容。因此这种形式推理"乃是返回于空虚的自我的反思,乃是表示自我知识的虚浮"。反之,在概念思维里,否定本身就是内容的一部分,否定乃是从内容的内在运动里产生出来的东西,所以同样也是一种肯定的内容。第二,形式推理把内容作为偶性和宾词与一个想象出来的主体联系着,这个主体只是充当基础,以供内容和它相结合并让运动在它上面往复进行。因此,主体和内容的关系完全是一种外在的关系。"在概念的思维里,情况就不是这样。由于概念是对象所本有的自身,而这个自身又呈现为对象的形成运动,所以对象的自身不是一个静止的、不动的、负荷着偶性的主体，而是自己运动着的并且将它自己的规定收回于其自身的那种概念。"① 黑格尔的语言相当晦涩，他实际上是要通过形式思维和概念思维的对立去说明形而上学观点和辩证法观点的对立。他推崇概念思维，主张正确地对待否定，强调概念的自己运动，这正是他的唯心辩证法的一些重要观点。黑格尔总是明白地宣布他的辩证法是唯心的辩证法，例如他说："辩证的运动本身，则以纯粹的概念为它自己的原素；它因此具有一种在其自身就已经彻头彻尾地是主体的内容。"② 他所理解的辩证法只是概念的辩证法，这里的所谓"彻头彻尾地是主体的内容"云云，正好说明了他的辩证法的彻头彻尾的唯心主义性质。

总起来说，《精神现象学》序言的总的精神是提倡辩证的思维方法，反对形而上学。在他以前，近代哲学史上已经有过一些辩证法的杰作，如恩格斯所指出的狄德罗的《拉摩的侄子》和卢梭的《论人类不平等的起源》。但是，真正自觉地把辩证法作为一种思维方法来系统地加以论述，还是以黑格尔的《精神现象学》序言为最早。他在这篇序言中叙述的方法，后来在他的整个哲学体系里得到了贯彻。因此在某种意义上可以说，这篇序言是一个纲领性的作品，它的重要性也就在于此。

现代资产阶级学者根本不能理解黑格尔的辩证法，他们甚至竭力否认《精神现象学》中使用的是辩证的方法。在一部名为《黑格尔哲学新研究》的文集中，有一个黑格尔哲学研究者多弗就公然叫嚣说："'黑格尔主义'的任何一个方面都没有比所谓辩证

---

① 以上参见《精神现象学》，上卷，第40-41页。
② 同上，第45页。

方法更引人注意和造成更多的混乱了……这是特别应该指出的,不仅因为它使人误解黑格尔,而且因为黑格尔的《精神现象学》恐怕是第一部哲学著作,其方法是极端地、彻底地非辩证的"。他认为,黑格尔《精神现象学》的方法不是辩证法,而是什么"描述法"。① 其实,这种荒谬的观点倒并不是多弗"新研究"出来的。早在上个世纪,黑格尔哲学的反对者特伦德伦堡就否认黑格尔有辩证的方法,只是近二、三十年来这种观点在现代西方学者中间越来越占上风而已。例如,伊利因教授声称,"黑格尔在哲学方法上不是辩证论者"②,而芬德莱则根本怀疑辩证法是否是一种方法,并攻击马克思主义者运用辩证法并无助于弄清问题,胡说什么马克思主义者企图用一种"不合适的燃料"去开动黑格尔的机器。③ 这些胡言乱语充分说明现代西方的黑格尔研究已经堕落到何等地步。歪曲黑格尔的辩证法还嫌不够,不如干脆否认来得简便彻底。但是,西方教授们的这种"否认主义"却适足见其黔驴技穷而已。

　　一个阶级当它处于上升时期的情况下,往往是可以接受一点辩证法的。现代资产阶级仇视和抛弃黑格尔的辩证法,这正好说明它已经日薄西山,奄奄一息,腐朽没落到不可救药的地步了。可是,在黑格尔当时,他的哲学所以能够吸引青年学生群众的却正是由于他的辩证法。罗森克朗茨在黑格尔的传记中曾经描述了这样一个有趣的场面:

---

① 多弗:《黑格尔的现象学方法》。斯坦克劳斯编:《黑格尔哲学新研究》,英文版,1971年,第34-35页。
② 伊利因:《黑格尔哲学是静观的上帝学说》,德文版,1946年,第126页。
③ 芬德莱:《黑格尔:一个重新检查》,英文版,1958年,第58页。

黑格尔在耶拿大学讲课,当时他正在写作《精神现象学》。一天晚上,他讲授哲学史。在讲课中,一个思辨形式接着一个产生而又消失,最后,连谢林的哲学体系也同样如此,而这是听众们从未预料到的。在讲课结束黑格尔已经走后,一个来自梅克伦堡的年纪不小的人恐怖地跳起来叫道:"但这就是死亡,这样的话一切都必定要灭亡!"于是在学生中间激起了一场活跃的讨论,最后有个学生的意见占了上风,他热情地解释道:的确,这就是死亡而且应当死亡,但在这个死亡中却孕育着生命,生命由于死亡而纯化,将更光荣地展开。①

"一切都必定要灭亡!"这就是辩证法的真谛。辩证法按其本质来说是批判的和革命的,它不崇拜任何偶像,不承认有什么神圣不可侵犯的永恒不变的东西,它在对现存事物的肯定的理解中同时包含着对它们的否定的理解,即对一切现存事物的必然灭亡的理解。辩证法虽然在黑格尔那里被神秘化了,但在神秘的外壳中却包含着合理的内核,包含着对现存秩序的否定。进步的德国青年知识分子(而且也不止在德国)醉心于黑格尔哲学,正是因为他们多多少少感到了其中的"革命的代数学"的威力,而当时的反动分子以至现代西方学者所最不能容忍的也正是黑格尔辩证法中的这种革命含义。假如一切都必定要灭亡,那末他们赖以取得一切生活舒适的那个剥削者的天堂该怎么办呢?现实的阶级利益迫使这些先生们不得不反对革命的辩证法,因为辩证法只能为他们带来烦恼和恐怖,这是不以他们的主观爱好为转移的。

---

① 见罗森克朗茨:《黑格尔传》,第217页。

三、意识——《精神现象学》的开端

黑格尔在写作《精神现象学》一书时,他的整个哲学体系还没有最后完成,因此他在该书中划分的精神发展的阶段同他后来的著作如《精神哲学》中的观点不尽一致。对《精神现象学》原书目录中的阶段划分究竟应该如何理解①,黑格尔哲学研究者也有不同的看法。依据黑格尔自己后来所划分的"主观精神"、"客观精神"和"绝对精神"这三个精神发展阶段,我们可以把《精神现象学》中的各个段落分别归入以上三大阶段,即第一阶段包括意识、自我意识、理性(相当于主观精神),第二阶段包括精神(相当于客观精神),第三阶段包括宗教、绝对知识(相当于绝对精神)。这样的划分法在叙述上比较方便,而且也是符合于黑格尔哲学的总的逻辑发展线索的。

在《精神现象学》的这一部分,黑格尔主要是考察个人意识的发展。他的考察从意识开始,这里的所谓意识指的是人对外部世界的原始的自然意识,是人的意识发展的最初的阶段。

黑格尔把"感性确定性"作为全部认识过程的出发点。他

---

① 《精神现象学》目录中是这样划分的:(A)意识,(B)自我意识,(C)(AA)理性、(BB)精神、(CC)宗教、(DD)绝对知识。

说:"那最初或者直接是我们对象的知识,不外那本身是直接的知识,亦即对于直接的或者现存着的东西的知识。我们对待它也同样必须采取直接的或者接纳的态度,因此对于这种知识,必须只象它所呈现给我们那样,不加改变,并且不让在这种认识中夹杂有概念的把握。"① 这种"感性确定性"看来好像是最丰富、最真实的知识,因为它对于对象还没有省略掉任何东西,而让对象整个地、完备地呈现在它面前。但是,事实上它所提供的是最抽象、最贫乏的真理。它对于它所知道的仅仅说出了这么多:它存在着。在这种直接的认识里,认识的主体、意识只是一个纯自我,只是一个纯粹的"这一个",而认识的对象也只是一个纯粹的"这一个"。对象本来是具有诸多不同的质、丰富的自身关联以及和别的事物的多方面的关系的,但是在"感性确定性"的阶段,认识的主体对这一切都毫无所知,而只"意谓"到有这么一个事情存在着。"感性确定性"只能使我们知道"这一个",一点也不更多。所以黑格尔认为,这种知识是最抽象、最贫乏的。

黑格尔用"感性确定性"的局限性来影射攻击英法唯物主义的感觉论。他指出,在"感性确定性"中,对象是客观的存在,是真实,是本质,"不论对象是被知道或者是不被知道,它一样地存在着。即使它没有被知道,它仍然存在着;但是如果没有对象,便不会有知识"②。黑格尔在这里讲的正是唯物主义认识论的一个基本原理,即客观物质世界是第一性的,是不依赖于认识主体而独立地存在的,而人的认识则是依赖于认识对象的。他没有直接

---

① 《精神现象学》,上卷,第63页。
② 同上,第65页。

地驳斥这个观点,却使用迂回战术来对它进行批判。他的借口是要考察一下"感性确定性"所包含的对象究竟是怎样的,因此也就要解决这样的问题:什么是"这一个"?

　　黑格尔考察了"这一个"的两种存在形式,即"这时"和"这里"。有人问:什么是"这时"?如果我们回答说,"这时是夜晚",那末到了"这时"是正午时,这个回答就失去了真理性,成为陈旧过时了。但"这时"却保存着,不过是作为"这时是白天"的"这时"而保存着。可见,"这时"是一个长在的和保持着的东西,白天和夜晚都被它否定了,它永远是单纯的"这时"。它不是直接的东西,而是间接的东西。"这时"既不是夜晚和白天,同样它也是白天和夜晚,一点也不受它的他在的影响。对"这里"来说,情况也是一样的。"这里是一棵树",但一转身,这一真理就消失了。这里就不是一棵树,而是一所房子了。"这里"本身并没有消失,而长存于房子、树木等等消失之中,又无差别地同样是房子、树木。因此,"这一个"又表明自身为间接的单纯性或普遍性。黑格尔得出结论说:"一个这样的,通过否定作用而存在的单纯的东西,既不是这一个,也不是那一个,而是一个非这一个,同样又毫无差别地既是这一个又是那一个,——象这样的单纯的东西我们就叫做普遍的东西;因此普遍的东西〔或共相〕事实上就是感性确定性的真理性。"①

　　从这里黑格尔提出了一个对现代哲学很有影响的问题,那就是"感性确定性"中的"这一个"是不能言说的,因为我们说出感

---

① 《精神现象学》,上卷,第66页。

性的东西时,是把它当作一个普遍的东西来说的。语言说出来的是普遍的东西,它仅仅表达共相,"所以要我们把我们所意谓的一个感性存在用语言说出来是完全不可能的"①。事情还发展到,由于共相是"感性确定性"真理,所以黑格尔就否定了感官对象的实在具有真理性和确定性。他说,既然感性的"这一个"是语言所不能达到的,那么当人们说"现实的事物、外界的或感性的对象、绝对个别的存在"等等的时候,他们关于它们所说的也仅仅是它们的普遍的东西或共相。"因此凡是被称为不可言说的东西,不是别的,只不过是不真实的、无理性的、仅仅意谓着的东西。——如果对于某种东西我们除了说它是一个现实的东西、一个外界的对象外,什么也说不出来,那么我们只不过说出它是一个最一般的东西……当我说:这是一个个别的东西时,则我毋宁正是说它是一个完全一般的东西,因为一切事物都是个别的东西。"②黑格尔就是这样地通过夸大共相(一般)的意义,进而否认感性存在的实在性,来反对唯物主义认识论的基本前提。

　　作为黑格尔哲学的批判者,费尔巴哈从坚定的唯物主义立场出发,机智地驳斥了黑格尔的这种唯心主义谬论。黑格尔说,这里是树,我转过身来,这个真理就消失了。费尔巴哈挖苦他说:"当然,在现象学中,只要说句把话就转过身来了;可是在实际上,当我必须把我的笨重的身体转过来的时候,那个'这里'仍然作为一种非常实在的存在在我的背后向我显示着。树限制了我

---

① 《精神现象学》,上卷,第66页。
② 同上,第73页。

的背;它把我推出它原来占据的地位。"① 费尔巴哈认为,黑格尔的说法既不能反驳感性存在的实在性,也不能证明普遍的东西是真正实在的东西。譬如说,我的兄弟名叫约翰,除了他以外还有许多别的人也叫约翰,难道由此便应当说我的约翰没有真实性,而应当说"约翰性"是一个真理吗?费尔巴哈的问题提得好,他确实击中了黑格尔唯心主义的要害。针对黑格尔否认客观事物的实在性的唯心主义观点,费尔巴哈明确地回答说:"感性的、个别的存在的实在性,对于我们来说,是一个用我们的鲜血来打图章担保的真理。"②

但是,应该指出,费尔巴哈在这个问题上对黑格尔的批判有着很大的局限性,他的反驳虽然机智,却并不深刻。问题在于,费尔巴哈仅仅指出了黑格尔的错误,却没有纠正它,没有看到黑格尔所阐述的关于个别和一般的辩证法的意义。黑格尔把共相(一般)片面地夸大到不适当的地步,这当然是错误的,但是他指明了个别和一般的辩证关系和相互转化,对认识的发展是有贡献的。列宁就曾经指出,"从最简单、最普遍、最常见的等等东西开始;从任何一个命题开始,如树叶是绿的,伊万是人,哈巴狗是狗等等。在这里(正如黑格尔天才地指出过的)就已经有辩证法:个别就是一般。"③ 黑格尔从"感性确定性"开始,这确实是从"最简单、最普遍、最常见"的东西开始,列宁说他在这里天才地看到了辩证法,正是充分肯定了黑格尔的功绩。不过列宁用唯物辩证法

---

① 《黑格尔哲学批判》,《费尔巴哈哲学著作选集》,上卷,三联书店,第69页。
② 同上,第68页。
③ 《谈谈辩证法问题》,《列宁选集》,第2卷,第713页。

的观点去阐明个别和一般的辩证关系,纠正了黑格尔的错误。列宁说:"对立面(个别跟一般相对立)是同一的:个别一定与一般相联而存在。一般只能在个别中存在,只能通过个别而存在。任何个别(不论怎样)都是一般。任何一般都是个别的(一部分,或一方面,或本质)。任何一般只是大致地包括一切个别事物。任何个别都不能完全地包括在一般之中,如此等等。"① 显然,列宁比黑格尔要高明得多,他的理解要更全面、深刻得多。作为一个唯心主义者,黑格尔实际上是把一般放在个别之上,他总是强调问题的一方面而忽视另一方面,因此不可能真正正确地解释个别和一般之间的对立统一关系。

在黑格尔看来,从"感性确定性"前进一步就是知觉。"直接的确定性还没有认识到它自己的真理,因为它的真理是共相;而它要认识的是这一个。反之,知觉便把对它存在着的东西认作是普遍性的东西。"② 在知觉的阶段上,出现了普遍性的原则,我们对于知觉的认识也不再是个别的、偶然的认识,像感性确定性那样,而是一个具有必然性的过程了。黑格尔认为,作为原则的共相是知觉的本质,能知觉者和被知觉者本身都是共相,两者处于相互对立的关系,但有主要的和非主要的之分。"对象——是主要的,是本质,不管它被知觉或不被知觉都是无差别的;但是知觉作为认识过程不是经常的,可以有知觉,也可以没有知觉,所以它是非主要的。"③ 因此,在知觉的阶段上,黑格尔主要谈论事物及其

---

① 《谈谈辩证法问题》,《列宁选集》,第2卷,第713页。
② 《精神现象学》,上卷,第74页。
③ 同上。

属性的问题。认识不再满足于知道有"这一个",而要求进一步知道"这一个"是什么,于是对象就被表明为它自身是"具有许多特质的事物"。

黑格尔指出,在知觉里,"这一个"是被扬弃了的,"在这里感觉成分仍然存在着,但是已经不象在直接确定性那里,作为被意谓的个别东西,而是作为共相或者作为特质而存在着"①。黑格尔特地对扬弃这一概念作了说明。在他以前的著作里,已经出现过扬弃的概念,至少他在法兰克福时期就已开始使用这个术语了,但是直到在《精神现象学》一书中,扬弃的概念才取得了越来越重要的地位。黑格尔在解释这一概念时说:"扬弃在这里表明它所包含的真正的双重意义,这种双重意义是我们在否定物里所经常看见的,即:扬弃是否定并且同时又是保存。"②他对扬弃的概念的这种理解是一个创见,它对辩证法思想的发展起了有益的作用。

黑格尔认为,在知觉中也含有矛盾,知觉的对象、亦即事物,既是众多的单纯的共相的集合体,又是单一、具有排他性的统一。因此,他指出:"第一,事物是无差别的被动的共性,是诸多特质之机械的集合(仅仅用'又'来联系),或者亦可说是物质(或物质成分)之集合在一起;第二,事物同样是否定性,是单一,是对于相反的特质之排斥"③。正因为事物本身具有这样的矛盾,所以我们必须对它采取辩证的态度,把它的以上两个环节统一起来,

---

① 《精神现象学》,上卷,第75页。
② 同上。
③ 同上,第77页。

而不能形而上学地单纯强调其中的一个环节,或是把这两个环节割裂开。既不存在离开事物的各种特质,也不存在没有各种特质的事物。事物及其特质必须是辩证的统一。如果不是这样地去认识对象,就会陷于错觉,用黑格尔的话来说,知觉的意识是具有陷于错觉的可能性的意识。比如说,我们将觉察到的事物单纯地作为单一体,并把它固定下来,那末在知觉的过程中出现事物的许多不同的特质,我们就会认为这种多样性是来自我们的反思,认为它们不是"从事物得来,而是从我们得来",从而成为我们主观知觉的产物了。反之,要是把事物单纯地看作就是诸多的特质或多样性,那就会把统一性当作主观知觉的产物,认为"统一性就是意识必须算作属于自己的东西"。所以黑格尔说,"意识以交替的方式,时而把它自身时而又把事物认作这两方面:时而认作纯粹的、不包含众多的单一体,时而又认作一个消融为诸多独立的质料或特质的集合体。通过这种比较于是意识就发现:不仅它自己对真理的认识里,包含着向外把握与返回自身这两个不同环节,而且毋宁真理或事物也以这两种不同的方式呈现其自身。"他的结论则充分表现了辩证法的精神,那就是说:"事物在它自身中有一个包含对立面的真理性"[1]。

与此相连,事物还含有另一种矛盾,即:"事物是自为的,但又是为他的,它有双重的不同的存在,但是它又是单一体"[2]。黑格尔通过揭示这一矛盾,对事物本身和事物之间的相互关系进行了辩证的分析。事物既然是单一体,是独立自存的,因此它是自

---

[1] 《精神现象学》,上卷,第82页。
[2] 同上。

为的;但事物又有多样的规定性而与他物相对立,与他物发生关系,因此它又是为他的。在黑格尔看来,自为的存在和为他的存在是不能分隔开的,它们实际上是对立的统一。所以他说:"对象是它自身的反面:它是自为的,只因它为他物,它为他物,只因它是自为的。它是自为的,它自己返回到自己,它是单一体;但是这种自为、返回自己、单一体是和它的反面,和为他物而存在是分不开的,因而只是被设定为被扬弃的环节"①。

  黑格尔对知觉的批判分析,一方面是针对主观主义,另一方面则反对形而上学。他承认在知觉的阶段上,意识可能错误地认识对象,但如果发生了这样的错误,那末这并不是由于对象的不真实,而是由于知觉的不真实。作为一个客观唯心主义者,他竭力要强调认识的客观性,而力求避免经验主义的感觉论的缺陷。不过他的主要贡献还在于他从辩证法的观点出发批判了形而上学的认识论。他说,像普遍性和个别性、杂多和单一、本质和非本质等等对立的"虚妄不实的观念",它们的交互作用或相互转化,就构成知觉的理智或通常所谓人的健康理智。本来是应该把这些对立的观念辩证地加以结合,并把它们扬弃的,知觉的理智却把它们分离开,把其中之一当作真理,凭借它的诡辩伎俩交替地时而坚持并肯定这一观念,时而又坚持并肯定正相反的那一观念,从而从一个错误走到另一个错误。黑格尔指出,"这些抽象观念的本性由于自身的辩证法就把它们自己结合起来了。而所谓健康的理智却剥夺了抽象观念自身结合起来的辩证法,这个辩证

---

① 《精神现象学》,上卷,第84-85页。

法曾经迫使知觉的理智循环往复地在诸对立的抽象观念之间绕圈子。"①这里的所谓知觉的理智或人的健康理智,很明显地指的是形而上学的认识方法。形而上学把对立的抽象观念互相割裂开和绝对对立起来,而看不到对立的统一。正因为这样,所以黑格尔认为,知觉的理智并没有获得关于那些抽象观念的真理,而只是证明了它自身的非真理性。因此,意识不能停留在知觉的阶段,而必须继续前进到一个更高的阶段,即知性的阶段。

对于意识来说,听、看等等感觉早在感性确定性的辩证过程中就已消失了。在知觉阶段上,意识达到了一些观念,但这还是"从感性的东西出来的,本质上受到感性的东西的制约"的共相。只有到了知性的阶段,绝对的、无条件的共相才成为意识的真正对象,虽然在这个阶段上,意识也还没有把它的概念作为概念来掌握。知性所要把握的那个无条件的共相,就是产生事物的现象及其各种属性的根据,黑格尔把它叫作"力"。"力"需要另一种"力"的诱导,于是就发生了"力"的交互作用。这种"力"的交互作用也是一种对立统一的关系,黑格尔说:"力这一概念是通过分裂为两种力而成为现实的,我们并且看见了它之成为现实的过程。这两种力作为自为存在的东西而存在;但是它们的存在是这样一种相互间的辩证运动:它们的存在纯粹是一种被对方所建立起来的存在"②。黑格尔关于"力"的论述是相当晦涩难解的,但在这里也不时迸出辩证法的思想火花来。

知性的目的是要去把握事物的真实本质,但它又不是把事

---

① 《精神现象学》,上卷,第87页。
② 同上,第94页。

物的真实本质作为意识的直接对象,意识只能通过力的交互作用的媒介,深入观察到事物的真实背景。"那把知性和事物的内在核心两个极端结合起来的媒介或中项,是力之发展了的存在,这种存在对知性本身说来现在和今后都是一个消失着的过程。因此它就被称为现象。"① 知性只和现象直接打交道,而事物的真实本质或内在核心则处于"纯粹的彼岸",是知性所不能达到的,因而"事物的内在核心是不可认识的"。黑格尔在这里谈的显然是康德的认识论。他肯定康德的这一看法,即知性的对象仅限于现象,但是他坚决反对康德的不可知论。他指出,所谓事物的内在核心不可认识,这并不是由于理性太短视了,或者受到限制了,而是由于对象本身性质的单纯,"即因为在空虚中什么也不会被知道,或者从另一方面说来,就因为它恰好被规定为意识的彼岸"。② 我们知道,黑格尔对康德的不可知论曾经作过深刻的批判,在这里只不过是一个开始,还没有展开,进一步充分的批判主要是在黑格尔的《逻辑学》中进行的。

　　黑格尔从现象前进到规律,在他看来,规律是现象的真理,也就是事物的内在本质。他有一个绝妙的说法,就是规律的形式是用来表达"不稳定的现象界之稳定的图象"的。他说:"那超感官的世界就是一个静止的规律的王国,当然是在知觉世界的彼岸,——因为知觉只是通过经常的变化来表达规律,——然而却同样现存于知觉世界之中,作为它的直接的、静止的模写。"③ 在

---

① 《精神现象学》,上卷,第96页。
② 同上,第97-98页。
③ 同上,第100页。

他后来写的《精神哲学》一书的"精神现象学"这一节里,他还对规律作了这样的说明:"真正内在的本质应该被描述为具体的、在自身内部有区别的东西。加以这样的理解,它就是我们叫做规律的那种东西。因为规律的本质——不论这是有关外部自然界的规律,或是有关道德的世界秩序的规律,反正都是一样的,——就在于紧密的统一之中,就在于各种不同的规定的必然的内在联系之中。"①黑格尔认为,规律的王国是知性所能认识的真理,不过它只是知性的"初步真理"。规律虽然体现在现象界中,但却没有全部体现出来,它是有缺陷的。知性总是要把许多规律结合为一个规律,例如把落体规律和天体运动规律理解为一个规律,这样就把握不住现象的各种区别和丰富的多样性了,规律的局限性也就在于此。黑格尔关于规律的论述,包含着深刻的辩证法思想,这些思想后来在《逻辑学》中进一步发展了,并且得到了列宁的充分肯定和高度评价。有人批判黑格尔把规律看作"超感官"的东西是"十足的唯心主义的谰言",这是没有道理的。黑格尔的唯心主义不在这个地方,相反,他认为规律存在于感觉世界之中,又是"超感官"的东西,这正是坚持了认识论中的辩证法。规律不是纯粹主观的创造物,它是感觉世界所固有的,但又不能靠感官去把握它,而必须从感性认识提高到理性认识的阶段才能去把握它。规律是用肉眼看不见的,用鼻子嗅不到的,要是说规律不是"超感官"的东西,那末难道人有一种能够辨别规律的特殊感官吗?

---

① 《精神哲学》,§422,附释。

在论知性的这一章最后,黑格尔提出了"无限性"的概念。根据他的说法,通过"无限性",规律完成其自身而达到内在必然性,规律的单纯本质就是无限性或必然性。要说黑格尔的唯心主义,那末他关于"无限性"的说法倒是一个例证。他说:"这个单纯的无限性或绝对概念可以叫做生命的单纯本质、世界的灵魂、普遍的血脉,它弥漫于一切事物中……它自身像血脉似的跳动着但又没有运动,它自身震撼着,但又沉静不波。"①黑格尔显然把"无限性"看做精神性的东西(所以他又把它叫作"绝对概念"),并且把这种精神性的东西说成是生命的本质、世界的灵魂,似乎它主宰着一切事物。就这一点而论,这确实是十足的客观唯心主义的谰言。不过就是在这里,我们也要注意到他的辩证法。黑格尔用对立统一的观点去解释"无限性"这个概念。他说,"无限性"是自身等同的,只是与自身相关联,但是"与自身相关联毋宁就是分裂或二元化;换言之,这种自身等同性正是内在的差别"。因此,黑格尔的所谓"无限性"并不是一个静止不变的形而上学的抽象,而是自身包含着内在的差别,自身分裂为二的。"这些分裂开的成分因而都是独立自在的,每一个都是一个对立面——一个对方;所以只消提到一方,则它的对方同时必然已经包含在内。"黑格尔所强调的不仅是对立面的统一,而且是统一体的分裂为二。他认为,"人们常常说的,差别不能自其中产生出来的统一性事实上本身仅仅是分裂过程的一个环节",又说"统一性就是分裂的过程"。②他用分裂为二的观点去说明对立的统一,这个思

---

① 《精神现象学》,上卷,第110-111页。
② 以上见《精神现象学》,上卷,第111页。

想是卓越的。如果加以正确的理解,就可以进一步得出这样的结论,即:对立的统一是相对的、暂时的,而分裂为二则是绝对的。当然,黑格尔本人并没有明白地说出这一点。

黑格尔认为,"无限性"(他又称之为"纯粹的自身运动之绝对的非静止性")只有在内心界中才自由地出现,"由于它归根到底是意识的对象,意识能够认识它象它本来那样,于是意识就成为自我意识"①。在唯心主义者黑格尔看来,意识的对象的内在本质实际上只是意识自身,意识仿佛是在认识某种别的东西,而事实上它只是在认识它自己。因此,"一般讲来,这样的对于一个他物、一个对象的意识无疑地本身必然地是自我意识、是意识返回到自身、是在它的对方中意识到它自身"②。从这里他作出结论说,只有自我意识才是意识的真理,因此意识的发展必然要进到自我意识。这样,就开始了精神发展中的新阶段,即自我意识的阶段。

总起来说,黑格尔《精神现象学》中关于意识阶段的论述是瑕瑜互见的,其中可宝贵的是他的辩证法,他不是孤立地、而是通过矛盾的发展去考察人的意识活动,这比康德的认识论显然要高明得多。但是,黑格尔的认识论中的辩证法始终是建立在唯心主义基础上的。马克思主义创始人曾深刻地揭露说:"在《现象学》这本黑格尔的圣经中……个人首先转变为'意识',而世界转变为'对象',因此生活和历史的全部多样性都归结为'意识'对'对

---

① 《精神现象学》,上卷,第112页。
② 同上,第113页。

象'的各种关系。"① 可以说,黑格尔的全部唯心主义错误都是与此有关的。人和周围世界的活生生的关系,变成了意识和对象的仅仅是认识论方面的关系,而且归根到底,意识的对象不是别的,只是自我意识。这样,整个无限丰富的人类现实生活的历史,都被仅仅归结为意识自身的发展史。因此,全部历史过程都被黑格尔头脚倒置了。黑格尔在论知性时谈到过所谓"颠倒了的世界",其实他自己所建立的就正是一个颠倒了的世界。

---

① 《德意志意识形态》,《马克思恩格斯全集》,第3卷,第163页。

四、自我意识

在意识的各个阶段上,对象和意识是不同的,因为对象存在于意识之外,并且是不依赖于意识的。确定性包含在意识之中,而真理性则在对象之中,因此在这里确定性和真理性是不可能一致的。到了自我意识的阶段,意识以自身为对象,"在前此各个阶段所没有的情况,现在却发生了,即现在我们达到了一种确定性,这种确定性和它的真理性是等同的;因为确定性本身就是它自己的对象,而意识本身就是真理"①。在黑格尔看来,意识是对于一个他物的知识,而自我意识则是对于自己本身的知识。他说,只有到了自我意识,我们才进入真理自家的王国。

黑格尔在"自我意识"这一章里提出了一些新的问题,这些问题的性质显然与前几章有所不同。如果说以前他谈的是认识论问题,那末现在讨论的则是社会伦理和意识形态方面的问题。因此,这一章的内容具有重要的意义。

自我意识要认识自身,就必须把自身作为对象,就必须在活动中表现自身。因此,黑格尔认为,自我意识首先是作为欲望而出现的,它力图取消对象的独立性而满足自己的愿望。他说:"自我意识就是欲望一般。意识,作为自我意识,在这里就拥有双重

---

① 《精神现象学》,上卷,第115页。

的对象:一个是直接的感觉和知觉的对象,这对象从自我意识看来,带有否定的特性的标志,另一个就是意识自身,它之所以是一个真实的本质,首先就在于有第一个对象和它相对立。自我意识在这里被表明为一种运动,在这个运动中它和它的对象的对立被扬弃了,而它和它自身的等同性或统一性建立起来了。"① 在他看来,对象的意识和自我意识的区别即在于:前者是理论的、直观的,而后者则是实践的;前者把对象当作一个独立存在的东西,而后者则要消灭独立存在的对象来确信它自己的存在。

但是,自我意识在欲望的满足中体验到了对象的独立性,而自我意识对自己的确信则是以对象的存在为条件的。要扬弃对方,就必须有对方存在。自我意识不能够通过它对对象的否定来扬弃对象,而自我意识的满足又必须建立在对象的扬弃上,因此只有当对象自己否定自己时,自我意识才能获得满足。照黑格尔的说法,由于对象是独立的、又是自己否定自己的,所以它也是自我意识。这样看来,"自我意识只有在一个别的自我意识里才获得它的满足","这里的问题是一个自我意识对一个自我意识"。② 黑格尔说,只有在这种情况下,自我意识才第一次成为自己和对方的统一。他又说,自我意识是为另一个自我意识而存在的,自我意识之所以存在,只是由于被对方所承认。黑格尔的这些说法虽然不免晦涩,但其基本思想是颇为可取的,那就是人并不是孤立的生物,而是社会的人,人只有在社会中通过自己和其他人的关系,才能作为人而认识自己。

---

① 《精神现象学》,上卷,第117页。
② 同上,第121、122页。

在黑格尔看来,自我意识的活动不是单独进行的,而是和对方相关联的,它自己的活动也同样是对方的活动,因为单方面的行动不会有什么用处,事情的发生只有通过双方面才会促成。所以他说:"行动之所以是双重意义的,不仅是因为一个行动既是对自己的也是对对方的,同时也因为一方的行动与对方的行动是分不开的。"① 每一方都互为中介,都彼此相互地承认。但事情不仅如此,双方还处于尖锐的矛盾和斗争之中,每一方都想要消灭对方,致对方于死命。"因此两个自我意识的关系就具有这样的特点,即它们自己和彼此间都通过生死的斗争来证明它们的存在。"② 它们必须参加这场生死的斗争,因为只有经过这样的斗争的考验,才可以被确信为自为的存在,被承认为独立的自我意识,"只有通过冒生命的危险才可以获得自由"。由于这场斗争的结果,便产生了两种不同的意识:"其一是独立的意识,它的本质是自为存在,另一为依赖的意识,它的本质是为对方而生活或为对方而存在。前者是主人,后者是奴隶。"③ 这样,黑格尔就从自我意识的矛盾斗争进到了对"主人与奴隶"关系的分析。这是《精神现象学》中最精彩的章节之一,黑格尔的辩证法正是在这里得到了充分的发挥。

主人与奴隶的区别是在生死斗争中产生的。主人之所以成为主人,是因为他不害怕死亡并且冒自己生命的危险。而奴隶之所以成为奴隶,是因为他害怕死亡并且把自己的生命看得高于一

---

① 《精神现象学》,上卷,第124页。
② 同上,第126页。
③ 同上,第127页。

切。奴隶意识的本质就是物或物性,对奴隶来说,以物的形式存在具有本质的意义,而意识却是不起主要作用的。主人则是"自为存在着的意识",他一方面与物、即欲望的对象相关联,另一方面则与奴隶相关联。黑格尔说:"主人通过独立存在间接地使自身与奴隶相关联,因为正是在这种关系里,奴隶才成为奴隶。这就是他在斗争中所未能挣脱的锁链,并且因而证明了他自己不是独立的,只有在物的形式下他才有独立性。但是主人有力量支配他的这种存在,因为在斗争中他证明了这种存在对于他只是一种否定的东西。主人既然有力量支配他的存在,而这种存在又有力量支配它的对方〔奴隶〕,所以在这个推移过程中,主人就把他的对方放在自己权力支配之下。"①

到此为止,黑格尔的看法并没有什么了不起的创见,它无非就是霍布斯所提出的"一切人反对一切人的战争"的著名论题的翻版。主人与奴隶的关系是统治与被统治、剥削与被剥削、压迫与被压迫的关系,黑格尔坦率地承认这一点,并且把它看作自我意识发展中的必然环节。黑格尔在谈论主人与奴隶的关系时,无疑是以人类社会发展的特定阶段、即古希腊罗马奴隶制社会作为历史背景的,但却并不仅限于这个特定的阶段。在他看来,这是对一般人类意识具有普遍意义的一种现象。黑格尔的看法有其合理的一面,因为随着奴隶制在人类历史上的出现,社会发生了分成剥削阶级和被剥削阶级的大分裂,这种分裂一直继续存在。正如恩格斯所指出的那样,"公开的而近来是隐蔽的奴隶制始终

---

① 《精神现象学》,上卷,第128页。

伴随着文明时代"①。因此,主人与奴隶的关系是深刻地反映了阶级社会里人与人的关系的本质的。但是,黑格尔对这种关系产生原因所作的解释却是完全不能令人满意的。我们可以看到,他基本上还是用暴力去解释奴隶制的产生,似乎主人和奴隶的区分乃是人与人之间的生死斗争中强者征服弱者的结果。这种看法是只触及表面历史现象的历史唯心主义观点。为了使奴隶制得以在历史上出现,除了暴力以外,还需要其他更深刻的东西作为条件。恩格斯说:"为了能使用奴隶,必须掌握两种东西:第一,奴隶所需要的工具和对象;第二,维持奴隶困苦生活所需的资料。因此,先要在生产上达到一定的阶段,并在分配的不平等上达到一定的程度,奴隶制才会成为可能。要使奴隶劳动成为整个社会中占统治地位的生产方式,那就还需要生产、贸易和财富积聚有更大的增长。"②黑格尔离开了社会经济条件去抽象地讨论奴隶制的产生,到人的主观意识中去寻找原因,当然就不可能正确地解决这个问题。不过黑格尔的贡献本来不在于说明奴隶制的起源,而在于说明奴隶的劳动在意识的形成中的作用。

黑格尔指出,主人是由于他对奴隶的关系而成为主人的,主人并不直接地与物发生关系,而是通过奴隶间接地与物发生关系。主人把奴隶作为他自己与物之间的中介,让奴隶对物予以加工改造,然后把物当作非独立的东西而加以尽情享受。因此,主人对物的关系就成为对于物的纯粹否定,换句话说,只是享受而已。相反地,奴隶对物的关系则不是享受它,而是在劳动中对它

---

① 《家庭、私有制和国家的起源》,《马克思恩格斯选集》,第4卷,第172页。
② 《反杜林论》,《马克思恩格斯选集》,第3卷,第200页。

进行加工改造。"奴隶作为一般的自我意识也对物发生否定的关系,并且能够扬弃物。但是对于奴隶来说,物也是独立的,因此通过他的否定作用他不能一下子就把物消灭掉,这就是说,他只能对物予以加工改造。"① 这样,通过劳动的辩证法,事情终于走向了自己的反面。主人完全脱离了劳动,把奴隶放在物与他自己之间,因而丧失了对物的直接支配,他依赖于奴隶去对物进行加工改造,依赖于奴隶的劳动,就不再是独立自为的了。"正当主人完成其为主人的地方,对于他反而发生了作为一个独立的意识所不应有之事。他所完成的不是一个独立的意识,反而是一个非独立的意识。"② 另一方面,奴隶则在被迫为主人而劳动的过程中,取得了对物进行加工改造的支配权,从而占有了独立的地位。奴隶意识最初看来似乎不是独立的意识,"但是正如主人表明他的本质正是他自己所愿意作的反面,所以,同样,奴隶在他自身完成的过程中也过渡到他直接的地位的反面。他成为迫使自己返回到自己的意识,并且转化自身到真实的独立性"。因此,黑格尔得出了这样一个大胆的结论:"独立的意识的真理乃是奴隶的意识"③。于是事情走向反面,主人成为奴隶的奴隶,而奴隶则成为主人的主人。

前面曾经说过,黑格尔认为奴隶意识的本质是物或物性。这个看法是符合于历史真实情况的,因为在古代奴隶制度下,"基本的事实是不把奴隶当人看待;奴隶不仅不算是公民,而且不算是

---

① 《精神现象学》,上卷,第128页。
② 同上,第129页。
③ 同上。

人。罗马法典把奴隶看成一种物品"①。那么,奴隶意识怎能成为独立意识的真理,奴隶怎能由一种物品成为真正的人呢?照黑格尔的说法,这必须要通过两个环节,一是恐惧,一是陶冶事物的劳动。奴隶本身并不固有着独立的自为存在的意识,但事实上他却曾经在自身内经验到这个本质,因为他曾经感受过死的恐惧、对绝对主人的恐惧。这种恐惧不是在这一或那一瞬间害怕这个或那个灾难,而是对于他的整个存在怀着恐惧。黑格尔指出,"虽说对于主〔或主人〕的恐惧是智慧的开始,但在这种恐惧中意识自身还没有意识到它的自为存在。然而通过劳动奴隶的意识却回到了自身。"②他又说,在恐惧中,奴隶感觉到自为存在只是潜在的,而在陶冶事物的劳动中,则自为存在成为奴隶自己固有的了,并且奴隶开始意识到他本身是自在自为地存在着的。为什么在劳动中奴隶成为独立自为的呢?这是因为:劳动陶冶事物。劳动与单纯的欲望不同,欲望是对于对象的纯粹否定,它使人享有十足的自我感,但这种满足只是转瞬即逝的,缺乏客观的、持久的实质的一面。相反,陶冶事物的劳动则是"受到限制或节制的欲望",它对于对象的否定关系成为对象的形式并且成为一种有持久性的东西。换句话说,意识在劳动中外化了自己,使劳动着的意识能够在自己的劳动产品中认识到自己的独立存在。黑格尔断定,"奴隶据以陶冶事物的形式由于是客观地被建立起来的,因而对他并不是一个外在的东西而即是他自身;因为这形式正是他

---

① 列宁:《论国家》,《列宁选集》,第4卷,第49页。
② 《精神现象学》,上卷,第130页。

的纯粹的自为存在,不过这个自为存在在陶冶事物的过程中才得到了实现。因此正是在劳动里(虽说在劳动里似乎仅仅体现异己者的意向),奴隶通过自己再重新发现自己的过程,才意识到他自己固有的意向。"①

这里,黑格尔以唯心主义的歪曲的形式猜测到了劳动在人的形成过程中的作用,并且不自觉地表述了这样一个真理,即世界历史的进步正是依靠奴隶们的劳动而实现的。作为一个唯心主义者,黑格尔把人归结为意识,把人的形成归结为意识的发展,这当然是错误的、片面的。但是,他把意识的发展、即人的形成同人的劳动过程联系在一起,指出奴隶正是通过自己被迫劳动才成为真正的人,这个见解确实是卓越的。所以马克思说:"黑格尔精神现象学和它的最后成果——作为推动原则和创造原则的否定性的辩证法——的伟大的地方,因此首先在于黑格尔把人的自我创造认作一种过程,把人的对象化[实现或客观化]认作对立化,认作外在化和对这种外在化的扬弃;在于他认识到劳动的本质,把对象化的人——现实的、所以是真实的人——了解为他自己的劳动的结果。"② 同时,马克思也指出了黑格尔观点的唯心主义根本缺陷,因为"黑格尔所认识的并承认的劳动乃是抽象的精神的劳动。于是那构成哲学一般本质的东西,那自己认知自己的人的外在化状态或那在思维过程中外在化自身的科学,这就是黑格尔所认作的劳动的本质"③。黑格尔并没有把劳动理解为人的社会物

---

① 《精神现象学》,上卷,第131页。
② 马克思:《黑格尔辩证法和哲学一般的批判》,第14页。
③ 同上,第15页。

质实践,因此他对劳动在人的形成过程中的真实作用也仅仅是一种猜测而已。

黑格尔对奴隶制的历史作用是有一定理解的,虽然他和其他启蒙运动者(如克尼格、标尔格尔、莱勃曼)一样,认为这种对人的剥削和奴役是不公正的。他理解到,为了使人摆脱原始的动物状态,强制性的奴隶劳动在历史上曾经是必要的。奴隶不是为了自己生理上的直接欲望,而是听命于主人去从事劳动,不是直接去消灭对象、去把它吃掉,而是把对象加工改造成一个持久的劳动产品,这就开始脱离动物状态而向文明进化。奴隶在改造客观世界的同时也改造自己的主观世界,并且通过自己劳动的外化、即劳动产品而认识自身。在这个意义上说,文明社会的产生和真正的人类的形成是离不开奴隶劳动的。恩格斯说过,"在当时的条件下,采用奴隶制是一个巨大的进步。人类是从野兽开始的,因此,为了摆脱野蛮状态,他们必须使用野蛮的、几乎是野兽般的手段,这毕竟是事实。"① 黑格尔不是历史唯物主义者,他对这个问题的理解当然不能和恩格斯相提并论,但他也已经多少认识到,人类向文明迈出的第一步要付出多么重大的代价。

我们可以看出,黑格尔关于主人与奴隶的辩证关系的论述,乃是他在耶拿时期的其他著作《伦理体系》和《实在哲学》中关于劳动和异化的思想的继续发展。只是在那两部著作中黑格尔主要是以资本主义社会的现实经济问题作为背景来探讨关于劳动的问题,而在《精神现象学》的这一节里,则看不到同现实经济

---

① 《反杜林论》,《马克思恩格斯选集》,第3卷,第220页。

问题的直接联系了。但他却赋予劳动问题的探讨以历史的深度和辩证法的光辉，这就使"主人与奴隶"这一节对人们思想具有很大启发性。正因为这样，所以现代西方学者都喜欢歪曲利用它大做文章。例如，以讲授《精神现象学》名噪一时的法国存在主义者科热夫，在他的讲演录《阅读黑格尔著作入门》中就多次大谈特谈主人和奴隶，他用存在主义的观点去歪曲解释黑格尔，并且把马克思主义硬扯在一起。[①] 科热夫无限地夸大对死的恐惧在黑格尔哲学中的意义，说什么人之所以区别于动物和植物就因为他认识到自己必然要死亡，换句话说，人就是一个经常意识到自己所面临的死亡的生物，因此黑格尔的辩证哲学或"人本主义"哲学归根到底是一种"死亡的哲学"。他的这种观点是有代表性的，另一个著名的《精神现象学》研究者依波利特也说，在黑格尔看来，"认识生命的整体就是意味着等待死亡，意味着在死亡的门前生存——真实的自我意识对我们来说就是如此"[②]。科热夫和依波利特的这种存在主义的解释，完全是对黑格尔哲学的歪曲和篡改，因为在黑格尔那里，对死的恐惧仅仅是奴隶意识发展的一个环节，而且还不是最重要的环节（它还没有劳动那样重要），它决不是像存在主义者所说的那样构成人的本质。黑格尔是一个理性主义者，用死亡面前的恐惧那样的反理性主义的神秘的东

[①] 科热夫关于《精神现象学》的讲演，于1933-1939年作于法国"高级研究院"，它对现代法国资产阶级哲学思想发生了巨大的影响。有一个资产阶级学者说，科热夫是首先把黑格尔、马克思和海德格尔结合在一起的人，并且取得了"巨大的成功"。参见巴特里：《主人与奴隶的辩证法》，《社会契约》杂志，第5卷，第4期，1961年7-8月号。

[②] 依波利特：《关于黑格尔和马克思的研究》，巴黎，1955年，第33页。

西去解释《精神现象学》,是完全违反黑格尔哲学精神的。科热夫不仅任意歪曲黑格尔,而且在某些地方还大肆美化黑格尔,故意把他和马克思混为一谈,例如说什么黑格尔认为勤劳的奴隶是"所有人类社会历史进步的源泉。历史就是劳动奴隶的历史"。[①]这显然是十足的胡说。照他那样的说法,那么黑格尔岂不成为主张奴隶们创造历史的历史唯物主义者了吗?在这方面,卢卡奇在解释"主人与奴隶"时也竭力"拔高"黑格尔,似乎黑格尔对劳动在人的形成过程中的作用的理解简直不亚于马克思。[②]苏联有的学者也说什么黑格尔已经认识到"历史的过程是通过劳动而实现的,劳动的人是历史的创造者"[③]。他们恰好忘记了,马克思在劳动问题上对黑格尔的批判,即"黑格尔所认识的并承认的劳动乃是抽象的精神的劳动",而这一点却正是黑格尔与马克思的本质区别所在。

在谈论了"主人与奴隶"的关系之后,黑格尔指出,自我意识还要继续向前发展而获得自由。在自我意识的自由这个阶段上,要经历三种个人意识形态,即斯多葛主义、怀疑主义和苦恼的意识。

黑格尔说,自我意识的自由作为一个自觉的现象而出现在人类精神的历史上,就是斯多葛主义。"它的原则认为:意识是能思维的东西,只有思维才是意识的本质,并且认为:任何东西只有当意识作为思维的存在去对待它时,它对于意识才是重要的或者才

---

① 科热夫:《阅读黑格尔著作入门》,英译本,1969年,第20页。
② 参见卢卡奇:《青年黑格尔》,苏黎世,1948年,第418页。
③ 奥甫襄尼柯夫:《黑格尔哲学》,俄文版,1959年,第61页。

是真的和善的。"①斯多葛主义的特点是完全不管外部世界的条件如何,而只强调自己主观思想上的自由,因此它对主人与奴隶都采取消极的态度。不论处于主人的地位还是奴隶的地位,不论在宝座上或在枷锁中(黑格尔在这里显然是指罗马斯多葛学派的两个著名代表人物:罗马皇帝马可·奥勒留和奴隶出身的爱比克泰德),斯多葛主义意识都是自由的、超脱的,都要保持一种"没有生命的宁静"。正因为这样,"自我意识的这种自由对于自然的有限存在是漠不关心的,因而它同样对于自然事物也听其自由,不予过问"②。黑格尔指出,斯多葛主义意识的单纯思想中的自由只以纯粹思想为它的真理,而纯粹思想却没有生活的充实内容,因而也只是自由的概念,并不是活生生的自由本身。这样的概念是空泛的、抽象的,它脱离了事物的多样性,本身是没有内容的。因此,斯多葛主义意识不能够掌握现实并在现实中实现自身,不能获得真正的自由。

就拿斯多葛主义学说中最有名的道德理论来说吧,它就是很空洞而不解决问题的。例如,"对于什么是真的和善的这个问题,它也只能以没有内容的思想作为回答说,真和善是包含在合理性中的",但是这种思想里面却没有任何确定性,"因此斯多葛主义所宣扬的一些普遍名词:真与善,智慧与道德,一般讲来,无疑地是很高超的,但是由于它们事实上不能够达到任何广阔的内容,它们不久也就开始令人感到厌倦了"③。后来,黑格尔在《哲学史

---

① 《精神现象学》,上卷,第133-134页。
② 同上,第135页。
③ 同上。

讲演录》里，对斯多葛派的道德学说也重复地发表了这样的见解，认为这种道德学说"没有超出形式主义"，"是有缺陷的、空洞的、令人厌烦的"，说斯多葛派虽然有力地宣扬了道德，但道德究竟是什么，却缺乏明确的规定。①自从蒙台涅以后，许多道德学家和哲学家都对斯多葛派的道德学说采取肯定和赞赏的态度，因此黑格尔对斯多葛主义的消极的评价在当时是代表一种新的观点的，虽然他并不能对这个在奴隶制衰落和瓦解时期的罗马盛极一时的哲学派别的本质作出科学的深刻分析和揭露。

在黑格尔看来，斯多葛主义的进一步发展就是怀疑主义。怀疑主义实现了斯多葛主义所力求达到的那种思想的自由，在怀疑主义里，"思想完全成为一种否定的思维，否定了那多方面地有规定性的世界，而自由的自我意识的否定性在生活的这种多样性形态中成为真实的否定性"②。怀疑主义对外部现实世界采取根本否定的态度，"在怀疑主义面前，所消失的不仅是客观事物本身，而且自我意识认客观事物为客观的和有效准的根本态度也消失了"，"凡是确定的或有差别的东西，不管这些东西以什么方式、由什么原因而被肯定为固定不变的东西，都一概消失了"③。怀疑主义的意识以为采取这种否定一切的态度就可以表现自己特有的自由，并认为这种自由是它凭借自己而获得的。但是，黑格尔却指出，这种意识只是一个"纯全偶然的混沌体，一种永远在制造紊乱的摇摆不定的东西"。它的行为和它的言辞永远是互相矛盾

---

① 参见黑格尔《哲学史讲演录》，商务印书馆，第3卷，第29、32页。
② 《精神现象学》，上卷，第136页。
③ 同上，第137页。

的。它口头上宣称所看见、所听见的东西是不存在的,然而它自己却明明是看见了、听见了这些东西;它口头上宣称伦理原则不存在,实际上却仍然把这些伦理原则当作支配自己行为的力量。它就像顽皮任性的小孩子吵闹,一个说甲,另一个就说乙,一个说乙,另一个就偏说甲,故意互相争辩抬杠,以获得彼此处于矛盾争辩状态中的乐趣。显然,这种怀疑主义的意识也是不可能达到真正的自由的。

在怀疑主义里,意识经验到自身的矛盾,由此它又进展到一个新的形态,这个新的形态是意识到自己的矛盾的意识。这样,过去划分为两个个人——主人与奴隶——的两面性,现在就集中在一个人身上了,于是就出现了自我意识自身之内的二元化。根据黑格尔的说法,这就是苦恼的意识。"苦恼的意识就是那意识到自身是二元化的、分裂的、仅仅是矛盾着的东西"[①]。

黑格尔的所谓苦恼的意识,在这里指的是中世纪的宗教意识,即是基督教徒的意识。它自身分裂为二,还没有实现自身之中对立的两方面的统一,所以就把其中的一个方面、即单纯不变的方面认作本质,而把另一方面、即杂多的变化的方面认作非本质。苦恼的意识无法克服它自身中所包含的这两种力量之间的对立,因此它们就成为不变的意识和变化的意识的对立。不变的意识是常住不变的神性,而变化的意识则是变灭无常的、经验的主体,两者之间隔着一道不可逾越的鸿沟,它们的关系也就是彼岸世界和此岸世界的关系。苦恼的意识把自己放在变化的意识

[①] 《精神现象学》,上卷,第140页。

这一边,认为自己是非本质的,然而又意识到不变的意识是它的本质而加以追求,力图把自己从非本质的一面中解救出来。苦恼的意识既然是一个个别的、经验的、感性的存在,所以它是停留在感性的此岸世界的,但它所要寻求的不变的本质却又在它所达不到的彼岸世界。于是它就只能求助于"虔敬默祷的默想",严格地说,它还不是在思想,"它的思维不过是无形象的钟声的沉响或一种热薰薰的香烟的缭绕,换言之,只不过是一种音乐式的思想,而没有达到概念的水平"。黑格尔指出,靠这样的办法不能把捉住本质,而只能抓住非本质的东西。"它在哪里去寻求本质,本质就不能在那里被它找到;因为本质已经被认作彼岸,被认作不能够找到的东西。"①

黑格尔在《精神现象学》的后面的章节里还谈到过类似苦恼意识的那种自身分裂为二的意识,但那是属于完全不同的历史时期、即启蒙运动时代的现象了。库诺·费舍曾引用歌德《浮士德》里的诗句来描述这种分裂的意识:

> 有两种精神居住在我心胸,
> 一个要想同别一个分离!
> 一个沉溺在迷离的爱欲之中,
> 执拗地固执着这个尘世,
> 别一个猛烈地要离去凡尘,

---

① 《精神现象学》,上卷,第145页。

向那崇高的灵的境界飞驰。①

不过,费舍指出,黑格尔是把这种现代的现象和中世纪的苦恼意识区别开的。费舍的看法就这一点而论是对的,因为浮士德式的精神矛盾表现了个性的崇高力量,它和基督教徒的消极卑下的精神苦恼确实不能相提并论。某些现代资产阶级学者如让·瓦尔,片面地无限夸大苦恼的意识在黑格尔哲学中的地位和作用,则是完全错误的,他这样做的目的无非是借黑格尔哲学之名来鼓吹存在主义的观点而已。②要知道在黑格尔那里,苦恼的意识只是精神发展中的一个早已被扬弃了的环节,从来也不占中心的位置。而且,更重要的是,黑格尔对苦恼的意识是采取批判态度的。因此,故意地抬高苦恼的意识的地位,只能是对黑格尔哲学的歪曲。

我们在前面曾经论述过青年黑格尔对基督教的尖锐批判,在写作《精神现象学》的时候,他对基督教的态度显然比过去温和得多了,但总的说来还是批判多于肯定的。他基本上仍然是从启蒙运动的观点去评价苦恼意识、即宗教意识,揭露了宗教意识对永恒的彼岸世界的追求的虚幻性。他指出,宗教意识寻求本质的努力完全是徒劳的,因为这个本质是一个不可企及的彼岸,这个彼岸当你到达时,它立即就飞离开,或者说,当你达到时,它已经

---

① 费舍:《黑格尔的生平、著作和学说》。参见歌德:《浮士德》,第一部,人民文学出版社,第54—55页。
② 参见让·瓦尔:《黑格尔哲学中的意识的苦恼》一书中的"苦恼意识的观念在黑格尔理论的形成中的地位"一文,巴黎,1951年。

飞离开了。因此,每一次追求注定要以失败而告终,从而更深地陷于失望和苦恼之中而不能自拔。想用禁欲主义、厌弃生活、摧残身体、到痛苦中去寻求满足等等办法来摆脱现实的尘世生活,以寻找"得救"的道路,这只不过是一个幻想。此外,黑格尔还指出了宗教意识的神秘主义的反理性的实质,认为它还够不上真正的思想,因而是一种低级的意识形态。他的这些看法和当时竭力维护宗教的反动哲学家和神学家的观点是截然对立的。从根本上说,他对宗教意识的批判还是反映了当时力图挣脱中世纪思想桎梏的德国资产阶级的利益。

当然,这时的黑格尔也对基督教作了某些让步,对苦恼的意识是有所肯定的。在他看来,苦恼的意识尽管具有内在矛盾,但它力图把个别性和普遍性联系起来,摆脱主观性而寻求客观的本质,这就使意识向前发展而达到理性的阶段。从这里可以看到,黑格尔的客观唯心主义是不可能和基督教真正划清界线的。特别是后来黑格尔在自己的体系中大量地吸收了基督教的思想,其源盖出于此。

五、理性

黑格尔对理性阶段的论述,是建立在他的客观唯心主义原则的基础之上的。因此,他在关于理性的这一章开始时,先对自己的唯心主义原则作了论证,并对他所反对的主观唯心主义(即他所谓的"坏的"、"空虚的"唯心主义)进行了批判。

黑格尔认为,在过去,自我意识所关涉的只是它自己的独立和自由,因此为了保持其自身,不惜以牺牲客观世界或它自己的实在性为代价。当自我意识行进到了理性的阶段,它一向对于客观实在的否定态度就转化为一种肯定态度了。现在,自我意识作为理性,本身有了保证,就能够容忍客观实在,"因为它现在确知它自己即是实在,或者说,它确知一切实在不是别的,正就是它自己;它的思维自身直接就是实在;因而它对待实在的态度就是唯心主义对待实在的态度"。黑格尔说,在此以前,自我意识是完全不了解这个世界的,它对世界虽有所欲求,有所作为,但它后来总是退出世界,撤回自身,它的兴趣只在于世界的消失。只有当自我意识确知实在就是它自身之后,它才第一次发现世界原来是它自己的现实世界,这样它才对世界的继续存在感到兴趣,"因为世界的继续存在对于它来说现在成了它自己的真理性和现在性;它确知只在这里才经验到自己"。由此,黑格尔作出结论说:"理性就是意识确知它自己即是一切实在这个确定性;唯心主义正就是这样地表述理性的概念的。"①

理性的直接对象已不是个别的事物或现象,而是"一切实在"。所谓"一切实在"也就是指整个自然界和社会生活,因此理性的对象比以前阶段上的意识要广阔得多。黑格尔主张理性和实在是同一的,认为理性就是一切实在,也就是把整个客观世界、包括自然界和人类社会在内都看作理性的表现。他用这种观点去解释范畴,说什么"范畴意味着:存在与自我意识就是同一个东西,而所谓同一个东西,并不是比较地相同,而是就其本身说根本是一个东西。只有坏的、片面的唯心主义才重新将这个统一作为意识摆在一边,而另将一个自在摆在另一边与它对立起来"②。在这里,黑格尔显然是在批评康德,因为康德正是承认"自在之物"在思维之外独立存在的。黑格尔则站在更彻底的唯心主义立场上,批评康德哲学中的这个唯物的因素,批评康德的不彻底性,而把他作为"坏的、片面的唯心主义"的代表。但是,黑格尔对康德的这一批评,不仅是一种唯心主义对另一种唯心主义的批评,而且是辩证法对形而上学的批评,因为康德关于"自在之物"的学说把思维与存在割裂开和绝对对立起来了,而黑格尔则主张思维与存在的辩证的同一性,虽然这种同一性是以客观唯心主义的"理性即一切实在"的原则为基础的。

从客观唯心主义原则出发,黑格尔还批判了主观唯心主义的经验论和唯我论,用他的话来说,这些都是"空虚的主观唯心主义"。他说,这种主观唯心主义的意识所陈述的仅仅是一句抽象

---

① 以上见《精神现象学》,上卷,第155页。
② 同上,第157页。

而空洞的话:一切都是它的。"由于它指明在一切存在中有这个意识的纯粹我性并从而将事物表述为感觉或表象,于是他就自以为已经指明了我性即是完全的实在。所以这种唯心主义就不得不同时是一个绝对的经验主义。"①黑格尔指出,为了充实这个空虚的"我性",就不得不需要一种外来的冲击,因为感觉或表象的多样性是寄托在外来的冲击里的。这样,这种主观唯心主义就像怀疑主义一样成为一种"自相矛盾的歧义的东西",它一方面以为理性即是一切实在,另一方面又承认外来的冲击或感觉与表象也同样是一个实在、而且不是属于理性的实在,从而它就陷于无法克服的矛盾。黑格尔则主张,理性虽然确信自己即一切实在,但它也意识到,作为"我",它还并不真正地即是实在。这就是说,对"理性即一切实在"这个命题决不能作主观唯心主义的理解,这里的理性不是个人主观的"我",而只能是指普遍的精神。黑格尔认为,只有这样地理解,这个命题才有丰富的充实的内容,而不致只有"空虚的我性"。

应该承认,黑格尔的客观唯心主义比主张"存在就是被感知"的贝克莱式的主观唯心主义,确实是高出一筹。他承认客观实在不依赖于个别的主体而存在和发展,而且有着它自己的多样性和丰富性。不过,他认为只有从他的客观唯心主义原则出发,才能充分地承认和把握客观实在并克服主观唯心主义的根本缺陷,那就大错特错了。要知道黑格尔自己对客观实在的承认,首先是建立在把理性和实在相等同的前提上的。在"理性即一切实

---

① 《精神现象学》,上卷,第159页。

在"的命题中,理性是第一性的,而实在则是第二性的,实在仿佛是从理性中派生出来的,是理性的体现。因此,归根结底,客观实在仍然被他归结为理性,而它的丰富多彩的发展也仍然只是理性本身的发展而已。从根本上来说,在思维和存在何者为第一性的这个哲学基本问题上,黑格尔和他所批判的主观唯心主义者是属于同一个阵营的,他也未能避免主观唯心主义者的根本错误,即把思维和存在、精神和物质之间的真实关系完全弄颠倒了。

还应该指出,黑格尔所提出的"理性即一切实在"的原则充分表现出他的哲学世界观的理性主义精神。如果说十八世纪法国启蒙运动者主张"意见统治世界",那末在黑格尔那里就是"理性统治世界",而且还不仅是统治和被统治,连世界本身也无非是理性的一种产物。"理性即一切实在"是黑格尔哲学的一个基本思想,他后来在《法哲学原理》中提出的"凡是合乎理性的东西都是现实的,凡是现实的东西都是合乎理性的"这一著名命题,实际上是源出于此的。黑格尔的这种理性崇拜当然是唯心的、错误的,但却表现了处于上升时期的德国资产阶级的积极进取精神。某些现代西方学者如克罗纳,企图否认黑格尔的理性主义,把他说成是什么"非理性主义者",并且硬说他是存在主义哲学的祖师爷。[①] 这些胡言乱语都是不值一驳的。存在主义哲学从其创始人克尔凯郭尔到海德格尔、雅斯贝斯、萨特和梅洛-庞蒂,最根本的信条之一就是认为存在是非理性的,例如萨特就公然把人周围的世界称之为"庞大荒谬的东西",说什么存在的关键、生命的关键

---

① 参见克罗纳:《从康德到黑格尔》,德文版,1924年,第272页;以及克罗纳为《黑格尔早期神学著作》英译本所写的长篇序言。

原来就是"荒谬","能够理解的一切,都可以归纳到这种根本的荒谬里去"①。请看,存在主义者的这种反理性主义观点和黑格尔的"理性即一切实在"有什么共同之处呢?像克罗纳那样把两种截然相反的观点硬扯在一起,这难道不也是一种"荒谬"吗?

下面我们来看一下黑格尔是怎样论述理性的。他把关于理性的这一章分为三大部分,即"观察的理性"、"理性的自我意识通过其自身的活动而实现"和"自在自为地实在的个体性"。

黑格尔的所谓"观察的理性"主要谈的是他当时的自然科学,形式逻辑和心理学,以及曾经流行一时的两种伪科学:面相学和头盖骨相学。由于黑格尔时代的自然科学主要地仍然是实验科学,理论的自然科学还没有得到充分的发展,起作用的仅限于欧几里得的几何学和牛顿的古典力学。真正的物理学、化学和生物学都刚刚开始形成,心理学作为一门科学可以说还没有诞生。因此,比较而言,黑格尔关于"观察的理性"这一部分的论述内容是很贫乏的,虽然其中也有一些可取的见解,但总的说来却充满着唯心主义的偏见,没有多少积极的意义。

按照黑格尔的说法,理性否定了自我意识之后,仿佛又重新进入了早已被扬弃了的意识和知觉,但这样的一种复归是建立在新的基础上的。"在此以前,去知觉和经验事物里的一些东西,对于意识而言,只是适逢其会的或偶然的事情,而现在,它自己运用起观察和经验来了。"因此,理性不是被动地、而是积极主动地对待认识的对象,它对世界感到一种"普遍的兴趣",是因为它确

---

① 参见萨特:《厌恶》(*La Nausée*)。

知它自己就在世界里,或者说,它确知世界的现在是合乎理性的。黑格尔写道:"意识进行观察,这意味着什么呢? 这是说,理性要想发现它自己就是存在着的对象,就是在现实的、感性现在的方式下存在着的对象,并自认为是自己的这样的对象。这个观察的意识自以为而且自称它不是要想发现或经验其自身,而是相反地要想经验事物之所以为事物的本质。"理性还没有认识到存在与我的统一,因此它作为观察的意识,就走向事物,自以为它所认识的事物都是感性的、与我相对的事物,其实它认识事物,就是把事物的感性改变为概念,就是恰恰将它们改变为同时又是我的一种存在。所以黑格尔说:"在这个历程中,就观察的理性看来,所认识的仅仅是事物,但就我们看来,所认识的是意识自身"①。

在这里,黑格尔完全暴露了他自己对"观察的理性"的解释的唯心主义实质,这也充分说明他对自然科学的看法在根本上是反科学的。科学的任务本来是要通过对客观事物的观察,透过现象深入地认识"事物之所以为事物的本质",黑格尔却把事情歪曲成似乎科学所认识的不是客观事物,而是意识自身。这样,他就否认科学是对客观物质世界的研究,取消了科学的对象,使科学不成其为科学了。黑格尔的论证是毫无说服力的,他的理由无非是说,科学对事物的理性认识必须由感性提高到概念,而概念却是"我的一种存在",也就是意识自身。他不承认概念只是意识对于客观事物的一种反映形式,从而把认识和认识的对象、概念和客观事物完全混为一谈了。归根到底,这还是他的唯心主义的

---

① 以上见《精神现象学》,上卷,第161-163页。

主客同一说在作怪。

黑格尔在某种程度上抓住了当时自然科学的思想弱点,对它的经验主义的局限性进行了批判。他把这种自然科学中的经验主义叫作"无思想的意识",指出它把观察和经验看作真理的源泉,就很可能造成一种印象,仿佛只有感觉才是真理的源泉,"其实在它匆忙地推崇视听味嗅触的时候,忘记了说明同样本质的一件事实,即当它感觉的时候,它已经在为它自己而规定这个感觉对象了。而且这种规定,对于意识来说,其重要性至少不在那种感觉之下"。黑格尔认为,光是感觉还不算是一种观察,"因为被知觉的东西,其含义应该至少是一个普遍(或共相)而不是一个感性的这个"。① 他批评这种经验主义只是局限于对事物的描写,"还并不是一种在对象自身里的辩证运动"。它只能停留于描述表面现象,而不能深入到本质里去,因而对象一旦被描写了,它就丧失了兴趣,而另换一个对象,并且永远寻找对象,以便永不休止地描写下去。他说,在广大领域里蕴藏着可供观察和描写的无尽宝藏,但"描写所能够发现到的却并不是一宗不可衡量的财富,而只是自然和它自己行动的局限"②。

经验主义片面地夸大感觉经验的作用,看不到从感性认识上升到理性认识、从感觉上升到概念的必要性,因此黑格尔对它的批判是有一定道理的。但是,黑格尔是从他自己的唯心主义立场去批判经验主义的,这一点从他对自然科学的规律观念的批评可以看得很清楚。他说:"在观察的意识看起来,规律的真理性也

---

① 以上见《精神现象学》,上卷,第163页。
② 同上,第164页。

象感性存在之是为意识的对象那样,存在于经验里,而不是自在和自为的东西。但如果说规律的真理性不存在于概念里,那么规律就是一种偶然的东西,而不是一种必然性,因而事实上就不是规律了。"① 在他看来,普通性和必然性不可能存在于经验里,而只能存在于概念中。例如,被举离地面的石头松手以后坠落地面,这条规律决不是把所有石头都拿来做过实验以后才成立的,也不是先用大量石头做过实验,然后以类比法推论其余的石头也都是如此以后才成立的,因为从类比法只能得出或然性,而不能得出普遍性和必然性。石头坠地这条规律只能存在于概念中,石头在其重量自身就具有它自己与地面的本质关系;重量里自在自为地就包含着"坠地"。因此,黑格尔得出了这样的结论:"意识经验到规律就是存在,但同样地也经验到规律就是概念,而只在这两种情况相结合时,即既是存在又是概念时,规律对于意识才是真的;规律所以为规律,因为它既显现为现象,同时自身又是概念。"②

在马克思主义哲学看来,规律是客观世界各种事物和现象之间的本质联系,它是不依赖于人的意识而客观地存在着的。列宁说:"世界是物质的有规律的运动,而我们的认识既是自然界的最高产物,就只能够反映这个规律性。"③ 如果说,我们要认识规律不能单凭感觉经验,而必须借助于概念的把握,那是对的。但黑格尔却因此而把规律说成就是概念,把二者之间的反映关系变成

---

① 《精神现象学》,上卷,第167页。
② 同上,第169页。
③ 《唯物主义和经验批判主义》,《列宁选集》,第2卷,第170页。

了等同关系,从而完全否定了规律的客观存在,把它变成了纯粹主观的东西,那就是不折不扣的唯心主义。正是从这种唯心主义观点出发,黑格尔认为,无论在无机界或有机界,观察的理性所能达到的,都说不上什么规律和必然性,而关于有机界的科学、即生物学,则似乎是不可能有的,因为照他的说法,有机界是没有历史的。这样,他就过分夸大了当时自然科学的经验主义的局限性,贬低了自然科学在促进认识发展中的作用。

黑格尔认为,观察的理性从对自然的观察开始转向对自我意识自身及其与外在现实的关系的观察,发现了思维规律和心理学规律。他所说的思维规律指的是形式逻辑的规律,他认为,这些思维规律带有完全是形式的性质,是抽象空洞而没有任何内容的,因而也就没有实在性和真理性。但在《精神现象学》里,他没有对形式逻辑展开详尽的批判,而仅限于揭示这些所谓思维规律的无效。他说,"在思辨哲学里,这些规律都将显现它们的本来面目,它们将表明自身是些个别的消逝的或不能持存的环节"①。换句话说,形式逻辑在他的唯心主义辩证法里是被扬弃的环节,关于这一点,他后来曾在《逻辑学》中加以论述。至于心理学规律,则黑格尔认为它们实际上是不能成立的。在他看来,心理学设想自在而自为地存在着的现实世界对个体发生影响,这是不正确的,因为不能把现实世界和个体性彼此分裂开,它们之间也并不存在必然的联系和规律,个体是自由的,可以不受现实世界的制约。所以他说,"这样一来,所谓心理学的必然性,就变成了一句

---

① 《精神现象学》,上卷,第200页。

空话,空到这样程度:一个个体据说应该受有某种影响,可是它也有绝对的可能性,根本没能感受到这种影响。"① 黑格尔对心理学的这种轻视态度,是他的唯心主义观点的一个大暴露。

"观察的理性"这一节是以黑格尔对面相学和头盖骨相学的揭露和批判结束的。他指出,无论从面貌或头盖骨都根本不能判断一个人,对这种伪科学应报之以耳光。他认为,要判断一个人只能根据他的行为,"真正地说,人的真正的存在是他的行为","有什么样的行为就有什么样的个人"。② 他的这种不信邪、看人重在表现的观点无疑是正确的。

观察的理性向前发展的下一个阶段就是行动的理性。在观察的理性阶段,意识把对象看成外在的,企图到外部对象中去寻找自身,结果没有得到成功。于是,意识就求助于实践活动,企图通过自身的活动在对象中实现自己,用黑格尔的话来说,就是"理性的自我意识通过其自身的活动而实现"。他指出:"这个行动的理性,意识到它自己仅是一个个体,而作为一个个体它必须在别的个体中要求并产生出它的现实来"③。

在论述行动的理性时,黑格尔进一步发挥了他以前在《伦理体系》和《实在哲学》中的思想,指出了作为个体行动的劳动的社会性。他这样写道:"一个个体所做的,就是一切个体的普遍的共同的技巧与伦常。个体的行动内容,当其完全个别化了的时候,它是在它的现实里交叉于一切个体的行动中的。个体满足它

---

① 《精神现象学》,上卷,第203页。
② 同上,第213页。
③ 同上,第232页。

自己的需要的劳动,既是它自己的需要的满足,同样也是对其他个体的需要的一个满足,并且一个个体要满足它的需要,就只能通过别的个体的劳动才能达到满足的目的。"① 这里并没有说明在什么样的条件下个体的劳动才成为社会的普遍的劳动,但是,我们可以看得很清楚,黑格尔所谈的是发达的商品生产的社会条件下的情况,因为只有在那样的条件下,个体的行动内容才通过社会交换而与一切个体的行动相交叉。在自然经济的条件下,个体的劳动只是为了满足自己的需要;而在商品生产的条件下,个体的劳动首先要满足其他个体的需要,才能满足自己的需要,并且必须要通过别的个体的劳动来满足自己的需要。因此,只有在商品社会里,个体劳动才转化为社会的普遍的劳动,个体和社会才发生有机的联系,人才真正成为社会的人。黑格尔说:"个别的人在他的个别的劳动里本就不自觉地或无意识地在完成着一种普遍的劳动,那么同样,他另外也还当作他自己的有意识的对象来完成着普遍的劳动;这样,整体就变成了他为其献身的事业的整体,并且恰恰由于他这样献出其自身,他才从这个整体中复得其自身。"②

作为资产阶级的思想代表,黑格尔在这里陷于不切实际的幻想,以为在资本主义社会里个人可能通过自己的劳动而同集体融合为一体,民族的伦理生活或伦常礼俗就是在这样的基础上形成的。他把资本主义社会看得过于美好和谐,似乎它的原则是"他们为我,我为他们",所以他得出结论说:"在一个自由的民族里,

---

① 《精神现象学》,上卷,第234页。
② 同上。

理性因而就真正得到了实现"①。他不理解,在存在着资本主义的剥削、压迫和不平等的条件下,根本谈不上真正自由的民族,也不可能实现"他们为我,我为他们"的原则,因而个人与集体的融合只是无法实现的空话而已。

黑格尔认为,行动的理性也经过几个发展阶段,而第一个阶段就是"快乐与必然性"。在这个阶段上,"进入而充实着这个自我意识的,不是天上的精神、不是知识和行动里的普遍性的精神(在这种精神里,个别性的感觉和享受陷于沉寂),而是地上的精神,地上的精神认为只有象个别意识的现实这样的存在,才算是真正的现实"②。黑格尔引证了歌德《浮士德》里的诗句来描写这种意识,指出它蔑视科学和知性,抛开规律、知识、理论等等,不惜投奔于"魔鬼的麾下",投身到生活中去尽情地享受生活,竭力追求快乐和幸福。它自己并不去创造快乐和幸福,而是把它们现成地拿来享受,"它为自己去取得生活,就如同去摘取熟透了的果实一样,刚动手去摘取,果实自己也已经落到手里来了"③。但是,这种"浮士德的意识"却无法实现自己,它和必然性或命运发生矛盾和冲突,在现实面前碰得粉碎。它是去寻求生命,但它所获得的却毋宁是死亡。

由于"浮士德的意识"单纯地追求现成的快乐而遭到了必然性的惩罚,因此意识继续向前发展的下一个阶段就要求去掌握必然性。黑格尔说:"在新的形态里,自我意识知道自己是必然的

---

① 《精神现象学》,上卷,第235页。
② 同上,第240页。
③ 同上。

东西;它知道,它在其自身中直接具有着普遍或规律;而这一种规律,由于它直接存在于意识的自为存在中这一规定性,就称为心的规律。"① 所以黑格尔把意识发展的这一阶段称之为"心的规律和自大狂"。意识企图根据自己的心的规律去改造世界,它处心积虑地要扬弃与心的规律相矛盾的必然性以及必然性所带来的痛苦,它不再像以前只追求个别快乐的意识形态那样轻浮粗率,而是抱着一种高尚的目的,在展示它自己的高贵本质和创造人类福利中去寻找它的快乐。黑格尔嘲笑了这种世界的改革家,认为他们凭主观的崇高意愿去改造世界的想法只是自命不凡的狂妄而已。

问题在于,在心之外还有一个现实与这个心对立着,而这个现实也有它自己的规律。现实的规律是和心的规律相对立的,它使个别的个体性受其压制,是"暴力的世界法则",在它之下,人类不是遵守内心的规律而是屈服于一个外来的必然性。受制于现实的规律的人类,并不是生活在现实的规律与心的规律的令人快乐的统一之中。"人类的生活,如果说不是残酷的分裂和痛苦,至少是于服从规律时缺乏对它自身的享受,于逾越规律时缺乏对它自己的高贵性的意识。"② 因此,在现实的规律与心的规律发生矛盾的情况下,心的规律往往是经不起考验的。尤其是,各个个体都有其自己的心的规律,它们相互之间也发生矛盾,产生普遍的抗拒和搏斗。在这一团混战中,大家各自努力维护自己的个别性,但又做不到这一点,因为每个个别性都受到抗拒并相互地为

---

① 《精神现象学》,上卷,第244页。
② 同上,第245页。

别的个别性所消融。这样的一场普遍的混战的结果出现了普遍的公共法则,黑格尔把这个法则叫作"世界进程"。"世界进程"作为普遍的公共法则是不依赖于个别的心的规律的,毋宁说它是一切心的规律。在这里,黑格尔深刻地猜测到,世界历史发展有着它自己的规律,这个规律是不依个人意愿为转移的。但是,黑格尔终究是一个唯心主义者,因此他把客观历史规律歪曲为"精神的普遍性和实体"。恩格斯说:"人们通过每一个人追求他自己的、自觉期望的目的而创造自己的历史,却不管这种历史的结局如何,而这许多按不同方向活动的愿望及其对外部世界的各种各样影响所产生的结果,就是历史。"又说:"历史哲学,特别是黑格尔所代表的历史哲学,认为历史人物的表面动机和真实动机都决不是历史事变的最终原因,认为这些动机后面还有应当加以探究的别的动力;但是它不在历史本身中寻找这种动力,反而从外面,从哲学的意识形态把这种动力输入历史。"[①]恩格斯的这些话是我们正确地理解黑格尔关于"世界进程"的思想的指针。

根据黑格尔的说法,意识从"心的规律"继续发展,就前进到"德行的意识"。"德行的意识"不再试图去改善世界,而是和世界进程作斗争。它同世界进程开始战斗的时候,是把世界进程当作一种与善对立的东西的,但在战斗中却发现世界进程就是现实的善,它在和世界进程作斗争时到处遇到的尽是善本身的一些具体存在。德行因而发现世界进程是不可损害的,而它自己倒被世界进程所战胜了。黑格尔指出,德行本来只是缺乏任何内容的空

---

① 《路德维希·费尔巴哈和德国古典哲学的终结》,《马克思恩格斯选集》,第4卷,第243-244页。

话,是一些"堂皇的议论"和"夸夸之谈","它们使心地高尚,使理性空疏,它们努力建设,但是毫无建树","这些与世界进程进行斗争的议论,只要请它们说出它们的词句究竟有什么含义,它们的空洞性就会立即暴露出来"。① 他说,我们这个时代有教养的人已经确信这些高谈宏论空虚无物,谁也不感到任何兴趣了。他在这里还发挥了一个很有意义的思想,即认为"德行"要求牺牲个体性、要求放弃个人的目的和利益以求善的实现,这种办法是行不通的,因为现实性就是个体性,个体性的运动就是普遍的东西的实现,这就是说,世界进程正是通过个人的自私自利的行动而实现的。在这一点上,我们可以明显地看到英国古典政治经济学对他的影响。

"行动的理性"在"德行"的阶段企图否定个体性而没有成功,反而发现个体性是具有普遍性的,因此"行动的理性"就向前发展到"自在自为地实在的个体性"。黑格尔说:"现在,自我意识已经把握到了它自己的概念,即把握到了当初只是我们对它所有的那种概念;它现在确信它自身即是一切实在,而它的目的与本质则是普遍(天赋与才能)与个体性的一种运动着的渗透或统一。"②

黑格尔把"自在自为地实在的个体性"的第一个阶段叫作"精神动物的王国和欺骗,或事情自身"。在这里,他描述了以个人自私自利的活动为基础的资产阶级社会的意识形态。个人都从事于各自的事业,都有各人自己的兴趣,而不关心任何其他的目的。"意识摆脱了所有的对立和一切限制其行动的条件以后,

---

① 《精神现象学》,上卷,第258—259页。
② 同上,第260页。

就轻松愉快地从自身开始做起，不再骛心于他物，而专诚致力于自己。因为个体性自身既然就是现实，那么，个体的活动实质和行动目的就全在行动自身之中。"① 每个人都只顾自己，各干各的，各走各的道，在自己的活动中得到满足，"因此，在这里根本没有发生激怒，也没有发生抱怨，也没有发生悔恨的余地"②。黑格尔把这种状况形象化地称之为"精神动物的王国"（Das geistige Tieizeich）。这样的意识对事业自身抱着盲目崇拜的态度，永远只求达到事业自身，它似乎是诚实的。但黑格尔却指出，这种诚实性并不像它看起来那样真正是诚实的。恰恰相反，由于各人只关心自己和自己的事业，于是在各个个体之间就出现了一种"互相欺骗的游戏"，每个个体都自欺也欺人，都欺骗别人也受人欺骗。黑格尔就是这样地描绘了资本主义社会里自私自利、尔虞我诈的一幅丑恶的图景。

那么，在"精神动物的王国"里既然每个个体都各自为政，互不相谋，是否会出现一片混乱呢？黑格尔认为，事情并不完全是这样。从表面上看来，好像个人的所作所为纯然是为他自身的，而不是为其他人的，好像他只关心自己的行动，对别人的行动绝不过问，听任别人自由行事，但实际上正是各个个体的行动构成了资产阶级社会的整体。个人无意识地在完成着整体的工作，把自己的事业变成一切人的事业。黑格尔用生动的比喻指出，在这样的社会里，当一个人实现了一件事情时，其他人都像苍蝇之群趋于新挤出来的牛奶那样急忙凑拢过来想插手参与这件事情。

---

① 《精神现象学》，上卷，第261页。
② 同上，第267页。

因此，归根到底个人的行动造就了公共的一切人的事业，而一切人的事业作为一种普遍的力量却又反过来统治着个人。黑格尔已经多少认识到，在资本主义条件下社会生产的无政府状态是有着深刻根源的，而且在个人及其活动的社会成果之间存在着矛盾。但是，作为一个唯心主义者，黑格尔是不可能找到真正克服这种矛盾的途径的。

为了摆脱个体之间"互相欺骗的游戏"那种状况，意识就继续前进到"立法的理性"和"审核法律的理性"的阶段。现在，意识所从事的是"绝对的事业"，也就是"伦理的实体"，而对这个事业的意识就是伦理的意识。"立法的理性"和"审核法律的理性"企图对个体规定法律以施加限制，使之结束"精神动物的王国"而进入伦理的王国。但是，在黑格尔看来，它们是软弱无力的。黑格尔对它们的批判实际上是影射康德和费希特的伦理学说，他指出它们最大的弱点就是只停留于"应该"，仅仅是诫命或戒律，而没有现实性，只是纯粹的形式而缺乏内容。因此黑格尔批评说，"这两个环节都是对于伦理实体或者说对于真实的精神本质的一种否定关系，换句话说，在这两种形式下，伦理实体还没有取得它的实在性……它还刚才是一个不现实的诫命里的应当和对形式的普遍性的一个知道而已"①。

黑格尔认为，伦理并不是在人的主观意识的范围内所能实现的，而是在社会、人民生活中实现的。这样，理性就发展到一个新阶段，这就是精神。

---

① 《精神现象学》，上卷，第287—288页。

六、精神——人类意识历史发展的缩影

在黑格尔看来,人类意识的发展在前几个阶段上主要是以个人意识的各种形式出现的,在那里虽然也涉及一些社会意识形态如斯多葛主义和苦恼的意识等等,但在那些情况下意识并没有真正理解自己的社会本质,社会意识只是作为个人意识发展的背景,仿佛社会意识只不过是个人意识所再现和重演的类的经验的表现形式。因此,严格地说,人类意识在前几个阶段上的发展还不是真正的社会意识形态的历史,只有到了"精神"的阶段,才确实提供了人类意识在历史上所经过的诸阶段的缩影。在《精神现象学》里,"精神"的发展是和人类社会历史发展的各重要阶段相适应的。

黑格尔指出,"当理性相信其自身即一切实在这一确定性已上升为真理,而理性已意识到它的自身即是它的世界、它的世界即是它的自身时,理性就成了精神。"① 因此,我们可以看得很清楚,黑格尔关于"精神"阶段的论述仍然是建立在"理性即一切实在"这个客观唯心主义的命题之上的。不过,"精神"比意识发展的前几个阶段大大地前进了一步,它已经转化为客观的现实,它

---

① 《精神现象学》,德文版,1964年,第313页。

是"伦理的现实",是"一个民族的伦理生活"。它也必须通过一系列的形态而达到关于它自身的知识,"不过这些形态与以前所经历的形态不同,因为它们都是些实在的精神体、真正的现实,而且它们并不仅仅是意识的种种形态,而是一个世界的种种形态"①。所以,对于"精神"发展的考察也就是从思想上来考察世界历史,虽然这种考察只能是十分简略的、大致接近于实际历史情况的。

"精神"的发展也分为三个阶段:首先是"真实的精神:伦理",谈的是古希腊罗马世界;其次是"自身异化了的精神:教化",讨论封建制度的解体、启蒙运动的兴起和法国大革命;最后是"对自身具有确定性的精神:道德",探讨德国的历史和思想。黑格尔企图通过对这三个阶段的分析来揭示世界历史和人类社会意识形态发展的内在线索。

第一个阶段,即"真实的精神:伦理",是描述古希腊社会的。我们知道,青年时代的黑格尔曾醉心于古希腊城邦共和国的民主政治生活,在很大程度上把它理想化了。在写作《精神现象学》的时候,黑格尔对民主政治的热情已经有所减退,但他对古希腊社会的倾心还是明显地保留着。在他看来,古希腊社会是尚未发生异化的、和谐的、充满崇高精神的伦理世界,在那里个人和集体是和谐一致的。作为共同本质的精神,它一方面是自为的,因为它反映在作为社会成员的那些个体之中;另一方面又是自在的,因为它在本身内包含着这些个体。"作为现实的实体,这种精神

---

① 《精神现象学》,德文版,1964年,第315页。

是一个民族,作为现实的意识,它是民族的公民。"① 由于个人和集体没有任何利害的冲突,二者融为一体,个别的人可能遇到的那种不公正,对他来说只是纯粹偶然的遭遇,问题不在于社会,所以黑格尔认为,伦理王国始终是一个"未受沾污、没有破绽而完美无瑕的世界"。

当然,黑格尔也并不是把古希腊社会看作没有任何矛盾冲突的极乐世界。相反,他指出古希腊社会也仍然充满着矛盾,精神总是自身分而为二(entzweite),因此伦理实体也分裂为一种"人的规律"和一种"神的规律"。所谓"人的规律"指的是适用于民族、共同社会、国家的规律。黑格尔说,"人的规律"在普遍性的形式下就是众所熟知的规律和现成存在的伦常习俗,在个别性的形式下,它是一般的个体对它自身所具有的现实确定性,而它作为一个简单的个体的确定性:它就是政府。"人的规律"的真理性,就在于它的公开明显的有目共睹的有效准性或权威性,它是一种不受约束的自由的客观存在。但这种伦理力量却有另一种力量,即所谓"神的规律"与之相对立。"因为,国家这一伦理力量,作为有自觉的行动的运动,发现伦理的简单的和直接的本质是它的对立面;作为现实的普遍性,国家权力是一种与个别的自为存在相敌对的势力;而作为一般的现实,它发现在内在的本质中还有另一种异己的东西。"② 这"神的规律"不是别的,而是家庭。因此,"人的规律"和"神的规律"的对立,实质上就是国家和家庭的矛盾和对立。黑格尔说:"家庭,作为无意识的、尚属内

---

① 《精神现象学》,德文版,1964年,第319页。
② 同上,第319页。

在的概念,它与概念的有意识的现实相对立,作为民族的现实的元素,它与民族本身相对立,作为直接的伦理的存在,它与通过为普遍目的而进行的劳动以建立和保持其自身的那种伦理相对立,——家庭的守护神与普遍精神相对立。"① 家庭是天然的、直接的伦理存在,因为伦理按其本性来说是一种普遍的东西,所以家庭成员之间的伦理关系不是情感关系或爱的关系,而是血亲关系。在黑格尔看来,最能代表家庭伦理关系的是弟兄与姐妹之间的关系,他们同出于一个血缘,又不像夫妻那样互相欲求,特别是作为姐妹的女性,对伦理本质具有"最高度的预感"。因此,如果说男性作为国家的公民代表着"人的规律"的话,那末"神的规律"、家庭伦理关系的代表就是女性。

黑格尔认为,"人的规律"和"神的规律"既是对立的,又是互相过渡的。国家和家庭是伦理世界的互为补充的两个环节,它们之中任何一个被单独地加以强调,便会陷于片面性。他说:"正如家庭之以公民社会为其普遍实体和持续存在那样,公民社会则反过来以家庭为它的现实性之形式原素,以神的规律为它的力量和证实。两种规律的任何一种,单独地都不是自在自为的,都不自足;人的规律,当其进行活动时,是从神的规律出发。"② 虽然如此,但作为个别的人来说,却往往只是体现上面这两种伦理力量之中的一种,伦理的意识只是坚定地隶属于两种规律中的一种规律,并力图使现实屈服于它自己所隶属的规律之下。伦理意识只承认一方面公正,而对方总是不公正,所以这双方中属于神的

---

① 《精神现象学》,德文版,1964年,第320页。
② 同上,第327—328页。

规律的一方就认为对方是人间的偶然的暴力强制,而属于人的规律的一方则认为对方是内心的桀骜不驯、无法无天。这样,两种伦理力量就互相排斥和互相敌对,发生尖锐的冲突,甚至导致悲剧性的结局。黑格尔以古希腊著名剧作家索福克勒斯的悲剧《安提戈涅》为依据,描述了国家和家庭这两种伦理力量之间的矛盾冲突。

《安提戈涅》是黑格尔从青少年时代起就十分崇拜和热爱的一部悲剧作品,并且在他的不少著作中曾多次对它作了很高的评价。在他看来,《安提戈涅》在不论古希腊或近代的所有悲剧中间,是"最卓越的、最令人满意的作品"①,而安提戈涅这个悲剧人物,则是"在地上出现过的最壮丽的形象"②。黑格尔之所以这样推崇这部作品,就因为他认为它再好不过地表达了古希腊社会伦理观念中的矛盾。

《安提戈涅》这部悲剧是从俄狄浦斯的两个儿子厄忒俄克勒斯和波吕涅刻斯争夺王位开始的,兄弟阋墙,自相残杀,同日战死,由他们的舅父克瑞翁继任了王位。因为波吕涅刻斯勾结外敌,进攻祖国,"想要放火把他祖先的都城和本族的神殿烧个精光,想要喝他族人的血,使剩下的人成为奴隶"③,所以克瑞翁宣布他为叛国犯,下令将其陈尸示众,违者处死。波吕涅刻斯的妹妹安提戈涅是克瑞翁儿子海蒙的未婚妻,她违反禁令埋葬了哥哥的尸首,因此克瑞翁把她判处死刑,以致她在囚室中自尽。

---

① 黑格尔:《美学》,德文版,1955年,第1089页。
② 黑格尔:《哲学史讲演录》,第2卷,三联书店,第102页。
③ 索福克勒斯:《悲剧二种》,人民文学出版社,第12页。

海蒙因爱人的惨死而以身殉,克瑞翁的妻子也为了儿子的死而自己结束了生命。因此克瑞翁也落得家破人亡,遭到了严重的惩罚。

按照黑格尔的看法,在《安提戈涅》这个悲剧里,克瑞翁代表的是"人的规律",也就是代表着社会、国家的利益,因此他的禁令是有伦理根据的。黑格尔说,在争夺王位的斗争中,兄弟双方都有错误,都不合法,争斗的结果是社会本身仍安然存在,而两兄弟则由于互相攻讦而两败俱伤,因为个体既然为了自己的自为存在而使整个社会陷于危险,实际上就已把自己排除于社会之外了。"然而两弟兄之一,即站在社会这一面的那个人将受到社会给予的荣宠,而另一人,即扬言要踏平城墙的那个人,将受到政府亦即重新建立起来的社会的单一主体所施加的惩罚,被剥夺去最后的荣誉。"[①] 所以根据"人的规律",为了维护社会和国家的安宁,克瑞翁的决定是必要的、正义的。可是,这样一来就跟"神的规律"发生了冲突,因为这个禁令无视神圣的血亲关系和骨肉情谊,而且破坏了希腊社会传统的必须埋葬死者的"天条"。因此,安提戈涅违背克瑞翁的禁令也同样是有伦理根据的,正如她所说,"因为向我宣布这法令的不是宙斯,那和下界神祇同住的正义之神也没有为凡人制定这样的法令;我不认为一个凡人下一道命令就能废除天神制定的永恒不变的不成文律条"[②]。在"人的规律"和"神的规律"的斗争中,起初似乎是前者占有优势,但当它实现了以后,就转化为自己的反面,"它发现它最高的法(Recht)

[①] 《精神现象学》,德文版,1964年,第338—339页。
[②] 索福克勒斯:《悲剧二种》,人民文学出版社,第19页。

正是它最高的非法(Unrecht),它的胜利正是它自己的失败"。①于是"神的规律"就进行报复,反而成为一种有意识的现实的普遍力量。这样看来,"人的规律"和"神的规律"的斗争,不是一方战胜或否定另一方,而是相互证实对方的存在。

后来黑格尔在《宗教哲学讲演录》里论及《安提戈涅》时指出,这个悲剧中对立的双方,"各自仅仅体现一种伦理力量,并以这种伦理力量作为自己的内容,这就是片面性;而永恒正义的意义则表现在:正因为双方都是片面的,所以它们都是不正义的,虽然它们又同是正义的;双方在纯粹的伦理活动中都被认为是有价值的;在这里,双方都有自己的价值,但它们的价值又互相抵消了。正义所反对的仅仅是它们的片面性"。②因此,尽管有着两种伦理力量之间的矛盾和斗争,但最后还是扬弃了两者的片面性而归于统一。在这场冲突中,无论是家庭或国家,本身都并没有遭到否定,而是在消灭了各自的片面性之后重新达到了"和谐"。黑格尔认为,古希腊社会的强大伦理力量和崇高精神也就在这里。

我们应该怎样评价黑格尔对古希腊社会意识形态的这些看法呢?应该承认,黑格尔用辩证法的观点去看问题,发表了一些精辟的见解,例如他指出家庭和国家这两种伦理力量在古希腊社会中的矛盾和斗争,这对理解古希腊社会意识的发展是有一定意义的。但是,作为一个唯心主义者,他却不能正确地解释这种伦理的冲突是由什么原因造成的,没有进一步去揭示伦理冲突背后

---

① 《精神现象学》,德文版,1964年,第339页。
② 《黑格尔全集》,第16卷,德文版,1959年,第134页。

的更深刻的社会矛盾,他的议论带有浓厚的神秘色彩,说什么伦理实体自身分裂为"人的规律"和"神的规律",前者是在白日和地上起作用,后者是在黑夜和地下起作用等等。实际上,这种伦理冲突本质上是两种法权之间的斗争,即宗族法权和国家法权的斗争。这两种法权的斗争在历史上、特别是在奴隶制国家形成时期内曾经起过重大的作用。黑格尔离开社会史去考察伦理思想,就不能不走到错误的道路上去。

在黑格尔那里,一切都是头脚倒置的:不是社会存在决定社会意识,而是颠倒过来由社会意识决定社会存在。伦理观念本来是建立在一定的经济基础之上的上层建筑中的意识形态的一个组成部分,但在黑格尔眼里它却成为精神的自己发展中的一个阶段。由于黑格尔认为精神占绝对第一的地位,因此伦理观念不仅不是特定的社会关系的产物,倒反而是社会关系的创造者。他不是用客观社会生活中的矛盾去解释伦理力量之间的冲突,而是相反地用伦理冲突去解释社会矛盾。但在实际上,伦理冲突只不过是社会中各种现实的物质力量之间的矛盾冲突在人们的意识中的反映。特别是在阶级社会里,例如古希腊的奴隶制社会里,伦理冲突归根到底往往是不同的阶级之间的利益冲突的一种特殊表现。要科学地阐明古希腊社会里伦理冲突的现象,其关键在于正确地揭示出它们的社会的、历史的和阶级的基础。黑格尔在论自我意识时还谈到主人与奴隶的矛盾和斗争,但奇怪的是,他在谈论古希腊伦理时却绝口不谈古希腊社会的主要矛盾——奴隶主和奴隶的矛盾,社会关系和阶级斗争始终处于他的视野之外,似乎伦理冲突仅仅是精神本身的冲突。黑格尔认为,伦理实体具有自我分裂的趋向,由于这种自我分裂,就导致对立和冲突。这种看法表现了他的辩证的对立统一的观点。但是,他从唯心主义的精神第一性的立场出发,看不到伦理的社会阶级内容和物质基础,因而无法说明究竟是什么原因引起伦理的这种自我分裂。他对古希腊社会意识形态的分析也就成了无源之水,不可能给人们提供理解这个奴隶社会的真正的钥匙。

黑格尔认为,伦理实体的本质环节、伦理的自我本质的绝对自由只有在战争中才成为现实,才显示出它的价值。这样,伦理本质的客观存在就决定于个人体力的强壮和偶然幸运,而那就注定了它的毁灭。活生生的民族精神由于个体性的缘故而消沉了,于是伦理的精神形态便消逝了,让位于另一个形态,这就是法权状态(Rechtszustand)。

所谓法权状态,指的是古代奴隶主民主制崩溃后出现的古罗马帝国。前面我们在论述青年黑格尔的社会政治思想时,曾经谈到过他对由古希腊罗马共和国向罗马帝国的历史过渡的看法。在《精神现象学》里,他又进一步发挥了这一看法。在法权状态下,个人与集体之间的和谐一致的关系已经不复存在了,普遍的伦理精神被各个孤立的原子式的个人所代替。"普遍的东西既已破裂成无限众多的个体原子,于是这个死亡了的精神就形成一种平等:所有人都像每个人一样被看作是一个个人。"① 黑格尔指出,法权状态是和自我意识阶段的斯多葛主义相应的,斯多葛主义只不过是给法权状态的基本原则,亦即给"无精神的独立

---

① 《精神现象学》,德文版,1964年,第342-343页。

性"提出了一个抽象形式。斯多葛主义曾转化为怀疑主义的混乱意识,变成否定一切的空谈,同样,法权状态下的个人独立性也是一种普遍混乱和相互排除。把个人统一在一起的那个精神已经瓦解,他们就完全自由散漫肆无忌惮了。因此,这样的个人只是一种偶然的客观存在和无本质的运动,并不能持续存在下去。所以黑格尔说:"法权意识就在它自己被承认为有实际效准的同时,反而认识到它自己的实在性的丧失,认识到它自己是完全没有本质的东西,因而把一个个体称为个人,实际上是一种轻蔑的表示。"①

在法权状态下,无限众多的个体原子是分散的,只有靠强制的力量才把它们集合在统治者、即所谓"世界主人"的周围。这里所说的"世界主人"明显地是指罗马帝国的君主。个体原子只有空虚的个别性和无本质的现实,而君主则是普通的权力和绝对的现实。"这位世界主人这样一来就自觉他是绝对的、本身同时包含着一切客观存在的、没有任何精神更高于它自己的意识的个人。他也跟别人一样是一个个人,但他是一个孤独的个人,他跟所有的人对立着;这个个人的有实效的普遍性是由所有的人构成的……这个世界主人,由于他意识到自己是一切现实权力的总和,所以他是一个俨然以现实的上帝自居的巨大的自我意识;但由于他只是形式的自我,不能对这些权力进行约束,所以他自己的行动和自我享受也是同样巨大的荒淫放浪。"② "世界主人"对他所统辖的臣民来说,是异己的内容和敌对性的本质,既然异己

---

① 《精神现象学》,德文版,1964年,第345页。
② 同上。

的内容在他们那里成了有效准的东西,那么他们这些法人就认识到自己是毫无实质的东西。所以说,法权状态是社会异化的开始,罗马帝国是异化的最早的历史形式。这样,精神就从伦理的阶段发展到"自身异化了的精神:教化"的阶段。

"自身异化了的精神"是精神发展的第二个重大的阶段,它主要是描述从文艺复兴后到十八世纪的欧洲的各种意识形态。在这个阶段上,现实世界从精神中异化出来,对精神来说成为异己的东西。黑格尔说:"这个世界是精神的东西,它本身是存在与个体性融合而成的东西。它的这种客观存在既是自我意识的作品,又同样是一种直接的现在的、对自我意识来说是异己的陌生的现实,这种陌生的现实有其独特的存在,并且自我意识在其中认识不出自己。"① 在这个异化了的精神的世界里,没有任何东西具有一种以自身为根据并内在于本身的精神,相反,任何东西都是在它自己以外的一种异己的东西之中,整体的平衡建立在对立物的异化上,因此整体也是一个自己异化了的实在。异化了的精神的世界分裂为两个世界,一个是现实世界,它是精神的异化本身,而另一个是精神超越了现实世界后建立的纯意识的世界。纯意识的世界虽然与现实世界、亦即精神的异化相对立,但正因为它与异化相对立,它就不能不与异化有关,甚至可以说,它只是异化的另一种形式而已。所以在黑格尔看来,在这个阶段,无论是现实世界或人们的意识,都无非是精神的异化。

黑格尔指出,这个世界的客观存在,以及自我意识的现实,

---

① 《精神现象学》,德文版,1964年,第347页。

都以这样的运动为依据,即自我意识把自己的人格外在化,从而把它的世界创造出来,并且把它创造的世界当作一个异己的东西来看待,因而它现在必须去占有这个世界。因此,他认为异化是必不可少的,"自我意识只有当它异化其自身时,才是一种什么东西,才有实在性;通过它的自身异化,它就使自己成为普遍性的东西,而它的这个普遍性即是它的效准和现实性"。①自我意识必须通过异化这一中介使自己符合于普遍的东西,才能得到承认和有效准,而个体赖以取得客观效准和现实性的手段,就是"教化"(Bildung)。按照黑格尔的说法,个体把它自己"教化"成它自在的那个样子,而且只是因为通过了这种"教化"它才取得现实的存在。因此,个体受到了多少"教化",它就有多少现实性和力量,它的现实性全在于扬弃它的自然的自我。自我意识要去占有世界,它所以能有统治这个世界的力量,就是因为它进行了自我"教化",从这方面来看,"教化"的意思就是自我意识在它本有的性格和才能的力量所许可的范围内尽量把自己变化得符合于现实。

毫无疑问,黑格尔关于精神的异化的理论是建立在唯心主义的基础之上的。把现实世界说成是什么精神的异化,这就从根本上颠倒了物质和精神之间的真实关系。但是,我们决不能把黑格尔的这种理论简单地看作十足的唯心主义谬论而予以全盘否定。问题在于,在这种理论中包含着一些深刻的辩证法思想和合理猜测。黑格尔在唯心主义的形式下,揭示了社会发展的一定阶段上

---

① 《精神现象学》,德文版,1964年,第351页。

人和周围现实世界之间的深刻矛盾。世界是人创造的,但人在这个世界里却感到格格不入,把世界当作异己的东西。这种所谓异化的现象在阶级社会里是存在的,黑格尔虽然不能正确地说明造成这种异化的真实原因,却第一次试图从哲学上去解剖这种历史的现象。特别是他深刻地指出,人在发展过程中,只有经过自我异化,通过"教化"的中介,抛弃自己原来的自然性,把自己改造得符合于现实社会,才能真正成为一个社会的人。因此,尽管他对不发生异化的古希腊社会里的和谐完满的人充满了钦羡之情,但却仍然认为以后发生的人的异化是历史上不可避免的一个进步。虽然人们为了这个进步付出了巨大的代价,但人类社会却正是这样曲折地前进的,历史的辩证法就是如此。

　　黑格尔认为,国家权力和财富是人类自我异化的最初的形式,所以他对"自身异化了的精神的世界"的考察就从它们开始。国家权力和财富都是人类活动的结果,但对个人来说,却成为与他对立的、统治他的一种异己的力量。就拿国家权力来说吧,它本来是人们"共同的作品",是所有个体的行动的结果,但这一事实却已从这个结果中消逝不见了,反而成为所有个体的行动的绝对基础。财富则又是一种情况,它是直接供个人享受的,每个个人都会以为在享受财富时其行为是自私自利的,但财富本身却也同样是普遍的精神性的东西,它是由于大家的行动和劳动而不断地形成的。个人对财富的享受,乃是人们普遍的行动产生出来的结果,而且反过来又是促成普遍行动和大家享受的原因。黑格尔说:"即使只从外表上看,也就一望而知,每一个人自己的享受,也同时使大家都得到享受,每一个人的劳动,既是为他自己的劳动也是为大家的劳动,而且大家也都为他而劳动。因此,个人的自为的存在本来就是普遍的,自私自利只是一种设想出来的东西,利己主义并不能把自己想要干的真正实现出来,也就是说,并不能真正做出某种只于自己有利而不会对大家都有好处的事情。"①

根据一般的看法,国家权力是善,财富是恶,因为前者是自在地存在的独立的精神力量,而后者则仅仅是供个体享受的一种"被动的或虚无的东西"。黑格尔则认为,这一种判断不能看作是一种精神的判断。他说,人们把善与恶绝对对立起来并加以固定化,认为它们天壤悬殊,绝对不能变成同一个东西,但实际上两者的存在却以向对方直接过渡为其灵魂。同样,作为一种善的国家权力和作为一种恶的财富,也会向自己的反面转化。个人发现在国家权力下,个人的行动受到压制而不得不变为服从,"国家权力对他来说已是一种压迫性的本质、恶;因为它与个体性已不是同一的东西,而是完全不同一的东西了。——相反,财富则是善;它提供普遍的享受,它牺牲自己,使大家都能意识他们的自身。它自在地即是普遍的善行,如果说在某种情况下它并不能实现某一件善举,并不能满足每一个需要,那么这只是一种偶然性,无损于它的本质,而它的普遍的必然的本质则在于:将自己分配给一切个人,做一个千手的施予者"②。

应该承认,黑格尔把国家权力和财富看作异化的主要形式,这种看法在一定程度上接触到了阶级社会内在结构的实质性问

---

① 《精神现象学》,德文版,1964年,第355页。
② 同上,第357页。

题,因而比其他资产阶级思想家要高出一头。黑格尔当然不懂得用阶级斗争的观点去解释国家,但是他已经多少感觉到国家权力对某些个人来说是带有压迫性的,这在他的时代仍不失为一个卓越的见解。如果我们考虑一下国家权力是怎样从社会中产生而又变成一种凌驾于社会之上的力量的,那么就可以看出黑格尔的异化学说中所包含的合理的猜测了。至于黑格尔对财富的看法,那很明显地是受到了以亚当·斯密为代表的英国古典政治经济学的影响。英国古典经济学派认为,人们的经济活动是出于人类的利己主义的本性,但经济活动的客观社会后果却不是取决于个人的主观意愿,而是有利于整个社会的。黑格尔只不过是把英国古典政治经济学的观点翻译成哲学的语言而已。

当然,黑格尔的异化学说是彻底地浸透着唯心主义精神的。关于这一点,马克思曾经批判黑格尔说:"当他把财产、国家权力等认作人的本质之异化的存在时,这只是在它们的思想形式里来加以考察……它们是思想物——因此只是纯粹的亦即抽象的哲学思维之一种异化。"① 在黑格尔看来,财产、国家权力等等正是从抽象思维中异化出来的,因此整个异化的历史以及由异化而回复自身的整个过程,只不过是抽象的,亦即绝对的思维、逻辑思辨的思维的生产史。马克思一针见血地击中了黑格尔异化学说的这个要害,精辟地阐明了为什么黑格尔不可能正确地解释这些社会的异化现象和找到克服这种异化的正确途径。因此,尽管《精神现象学》里面潜伏着批判的成分,却始终没有得出革命的结论。

---

① 马克思:《黑格尔辩证法和哲学一般的批判》,人民出版社,第12页。

黑格尔认为，个人对国家权力和财富存在着两种不同的、对立的态度，由此便产生两种不同的、对立的意识。认定国家权力和财富都与自己同一的意识，乃是高贵的意识。高贵意识认为公共权力是它自己的简单的本质及其具体实现，并且对它这种本质不仅内心里矢志忠诚，而且实际上也听从驱使，百依百顺。它同样把财富看作是和自己有关系的本质性的东西，并把自己享受其实惠的那种财富看作施予者而衷心感激。相反，认定国家权力和财富都与自己不同一的那种意识，则是卑贱的意识。"卑贱意识把国家的统治力量看做压迫和束缚自为存在的一条锁链，因而仇视统治者，平日只是阳奉阴违，随时准备发动叛乱。"①

这里的所谓高贵意识，指的是封建社会里贵族的意识，而所谓卑贱意识，则是指蒙受封建压迫的平民的意识。在封建制度的初盛时期，高贵意识把国家权力看作它自己的本质、目的和绝对内容，为了国家而牺牲自己的利益。因此黑格尔说，"高贵意识是服务的英雄主义，——这是一种道德行为，它为普遍而牺牲个别存在，从而使普遍得到特定存在，——这是一种人格，它放弃对它自己的占有和享受，它的实际行为都是为了现存权力的利益"②。国家权力原来只是"被思维的普遍"，现在则通过高贵意识的这个运动而变成"有存在的普遍"，变成现实的权力。但通过这种异化而建立的国家权力，真正说来还不是真实的国家权力，起作用的还有各阶层内在的隐蔽的精神。这种精神虽然在口头上奢谈什么普遍福利，骨子里却保持着自己的特殊利益，因此

---

① 《精神现象学》，德文版，1964年，第359页。
② 同上，第360页。

高贵意识的行动及其建议,都保留三心二意的性质。随着封建制度的进一步发展,埋头服务的英雄主义变成了"阿谀的英雄主义",过去能征惯战的"高傲的封臣"变成了宫廷里谄媚拍马的宠奴。这样就出现了威权无限的君主,"他不受任何限制,因为阿谀的语言已经把这种权力抬高,使之达到了纯粹的普遍性"。这同样是一种异化,通过这种异化,封建君主成为从一切人那里分离出来的孤家寡人,他知道自己就是普遍权力,"因为贵族们不仅乐意为国家权力服务,而且侍立于王座周围充当装饰品,并且他们总是向坐在王座上的那个人说,他是一个什么样的人物"①。黑格尔认为,正是这种情况导致了封建制度的危机。

封建制度的危机表现为现存的一切都发生了动摇,"一切具有连续性和普遍性的东西,一切称为规律、善良和公正的东西都崩溃瓦解了"。意识本身也发生了绝对分裂,高贵意识有别于卑贱意识的一切区别也消失了,它们互相转化和互相颠倒过来,被规定为善的成为恶的,被规定为恶的成为善的,高贵的成了卑贱的和被鄙弃的,而被鄙弃的则转化为高贵的。所以黑格尔说:"对其自己的概念有所意识了的精神,就是现实和思想的绝对的、普遍的颠倒和异化,就是纯粹的教化。人们在这个世界里所体验到的是,无论权力和财富的现实本质,或是它们的规定概念——善与恶,或者说,善的意识和恶的意识、高贵意识与卑贱意识,都没有真理性;所有这些环节都互相颠倒,每一个都是它自己的对方。"②因此,一切事物并不是它们自以为是的那种东西,而是不

---

① 《精神现象学》,德文版,1964年,第365页。
② 同上,第371页。

同于它们所愿望的某种别的东西,自为存在倒反是自身丧失,而自我异化倒反是自我保全。黑格尔用辩证法的观点去看问题,卓绝地描述了这个社会激变时期在意识形态中的反映。

在这样急剧的社会变革面前,也出现了两种对立的意识:"诚实的意识"和"分裂的意识"。"诚实的意识"把世界的每一个环节都看作常住不变的本质,所以它是没有受过教化的无思想的意识,它不知道它也同样在制造颠倒的东西。黑格尔对这种保皇派的意识是评价颇低的,相反他很欣赏"分裂的意识"。他说,"分裂的意识"是绝对颠倒的意识,在它那里占统治地位的是概念,而它的语言则是富于精神的、机智的。由于精神关于自己所述说的一切都是颠倒的,是对它自己和别人的普遍欺骗,因此像"分裂的意识"那样以恬不知耻的态度去公开说出这种欺骗,倒反而是"最伟大的真理"。

黑格尔引用狄德罗的《拉摩的侄儿》来说明"分裂的意识"。在他看来,狄德罗的这篇对话体小说中的主人公正好是"分裂的意识"的具体体现。狄德罗笔下的拉摩的侄儿是一个具有十分复杂的矛盾性格的典型,"他是高傲和卑鄙、才智和愚蠢的混合物",在他身上,正当和不正当的思想、优良品质和恶劣品质都奇异地混淆在一起。他游手好闲,玩世不恭,没有任何固定的道德观念,不承认有什么神圣不可侵犯的东西。他是现存秩序的无情批判者,公然声称"再也没有什么祖国:从北极到南极,我只看见暴君和奴隶"。在他眼里,什么朋友之谊、社会责任以及孩子们的教育等等,都是"无谓的事",人们都互相吞噬,"狼并不比我们更贪婪些,虎也不比我们更残忍些"。他又是一个认为"黄金就是一切"的拜金主义者和极端的个人利己主义者，主张人的本性就是牺牲同类来寻求自己的幸福。他真诚坦率而又厚颜无耻，"他谈论着一件可怕的行为，一件可恶的大罪，有如一个绘画或诗的鉴赏家在品评一件艺术品的美点一般，或者有如一个道德家或历史家把一件英雄事迹的详细情节追寻出来或生动地表述出来一般"①。拉摩的侄儿是封建专制制度解体时期最初形成的资产阶级意识的代表，狄德罗成功地刻画了这种矛盾的性格，无怪乎恩格斯把这部著作称之为"辩证法的杰作"②。黑格尔赞扬拉摩的侄儿那样的"分裂的意识"，充分说明他是从辩证法的观点对封建专制制度采取批判态度的。

接着"诚实的意识"和"分裂的意识"的对立，黑格尔提出了"信仰"与"纯粹识见"（reine Einsicht）的对立。这里所说的"信仰"指的是宗教信仰（具体地说是天主教），它是"绝对本质的纯粹意识"，是一种异化了的意识。所谓"纯粹识见"，实际上说的是理性认识，不过它起初还是空无内容，只是一种否定性的自为存在。"纯粹识见"使用概念的力量去反对"信仰"，它们相互之间的关系是，每一方都是另一方的绝对否定物。这样就开始了启蒙运动的阶段。

黑格尔讨论启蒙运动是以资产阶级革命前的法国作为历史背景的。在他看来，启蒙和宗教迷信的斗争构成了当时法国社会思想斗争的主要内容。他说："纯粹识见知道信仰是与它自己、与理性和真理正相反对的东西。在它看来，信仰一般地说是一团交

---

① 以上参《拉摩的侄儿》，载于《狄德罗哲学选集》，三联书店。
② 《反杜林论》，《马克思恩格斯选集》，第3卷，第59-60页。

织着的迷信、成见和谬误,那么把握这种内容的意识就更进一步把自己组织成为一个谬误的王国"。天真朴素的普通群众受骗上当,成了教士阶层的欺骗对象,"这个教士阶层,其所作所为,无非是要满足其妄想永远独霸识见的嫉妒心以及其他自私心,并且还同时与专制君王一起阴谋活动,狼狈为奸,而专制君王作为实在王国与这个理想王国的无概念的综合统一体——一个矛盾百出的希奇的东西——高高君临于群众的坏识见与教士的坏意图之上,并且还进一步鄙视它们,将两者联合于其本身之中,利用人民的愚蠢和混乱,凭借教士们的欺骗手段,坐收渔人之利,实现他太平无事的统治,满足他的私欲和专断,但是,同时他也是识见的这种低沉状态,也是同样的迷信和谬误"。[①]

在这里,黑格尔相当准确地描述了法国革命的思想先驱、进步的启蒙运动思想家们的基本观点。青年时代的黑格尔受过启蒙运动的思想熏陶,我们从他上面的这些话里也还感觉得到这种有益的影响。在他看来,启蒙思想的传播是不能防范的,它必然要战胜宗教信仰。启蒙思想作为一种不显形迹和不受注意的精神,悄悄地到处进行渗透,然后"在一个晴朗的早晨它用肘臂把它的同伴轻轻一推,于是唏哩!哗啦!神像垮在地上了"。[②]当然,他也并不排除启蒙和宗教的斗争有时表现为激烈的两军对战,表现为战鼓喧天兵戎相见的暴力斗争。这些都说明他是理解这场斗争的性质和意义的。但是,在写作《精神现象学》时,他已经从

[①] 《精神现象学》,德文版,1964年,第385-386页。
[②] 这里黑格尔引用的是《拉摩的侄儿》中的话,参见《狄德罗哲学选集》,三联书店,第274页。

青年时代的激进思想后退了一步。现在他所强调的不是启蒙和宗教的不可调和的斗争，而是二者的内在的统一。照他的说法，信仰和识见原来是同一个纯粹意识，实际上是同一个意识的两种形式，因此它们在本质上是同一个东西，只是在形式上彼此相反而已。启蒙虽然宣布信仰是一种谬误，但它所说的却完全不是什么新的东西，而仍然和信仰是同一个东西。启蒙并没有真正彻底摧毁信仰，而只是使信仰更纯化了，更清楚地意识到它自己的原则。总之，在黑格尔看来，无论是启蒙也好，信仰也好，其本质都是思想、纯粹意识，彼此之间并没有原则的分歧。他的这种调和主义的立场，明显地表现了当时软弱的德国资产阶级反封建、反宗教思想的动摇性和不彻底性。

　　黑格尔认为，有用是启蒙的基本概念。按照启蒙的观点，所有的东西既是自在的，又是为一个他物的，换句话说，都是有用的。人作为一种自然的意识，他是自在的，作为一种个别的意识，他是绝对的，而别的一切都是为他的，一切都是为了他的愉快和欢乐而存在的，"而他，就像刚从上帝手中制造出来的那样，逍遥于世界就像在一座专门为他培植的花园里游逛一样"。① 根据有用的原则，人的使命也就在于使自己成为人群中对公共福利有用的和可用的一分子。他照顾别人多少，必须也被别人照顾多少，他利用别人，也要为别人所利用。启蒙运动所鼓吹的这一套功利主义的思想，本来是作为虚伪的宗教说教的对立面而出现的，可是黑格尔却又玩弄了一个手法，说什么宗教是"一切有用事物之

---

① 《精神现象学》，德文版，1964年，第399页。

中最有用的东西",因为它是"纯粹的有用本身",这样他就又把启蒙和宗教调和起来了。

在谈到启蒙运动的哲学思想时,黑格尔指出,关于绝对本质的问题上,启蒙自己分裂为两派而互相争执。一派把处于现实意识的彼岸而存在于思维之中的"无宾词的绝对"称为绝对本质,另一派则称之为物质。这两派显然就是唯心主义和唯物主义的对立。但是,在黑格尔看来,这两派实际上却是一回事,因为自身异化的概念这时还正处于异化阶段,还不能在对象中认出自己来。他攻击法国唯物主义者的物质概念说,"纯粹的物质只是在我们抽除了观看、感受、品味等等活动之后剩余下来的那种东西,即是说,纯粹的物质并不是所看见的、所感受的、所尝到的等等东西;并不是物质被看见了、被感受到了、被尝到了,而是一种颜色、一块石头、一粒盐等等被看见了、被感受到了、被尝到了;物质勿宁就是纯粹抽象"。①因此,照他的看法,这种所谓物质实际上是思维的纯粹本质或纯粹思维自身。他批评启蒙的两派都没有认识到存在和思维自在地即是同一的:思维就是物,物就是思维。法国唯物主义者的战斗的哲学,是唯心主义者黑格尔所不能容忍的。他以唯心主义的思维与存在的同一性原理作为依据,根本否认物质的客观存在,这当然是十分荒谬的。一般地说,他总是对唯物主义哲学怀有强烈的偏见。列宁曾经指出,"黑格尔完全象后母那样对待德谟克里特……唯心主义者忍受不了唯物主义的精神"。②这一点也完全适用于黑格尔对法国唯物主义者的

---

① 《精神现象学》,德文版,1964年,第409页。
② 《哲学笔记》,《列宁全集》,第38卷,第294页。

态度。

黑格尔认为,从启蒙的基本原则必然要导致"绝对自由与恐怖"。所谓"绝对自由与恐怖",指的就是法国资产阶级革命。因此,在他看来,法国大革命乃是启蒙运动的合乎规律的必然结果,也正是在这场震撼欧洲的具有世界历史意义的革命中,异化达到了最高峰。

我们在前面已经谈过青年黑格尔对法国革命的看法,这里不再赘述,只打算简略地谈一下他在《精神现象学》里是怎样为法国革命作哲学论证,又是怎样批评法国革命的。

按照黑格尔的说法,"绝对自由"这个新的意识形态是从"有用性"的概念中发展而来的。在以前,"有用性"仍然是对象的一个宾词,还不是主体自身,因为对象还没有被意识直接占有,而一旦表明有用的东西即是意识的自我或主体时,精神就作为"绝对自由"而呈现出来了。"绝对自由"的意识是具有自知之明的自我意识,"这种意识对于它自己的纯粹人格以及其中的一切精神实在是有所意识的,而一切实在都只是精神性的东西;对它而言,世界纯然是它自己的意志,而它的意志就是普遍的意志……是一切个别人的意志本身"。① 每一个个别的意识,都从自己的领域里将自己超脱出来,不再把这些特殊的范围当作它的本质和它的事业。"于是,在这种绝对自由中,由整体分解而成的那一切精神本质,也就是说一切社会阶层,就被消除了;当初曾隶属于一个这样的集团并在其中行使意志和获得完成的那种个别的意识,于是扬

---

① 《精神现象学》,德文版,1964年,第415页。

弃了它的局限性；它的目的就是普遍的目的，它的语言就是普遍的法律，它的事业就是普遍的事业。"① 黑格尔指出，这种"绝对自由"的精神昂首登上了世界的宝座，所向无敌，简直没有任何一种势力可以同它抗衡。

在这里，黑格尔用唯心的形式和晦涩的语言描绘了大革命时代的法国资产阶级意识。他没有提到卢梭的名字，但从字里行间还是可以看出卢梭思想的影子。人是生而自由的，但却无往不在枷锁之中。一旦资产阶级挣脱了封建枷锁，上升为统治阶级，它便获得了"绝对自由"，并且自觉地要用自己的意志去改造世界了。不过资产阶级在这样做的时候，却披着"普遍性"的外衣，似乎他们所追求的不是某个社会集团的狭隘的私利，而是人类普遍的利益，似乎他们从事的资产阶级的事业乃是普遍的事业。然而这只是一种假象，并不能骗过黑格尔的眼睛。他尖锐地指出，法国革命所成立的政府尽管打着全民的旗号，实际上却代表着与普遍意志对立的一种特定意志，它本身也只是一种派别组织。"我们称之为政府的，只是那胜利了的派别组织，而正是由于它是一个派别组织，这就直接孕育着政府的倾覆的必然性。"② 唯心主义者黑格尔不可能懂得用阶级斗争的观点去分析法国革命的进程及其建立的政权的性质，但他确实已经看出了法国革命的普遍性形式和它的实际阶级内容之间的深刻矛盾。

在黑格尔看来，法国革命不是偶然的，而是合乎规律的历史正常现象。我们在《精神现象学》序言中已经看到他对法国革命

---

① 《精神现象学》，德文版，1964年，第416页。
② 同上，第419页。

爆发的历史必然性作了热情的哲学论证。可是,他从自己的政治立场出发,并不赞成采用革命手段,他认为法国革命的主要意义只在于破坏旧秩序,只是否定性的行动,而不能产生任何肯定性的结果。特别是,法国革命所宣扬的普遍自由必然会导致恐怖,导致对反革命的大规模暴力镇压,如雅各宾派专政时期所做的那样,而这是黑格尔所不能容忍的。他对雅各宾派的革命恐怖政策采取激烈否定的态度,他写道:"普遍的自由所能作的唯一事业和行动于是就是死亡,而且是一种没有任何内容、没有任何充实的死亡,因为被否定的东西乃是绝对自由的自我的没经充实没有内容的点;它因而是最冷酷最平淡的死亡,比劈开一棵白菜头或吞下一口凉水并没有任何更多的意义。"① 由于德国资产阶级的两面性和软弱性,黑格尔事实上也不可能对法国革命的雅各宾专政作出更公正的评价。不过值得注意的是,不管他主观上怎样厌恶雅各宾派的"纯粹恐怖",他却仍然认为这种否定就其现实性而言并不是一种外来的东西,而是"普遍的意志"。换句话说,即使是恐怖,也同样是内在于法国革命历史进程的一种合乎规律的现象。

在绝对自由与恐怖中,自身异化了的精神达到了自己的对立的顶峰。向前一步发展,绝对自由就从它摧毁着自己本身的现实中走出,而过渡到另一个自觉的"精神的王国"。这就产生了新的意识形态:道德精神。

这样,精神就发展到第三个阶段,即"对其自身具有确定性的

---

① 《精神现象学》,德文版,1964年,第418-419页。

精神、道德"。这个阶段是以当时德国的思想状况、特别是康德等人的道德学说作为背景的。黑格尔一方面把康德的道德学说看得高于启蒙思想,另一方面也对康德展开了批判。关于康德的道德理论,黑格尔曾经在耶拿时期发表于《哲学评论杂志》的两篇文章,即"论知识和信仰"和"论自然法的科学研究方式"中加以分析批判。《精神现象学》中的这一节乃是前两篇文章的基本思想的进一步发挥。

黑格尔在"道德世界观"和"倒置"（Verstellung,此处指的是道德与非道德的颠倒）这两小节里,叙述了康德的道德学说及其所包含的矛盾。"道德世界观"是由道德的自在自为的存在和自然的自在自为的存在的关系组成的,而这种关系则基于两种假定,一是假定自然与道德彼此是全不相干和各自独立的,二是假定道德已经意识到只有义务具有本质性,而自然则全无独立性和本质性。这两种假定显然是完全矛盾的,而"道德世界观"则包含着以上这两个环节的发展。这就造成了道德与现实的脱节和割裂,"因此,道德的完成是不可能实际达到的,而勿宁是只可能予以设想的一种绝对任务,即是说,一种永远有待于完成的任务。同时,这种任务的内容,却又可以被设想为绝对不能不存在的,因而它又不会永远只是任务"①。道德目标被推到无限渺茫的远方,以致不再能明确分辨了,绝对义务显得好像是某种不现实的东西。因此,黑格尔要求把道德与现实统一起来,设定道德与客观自然之间的和谐。

---

① 《精神现象学》,德文版,1964年,第428页。

黑格尔对康德道德学说的批评是有道理的,他确实是抓住了康德的根本弱点。马克思主义创始人曾经指出,康德的《实践理性批判》反映了十八世纪末德国的状况,反映了当时德国市民阶层的软弱性。"康德只谈'善良意志',哪怕这个善良意志毫无效果他也心安理得,他把这个善良意志的实现以及它与个人的需要和欲望之间的协调都推到彼岸世界。康德的这个善良意志完全符合于德国市民的软弱、受压迫和贫乏的情况"①。又指出,没有一个人比黑格尔"更尖锐地批评了康德的软弱无力的'绝对命令'(它之所以软弱无力,是因为它要求不可能的东西,因而永远达不到任何现实的东西)"②。黑格尔所代表的德国资产阶级比它的前身德国市民更前进了一步,因而他已经不再满足于康德的那种虚无缥缈、可望而不可及的道德理想,而要求道德在现实社会生活中的实现。黑格尔对康德的批评,正是德国资产阶级在法国革命的影响下思想上开始成熟的表现。

黑格尔指出,康德的道德世界观是充满矛盾的。他借用康德自己的说法,说这种道德世界观是"整个的一窝(Nest)无思想的矛盾"(康德在《纯粹理性批判》中把宇宙论的证明称作"整个的一窝辩证的僭妄主张")。在这种情况下,有关道德的一些看法被倒置了,道德转化为它的反面。意识要摆脱这种颠倒,而逃回自身,于是就过渡到"良心"。"纯粹的良心"鄙视道德世界观,"它是就其自己本身而言简单的自身确信的精神,这种精神无需通过

---

① 《德意志意识形态》,《马克思恩格斯全集》,第3卷,第211-212页。
② 《路德维希·费尔巴哈和德国古典哲学的终结》,《马克思恩格斯选集》,第4卷,第227页。

道德世界观而直接地凭良心行动,并且它的真理性就在这种直接性之中"①。

"良心"把它自己当成是有充分效准的东西,它拒绝采取道德世界观的那种忽而肯定忽而又否定或倒置的做法,因为它根本否认义务与现实是互相矛盾的。这样,道德世界观里的矛盾就自行消融了。"良心"用不到设立像康德的绝对命令那样的空洞的一般道德标准,它全凭自己来作出道德决定,它也不需要什么外来的神圣的立法者。"良心因而就凭它超越于一切特定法律和任何义务内容的无上尊严而把随便一种什么内容安置到它的知识和意愿里去;良心就是创造道德的天才,这种天才知道它自己的直接知识的内心声音即是上帝的神圣声音"②。这样的"良心"被黑格尔称作"优美的灵魂"。

黑格尔的所谓"优美的灵魂"虽然没有明指,但可以认为他指的是雅耶比和浪漫派。他对这种"优美的灵魂"是持批判态度的,认为它的主要缺陷在于,"它缺乏外在化的力量,缺乏力量把自己变为事物并承受住存在。它生活在恐惧中,深怕因实际行动和客观存在而玷污了自己的内在本心的光明磊落;并且为了确保内心的纯洁,它逃避与现实接触"。它无力给予自己以实体性,无力把自己的思维转化为存在。它所创造的空虚对象使它自己充满了空虚,于是"它就变成一种不幸的所谓优美的灵魂,逐渐熄灭,如同一缕烟雾,扩散于空气之中,消逝得无影无踪"③。黑格

---

① 《精神现象学》,德文版,1964年,第444页。
② 同上,第460页。
③ 同上,第462—463页。

尔还以死于1801年的浪漫派诗人诺瓦里斯（封·哈登堡的笔名）作为背景，说"优美的灵魂"只是一种没有精神的存在，它由于没有现实性而陷于矛盾，精神错乱以致发疯，并且忧伤成痨憔悴而死。黑格尔对"优美的灵魂"的批判，充分说明他在思想上始终是和浪漫派保持距离的。

照黑格尔的说法，精神的进一步发展将导致和解、宽恕和互相容忍，这就是宗教意识，而宗教则属于绝对精神的领域。这样，精神经过漫长的道路终于达到了它的最后发展阶段，即自己认识自己的阶段。

七、绝对精神

在《精神现象学》里,所谓绝对精神的阶段共包括两章,即第七章"宗教"和第八章"绝对知识"。这和黑格尔后来在《精神哲学》中的说法有所不同,因为在那里绝对精神是分为艺术、宗教和哲学三个部分的,而在《精神现象学》里艺术还没有独立出来,仍包括在宗教中,成为宗教本身发展的一个阶段(即所谓"艺术的宗教")。尽管有着以上的差别,黑格尔的基本思想却是一贯的,即到了绝对精神的阶段,精神真正回到自身,主客体得到了真正的统一,而艺术、宗教和哲学都只是精神认识其自身、把握绝对真理的不同方式而已。

黑格尔认为,宗教是以精神发展的前此各环节为前提的,这些环节就是:意识、自我意识、理性和精神,不过这里的精神是作为直接的精神,还不是对于精神的意识。因此,宗教是精神的发展历程中的一个必然的阶段,在这个阶段上,精神开始意识到自身,成为它自己的意识的对象。不过,宗教不是以概念、而是以表象来把握精神,因而与绝对知识、即哲学相比,仍然是较逊一筹。所以黑格尔说:"就在宗教中精神把自己表象给自己而言,它无疑是意识,而那包括在宗教中的现实性就是精神自己的表象的形态和外衣。不过现实性在这个表象里并没有受到完满的对待,这就是说，它不只是外衣，而应是独立自由的存在。"①

宗教本身的发展也经历三个阶段，即：自然的宗教（指东方宗教）、艺术的宗教（指古希腊的宗教）和天启的宗教（指基督教）。这三个阶段是和主观精神发展的三个阶段（意识、自我意识、理性）大致相适应的。

自然的宗教是宗教的原始阶段，它的特点是直接性，表现为对自然物的崇拜，"在这里，精神认识到它自身作为自己的对象是在自然的或直接的形态下的"②。自然的宗教最初的表现形式是光明崇拜，即古代波斯的祆教或拜火教。③这种宗教形态具有属于直接意识或感性的确定性的那种特点，绝对精神在"存在"的形式下直观到自己，不过这个"存在"不是无精神性的，而是充满了精神的"存在"。崇拜的对象——光明，还是无形式的。自然的宗教的第二种表现形式是植物和动物崇拜，这主要是指印度的原始宗教。精神超出了无形式的本质，分散为无数多的或强或弱、或丰富或贫乏的精灵，成为精神性的知觉的宗教。自然宗教的最后一种形态是作为工匠的神，这指的是古埃及的宗教。"在这一阶段，精神就表现为工匠，并且通过它的行为，它使它自己成为对象，但是它还没有把握住它自己的思想，所以它的行为乃是一种本能式的劳动，就像蜜蜂构筑它们的蜂房那样。"④例如像金字塔那样的东西，就是这种工匠按照严格的几何学形式搞出来的作

---

① 《精神现象学》，德文版，1964年，第475—476页。
② 同上，第480页。
③ 这是一般的看法，有个别研究者如库诺·费舍认为，光明崇拜也是指古印度的宗教流派。见《黑格尔的生平、著作和学说》。
④ 《精神现象学》，德文版，1964年，第486页。

品，这些作品还不是精神的主体或自我，它们和精神只有外在关系，就如东方升起的阳光把它的意义放射给它们一样。

埃及的宗教是从自然的宗教向艺术的宗教的过渡。埃及的工匠把动物形态和人的形态混合使用制作雕像，这种作品还不是内在的自我之外在的表现，其意义往往是模糊的，自身带有神秘的本质。如斯芬克斯神像就是那样的东西，它可以说是埃及精神的象征，表明精神还没有从自然形态中挣脱出来。精神进一步向前发展，把自己的形态提高到意识自身的形式，而清除了以无意识的方式混合在一起的那些直接的自然形态，就产生了艺术的宗教，精神也就成为艺术家。在艺术的宗教里，"由于意识的创造活动而提高到自我的形式，于是意识就可以在它的对象中直观到它自己的活动或者自我"①。

黑格尔在艺术的宗教这一节里，讨论了古希腊的艺术和宗教。在他看来，古希腊的艺术和宗教是密切结合在一起的，都是希腊精神的表现。不过他在这里谈论古希腊艺术时更多地是从它们表现的宗教思想着眼的，他虽然也涉及一些美学问题，但同他后来在《美学》中专门从美学角度去探讨古希腊艺术相比，是有一定区别的。

黑格尔认为，艺术的宗教所体现的是伦理的或者真实的精神，"这精神乃是一个自由的民族，在这个民族生活中，伦理构成一切人的实体，这伦理实体的实现和体现，每个人和一切人都知道是他们自己的意志和行为"②。我们在前面讨论青年黑格尔的

---

① 《精神现象学》，德文版，1964年，第480页。
② 同上，第490页。

所谓"神学著作"时已经指出,他对古希腊城邦共和国的民主自由的倾心是同他对古希腊艺术的赞赏密切相连的。希腊的宗教是自由民族的宗教,希腊的艺术是自由民族的艺术,因此艺术的宗教是以自由为基础的。在《精神现象学》里,他仍保持着这一基本的看法。从这个立场出发,他谴责了搞民族压迫的封建等级制,因为等级制只能构成一个完整的全体的假象,但却缺乏个人应享有的普遍的自由。正因为真正的艺术离不开自由,所以只有在希腊的时代才出现了"绝对的艺术"。在这以前艺术表现为本能式的劳作,这种艺术劳作并不以自由的伦理生活为实体,从事艺术劳作的自我也没有自由的精神活动。而在希腊,艺术表现伦理实体,把自我作为对象,精神不仅是从它的概念里产生出来,而且使它的概念本身具有形象。精神挑选个人作为表达它的痛苦的工具,它就作为个人的共相和力量而出现,个人遭受精神力量的统制,形成他的激情,他的自我意识便因此失去了自由。但共相的肯定力量却被作为否定力量的个人的纯粹自我所抑制,共相和个性的这种统一表现为作品,"这作品就是个体化了的和被表象出来的普遍精神"[①]。在这里,黑格尔接触到了艺术作品中的普遍性和个性之间的辩证关系,这个思想后来在他的《美学》中得到了进一步系统的发挥,成为他的美学理论的基石之一。

艺术的宗教本身也分为三个阶段,即抽象的艺术品、有生命的艺术品和精神的艺术品。属于抽象的艺术品这一阶段的是神

---

① 《精神现象学》,德文版,1964年,第492页。

像、赞美歌和宗教崇拜。艺术家创作的神的雕像具有人的形态，已经剥掉了原先与它混合在一起的动物形象。但是，神像体现的是民族精神，而不是艺术家的个性。艺术家只有通过抛弃他自己的特殊性，才能给予作品以完善性，因而艺术家体会到，在他的作品里，他并没有创造一个和他等同的东西，那艺术作品就其本身来说并不是真正有生命的东西。因此艺术品要求一种别的因素来表达它的存在，神要求另一种方式来体现它的形象，那就是用语言来创作的赞美歌。这种用语言创造的艺术品和表现为物的形式的雕像相对立。"雕像是静止的存生，而语言的艺术品则是消逝着的存在。在雕像里，客观性得到表现，没有表露出自己的直接自我，反之，在语言的艺术品里，则客观性过多地封闭在自我之内，过少地得到形象化的表现，而且就像时间一样，当它刚在那里时，立刻就不在那里。"[①] 黑格尔关于造型艺术和语言艺术的区别的看法，明显地受到了莱辛的影响。莱辛在著名的《拉奥孔》一书中，探讨了诗和绘画的区别和界限的问题，他认为，绘画（造型艺术）所使用的媒介和诗（语言艺术）不同，前者用的是空间中的形体和颜色，适宜于表现在空间中并列的物体；而后者用的是时间中发出的声音，只宜于表现在时间中持续的动作。黑格尔接受了莱辛的基本观点，但也加上了他自己的修正，把那个"自我"放进去了。

黑格尔指出，在赞美歌的洪流里已经潜在地包含着崇拜这一概念。关于宗教崇拜，他发表了一个很值得注意的见解。他说：

[①] 《精神现象学》，德文版，1964年，第498页。

"宗教崇拜的行动本身开始于纯粹放弃某种所有物,这物的所有者似乎把它当作对他完全没有用处的东西而奉献出去,或者让它升起在缥缈的烟雾中。在这种行动中,在他的纯粹意识里的本质或神前面,他放弃占有和享受他的财产的一切权利,并且放弃自己的人格,不把自己的行动归功于自己,反而把自己的行为归给普遍物或反射给本质,而不归给自身。——但是正与此相反,在这个自我放弃的过程中,那存在着的本质也同样消灭了。"① 黑格尔对宗教崇拜的这种批判态度,是他早期激进思想的余波,这里包含着这样一个重要的思想,即宗教崇拜实际上是人的本质的自我异化,本来是人自己的东西、自己的行动,在宗教崇拜中却反射出去,奉献给神。从这里还可以进一步引申出不是上帝创造人而是人创造上帝的结论。当然,黑格尔自己并没有得出这样的革命结论,但在他的思想中却潜伏着可以导致这个结论的批判性成分。

艺术的宗教的第二个阶段是有生命的艺术品。人的实际生活变成了艺术品,例如各种祭神仪式和奥林匹亚竞技大会。在祭神仪式的神秘狂欢中所表现出来的狂热情感是一个方面,而在竞技大会上表现出来的美丽而又坚强有力的人体则是另一方面,二者必须统一起来。"在酒神崇拜的狂欢热情里,自我是在自身之外,而在美的有形体的体现里,精神本质却又在自身之外。前者的意识蒙昧及其狂野的模糊的语言必须吸取后者的明晰的客观存在,而后者的无精神性的明晰性又必须吸取前者的内在性。"② 后

---

① 《精神现象学》,德文版,1964年,第500页。
② 同上,第505页。

来尼采在《悲剧的诞生》中大肆吹嘘的阿波罗(日神)艺术和狄奥尼苏斯(酒神)艺术的区分,其实早在黑格尔那里就已经萌芽了。不过黑格尔虽然看到了它们之间的区别,却强调要把它们统一起来,而尼采则力图把它们说成两种"在内在的本质和最高目的方面"完全不同的、甚至对立的艺术。①

由此艺术的宗教进入了它的第三个阶段、即精神的艺术品。在这里,黑格尔考察了古希腊的史诗、悲剧和喜剧。他认为,精神的艺术品是用语言来表现民族精神的,而"对民族精神自身加以纯粹直观,所看见的就是普遍人性"。他之所以会有这种看法,原因之一在于他把古希腊的奴隶主民主制过分地美化和理想化了。他说,"现实的民族精神的伦理生活一部分依靠个人对民族的整体的直接信赖,一部分依靠所有的人,不管其地位差别如何,都参加到政府的决定和行动中去。"②在一小撮奴隶主对广大奴隶实行残酷专政的古希腊,根本谈不上所有的人都参加到政府的决定和行动中去,因此所谓古希腊民族精神代表"普遍人性"云云,也只是骗人的空话而已。黑格尔不懂得用阶级观点去看问题,他在探讨古希腊艺术时也就未能摆脱这种资产阶级的传统偏见。

史诗是初级的语言,它虽然还不是以"思想的普遍性"、却至少是以"世界的完备性"为它所包含的普遍内容。史诗的歌唱者是个别的人,史诗就是这个作为世界的主体的歌唱者那里创造出来和传布开来的。歌唱者唤起对于过去伟大传奇人物的记忆、回

---

① 参见尼采:《悲剧的诞生》。应该指出,被尼采奉为思想前驱的并不是黑格尔,而是叔本华。
② 以上见《精神现象学》,德文版,1964年,第506页。

想、追念并使其在内心中活着,歌唱者本人则是他所歌唱的内容的工具,是无关轻重的。在史诗中,普遍性(诸神的世界)与个别性(歌唱者)这两个极端,通过特殊性(史诗所歌唱的民族英雄)这个中项而结合起来了。相比之下,悲剧则是较高的语言,它把本质的、行动的世界的分裂了的各个环节更密切地结合起来。悲剧的语言不再像史诗那样地叙说故事,这由于它已经进入了内容,而内容也不复是表象的了。"英雄本人自己在说话,而悲剧的表演所表示给听众看的(而听众同时又是观众)乃是些有自我意识的人,这些人知道他们的权利和目的以及基于他们的特定本性的权力和意志,并且知道把这些东西说出来。"① 悲剧艺术家的语言不同于现实生活中通常的语言,他们要表达"内在本质",证明他们行为的正当性,明确地表达出支配着他们的思想感情,摆脱偶然情况和关涉个人的特殊小节,而突出地表现普遍的个体性。黑格尔指出,个体性如果只是表面上附属于本质,则它便是非本质的东西,所以古希腊哲学家要求把这样一些非本质的表象排除掉,而这种排除工作其实在悲剧里就已经开始了,悲剧里的个体性就是本质的个体性,而各种规定都是一些绝对的性格。希腊悲剧中的合唱团是表达普通人民智慧的,合唱团时而赞美这个环节,时而又赞美那个环节,但那些非本质的环节是不能构成英雄们的性格的,而且也不被英雄们认为足以表达他们的本质。在讨论悲剧时,黑格尔又一次提到前面以《安提戈涅》为例谈过的国家和家族这两种伦理力量的冲突,认为两者都同样是正当的,因

---

① 《精神现象学》,德文版,1964年,第510—511页。

而在由行动所产生的它们的对立中,两者都同样是错误的,而两种力量之相互毁灭却正好表明两者有其统一性。在他看来,悲剧的实质也就在这里。

在黑格尔美学中,悲剧理论占有十分重要的地位。虽然在他写作《精神现象学》的时候,他的悲剧理论还没有最后形成,但是某些基本观点业已具备了,如关于悲剧是艺术的最高形式的思想,关于悲剧表现不同伦理力量的矛盾冲突的思想,关于悲剧表现本质必然的思想,以及关于悲剧性格的形成的思想等等,对于他的整个悲剧理论来说都是很重要的。这些思想后来得到了进一步的发展,我们将在讨论他的美学观点时加以探讨。

艺术的宗教继续向前发展,就达到了天启的宗教。黑格尔指出,通过艺术的宗教,精神从实体的形式进展到主体的形式,认为"自我是绝对的本质"。艺术的宗教属于伦理精神,我们在前面已经看到伦理精神是怎样在法律状态下宣告破灭的,而法律状态的特点也正在于把自我本身、抽象的个人当作绝对的本质。但是,这个自我是空虚的,法律上对个人的承认是一个没有内容的抽象物,所以它是非现实的东西。与法律状态相适应的意识形态是斯多葛主义的思维独立性,而思维的独立性通过怀疑主义的意识运动,便发现它的真理性是在苦恼意识中。苦恼意识充分意识到个人的真正价值的完全丧失,并且放弃了关于自身的知识。苦恼意识是既丧失了实体、又丧失了自我(主体)的意识,"它是痛苦,这痛苦可以用这样一句冷酷的话来表达,即上帝已经死了"[①]。

[①] 《精神现象学》,德文版,1964年,第523页。

"上帝死了"原出自马丁·路德的一首赞美歌,自从尼采利用这句话大做文章,为他的"超人"的出世鸣锣开道①以来,许多西方哲学家一直是把这个提法奉为了不起的哲学"警句"的,特别是在五十年代以来,侈谈"上帝死了"竟成为一种时髦。有人谈论"上帝死了",竟借以影射攻击马克思主义。加罗蒂公然把这作为他自己关于黑格尔哲学的著作的标题,而某些人甚至打出"马克思死了"的反动旗号,向马克思主义发动进攻。但是在黑格尔的《精神现象学》里,"上帝已经死了"这句话却并没有人们后来赋予它的那种特殊的含意,这里所说的"上帝"指的是希腊人信奉的异教的"大神",所谓"上帝已经死了"无非是说希腊世界的艺术的宗教已经死亡,就要让位给新的天启的宗教、即基督教了。关于这一点,黑格尔是这样描述的:"神灵的雕像现在变成了死尸,因为从它们那里已经取走了有生气的灵魂,而颂神的诗歌里已经没有了信仰的字句。敬神的餐桌上已经没有陈设精神性的食品和饮料了,从节日和舞蹈里,人们已经不能回复与神圣本质为一体的愉快的心情了。艺术的作品缺乏当初由于神灵与英雄的毁灭的悲剧而产生出自身确信来的那种精神所具有的力量。"这些艺术品现在已经是从树上摘下的美丽的果实,这里已经没有它们存在的真实生命,没有长有这些果实的果树,没有它们借以生长的土壤、气候和其他条件了。一句话,那些艺术品在其中开花结果的当时伦理生活的春天和夏天已经一去不复返了,留

---

① 参见尼采:《查拉图斯特拉如是说》。

给我们的只是有隔膜的回忆而已。① 这样，新的精神出现的一切条件就都具备了，经过分娩的阵痛，天启的宗教就呱呱落地了。

根据库诺·费舍的说法，《精神现象学》里艺术的宗教和天启的宗教之间的主要区别在于，在艺术的宗教中，神人统一在于把人神化，而相反的，在天启的宗教中，则这种统一在于把神人化。这个看法是有道理的。黑格尔指出，在天启的宗教的阶段，绝对精神自在地、从而也就自觉地取得自我意识的形态，神通过感性直接地被直观为自我、一个现实的个别的人。"这种神圣本质之变成肉身，换句话说，神圣本质直接地本质上具有自我意识的形态，就是绝对宗教的简单内容。在绝对宗教里，神圣本质被认识到作为精神，换句话说，绝对宗教就是神圣本质对自己的意识，意识到自己是精神。因为精神就是在自己的外在化中对自身的认识，也是在它的异在中保持与自身相等同的运动的神圣本质。"②在这种宗教里，神圣的本质被启示出来，像耶稣这个人就是神圣本质的启示，他就是"当前直接存在的神"。黑格尔认为，天启的宗教之所以成为宗教发展的最高阶段，就是因为精神已经不再是抽象的、永恒的本质，而是为自己产生了一个他物，外化成为现实的人，并且在这个他物内直接返回到自身。基督教的"三位一体"（即圣父、圣子、圣灵三者合为一体），被黑格尔解释为这样的三个环节："（1）本质的环节，（2）自为存在的环节（这是本质的他物或对方、能认识本质的环节）和（3）在他物中认识自身的

---

① 参见《精神现象学》，德文版，1964 年，第 523—524 页。
② 同上，第 528 页。

自为存在的环节。"① 显然，这样的三个环节正好是符合他的唯心主义辩证法的逻辑的。他正是把真理和实在看作这种回到自身的圆圈式运动。他说，这种自身内的辩证运动表明了绝对本质乃是精神，绝对本质如果不被理解为精神，那它就只是抽象的空虚；同样，精神如果不被理解为这种圆圈式的运动，那它也只是空话而已。

黑格尔认为，天启的宗教是自然的宗教和艺术的宗教二者的统一，在这里精神具有自在和自为存在的形态，而且它被表象为自在自为的那个样子，因此可以说精神已经达到了它的真实形态。黑格尔对基督教的这种评价，同他青年时代的看法（例如在《民众宗教和基督教》、《基督教的实证性》等著作中的观点）相比，无疑是大大地后退了一步。在那时，他热烈地赞颂古希腊罗马的"民众宗教"，而尖锐地批判了基督教这种"实证的"宗教，指责基督教是人类丧失自由的宗教、维护奴役制度的宗教。他甚至幻想通过建立类似古希腊"民众宗教"的办法，来恢复人们已经丧失了的古代共和国的那种民主自由。在写作《精神现象学》时，黑格尔的这种政治上的激进情绪已经消失了，重建古代共和国的幻想也破灭了，他就转而对基督教采取妥协的态度，然而同他晚年竭力吹捧基督教的保守立场相比还是有区别的。过去他把基督教取代古希腊罗马的异教看作是历史的后退，仿佛是人类的堕落，而现在他则认为从希腊宗教发展到基督教乃是历史的必然，是人类精神的一个进步。至于人类怎样继续前进，获得真正

---

① 《精神现象学》，德文版，1964年，第534页。

的自由，他也不再寄希望于回到古代去，而是企图借助于哲学，也就是所谓"绝对知识"。《精神现象学》就是以"绝对知识"这最后一章作为结尾的。

按照黑格尔的说法，精神虽然在天启的宗教里达到了它的真实形态，不过这个形态本身和它的表象形式还有待于被克服。一般地说，天启宗教的精神和其中互相区别的各个环节，都属于表象的范围并具有对象性的形式。表象的内容是绝对精神，但它还须进一步扬弃这种形式，所以精神必须要过渡到概念，以便在概念中完全消除对象性的形式。用概念去把握绝对精神就是哲学，在这里认识的形式和内容达到了完全的一致，所以说哲学是精神发展的最高阶段。

天启的宗教不能真正克服意识的对象，只有哲学、即绝对知识才能做到这一点。黑格尔这样地描述了意识的对象的克服过程："对象本身表明自己对于自我来说是消逝着的东西……正是自我意识的外在化建立了事物性，这种外在化不仅有否定的意义，而且有肯定的意义，这种外在化不仅对于我们或者自在地有意义，而且对于自我意识本身有意义。对象的否定或对象的自我扬弃对于自我意识所以有肯定的意义，或者说，自我意识所以认识到对象的这种虚无性，一方面，是由于它外在化它自己；因为它在这种外在化过程里把自身建立为对象，或把对象——为了自为存在的不可分割的统一——建立为它自身。另一方面，这里同时还包含另一环节，即自我意识又同样扬弃了这种外在化和对象性并把这种外在化和对象性收回到它自身中，因而它在它的异在本身里就是在它自己本身里。——这就是意识的运动，而意识在这个运动里乃是它的各个环节的全体。——意识必须同样按照它的各个规定的全体去对待对象,并且按照全体规定中的每一规定去把握对象。"①

马克思在《1844年经济学-哲学手稿》里长篇摘引了黑格尔的以上这段话,因为它概括地说明了《精神现象学》(在某种程度上也是整个黑格尔哲学)的实质。黑格尔从唯心主义的思维和存在的同一性出发,把外部世界的一切事物、对象都统统看作自我意识的异化或外在化,因此对象对于自我意识来说是派生出来的、第二性的东西,也是消逝着的东西。用他的话来说,事物并不是自在的东西,它本质上只是为他的存在;事物只有通过自我以及它与自我的关系才有意义,换言之,事物就是自我。而一旦自我意识认识到对象的这种虚无性,认识到对象是它自己在外在化过程中建立起来的,认识到对象并不是自我意识以外的某种独立的东西,而就是外在化了的自我意识本身,认识到在自我意识的异在中也就是在它自己本身中,那末自我意识就把对象克服了和扬弃了。黑格尔的这种唯心主义观点的荒谬性在于,他把自我意识当作唯一的实在,用自我意识去吞并外部世界的一切对象。正如马克思所指出的那样,在黑格尔那里,"对于异化的对象之一切重新同化都表现为一种合并在自我意识之内;那能够支配他自己的存在的人也就只是那能够支配对象化的存在的自我意识,因此对象之回复到自我也就是对象之重新同化"。②

在黑格尔看来,绝对知识的内容就是自我自己的活动,就是

---

① 《精神现象学》,德文版,1964年,第549-550页。
② 马克思:《黑格尔辩证法和哲学一般的批判》,第16-17页。

关于这个主体即是实体的知识。绝对知识是最后的精神形态,它是在精神形态中认识着它自己的精神,是概念式的知识。所谓科学就是对自我自身的概念式的理解,而且也只有通过概念式的把握,才能真正地认识"绝对"。因此,虽然宗教的内容在时间上比科学更早地表达了精神是什么东西,但是,唯有科学才是精神关于它自身的真知识。黑格尔尽管已经改变了他在青年时期对基督教的激烈批判态度,可是他仍然把哲学置于宗教之上,认为哲学是真正把握真理的唯一手段,这和主张信仰高于理性的宗教蒙昧主义是有原则不同的。

在谈论绝对知识的形成过程时,黑格尔还提出了一个很重要的看法,即关于认识的圆圈式发展的思想。他说:"精神自在地就是运动,就是认识的运动,——就是由自在转变为自为,由实体转变为主体,由意识的对象转变为自我意识的对象,这就是说,同时转变为被扬弃了的对象,或者转变为概念的运动。这个运动是向自己回复的圆圈,这圆圈以它的开端为前提并且只有在终点才达到开端。"[①] 我们在《精神现象学》的著名的序言中,也早已看到了类似的提法。所谓圆圈式的发展,实际上是对否定之否定这一辩证法规律的一种形象化的表述。在他看来,认识运动的开端往往是空虚的,经过自身矛盾的发展,通过自己的对立面又回复到自身,仿佛又重新回到了开端,好像是一个循环的圆圈,但这不是简单的回复到开端,而是辩证地发展到更高的一级,是带有整个矛盾发展过程的全部丰富性的一种回复。老实讲,一部《精神

---

① 《精神现象学》,德文版,1964年,第558—559页。

现象学》也就是这样的一个大圆圈。列宁对黑格尔的这一思想的合理因素是作了充分肯定的,他在《谈谈辩证法问题》中指出,黑格尔把认识看作一串圆圈,并且强调说,"人的认识不是直线(也就是说,不是沿着直线进行的),而是无限地近似于一串圆圈、近似于螺旋的曲线"。① 在关于黑格尔《哲学史讲演录》一书的摘要中,列宁也指出,黑格尔把哲学史比作圆圈是"一个非常深刻而确切的比喻",并认为"每一种思想=整个人类思想发展的大圆圈(螺旋)上的一圆圈"。② 在某种程度上,《精神现象学》所描述的人类历史上的各种意识形态就构成着一连串的圆圈,黑格尔认为,人类的认识就是这样螺旋式地向前推进的。他把精神的生成过程、历史看作"在时间里外在化了的精神",它呈现一种迟缓的运动和诸多精神前后相继的系列。他说:"这是一个画像陈列室,其中每一幅画都拥有精神的全部的财富,而运动所以如此缓慢,就是因为自我必须渗透和消化它的实体的这全部财富。"③《精神现象学》就是黑格尔为我们准备的"画像陈列室"。

马克思主义创始人在《神圣家族》中有一段极其精辟的评论,它不仅是对"绝对知识"这一章、而且是对《精神现象学》全书的一个高度概括的总结。马克思、恩格斯写道:"在黑格尔的'现象学'中,人类自我意识的各种异化形式所具有的物质的、感觉的、实物的基础被置之不理,而全部破坏性工作的结果就是最保守的哲学,因为这样的观点以为:既然它已经把实物的、感性现实的世

---

① 《列宁全集》,第38卷,第411页。
② 同上,第271页。
③ 《精神现象学》,德文版,1964年,第563页。

界变成'思维的东西',变成自我意识的纯粹规定性,而且它现在又能够把那变成了以太般的东西的敌人溶解于'纯思维的以太'中,所以它就把这个世界征服了。因此,'现象学'最后完全合乎逻辑地用'绝对知识'来代替全部人类现实,——之所以用知识来代替,是因为知识是自我意识的唯一存在方式,而自我意识则被看做人的唯一存在方式;之所以用绝对知识来代替,是因为自我意识只知道它自己,并且不再受任何实物世界的拘束。"①马克思、恩格斯从坚定的辩证唯物主义的立场出发,尖锐地批判了黑格尔的唯心主义错误。他们指出,黑格尔不是把自我意识变成人的自我意识,而把人变成"自我意识的人",这样就把世界头足倒置起来了。唯心主义者黑格尔只是在头脑中消灭了自我意识和客观现实世界之间的一切界限,但对于现实的人来说,这些界限却仍然继续存在。黑格尔的根本错误就在于企图用主观去吞并整个客观世界,"全部'现象学'的目的就是要证明自我意识是唯一的、无所不包的实在"。②在《精神现象学》里,我们已经可以看到作为黑格尔哲学基本特征的方法和体系之间的巨大矛盾。这部著作到处闪现着辩证法的光芒,但最后达到的结论却是这样平庸和可怜,全部破坏性的工作并没有得到应有的收获,却建立了一个保守的哲学体系。这是黑格尔的悲剧。这件事又一次雄辩地说明,任何一个时代的先进人物,即使是像黑格尔那样富有天才的思想家,也无法超越他的时代和他的阶级所给予他的限制。

马克思主义经典作家一方面严厉地批判了黑格尔的唯心主

---

① 《马克思恩格斯全集》,第2卷,第244-245页。
② 同上,第245页。

义错误,另一方面也充分肯定了他的功绩。他们指出:"黑格尔的'现象学'尽管有其思辨的原罪,但还是在许多方面提供了真实地评述人类关系的因素。"① 黑格尔在《精神现象学》中猜测到了辩证法,逻辑和认识论的一致的原则以及逻辑和历史的统一的原则,并且相当成功地贯彻了这些原则,这在哲学史上还是以他为最早。恩格斯说:"黑格尔的思维方式不同于所有其他哲学家的地方,就是他的思维方式有巨大的历史感作基础。形式尽管是那么抽象和唯心,他的思想发展却总是与世界历史的发展紧紧地平行着,而后者按他的本意只是前者的验证。真正的关系因此颠倒了,头脚倒置了,可是实在的内容却到处渗透到哲学中。"② 黑格尔是第一个想证明历史中有一种发展、有一种内在联系的人,恩格斯高度评价了他的这种历史观,并且指出在《精神现象学》和其他一些著作中,"到处贯穿着这种宏伟的历史观,到处是历史地、在同历史的一定的(虽然是抽象地歪曲了的)联系中来处理材料的"③。但是,只有经过马克思主义的批判,《精神现象学》才能显示出它的合理的意义。

在黑格尔本人的思想发展史上,《精神现象学》是决定性的一步。随着这部著作的完成,整个黑格尔哲学大厦的基础就已经奠定了,下一步的工作是建立他的庞大的体系,而这个第二期工程是从《逻辑学》开始的。

---

① 《神圣家族》,《马克思恩格斯全集》,第2卷,第246页。
② 《卡尔·马克思〈政治经济学批判〉》,《马克思恩格斯选集》,第2卷,第121页。
③ 同上,第121页。

第二部分

《逻辑学》

一、从《精神现象学》到《逻辑学》

《精神现象学》出版以后,黑格尔继续进行构造自己的哲学体系的艰巨工作。他的第一个丰硕的劳动成果就是《逻辑学》,这是他的最重要的哲学著作,在整个西方哲学史上具有划时代的意义。正是在这部著作中,黑格尔的唯心主义辩证法得到了全面的系统的表述。

从《精神现象学》到《逻辑学》,在黑格尔的精神发展过程中是辩证法思想越来越趋于完善和成熟的时期。在这个时期欧洲的社会政治形势也正在发生转折性的巨大激变,即拿破仑的统治由极盛的顶峰而终于走向了覆灭。这样的历史巨变不能不对哲学家的思想产生一定的影响。

当时的黑格尔并不是脱离实际、只知道在书斋里讨生活的学究,他不仅关心政治,而且曾经一度希望积极参加实际政治活动。据他自己在与友人的通信中说,"我带着好奇心注视着世界上发生的事件"①,"我总是迷恋于政治"②。耶拿之战以后,大学停课,黑格尔的个人财产遭受损失,难以维持生计,同时又由于私生活

---

① 1807年2月20日黑格尔给尼泰默的信,见《黑格尔通信集》,第1卷,第145页。
② 1807年8月30日黑格尔给克内具尔的信,同上,第186页。

方面的原因,使他不得不离开耶拿另谋工作。他接受了友人尼泰默的建议,决定去巴伐利亚的班堡担任一家亲法报纸《班堡日报》的编辑。黑格尔原本对报刊工作抱有很大的希望,他认为出版自由、政府与人民的对话"乃是法国人民和英国人民的力量的最强大的因素之一"①,而健康的舆论将会有助于巴伐利亚的社会改革。在一年多的时间内,他把主要精力用于办报,只是在业余时间进行哲学研究。但是,专横无理的新闻检查制度终于使黑格尔的美好希望遭到破灭,在多次与书报检查机构发生纠纷之后,他不得不摆脱这个办报的"苦差事"。②这一段办报的经历对黑格尔不是没有益处的,至少使他更接近和更了解当时德国现实社会生活,然而他却从典型的唯心主义立场得出了这样的结论:"我每天越来越相信,理论工作在世界上的建树要比实际工作更多得多。一旦观念的王国发生了革命,现实也就支持不下去了。实际的效果很快就会表现出来。"③

在班堡办报时期,黑格尔没有写什么长篇的哲学理论文章。这个时期内仅有的一篇值得注意的哲学小品文是"谁在抽象地思维?"④ 这篇文章一反黑格尔平时惯用的晦涩难懂的文风,写得生动活泼,十分风趣。黑格尔指出,所谓抽象思维完全不像人们习

---

① 1808年1月22日黑格尔给尼泰默的信,见《黑格尔通信集》,第1卷,第209页。

② 关于黑格尔办报的经历,可参阅拜耶:《在现象学和逻辑学之间——作为〈班堡日报〉编辑的黑格尔》,法兰克福,1955年。该书包含着有关黑格尔这一时期活动的丰富材料。

③ 1808年10月28日黑格尔给尼泰默的信,见《黑格尔通信集》,第1卷,第253-254页。

④ 这篇文章曾被误认为是黑格尔的晚期作品,现据考证确定该文写于1807年。《黑格尔研究》1969年第5卷根据手稿校订后重新发表了该文。

惯地认为的那样是什么高超深奥的东西，而恰恰是简单幼稚的东西。"谁在抽象地思维？——是没有受过教育的人，而决不是有教养的人。"例如，一个凶手被押往刑场，一般普通人就只把他看作凶手，仅此而已。当有人说这凶手还是一个强壮、漂亮而逗趣的男子时，就引起他们的愤慨：什么？凶手漂亮？怎么能这样说？说这话的人大概比凶手也好不了多少！在凶手身上只看到他是凶手这一个抽象的概念，并且用这个品质的名称去抹杀他身上构成人的本质的其他一切东西，这就叫作抽象地思维。又例如，一个女顾客批评女商贩卖的是臭蛋，立刻遭到那个女商贩的一顿不客气的臭骂，这位女顾客全身上下从围脖儿、衬衫、帽子到袜子全被数落了一通，连爸爸、妈妈和奶奶都挨了骂，一切都沾上了臭蛋的气味。像这样的女商贩也就是在抽象地思维。因此，在黑格尔看来，所谓抽象地思维就是抛弃了事物的具体的丰富内容，而只剩下空泛的普遍概念，或是全然不顾事物本身的生动的内在联系，而主观地把许多不相干的东西硬扯在一起。这种思维是片面的、低下的。黑格尔要求思维必须是具体的，也就是说要达到体现事物本身的丰富性的那种普遍概念，要把握事物本身的真实的内在联系。我们看到，黑格尔在这里提出了问题，而解决这个问题、即说明思维怎样由抽象发展到具体，则是《逻辑学》一书的任务。

　　黑格尔离开班堡后，去巴伐利亚的纽伦堡担任中学校长，重新开始进行他的学术研究工作。在他当中学校长的八年期间，他孜孜不倦地从事教育事业，并担任中学哲学课程的讲授。在哲学理论研究方面也取得了丰收，《逻辑学》这部巨著即完成于这一时期。此外黑格尔还在讲课中为他自己未来的哲学体系勾画了一个初步的轮廓,概略地依次阐述了精神现象学、逻辑学、自然哲学和精神哲学的基本思想。所以我们可以说,黑格尔的整个哲学体系在纽伦堡时期已经基本上形成,往后他在海德堡时期和柏林时期的教学活动和著作只不过是对这个体系的进一步具体阐述和发挥而已。

在探讨《逻辑学》一书以前,我们有必要了解一下黑格尔在巴伐利亚时期的一般思想状况。除了他在这个时期的通信以外,他作为中学校长在每学年结束时举行的学校结业典礼上的例行讲话和他的哲学讲稿,也向我们提供了不少有关的材料。总的说来,这个时期的黑格尔虽然已经放弃了他早期的某些激进的观点,但仍然是站在支持社会改革的温和的进步立场上的。这里要指出以下几点:

第一,直到拿破仑统治的覆亡为止,黑格尔在政治上始终是个亲法派。拿破仑在耶拿的辉煌胜利导致了德意志各邦的改革,甚至像普鲁士那样的封建堡垒也不得不进行封·施太因的改革。黑格尔支持所有这些资产阶级性的改革,他把拿破仑叫作"巴黎的伟大的宪法律师",希望拿破仑教会德意志王公们理解"自由君主的概念"。[①]他对巴伐利亚采用拿破仑法典表示高兴,希望采纳法国宪法的其他部分,并且预言"一个新的世界可能在巴伐利亚出现;人们已经长期以来向往着这一点"。[②] 1809年法军在雷根

---

① 1807年8月29日黑格尔给尼泰默的信。
② 1808年7月9日黑格尔给弗罗姆的信。

斯堡战胜奥地利军队,黑格尔表示庆贺。他对这种亲法的政治态度,继续到拿破仑垮台。对拿破仑的失败,他是十分惋惜的,他在一封信中写道:"我们周围发生了大事。看一个巨大的天才毁灭他自己,确是一出令人触目惊心的戏。这是世上发生过的最悲剧性的事件(tragicotaton)。所有的平凡庸碌之众以其绝对沉重的压力不断地、无情地压了过来,直把高超者压到和自己同样的水平,甚或压到比自己还低。"① 他甚至说,如果他认为拿破仑还有胜利的希望,他就要"肩上扛起枪"去参加拿破仑的部队。② 另一方面,黑格尔在谈到反法联盟的军队、"普鲁士爱国者"和"形形色色的解放者"时,则经常使用讥讽的笔调。在这场影响欧洲未来前途的斗争中,他究竟同情哪一边是十分明显的。欧洲和德国的保守派莫不为拿破仑的失败而额手称庆,黑格尔则对此感到失望,但也并未因之而灰心丧气,因为他引为骄傲的是,他似乎早已在《精神现象学》中预见到了这个结局。然而无可讳言,拿破仑下台使黑格尔受到极大的震动,在黑格尔思想发展上是一个重大的转折,在这以后他虽然不是很快地、但却是相当明显地逐渐越来越倾向于保守了。

第二,黑格尔基本上还是站在资产阶级民主的立场上,鼓吹自由、特别是意志自由。他在中学讲课时经常谈论关于自由的问题,他说,"意志自由是自由一般,而其他一切自由只是它的各种形态……还存在着公民自由、出版自由、政治自由和宗教自由。

---

① 1814年4月29日黑格尔给尼泰默的信。
② 1815年3月19日黑格尔给尼泰默的信。

这些自由的形态代表着自由的普遍概念,因为这普遍概念被应用于特殊的关系或对象上去了"①。在他看来,所谓信仰自由就在于宗教观念、宗教仪式并非强加于我。强加于我的宗教就不是我的宗教,它对我来说永远是某种异己的东西,我在对待它的关系上不是一个自由的人。所谓政治自由则在于人民创立自己的国家并有权参与决策,或者由全体人民来决定,或者由人民中的某些人来决定,但任何一个公民都有和他们同等的权利。黑格尔的这些见解使我们想起他青年时期"神学著作"中的观点,他对自由的向往并未随着岁月的流逝而消失。他在讲授关于法的学说时,尤其突出地强调了自由这个观念。他说:"人是自由的生物。这是人的本性的基本定义。"②当然,除此以外,人也还有其他一些必要的需求、特殊的目的和动机,例如认识的愿望、保持自己的生命和健康的愿望等等,但是法所关心的主要是人的自由。从法的观点看来,人与人是作为绝对自由的生物而相对立的,"一般地说,人只是作为自由的生物才成为法的对象","个人的自由是法的基础,法就在于使我把别人当做自由的生物。理性要求遵守法。在本质上每个人都是自由的人"。③从上面这些说法可以明显地看出法国资产阶级革命对黑格尔的思想影响。诚然,他在接受这种影响时也不得不受到当时德国的落后的社会条件的限制,因此他在谈论自由问题时有时谈得空泛抽象,例如说什么"绝对的自由意志"和"相对的自由意志"不同,它不是以某种有限的东

---

① 《哲学初阶》。
② 同上。
③ 同上。

西为对象,而是以自身为对象等等。这也反映了当时德国资产阶级沉溺于自由的议论而怯于行动的软弱性。

第三,黑格尔在这个时期内不遗余力地鼓吹文化教育的重要性,特别强调要在保存过去学校的原则的基础上建立新的教育制度。他认为,有两个国家管理部门对人民最为重要,一个是司法,另一个是教育,因为前者关系到人们的私有财产,而后者则关系到人们最珍贵的财产、即子女。①

黑格尔的教育思想的一个突出的特征就是把学习古代文化放在很重要的位置上,他所说的保存过去学校的原则、保持文化教育的承续性,主要也是强调古典文化遗产的价值。他指出,"我们学校的精神和目标,就是训练学生去从事科学研究,而这种训练是以学习希腊人和罗马人为基础的"。在他看来,两千年来古希腊罗马一直是一切文化所依赖的基地,一切艺术和科学都是在这个基地上成长起来的,虽然它们自己取得了独立地位,也并不能摆脱对这个过去的阶段的回忆。"正如安泰俄斯一接触到母亲——大地就获得新的力量一样,科学和教育的每一次新的高涨和发展也都是由于转向古代而出现的。"他竭力主张学习古代语言和文学,把古希腊罗马的文学说成是"人类精神的乐园",他甚至说,谁不知道古代的作品,谁活在世界上就不知道美。②

我们在前面已经分析过青年黑格尔对古希腊罗马的崇拜的实质何在。作为中学校长的黑格尔在思想上和青年时期相比已

---

① "1809年9月29日校长讲话"。黑格尔的这些"校长讲话"收入霍夫迈斯特编的《黑格尔纽伦堡时期著作集》,莱比锡,1938年。

② 以上均见"1809年9月29日校长讲话"。

经发生了相当大的变化,但是在对古希腊罗马的评价方面却还是基本上保持了原有的看法。不过他的着重点也有所改变,如果青年黑格尔感兴趣的主要是古希腊罗马共和国的民主政治制度,那末现在黑格尔所着力推崇的却是古希腊罗马的文化。这也多少反映了黑格尔的思想演变。

第四,在当时新旧两种社会力量的斗争中,黑格尔总是站在历史潮流这一边,坚信新事物终于要战胜和代替旧事物。拿破仑失败以后,欧洲各国反动派和保守势力企图取消过去所实行的许多资产阶级改革,对他们的这种倒行逆施的反攻倒算活动,黑格尔明确地表示反对。他指出,时代已经变了,要想恢复旧秩序完全是徒劳无益的。他在1815年结业典礼上的校长讲话中说道:"我们必须反对往往徒劳地因失去过去而感到寂寞并怀念过去的那种心情。古老的东西之所以不能认为是好的,正因为它是古老的,从它在不同环境下曾经有用处和有意义这一事实,决不能得出结论说,在条件已经变化的情况下保存它也是值得赞美的。恰恰相反……一个伟大的时代已经在世界上诞生了。"①

在稍后的海德堡时期写的一篇著作里,黑格尔又表述了类似的思想。他谴责猖獗一时的封建复辟势力,指出他们是丝毫不肯接受历史教训的顽固派。他写道:"人们关于回国的法国流亡者(émigrés)说过,他们什么也没有忘记,什么也没有学到。"他认为,这句话也可以适用于德国的封建贵族,他们似乎在过去的廿五年内一直在睡大觉,而这廿五年却可能是世界史上曾有过的内

---

① "1815年校长讲话"。

容最丰富的廿五年,对我们来说是最有教益的廿五年,因为我们的世界和我们的思想都是属于这廿五年的。从黑格尔的上面这些话里,我们可以清楚地看出,他对法国大革命以来的欧洲历史抱着怎样的看法,无论如何他是主张朝前看而反对倒退的。当时有这么一些人借口恢复"古老的权利"来搞复辟活动,黑格尔针对这一点指出,"古老的权利"是一种漂亮的名词,使人觉得要剥夺人们的权利是一件邪恶的事,但是权利的"古老"同它们是好是坏并不相干,甚至废除活人献祭、奴隶制、封建专制和其他数不清的恶行,在每个场合下也总是取消某种"古老的权利"的。在他看来,权利不管如何"古老",也不可能永远保持下去,即使长达一个世纪的错误一直被称之为权利,那么如果决定它存在的基础一旦消失了,它也就会理所当然地灭亡。黑格尔清醒地认识到,经过法国大革命和拿破仑战争,欧洲已经发生了决定性的变化,旧制度和旧秩序的基础已被摧毁,旧时代已一去不复返了,这是不依人们的意志为转移的。应该承认,当时像他那样对新时代具有深刻认识的哲学家确实是不多的,不管他后来怎样逐渐倾向于同现实妥协,他和封建复辟派思想家毕竟有天渊之别。

在写作《逻辑学》一书前后,黑格尔的一般思想情况简单来说就是这样。《逻辑学》的许多章节虽然谈的是抽象的哲学问题,而且有时写得晦涩难懂,但实际上在它的抽象的哲学形式下却往往包含着十分现实的内容,因此我们对《逻辑学》的理解也不能脱离黑格尔对一般社会问题的看法。

人们一般都知道,黑格尔有两本"逻辑",一本是作为专著的《逻辑学》、即通称的《大逻辑》,出版于1812-1816年,另一本是作为《哲学全书》第一部的《逻辑学》、即通称的《小逻辑》，出版于1817年。其实在他写作《大逻辑》之前，他在纽伦堡中学的哲学讲稿（即《哲学初阶》，写于1808-1811年）中已经简明扼要地阐述了他的逻辑学的基本内容。由于《哲学初阶》在他生前没有出版，直到1840年才得到发表，所以往往被人忽视而不提。这部哲学讲稿包括初级、中级和高级三个年级的讲义，除初级班讲稿谈的是关于法、道德和宗教的学说以外，其他两个年级的讲稿都包含逻辑学。中级班讲稿的标题为《精神现象学和逻辑学》，其中"逻辑学"的部分提纲式地列出了"有论"、"本质论"和"概念论"的主要内容。高级班讲稿题为《概念论和哲学全书》，其中的"概念论"是前一讲稿中的"概念论"部分的进一步展开，而"哲学全书"部分则包括了后来正式出版的《哲学全书》的所有三部分，即"逻辑学"、"自然哲学"和"精神哲学"。当然，《哲学初阶》作为中学的哲学讲稿，其内容是通俗简略的，就其科学价值来说远不能和《大逻辑》、《小逻辑》相比，但对我们研究黑格尔的思想发展来说仍然有一定的意义。我们在下面讨论黑格尔的"逻辑学"时，将主要依据他的《大逻辑》和《小逻辑》，只是在必要时涉及《哲学初阶》。应该说明，在这里我们感兴趣的是黑格尔"逻辑学"的基本思想，而不是这几部有关著作的异同（我们认为，这是值得研究的一个专门题目）。

下面我们就转入本题，对黑格尔的逻辑学作一番批判考察。资产阶级学者在近百年来写过许多有关黑格尔逻辑学的评注和研究著作，可说是汗牛充栋。应该承认，这些著作对加深理解黑格尔思想的背景和具体细节是有一定价值的，但总的说来它们却并没有进一步发掘出其中最可贵的宝藏,即从神秘的外壳下剥出其合理的内核——辩证法,更谈不上从根本上去纠正黑格尔的错误并进一步去发展辩证法了。迄今为止,除了马克思和恩格斯曾对黑格尔逻辑学作过一些原则性的深刻评述外,唯有列宁在《哲学笔记》中对黑格尔逻辑学作了全面系统的分析批判和创造性的改造工作。因此,在这里我们始终要把这一光辉著作作为研究的指针。

二、黑格尔逻辑学与传统逻辑学的本质不同

黑格尔的逻辑学与他以前传统意义上的逻辑学有着本质的不同。他认为，自亚里士多德以来，逻辑学没有发生什么重大的变化，既未后退一步，也未前进一步，现在已经到了需要对逻辑学进行一番全盘改造的时候了。在《逻辑学》第一版和第二版的两个"序言"、"导论"以及《小逻辑》的"导言"和"概论逻辑学性质"这些章节中，黑格尔比较详细地阐明了自己的观点，同时对以往的逻辑学进行了批判。但是，黑格尔的批判的意义实际上远远超出了逻辑科学的范围，它涉及哲学基本问题的所有两个方面，涉及两种世界观、两种方法的根本对立的问题。例如他在《小逻辑》中对于思想对客观性的三种态度的批判，就显然不限于逻辑学问题，而是从他的唯心主义辩证法立场出发对他以前的几个主要哲学派别的总批判。其中特别重要的是黑格尔对康德哲学的批判，因为黑格尔虽然已经在早期著作和《精神现象学》中批判过康德的某些错误，但只是在有关逻辑学的著作中才给予康德哲学以真正决定性的打击。由于黑格尔对康德的批判在哲学史上具有重大的意义，因此我们在这一节里要用较多的篇幅来加以探讨。

人们知道，在黑格尔以前的西方哲学中，本体论和认识论是

作为两个独立的、甚至互相对立的领域来加以探讨的。黑格尔则试图把这两个领域统一起来,我们在《精神现象学》里已经可以看到他在这方面的努力,而《逻辑学》一书则始终贯彻着这个意图。在他看来,思维和存在是同一的,而这就是本体论和认识论的统一的基础。黑格尔正是以此作为出发点来改造全部逻辑学的。

在《逻辑学》第一版序言中,黑格尔一开始就指出,在前一段时期内那种被叫作形而上学的东西①,已经被连根拔掉,从科学的行列里消失了,而这是一件很可怪的事,因为照他的说法,"一个有文化的民族竟没有形而上学 —— 就像一座庙,其他各方面都装饰得富丽堂皇,却没有至圣的神那样。"② 因此,他以恢复和重建形而上学为己任,因为一个民族没有从事于探讨自己的纯粹本质的精神是不行的。他认为,要建立真正的形而上学或纯粹的思辨哲学,就需要有新的逻辑科学,而通常所了解的那种逻辑学是完全没有顾及形而上学的意义的。正由于黑格尔借助于逻辑学(而他的逻辑学实际上又充满着唯心的辩证法)去重建形而上学,因此他的形而上学已不再是早已垮台的旧形而上学的简单复活,而是具有新的辩证法因素的东西了。所以马克思指出:"被法国启蒙运动特别是18世纪的法国唯物主义所击败的17世纪的形而上学,在德国哲学中,特别是在19世纪的德国思辨哲学中,曾有过胜利的和富有内容的复辟。"③

---

① 黑格尔在这里所说的"形而上学"指的是研究感性经验以外的事物的那种学问。
② 黑格尔:《逻辑学》,上卷,商务印书馆,第2页。
③ 《神圣家族》,《马克思恩格斯全集》,第2卷,第159页。

黑格尔认为，哲学要成为科学，不能从其他较低的科学、例如数学那里借取方法，因此他不同意斯宾诺莎和沃尔夫等人的做法，认为他们把数学的方法应用于哲学是找错了路子。在他看来，哲学有它自己的方法，但确立这种方法却是一个必须从头做起的新事业。这样的方法"只能是在科学认识中运动着的内容的本性，同时，正是内容这种自己的反思，才建立并产生内容的规定本身"①。黑格尔强调的是科学认识的运动，而这正是实质所在。不仅如此，他还着重指出认识发展的内在必然性，他这样写道："对思想的王国，作哲学的阐述，即是说从思维本身的内在活动去阐述它，或说从它的必然发展去阐述它，也是一样"②。在他看来，作这样一种哲学的阐述，也就是逻辑学的任务。

科学认识的运动本身是一个辩证的发展过程，是从知性到理性的精神自我运动。黑格尔说："知性作出规定并坚持规定；理性是否定的和辩证的，因为它将知性的规定消融为无；它又是肯定的，因为它产生一般，并将特殊包括在内。"理性在它的真理中就是精神，精神比知性、理性两者都高，它把两者结合起来，是知性的理性或理性的知性。精神是否定物，它否定了单纯的东西，建立了知性所确定的区别，又消解了这种区别，所以它是辩证的。但是精神并不停留于否定，它同样又是肯定，因为它将被否定了的单纯的东西重新建立起来，但这却是作为一般的东西，它本身是具体的。黑格尔接着指出："这种精神的运动，从单纯性中给予

---

① 黑格尔：《逻辑学》，上卷，商务印书馆，第4页。
② 同上，第7页。

自己以规定性,又从这个规定性给自己以自身同一性,因此,精神的运动就是概念的内在发展:它乃是认识的绝对方法,同时也是内容本身的内在灵魂。——我认为,只有沿着这条自己构成自己的道路,哲学才能够成为客观的、论证的科学。"①

在这里,黑格尔的看法有其积极的、合理的一面。他把认识的发展看作一个辩证的不断深化的过程,通过不断的肯定和否定从个别提高到特殊和一般的过程,这对于反对思想僵化和认识的片面化、绝对化无疑是有益处的。他强调认识运动本身有它自己的辩证法,即他所说的"自己构成自己的道路",也有其积极的意义。从他的观点可以得出,认识不是像一面镜子那样的对外界的消极被动的简单反映,也不可能一次完成,而是一个自己运动的辩证发展过程。列宁对黑格尔的这种认识论观点曾经作了充分的评价。他说:"'自己构成自己的道路'=真实的认识、不断认识、〔从不知到知〕的运动的道路(据我看来,这就是关键所在)。"②

但是,黑格尔的这种观点是完全建立在彻底唯心主义的基础上的。在他那里,科学认识的运动并不是正常意义上的人对外部客观世界的认识运动,而是脱离了自然和具体的人的、被抽象化了的精神的自己运动。如果说,在《精神现象学》里,意识开始时还是作为具体的显现着的精神出现的,那么经过了自己发展的途程,它就解脱了直接性和外在具体性而变成了"纯知"或"绝对的

---

① 黑格尔:《逻辑学》,上卷,第4-5页。
② 《黑格尔〈逻辑学〉一书摘要》,《列宁全集》,第38卷,第84页。

知"。"纯知"以那些自在自为的纯粹本质自身为对象,它们就是纯思维,即思维其本质的精神。照黑格尔说来,《精神现象学》的这个结果就是《逻辑学》的出发点。因此,逻辑研究的不是一般的思维,而是抽象的纯思维,或者如他在《小逻辑》中所说,"逻辑学是研究纯粹理念的科学,所谓纯粹理念即是思想的抽象成分所形成的理念"①。黑格尔的所谓"纯粹本质"、"纯思维",无非是把一般人类思维加以抽象化而得出来的唯心主义的虚构,思维不仅完全摆脱了与外部客观世界的联系而独立,而且成为整个世界发展的内在基础。因此,列宁在肯定黑格尔认识论的辩证因素的同时,也有力地批判了他的唯心主义谬误。黑格尔说,意识的前进运动,正如全部自然生活和精神生活的发展一样,完全是以构成逻辑内容的纯粹本质的本性为基础。列宁针对黑格尔的这句话指出:"倒过来:逻辑和认识论应当从'全部自然生活和精神生活的发展'中引申出来。"②列宁的"倒过来",就把被黑格尔唯心地颠倒了的事物的真实关系重新摆正了。

  黑格尔批评以往的逻辑把思维形式和内容相割裂,似乎逻辑只涉及形式而缺乏内容。他说,"直到现在的逻辑概念,还是建立在通常意识所始终假定的知识内容与知识形式的分离或真理与确定性的分离之上的。首先,这就假定了知识的素材作为一个现成的世界,在思维以外自在自为地存在着,而思维本身却是空的,作为从外面加于质料的形式,从而充实自己,只是这样,思维才获得内容,并从而变成实在的知识。"③按照这种旧观点,逻辑仿佛

---

① 黑格尔:《小逻辑》,三联书店,第74页。
② 《黑格尔〈逻辑学〉一书摘要》,《列宁全集》,第38卷,第24页。
③ 黑格尔:《逻辑学》,上卷,第24页。

只构成知识的单纯形式,而被抽去了一切内容,它只能提供真正知识的形式条件,而不能包含实在的真理本身,也不能是达到真理的途径,因为真理的本质的东西,内容,恰恰是在逻辑以外。这样的话,思维规定就被当作只是供人使用的手段,只是附着于内容的形式,而非内容本身。黑格尔指出,自从亚里士多德以来的形式逻辑,就是这样的东西。他认为,这种形式逻辑无疑地有它的用处,可以借此使人头脑清楚,练习作抽象思考,也可以用来作为研究经验科学的工具,因而有人把形式逻辑叫作工具逻辑。但是,形式逻辑虽有其适用的领域,却并不适用于较高的真理,因为它同样可以作为错误和诡辩的工具,只涉及知识的正确性而不涉及真理本身。

在黑格尔看来,逻辑学的对象是真理,因此以往的形式逻辑显然已经不能适应了。形式逻辑有着根本的缺陷,"把真理放在一旁的这种考察思维的方式,是不完备的;要补充它,唯有在考察思维时,不仅要考察那通常算做外在形式的东西,而且也要考察内容"①。所以黑格尔的逻辑学是形式和内容的统一,二者是紧密地结合在一起的,"内容不如说是在自身那里就有着形式,甚至可以说唯有通过形式,它才有生气和实质;而且,那仅仅转化为一个内容的显现的,就是形式本身"②。列宁对黑格尔的这个思想是加以肯定的,他赞许地指出,"黑格尔则要求这样的逻辑:其中形式是具有内容的形式,是活生生的实在的内容的形式,是和内容不可分离地联系着的形式"③。黑格尔对形式逻辑

---

① 黑格尔:《逻辑学》,上卷,第16页。
② 同上,第17页。
③ 《黑格尔〈逻辑学〉一书摘要》,《列宁全集》,第38卷,第89页。

的这个批评是否正确或正确到何等程度,历来有不同的看法,我们在这里暂且不论。问题在于,他把形式和内容的统一作为他自己的逻辑学的原则提出来,这就指明了辩证逻辑区别于形式逻辑的本质特征。我们尽可以不同意他对形式逻辑的评价,但还得承认他在逻辑学的领域内进行了一场根本性的改革,创立了一种新的逻辑。

那么,什么是黑格尔所说的逻辑的内容呢?黑格尔是一个坚定的唯心主义者,他完全对这个问题作了唯心的解释。照他说来,随着内容被引入逻辑的考察之中,成为对象的将不是事物,而是事物的概念。个别事物是变灭无常的,而事物的概念、共相则长住不变。概念、共相就是事物的本质和真理所在,它不是感官所能把握,而必须通过反思才能理会。"思想不惟构成外界事物的实质,而且又构成精神现象的普遍实质。"① 但逻辑学所研究的还不是一般的思想、概念,而是纯思维、纯概念,这些东西本身就是一切对象和主观思维的核心与命脉。所以逻辑学不需要为思维形式从外面去寻找内容,相反,逻辑的思维本身就是那具有实体性的内容,而思维形式倒是从思维本身中推演出来的。黑格尔写道:"这种客观思维,就是纯科学的内容。所以纯科学决不是形式的,它决不缺少作为现实的和真正的知识的质料,倒是唯有它的内容,才是绝对真的东西,或者,假如人们还愿意使用质料这个名词,那就是真正的质料,——但是这一种质料,形式对于它并不是外在的东西,因为这种质料不如说是纯思维,从而也就是

---

① 黑格尔:《小逻辑》,第91页。

绝对形式本身。因此,逻辑须要作为纯粹理性的体系,作为纯粹思维的王国来把握。这个王国就是真理,正如真理本身是毫无蔽障,自在自为的那样。人们因此可以说,这个内容就是上帝的展示,展示出永恒本质中的上帝在创造自然和一个有限的精神以前是怎样的。"①

从这里我们可以清楚地看到,黑格尔怎样从唯心主义直接走向了神学的结论。当然,黑格尔的所谓上帝实际上是思维的神化、绝对化,它和一般宗教所宣扬的人格化的上帝还是有区别的。不过,无论如何,黑格尔的逻辑学为宗教的上帝创世说提供了哲学论证,这也说明唯心主义哲学与宗教神学往往有着内在的血缘关系。在当时,他把思维送进了神庙作为上帝来供奉,遭到了来自左、右两方面的批评。一些顽固不化的神学家认为黑格尔的这种做法简直是大逆不道,甚至指责他在宣传无神论。而像费尔巴哈那样的坚定的唯物主义者和无神论者,则批判黑格尔为神学提供了"最后的避难所",尖锐地指出"黑格尔的逻辑学,是理性化和现代化了的神学,是化为逻辑学的神学。神学的神圣实体是一切实在性、亦即一切规定性、一切有限性的理想总体或抽象总体,逻辑学也是如此"。②

费尔巴哈对黑格尔逻辑学的这一批判是有历史理由的,它在摧毁德国唯心主义哲学的长期统治这一点上也曾经起过历史的作用,因此应该予以肯定。但是,费尔巴哈并没有看到黑格尔逻辑

---

① 黑格尔:《逻辑学》,上卷,第31页。
② 《关于哲学改造的临时纲要》,《费尔巴哈哲学著作选集》,上卷,三联书店,第103页。

学思想中的合理因素,而且更重要的是,他只是指出了黑格尔的错误而并没有纠正这种错误。一般说来,像黑格尔那样的唯心主义者,要发现他的错误并不困难,困难的任务在于从他的唯心主义的外壳中剥出真正有价值的内核,并加以彻底的唯物主义的改造。在这方面,列宁对黑格尔逻辑学的批判改造是一个典范。列宁批判地吸取了黑格尔关于逻辑中内容与形式统一的思想,同时又对这种统一作了极其精辟的辩证唯物主义的解释:"逻辑不是关于思维的外在形式的学说,而是关于'一切物质的、自然的和精神的事物'的发展规律的学说,即关于世界的全部具体内容及对它的认识的发展规律的学说。换句话说:逻辑是对世界的认识的历史的总计、总和、结论。"[1] 逻辑不是没有内容的空洞形式,但黑格尔把逻辑的内容神秘化了,列宁则真正纠正了黑格尔的唯心主义错误,把逻辑的内容理解为整个世界的发展(包括人的认识发展在内)中的规律性的东西。这在哲学史上是一个伟大的创见。

  黑格尔认为,要改造逻辑学,就需要用一种新的方法。他说:"为了使逻辑的枯骨,通过精神,活起来成为内容和含蕴,逻辑的方法就必须是那唯一能够使它成为纯科学的方法。"这种方法不是别的,就是辩证法。用他的话来说,"这个方法就是关于逻辑内容的内在自身运动的形式的意识",或者说,这个方法与其对象和内容并无不同,"这正是内容本身,正是内容在自身所具有的、推动内容前进的辩证法"。[2] 在过去的旧逻辑中,没有概念的发展和

---

[1] 《黑格尔〈逻辑学〉一书摘要》,《列宁全集》,第38卷,第89-90页。
[2] 黑格尔:《逻辑学》,上卷,第35-37页。

转化，没有各个部分之间的内在的必然的联系，它的各个抽象概念是孤立的、静止不动的，在此概念与彼概念之间有着非此即彼的绝对界限，而它的各个部分的编排也只是罗列现象地把同类的东西摆在一起，把较简单的东西放在复杂的东西之前，整个结构只是基于这种外在的考虑。黑格尔的辩证的方法则把逻辑看作是概念发展的整个过程，各个概念之间有着矛盾、区别和相互转化，而构成一个有机的整体。列宁很重视黑格尔的这一思想，他说，"黑格尔提出两个基本的要求：（1）'联系的必然性'和（2）'差别的内在的发生'。"并且指出："非常重要！！据我看来，这就是下面的意思：1.某个现象领域的一切方面、力量、趋向等等的必然联系、客观联系；2.'差别的内在的发生'，是差别、两极性的进展和斗争的内部客观逻辑。"①

在黑格尔看来，概念运动的发展动力不在概念之外，而在概念本身之内。"引导概念自己向前的，就是前述的否定的东西，它是概念自身所具有的；这个否定的东西构成了真正辩证的东西。"辩证法包含着否定，概念的发展就是不断地自己否定自己，否则就不能前进，正是这些思维规定的内在否定性才是自身运动的灵魂，"一切自然与精神的生动性的根本"。但是，过去人们通常对辩证法有严重的误解，就是只把它看成一种外在的、否定的行动，而不属于事情本身。例如柏拉图的辩证法，只是企图使有局限性的主张自己取消自己、自己驳斥自己，结果就把辩证地研讨的对象化为空虚，一事无成。康德把辩证法提得比较高，因为他去掉

---

① 《黑格尔〈逻辑学〉一书摘要》，《列宁全集》，第38卷，第95-96页。

了辩证法的主观随意性的假象，而把它表述为理性的必然行动，但他也还是停留于辩证法的抽象的否定方面，断定理性不能认识无限的东西。黑格尔则认为，辩证法并不归结为单纯的否定，辩证的否定不是全盘否定，并不把对象消解为零或抽象的无。辩证的否定同样是肯定，它是一个新的概念，比它所否定的先行的概念更高、更丰富，它包含着先行的概念，但又比先行概念更多一些，并且是它和它的对立物的统一。概念的系统就是这样地通过不断的否定和肯定而构成的，只有这样地去理解辩证法，才能得出真正积极的成果。因而黑格尔作出结论说，辩证的方法就在于"从对立面的统一中把握对立面，或者说，在否定的东西中把握肯定的东西"。① 他的这个提法抓住了问题的实质，确实是对辩证法的一个精辟的概括。

  黑格尔的辩证法还表现在他对逻辑的东西的看法上。逻辑的东西是抽象物，逻辑的体系是"阴影的王国"，是摆脱了一切感性的具体性的单纯本质性的世界。逻辑的东西是个别的东西中的普遍性的东西，是共相，但"不仅仅是抽象的共相，而是在自身中包含了丰富的特殊事物的共相"。逻辑本身不是抽象的、僵死的、不动的，而是具体生动的统一。黑格尔的诸如此类的看法都贯彻着辩证法的精神，得到了列宁的赞赏。黑格尔的逻辑学强调研究具体概念，把具体概念理解为包含多样性于自身之内的有机整体，理解为互相联系着的不同规定的统一，这也和过去形式逻辑所研究的抽象概念有着很大的区别。

---

① 以上见黑格尔：《逻辑学》，上卷，第36页、第38-39页。

还有一点需要指出,黑格尔在哲学史上首先提出了逻辑和历史的一致的原则,他把概念、范畴的逻辑发展同哲学思想史联系起来考察,这也是他的逻辑学的一大特色。他说:"在哲学历史上所表现的思想进展的历程与在哲学系统里所发挥的思想进展的历程,原是相同的,不过在哲学系统里,解脱了历史的外在性或偶然性,而纯从思想的本质去发挥思想进展的逻辑历程罢了。"① 在他看来,历史上的那些哲学系统依次出现的次序,与理念里的概念规定的逻辑推演的次序是大体上一致的,因此只要撇开历史上各种哲学系统的外在形态和特殊应用,就可以得到理念自身发展的各个不同阶段的逻辑概念。应该看到,黑格尔关于逻辑与历史的一致的思想是建立在唯心主义基础上的,因而与辩证唯物主义对这个原理的理解是根本对立的。在他眼里,无论是逻辑或是哲学史,都无非是绝对精神的表现形式,都是绝对精神的自我认识的发展过程,两者在本质上是同一的,其区别仅仅在于:逻辑是绝对精神在概念中的发展,而哲学史则是绝对精神在历史上的发展。他的这种唯心主义观点当然是荒谬的,但是他毕竟第一个以唯心主义的歪曲的形式猜中了逻辑与历史的一致这个具有深刻意义的认识论原理,并且为人们研究认识的发展的内在规律提供了一种新的辩证方法。列宁很重视黑格尔对逻辑学的这一贡献,他说:"显然黑格尔是把他的概念、范畴的自己发展和全部哲学史联系起来了。这给整个逻辑学提供了又一个新的方面。"②

---

① 黑格尔:《小逻辑》,第67页。
② 《黑格尔〈逻辑学〉一书摘要》,《列宁全集》,第38卷,第117页。

我们承认黑格尔关于逻辑与历史的一致的原则的合理意义，决不意味着我们全部肯定他的逻辑范畴推演系统。黑格尔把逻辑学的一些范畴和哲学史上的一定学说联系起来，力求探索思维发展的内在规律性，这是有道理的。在他那里，逻辑学和哲学史是相互补充、相互印证的，这不能不说是一个优点。所以恩格斯在给康·施米特的信中指出："由于黑格尔的每一个范畴都是哲学史上的一个阶段（他在多数情况下也指出这种阶段），所以您最好把《哲学史讲演录》（最天才的著作之一）拿来作一比校。"① 但是，问题在于，黑格尔不是从历史出发去引出他的一系列逻辑范畴，而是相反地要求历史去符合他的逻辑范畴的推演。因此，他在解决历史与逻辑的关系问题时，虽然有时他能依据"广大的历史知觉"，在他的逻辑系统中提供了某些符合历史发展的成分，但有时他却为了凑合自己的逻辑体系而歪曲了历史，或者牵强附会，陷于独断主义。所以恩格斯在上述的信中又指出，在黑格尔的《逻辑学》中，"从一个范畴过渡到另一个范畴，或者从一个对立面过渡到另一个对立面，几乎总是随意的，经常是通过俏皮的说法表述的"。恩格斯劝告施米特说，"在这方面思考过多，简直是浪费时间"。② 我们在后面谈到黑格尔的逻辑范畴推演时，还要具体地指出他的这种唯心主义的随意杜撰。

马克思主义也主张逻辑与历史的一致，但是却和黑格尔不同，始终把历史放在首位。马克思主义认为，首先必须以科学的客观态度充分尊重历史事实，然后才能正确地解释逻辑与历史的

---

① 《马克思恩格斯全集》，第38卷，第203页。
② 同上，第202-203页。

一致,而决不能把二者的关系弄颠倒,把历史看作逻辑的附属品。恩格斯在评论马克思《政治经济学批判》一书中的方法时写道:"整个说来,经济范畴出现的顺序同它们在逻辑发展中的顺序也是一样的……逻辑的研究方式是唯一适用的方式。但是,实际上这种方式无非是历史的研究方式,不过摆脱了历史的形式以及起扰乱作用的偶然性而已。历史从哪里开始,思想进程也应当从哪里开始,而思想进程的进一步发展不过是历史过程在抽象的、理论上前后一贯的形式上的反映;这种反映是经过修正的,然而是按照现实的历史过程本身的规律修正的。"① 这就是马克思主义的逻辑与历史的统一观。显然,只有用这样的辩证唯物的观点去批判地考察黑格尔的《逻辑学》,才能深刻地揭示出黑格尔逻辑学与哲学史的真实联系,吸收其有用的、合理的因素,彻底地批判其独断的、杜撰的、反历史的因素。

---

① 《卡尔·马克思〈政治经济学批判〉》,《马克思恩格斯选集》,第2卷,第122页。

三、黑格尔对以往哲学的评论

　　黑格尔从自己的辩证的唯心主义立场出发,对他的某些哲学前驱作了一番评述和检查。在《小逻辑》中,这个历史回溯的部分几乎占了全部篇幅的四分之一。黑格尔把他们的学说概括为思想对客观性的三种态度,所谓思想对客观性的态度实际上也就是在思维与存在这个哲学基本问题上的态度,所以他对这三种态度的评论具有很重要的意义。通过对前人的批判,黑格尔也阐明了他自己的哲学世界观的某些特点。

　　思想对客观性的第一种态度指的是康德以前的旧形而上学,特别是莱布尼茨、沃尔夫学派的哲学。黑格尔认为,这是一种素朴的态度,它还没有认识到思想中的矛盾以及思想与自身的对立,而深信只要借助于反思就可以认识真理,并使对象的真实性质呈现在意识前面。初期的哲学,一切科学,甚至一切日常生活和意识活动,差不多都是采取这种态度的,因此虽然在哲学史上它已经是过去的东西,但实际上现在还普遍地存在着。这种旧形而上学认为思想的规律和形式就是事物的基本规律和形式,因此凭借思想可以认识事物本身,而事物的真实性质就是思想所认识的那样。仅从这一点来说,旧形而上学主张世界是可知的,似乎比后来康德的不可知论哲学还要高明一些。但是,黑格尔指出,这种旧形而上学有着一些根本的缺陷,它未能超出分析的知性的范围,以为抽象的孤立的思想概念即本身自足,可以用来表达真理而有效准。换言之,它只是用抽象的知性的观点去把握理性的对象,可是真理本身却是无限的,是不能用有限的概念或范畴所认知和表达的。他说:"旧形而上学的思想是有限的思想,因为此种思想老是活动于其所坚执的限制之内,而不知对它所执着的限制,再加以否定或扬弃。"① 因此,这种形而上学的体系就会转化成为独断论,因为依照有限范畴的性质,它必须于两个相反的论断之中,肯定其一必真,而另一必错。"独断论坚执着严格的'非此必彼'的方式。譬如说,世界不是有限的,则必是无限的,两者之中,只有一种说法是真的。殊不知,具体的玄思的真理,正好不是这样,正好没有这种一偏的坚执,因此亦非片面的范畴所能穷尽。玄思的真理乃包含有这些片面的范畴之联合的全体,而独断论则执着各分离的范畴,以为坚定的真理。"② 按照这种形而上学的观点,像偶然性与必然性、本质与现象、形式与质料、自由与必然、幸福与痛苦、善与恶这些一对对的范畴,都是绝对对立的。

黑格尔通过对第一种态度的评述,深刻地揭露了形而上学方法的实质,并且用他自己的唯心辩证法来与之相对抗。后来恩格斯在谈判形而上学方法时指出:"在形而上学者看来,事物及其在思想上的反映,即概念,是孤立的、应当逐个地和分别地加以考察的、固定的、僵硬的、一成不变的研究对象。他们在绝对不相容

---

① 黑格尔:《小逻辑》,第107—108页。
② 同上,第112页。

的对立中思维；他们的说法是：'是就是，不是就不是；除此以外，都是鬼话。'"①。应该说，黑格尔对形而上学方法的概括说明基本上是和恩格斯一致的，他对形而上学的批判也确实能击中要害。但是，他的主要贡献还在于正面提出了辩证法的观点。他反对把对象看作孤立的、现成的、僵死的东西，而主张由对象自己规定自己，自由地表达自身，并力求避免思想和认识的片面性和僵化，把各个思想范畴看作具有内在联系的统一整体。他强调对立的范畴之间的相互依赖和相互转化，把它们理解为对立的统一。凡此种种，都无疑地具有积极的意义。

黑格尔所说的思想对客观性的第二种态度，包括以培根和洛克为代表的经验主义和康德的批判哲学。这一部分占的篇幅最多，内容也最为重要。

前面已经谈到黑格尔在《精神现象学》里曾批判过经验主义，现在他对经验主义的剖析又深入了一步。他认为，经验主义的出现是由于两种需要：一是要求有具体的内容，以救治知性的抽象理论，因为知性自身无法从它的抽象的一般概念进展到特殊的确定的事实；一是要求有一个坚实的据点，以排除在抽象的知性范围内按有限思想范畴的方法去证明一切和任何事物的可能性。总之，"经验主义力求从经验中，从外在和内心的当前经验中去把握真理，以代替纯从思想本身去寻求真理"②。

黑格尔指出，由于抽象的知性形而上学不可能满足上述两种要求具体内容和坚实据点的需要，因此经验主义的兴起有其必然

---

① 《反杜林论》，《马克思恩格斯选集》，第3卷，第61页。
② 黑格尔：《小逻辑》，第121页。

性。但是,在他看来,经验主义却并不能真正补救旧形而上学的根本缺陷。问题在于,经验主义者企图把属于感觉、知觉和直观的内容提升为一般的观念、命题和规律,而在个别的直接经验中却并没有这些普遍性的东西,因此他们只得把形成抽象概念的能力归诸思维,而且不自觉地、毫无批判地运用了形而上学的那些范畴(如物质、力、一、多、普遍性、无限性等等)而重蹈覆辙。经验主义不能正确理解个别与一般、感觉经验与理性认识之间的相互辩证关系,所以它的前提虽然和旧形而上学不同,但它们所用的方法却可以说是一样的。例如经验主义所应用的分析方法,对知觉的复多的具体内容,像剥葱一般地一层一层地加以分析,它自以为是让对象呈现其本来面目,不增减改变任何成分,其实却把一个统一的整体分解成各个互不相关的孤立的部分,把对象具体的内容变为抽象,把有生命的东西弄成僵死的了。黑格尔认为,要想把握对象,分别作用是不可少的,但分别只是认识历程的一个方面,主要之点仍在于使分别开的各部分复归于联合,这样才能把握事物的内在联系。经验主义的分析方法以具体材料为出发点,这比形而上学从抽象思想出发要较胜一筹。但是,这种分析坚执着事物的区别而忽视其内在联系,而且这些区别仍然只是一些抽象概念、思想,因此当把这些思想认作对象本身时,就又回到了形而上学的前提,即认为事物的真理即在思想之中。

应该承认,黑格尔对经验主义的批判有其合理的一面,因为欧洲近代的经验主义也和当时的理性主义一样,未能摆脱形而上学思想的局限性,所以他把形而上学方法作为它们的共同思想特征是有道理的。但是,我们也应看到,黑格尔对经验主义的批判包含着对唯物主义的攻击。他说,"经验主义概以外在的世界为真实,虽则亦承认有超感官的世界,但又认为对那一世界的知识是不可能的,而认我们的知识须完全限于感觉的世界。这个基本原则若彻底发挥下去,就会成为后来所叫做的唯物论。唯物论以物质的本身为真实的客观世界。但物质本身已经是一个抽象的东西,物质之为物质是无法知觉的。所以我们可以说,没有物质这个东西。"① 在这里,他抓住了唯物的经验主义的缺陷和弱点,因为物质的概念确实不是凭感官所能感知的,但是根据这一点却绝对不能得出"没有物质这个东西"的结论。应该知道,物质的抽象和一切科学的抽象一样,都更深刻、更正确、更完全地反映着自然。② 黑格尔否认物质的存在,这完全是出于他的唯心主义的偏见,因为任何一种抽象都是无法知觉的,那么根据同样的理由,岂不是它们都是子虚乌有的东西吗?为什么他单单否认物质的存在呢?其实,他所推崇的绝对理念之类的东西倒真是没有的,而物质这种客观实在却不依赖于我们的主观感觉和意志而顽强地存在着,这是人们亿万次的实践所证明了的。

在思想对客观性的第二种态度这部分中,主要的还是有关康德批判哲学的评述。黑格尔在这里对康德展开了全面的批判,无论就批判的深度和广度来说都是空前的。列宁非常赞赏黑格尔对康德哲学的批判,把这看作哲学批判的一个成功的例子。他曾经批评普列汉诺夫和当时其他马克思主义者多半是从庸俗唯物主义的观点去批判康德主义,只是不痛不痒地驳斥康德的议论,"而

---

① 黑格尔:《小逻辑》,第126页。
② 参见《黑格尔〈逻辑学〉一书摘要》,《列宁全集》,第38卷,第181页。

没有纠正(像黑格尔纠正康德那样)这些议论,没有加深、概括、扩大它们,没有指出一切的和任何的概念的联系和转化"。① 当然,黑格尔对康德的批判是贯串于《逻辑学》全书的,他自己说,他之所以在这部著作中常常考虑到康德哲学,是因为"它总是构成近代德国哲学的基础和出发点"②。由于我们在后面讨论《逻辑学》的各篇章时还要不断地涉及这个问题,所以在这里只限于对黑格尔的某些一般性的批评意见作一考察。

首先,黑格尔指出,康德哲学和经验主义一样把经验作为知识的唯一基础,不过在康德看来,知识还够不上真理,而只是关于现象的知识而已。康德根据对经验的分析,把经验分为感觉的材料和感觉的普遍关系,前者是在知觉中给予我们的,而后面这种普遍性和必然性的成分则不能在知觉中找到,而只能来自主体,它们属于思想的自发性,是先天的东西。这就是思想的范畴或知性的概念。黑格尔说,康德以前的旧形而上学往往接受和应用一些现成的范畴,未经考察就不加怀疑地把它们作为自然的前提,而不去追问它们究竟在什么限度内具有价值与效准。康德把自己的哲学称作"批判哲学",就是因为他主张首先要对认识能力进行批判,要求在认识之前,必须考察一下认识能力。黑格尔认为,这种要求虽然貌似有道理,实则像劝人在没有学会游泳以前勿先下水一样可笑。"不用说,思想的形式诚不应不加考察便遽尔应用,但须知,考察思想形式已竟是一种知识历程了。"③ 因此,在他

---

① 《黑格尔〈逻辑学〉一书摘要》,《列宁全集》,第38卷,第190-191页。
② 黑格尔:《逻辑学》,上卷,第45页。
③ 黑格尔:《小逻辑》,第129页。

看来，考察认识能力本身就是一种认识，离开认识过程去考察认识能力是根本错误的。

必须承认，在这一点上黑格尔对康德的批判是正确的。康德虽然比以前的旧形而上学前进了一步，但他把认识能力和认识发展过程割裂开，把认识能力看作一成不变的先天的东西，这本身就是一种形而上学的观点。黑格尔则把认识能力看作自身发展的过程，反对把范畴、思想形式当作现成的框架。他说："我们必须对于思想形式的本质及其整个的发展，加以考察。思想形式既是研究的对象，同时又是对象自身的活动。因此可以说，这乃是思想形式考察思想形式的自身，故必须由其自身以决定其自身的限度，并揭示其自身的缺陷。"① 他还指出，这种思想活动便叫作思想的辩证法，辩证法并不是从外面强加于思想范畴，而是内在于思想之中的。正因为这个缘故，我们除了循着思想发展过程本身去探索思想的辩证法以外，别无其他途径去考察人的认识能力。黑格尔实际上已经接近于作出这样的结论："为了学会游泳，必须潜入水中"。

其次，黑格尔认为，康德对于思想范畴的考察有一个重要的缺点，就是他没有从这些思想范畴本身去考察它们，而只是去确定它们是主观的还是客观的。康德虽然把思想中有普遍性和必然性的东西称为客观的，但实际上他所谓的思想的客观性仍然是主观的，"因为，依康德讲来，思想虽说是有普遍性和必然性，但只是我们的思想，而与事物自身间却有一个无法渡越的鸿沟隔开

---

① 黑格尔：《小逻辑》，第129页。

着。须知思想的真正客观性应该是：思想不仅是我们的思想,同时复是事物的本身,或对象的本质"①。黑格尔说,具有普遍性和必然性的思想范畴,如统一性、因果关系等等,虽然不是感觉到而是思想本身的功能,但决不能因此就断定它们只是属于我们的,只是主观的,而不复是客观对象的性质。"但照康德的看法,范畴却只是属于我们的,不是对象的性质,所以他的哲学就是主观唯心论。"②

  黑格尔揭露了康德认识论的主观唯心主义实质,这无疑是他的一个功绩。他反对主观与客观的割裂与对立,把认识发展过程理解为主客观统一的过程,认为我们的思想不是单纯主观的东西,而有着客观的内容,构成对象的本质。他的这些看法包含着辩证的合理因素。列宁说："黑格尔要求的是和实质相符合的抽象:'事物的客观概念构成事物实质本身',——按照唯物主义的说法,就是和我们对世界的认识的实际深化相符合的抽象。"③但是,我们也应该看到,黑格尔对康德的主观唯心主义的批判,是建立在唯心主义的思维与存在的同一性的基础之上的。事实上,只有经过列宁的批判改造,黑格尔的思想才显示出它的合理的意义,而在黑格尔本人那里,认识过程中的主客观的统一完全是加以唯心主义解释的。黑格尔对"客观"的理解和康德并无不同,他虽然不得不承认大多数人把"客观"理解为"存在于我们之外的事物,并自外面通过我们的感觉而达到我们的事物",但他

---

① 黑格尔：《小逻辑》,第131页。
② 同上,第134—135页。
③ 《黑格尔〈逻辑学〉一书摘要》,《列宁全集》,第38卷,第88页。

却把这种素朴的唯物主义见解贬低为"日常生活习用的语言"、"自然意识",认为它是非哲学的见解。黑格尔所谓的"客观"实际上指的是共相,共相既是思想本身,又是对象的本质,所以绝对精神的自我认识过程表现为主客观的统一。他说,"我们最好抛开主观和客观的区别,而着重对象内容的真实性,内容之为内容,既是主观的,又是客观的。"黑格尔甚至否认认识对象的实在性在认识论中的意义,在他看来,只是说事物存在,对于事物的真实性并无帮助,因为凡是存在的,转瞬可以变为不存在。① 个别事物转瞬即逝,共相则常住不变。这样,黑格尔就在主客观的统一中强调精神第一性的原则,而把整个客观物质世界"消融"掉了。

再次,黑格尔坚决地驳斥了康德的不可知论,深刻地批判了康德的所谓"自在之物"。大家知道,在康德那里,本体和现象之间横着一条永远不可逾越的鸿沟,我们所能认识的只是现象世界,而"自在之物"则处于我们无法认识的彼岸。黑格尔指出,所谓无法认识的"自在之物"只不过是摆脱了一切规定的抽象,是"极端抽象、完全空虚的东西",只要从一个对象抽出了关于它的一切意识成分,一切情感态度,以及一切确切的思想,便可得到"自在之物"的概念。这个虚假的概念仍然不过是思想的产物而已。所以他说,我们常听说"自在之物"不可知,不禁感到惊讶,其实再也没有比"自在之物"更容易知道的了。康德认为,思维的作用只能用来整理我们感官所感知的现象世界的感觉材料,而

---

① 参见黑格尔:《小逻辑》,第135页。

不能帮助我们去认识"自在之物"本身。关于这一点，黑格尔回答说："假如批判哲学对这种三项之间的关系，理解为：思维作为中介，处于我们和事物之间，而这个中介不是使我们与事物结合，反倒是使我们与事物分离；那么，对于这种观点，可以回答一句简单的话，即：纵使这些事物被假定为超出我们以外，超出与它们有关的思维以外，而处于另一极端，它们本身也恰恰是思想物，并且因为完全无所规定，所以只是一个思想物——即本身是空洞抽象的所谓'自在之物'。"①

黑格尔对康德的不可知论的这一批判，曾经得到列宁的充分肯定。列宁说："在我看来，论据的要点如下：（1）在康德那里，认识把自然界和人分隔（隔离）开来；而事实上认识是把二者结合起来的；（2）在康德那里，自在之物的'空洞的抽象'代替了我们关于事物的认识的日益深入的、活生生的进展、运动。"② 因此，黑格尔的看法正好与康德相反，他肯定世界是可知的，而正是通过认识的深化运动使人和自然界日益接近和紧密地结合起来。作为一个唯心主义的可知论者，他对不可知论始终采取不调和的批判态度。正如恩格斯所指出，在驳斥不可知论方面具有决定性的东西，已经由黑格尔说过了，凡从唯心主义观点所能做的，他都已做到了。然而，正由于黑格尔的出发点是唯心的，所以他对不可知论的批判也不可能使我们完全满意。

问题的关键仍在于黑格尔是以唯心主义的思维与存在的同一性理论为依据去批判不可知论的。黑格尔把唯心辩证法的对

---

① 黑格尔：《逻辑学》，上卷，第13页。
② 《黑格尔〈逻辑学〉一书摘要》，《列宁全集》，第38卷，第88页。

立统一规律应用于思维与存在的关系问题,对哲学基本问题的第二个方面,即思维能否认识现实世界、思维与存在有没有同一性的问题,作了肯定的答复。恩格斯说:"在黑格尔那里,对这个问题的肯定回答是不言而喻的:我们在现实世界中所认识的,正是这个世界的思想内容,也就是那种使世界成为绝对观念的逐渐实现的东西,这个绝对观念是从来就存在的,是不依赖于世界并且先于世界而在某处存在的;但是思维能够认识那一开始就已经是思想内容的内容,这是十分明显的。"[1]恩格斯既指出了黑格尔承认思维与存在的同一性,肯定他比否认这种同一性的康德高出一头,同时又深刻地揭露了黑格尔关于思维与存在的同一性理论的唯心主义和神秘主义性质。因为在黑格尔看来,存在、整个客观世界无非是思维、精神的"外化",思维对存在的关系也只不过是自我认识而已,所以他要证明的结论实际上是早已默默地包含在前提之中了。

黑格尔还敏锐地看到,康德的不可知论必然会导致信仰主义。他说,康德哲学的结果就是:"理性不能认识到真的内蕴,至于绝对的真理,就须付之于信仰"[2]。当然,黑格尔虽然反对用信仰来代替理性,但他自己也还是没有真正彻底抛弃信仰主义。相反,他是用把理性神化的办法来保存宗教信仰,只是用理性崇拜来取代偶像崇拜罢了。列宁说得好:"康德贬损知识,是为了给信仰开辟地盘;黑格尔推崇知识,硬说知识是关于神的知识。唯物

---

[1] 《路德维希·费尔巴哈和德国古典哲学的终结》,《马克思恩格斯选集》,第4卷,第221页。

[2] 黑格尔:《逻辑学》,上卷,第46页。

主义者推崇关于物质、自然界的知识,把神和拥护神的哲学混蛋打发到阴沟里去。"①

最后,我们还要提到黑格尔对康德的二律背反的批评。康德认为,理性如果要尝试认识世界的本质,就必然会陷于矛盾(他一共列举了四种矛盾),但这种矛盾不属于对象本身,而只属于企图去认识对象的理性。对此,黑格尔指出,康德承认理性世界的矛盾的必然性,这是近代哲学的一个最重要的进步,因为在以前的旧形而上学看来,如果知识陷于矛盾,那只是由于推论和说理方面的主观错误而造成的一种偶然的差错,而康德则认为当思想要去认识无限时,思想自身的本性里便有陷于矛盾的趋势。但是,黑格尔同时又指出,康德认为本身具有矛盾的不是世界的本质,而只是思想的本质、理性,这是出于对世界事物的一种"过度的温情主义"。他说,康德对于理性的矛盾缺乏更深刻的研究,所以只列举了四种矛盾,而实际上在一切种类的对象里,在一切表象、概念和理念里都可以发现矛盾,"知道这点并且认识一切对象之矛盾性乃是哲学思考的本质"。在他看来,康德虽然承认理性矛盾,但并未认识其积极意义,而只是停留于"自在之物"不可知的消极结果里。"理性矛盾的真实积极的意义乃在于认识凡一切真实之物都包含有相反的成分于其中。因此认识甚或把握一个对象,也就是要觉察到此对象为相反的成分之具体的统一。"②

在这里,黑格尔一方面肯定了康德思想中的辩证因素,另一方面也批判了康德辩证法的不彻底性。在他看来,康德把矛盾局

---

① 《黑格尔〈逻辑学〉一书摘要》,《列宁全集》,第38卷,第181-182页。
② 黑格尔:《小逻辑》,第144页。

限于理性的本身,这是完全错误的,因为矛盾不仅存在于主观的反思中,而且存在于一切对象和事物中,并不是当人们应用思想范畴去把握世界时才陷入矛盾,而毋宁说整个世界本身就充满着矛盾。因此,就承认矛盾的普遍性这一点而言,黑格尔的辩证法思想显然要比康德高明得多。尤其是,在康德那里辩证法仍然只是起着消极的作用,似乎它只是证实了理性认识世界的无能,而黑格尔则真正从积极的意义上肯定了思维的辩证法,因为他认为思辨的思维、理性的威力正在于认识和把握住矛盾,又能在矛盾中把握住自身。从哲学史来看,康德关于二律背反的辩证思想确实对黑格尔辩证法的形成起过有益的启发作用,但这种作用不应予以夸大,不应估计过高。应该看到,黑格尔的辩证法在德国古典唯心主义哲学的发展中代表着一个新的最高阶段,无论就哪一方面来说都是康德的辩证法思想所无法比拟的。

总起来说,黑格尔在评述思想对客观性的第二种态度时对康德哲学的批判是全面而深刻的。这是从更为彻底的客观唯心主义立场出发对康德的二元论和主观唯心主义的批判,是从彻底的唯心主义可知论出发对康德的不可知论的批判。这一批判之所以有着极大的价值,是由于它始终闪耀着辩证法的光辉。不少现代西方学者和第二国际理论家竭力贬低黑格尔对康德的批判的意义,要求"回到康德去",主要也是由于他们不能容忍黑格尔的辩证法。但是,马克思主义自有评判康德和黑格尔的标准。恩格斯说:"要从康德那里学习辩证法,这是一个白费力气的和不值得做的工作,而在黑格尔的著作中却有一个广博的辩证法纲要,虽然它是从完全错误的出发点发展起来的。"① 这里需要补充一句,这个广博的辩证法纲要不在别处,就在黑格尔的逻辑学里。

黑格尔接着讨论了思想对客观性的第三种态度,即直接知识或直观知识。我们记得,在《精神现象学》里,他已经对谢林鼓吹直接知识和"理智直观"的非理性主义观点进行了批判。现在他又一次回到这个问题,不过并不是直接谈谢林哲学,而是谈耶柯比。

黑格尔指出,耶柯比的直接知识论和康德的批判哲学有其共同的一面,即都认为思想不能认识真理,但得出这个结论的出发点却正好相反。康德认为思想是主观的,其样式为抽象的普遍性或形式的同一性,而真理则是具体的普遍性,因而思想无法把握真理。相反,耶柯比则认为思想只是一种个别的活动,不能超出有限的东西,因而不能认知具有普遍性的真理。在他看来,由思想而得到的间接知识只是对于有限事物的知识,其内容只是个别的、依赖的和有限的,因此要追求真理和无限,就只有借助于直接知识、信仰。耶柯比这里所谓信仰或直接知识,其实也就是人们所说的灵感,内心的启示,天赋予人的真理,或所谓人们健康的理智或常识,不过是以事实或真理直接呈现于意识为基本原则而已。黑格尔批评说,这种直接知识论不仅认为孤立的间接知识不足以把握真理,而且主张单依靠直接知识而完全排斥任何间接性就可以把握真理,这仍然是一种形而上学的观点。"这种孤立的排斥性即显得这观点仍然陷于固执着'非此即彼'的形而上学的理

---

① 《自然辩证法》,《马克思恩格斯选集》,第3卷,第469页。

智观点里,亦即事实上仍然陷于外在间接的关系中,所谓外在间接的关系,即是基于固执着有限或片面的范畴的关系。对于这种有限的范畴,持直接知识的人,误以为业已超出了,而实际上则尚未达到。"①

从辩证法的观点出发,黑格尔反对把直接性与间接性绝对地对立起来,而主张两者的统一,他的《逻辑学》的整个第二部分,即关于本质的学说,就是讨论直接性与间接性的内在统一。他指出:"知识的直接性不惟不排斥间接性,而且两者是这样结合着的:即直接知识实际上乃是间接知识的产物和结果。依同样的观点,显然直接存在与间接存在也是结合着的。"② 在这里,黑格尔反对单纯的直接知识,而强调间接性的作用,实际上和他过去在《精神现象学》中反复说明的观点是一致的,那就是认为对真理的认识不是一蹴即就的,不是一次完成的,而需要经过中介和自身矛盾展开的过程,需要有一个发展、教育和学养的历程,这样才能把握住真理的全部丰富的内容。所以黑格尔对直接知识的批判,实质上是坚持认识中的辩证法、反对形而上学的斗争。

黑格尔还毫不留情地揭露了直接知识论所必然导致的恶果,那就是完全把真理当作主观的东西,因为真理的标准不在于内容的性质,而只在于意识本身,判断真理完全凭主观的信仰。这样的话,"对于一切的迷信和偶像崇拜均可解释为真理,并且对于任何毫无道理并违反道德内容的意志要求,均可加以辩护。印度人即是不根据我们所说的间接知识,不根据理论和推理,而只是单

---

① 黑格尔:《小逻辑》,第170—171页。
② 同上,第172页。

凭信仰，便直接承认母牛、猿猴、或婆罗门、喇嘛为神"。[①]因此，总的来说，黑格尔对直接知识论的评价是不高的，指责它空洞肤浅、内容贫乏，他对耶柯比也颇有一些不敬的评论，如说耶柯比的理论"放纵于想象与确信之狂妄的任意中，沉溺于道德的夸大和情感的矜骄中，或流入于一无准则的独断和枯燥的辩论中"等等。但是，黑格尔的这些批评不仅是对耶柯比个人的，而且也是针对当时提倡非理性主义认识论的谢林和整个浪漫派的。从《精神现象学》到《逻辑学》，黑格尔始终是非理性主义的坚决批判者。

上面我们简略地考察了黑格尔关于思想对客观性的三种态度的评述。毫无疑问，黑格尔对前人的批判是从他自己的绝对唯心主义的立场出发的，但我们决不能仅仅根据这一点而简单地作出这种批判是"来自右面的批判"的结论。问题在于，这种批判同时也是从辩证法出发对形形色色的形而上学观点的批判，而这一点恰恰是更为本质的东西，也是它的真实内在价值之所在。事实上，黑格尔在《小逻辑》中批判了思想对客观性的三种态度后，紧接着就在进一步探究逻辑学性质时对辩证法作了非常精彩的阐明。

黑格尔指出，辩证法经常被人误解为单纯的怀疑主义或肤浅的诡辩术，这些看法都是错误的，因为就其真正固有的性质而言，辩证法乃是知性所规定的一切事物的真实本质，是支配一切事物和整个有限世界的规律。他说："辩证法构成科学进步之推动的命脉。惟有凭借辩证法，科学内容才能达到内在联系和必然性，

---

① 黑格尔：《小逻辑》，第176页。

并且惟有由于辩证法,知识方面或实在方面,才能有真正的超出有限,而不只是外在的超出有限。"因此,在他看来,"正确地认识并把握辩证法的性质是极关重要的。辩证法是实在世界中一切运动,一切生命,一切事业之推动的原则。同样,辩证法又是知识范围内一切真正科学知识的灵魂。"① 辩证法是普遍地存在的,不管知性如何常常执拗地反对辩证法,但我们却切不可认为承认辩证法的存在的仅限于哲学意识,因为它表现为遍在于其他各级意识和普通经验里的一种规律。甚至可以说,我们周围的每一个事物都可以被看作辩证法的一个例证。在这里,黑格尔正是把辩证法作为整个世界(包括自然界和精神在内)的最普遍的规律来看的。

正因为如此,所以辩证法既不是怀疑主义,也不是诡辩。黑格尔认为,辩证法的哲学包括着怀疑主义作为自身的一个环节,但却并不像怀疑主义那样仅仅停留在辩证法的消极的结果上。辩证法也决不能同诡辩混为一谈,因为诡辩只是辩证法的一种主观的运用,其本质仍在于承认孤立的片面的抽象原则本身就是对的,只要这原则对个人有利;而辩证法则完全不同,它的出发点是就事物本身的存在和过程加以客观的考察,借以揭示出片面的知性范畴的有限性。这样看来,辩证法不应该是消极的、主观的,而应该是积极的、客观的;它不是单纯的否定,而同时也是肯定。所以黑格尔说,辩证法或积极的理性就要在概念的对立中认识到它们的统一,或者在对立双方的分离和过渡中认识到它们所包含的

---

① 黑格尔:《小逻辑》,第187-188页。

肯定。黑格尔对辩证法的这种理解是深刻的,曾经得到列宁的赞同。列宁写道:"辩证法,正如黑格尔早已说明的那样,包含着相对主义、否定、怀疑论的因素,可是它并不归结为相对主义。"①

在哲学史上,黑格尔是第一个这样自觉地认识到辩证法的重大意义的哲学家。实际上,他的逻辑学也就是辩证法。在过去,唯一比较接近于黑格尔逻辑学的是亚里士多德的逻辑学,亚里士多德在每一步上提出的问题也正是关于辩证法的问题,到处都显露出辩证法的活的萌芽和探索。不过亚里士多德的辩证法思想究竟还只是素朴的、不系统的、不够自觉的,而且他弄不清一般和个别、概念和感觉、本质和现象等等的辩证法,而陷入"稚气的混乱状态"。②后来在中世纪他的逻辑学更被变成了僵死的经院哲学,其中辩证法的萌芽完全被扼杀了。黑格尔的历史功绩就在于,他在亚里士多德之后二千多年重新在逻辑学中提出了辩证法的问题,并且系统地探讨了辩证法的基本规律,建立了一个完整的体系。尽管在黑格尔的逻辑学中,辩证法是倒立着的,而且被神秘化了,然而赋予辩证法以目前大家所熟知的那种形式,终究还是数他最早。

---

① 《唯物主义和经验批判主义》,《列宁选集》,第2卷,第136页。
② 参见《亚里士多德〈形而上学〉一书摘要》,《列宁全集》,第38卷,第416-418页。

四、黑格尔逻辑学的开端——"有论"

黑格尔的《逻辑学》是关于概念的自己运动的科学。因此，根据概念发展的不同阶段，他把《逻辑学》分为三个部分：有论、本质论和概念论。按照他的说法，在有论中谈的是思想的直接性，亦即概念之自在或潜在性；在本质论中则研究思想的反映或间接性，亦即概念之自为和映现；到了概念论，思想回复到自身并在自身中发展，亦即概念之自在和自为。他把前两部分称为客观逻辑，把后一部分称为主观逻辑。

为了论述的方便，我们将按照黑格尔本人的逻辑推演系统依次地探讨《逻辑学》的主要内容。我们要再一次强调指出，这并不是意味着承认他的逻辑推演系统的合理性。尽管黑格尔精心安排了一个庞大的逻辑推演系统，在这方面花费了许多笔墨，但他的《逻辑学》的主要价值却并不在这里。甚至可以说，这恰恰是其中比较没有意义的无聊的东西。这一点连黑格尔自己也多少感觉到了，他在谈到《逻辑学》一书的方法时也不得不承认，该书中所提出的各卷、各编、各章的划分和标题（实际上也就是整个逻辑范畴推演系统）以及有关的说明，都只有"历史的价值"，它们都算不上这门科学的内容和体制，而只是外在思考的编排。这些标题与划分，本来只是"内容的宣告"，不应该有其他的意义。黑格尔着重的是"事情本身"的研讨，而在他看来，辩证法正是属于"事情本身"的。黑格尔《逻辑学》之所以使我们感兴趣，是由于其中包含着如此丰富的辩证法，而麻烦的是这种辩证法又是以这样一种纯粹是概念推演的形式表现出来的。我们因此不得不顺着黑格尔的逻辑推演系统去寻找和发掘辩证法，却又必须防止被它牵着鼻子走。

在作了这一番预先的说明后，我们现在就试图对黑格尔《逻辑学》这座庞大的迷宫作一次探险的旅行。为了不致在其中迷失方向，必须牢牢地把握住阿里阿德涅的线，这条引路的线不是别的，就是马克思列宁主义的科学。

（一）黑格尔关于哲学开端的论述和费尔巴哈的批判

黑格尔的《逻辑学》是从有论开始的，他的全部逻辑体系的出发点是"有"，或者更确切地说，是"纯有"。为什么要以此作为出发点？黑格尔在《逻辑学》中专门写了一节："必须用什么作科学的开端？"来回答这个问题。

我们记得，在《精神现象学》里黑格尔也曾经面临科学的认识从哪里开始的问题，因此对他来说，这不是一个新问题。但是，在《逻辑学》里，他是从不同的角度来重新提出这个问题的。如果说，在《精神现象学》里他从意识自身的经验出发，把"感性确定性"作为认识的开端，这在他看来多少是不证自明的，那么，在

《逻辑学》里情况就有所不同。《逻辑学》不能依据意识的经验,因为它不像《精神现象学》那样是意识的科学,而是关于纯思维(亦即脱离了人的思维抽象)的科学,或者叫作"纯科学"。因此,黑格尔认为,逻辑的开端不能够到经验中去寻找,而只能从自己本身来得到论证。

　　黑格尔承认,要找出哲学中的开端,是困难的事,因为这个开端必定或者是间接的东西,或者是直接的东西,而无论是这一个或那一个,又都会遇到反驳。黑格尔怎么去解决这个困难呢?他的答案是:这个开端既是间接的,同时又是直接的。"无论在天上、在自然中、在精神中或任何地方,都没有什么东西不同时包含直接性和间接性,所以这两种规定不曾分离过,也不可分离,而它们的对立便什么也不是。"① 具体地说,逻辑是"全面发展的纯粹的知",而"纯知"则是《精神现象学》中意识所达到的最后结果,因此逻辑学的开端是间接的,它要以整个精神现象学为中介。但是,作为逻辑学开端的那个"纯知"又是单纯的直接性,它完全不以任何东西为中介,它本身究竟是什么还一无所知,还有待于进一步加以规定和发展。黑格尔说:"这种单纯直接性的真正名称是纯有。正如纯知只应当完全抽象地叫做知本身那样,纯有也只应当叫做一般的有:有,并没有任何进一步的规定和充实,此外什么也不是。"这样的单纯直接性才适宜于作为逻辑的开端,因为开端"必须直捷了当地是一个直接的东西,或者不如说,只是直接的东西本身。正如它不能对它物有所规

---

① 黑格尔:《逻辑学》,上卷,第52页。

定那样,它本身也不能包含任何内容,因为内容之类的东西会是与不同之物的区别和相互关系,从而就会是一种中介。所以开端就是纯有"。①

黑格尔认为,逻辑的开端决不能是一个具体物,不能是在本身中包含着一种关系那样的东西,因为具体物必然是经过中介的规定了的东西,是已经进一步发展了的东西,那就不成其为开端了。所以,在他看来,开端还仅仅是有,而不是其他什么,这是"开端本身的本性"。像这样的有是完全空无内容的,等于什么也还没有,所以黑格尔说,有与无这两个对立物在开端中合而为一,"开端包含有与无两者,是有与无的统一"。②

在谈论逻辑的开端问题时,黑格尔提出了关于认识、概念的圆圈式发展的思想。这个思想在《精神现象学》一书中也已经表述过,现在又得到了进一步的发挥。他强调指出,科学的整体本身是一个圆圈,在这个圆圈中,开端和终结是相互合一的,那最初的东西将是最后的东西,最后的东西也就是最初的东西。最初的开端是极其简单、贫乏、抽象和空洞的,随着逻辑的前进运动,它逐渐越来越得到发展,变得丰富而具体,这个结果是从开端中演绎出来的东西,是开端的概念的充分展开和发展,只有到这时才能对开端真正有所认识。黑格尔这样写道:"开端的规定性,是一般直接的和抽象的东西,它的这种片面性,由于前进而失去了;开端将成为有中介的东西,于是科学向前运动的路线,便因此而成了一个圆圈。——同时,这也发生了如下的情况,即:那个造成开

---

① 黑格尔:《逻辑学》,上卷,第54页。
② 同上,第59页。

端的东西,因为它在那里还是未发展的、无内容的东西,在开端中将不会被真正认识到,只有在完全发展了的科学中,才有对它的完成了的、有内容的认识,并且那才是真正有了根据的认识。"①

黑格尔关于逻辑学的开端的这种看法,引起了各式各样的批评。最值得我们注意的是费尔巴哈的批评,他和黑格尔唯心主义彻底决裂的宣战书《黑格尔哲学批判》就是以关于开端的问题作为批判重点的。费尔巴哈对黑格尔的这一批判究竟正确到什么程度,我们应该作一探讨。

作为一个坚定的唯物主义者,费尔巴哈始终是从哲学的根本问题,即思维和存在、精神和物质何者具有第一性的问题出发,来批判黑格尔关于哲学的开端的看法。哲学的开端不是无足轻重的,它具有本身是第一性的东西的意义。在费尔巴哈看来,黑格尔关于开端的概念本身就成问题,他责问说:"为什么一般地要有这样一个开端呢?难道开端的概念不再是一个批判的对象,难道它是直接真实并且普遍有效的吗?为什么我就不能在开始的时候抛弃开端的概念,为什么我就不能直接以现实的东西为依据呢?"②他说,黑格尔是从有开始,也就是从有的概念或抽象的有开始,为什么就不能从有本身,亦即从现实的有开始呢?费尔巴哈指出,尽管黑格尔在《逻辑学》里批评了费希特把自我作为开端,但实质上黑格尔的方法基本上却仍然就是费希特的方法。黑格尔虽然要比费希特高明,黑格尔哲学确实是曾经存在过的体系中最完备的体系,但是这种成体系的思维仍然只是"自己表达自

---

① 黑格尔:《逻辑学》,上卷,第56-57页。
② 《黑格尔哲学批判》,《费尔巴哈哲学著作选集》,上卷,第51页。

己的思维"。费尔巴哈认为,黑格尔的根本缺陷在于,他"并不是从思想的对方开始,而是从关于思想的对方的思想开始"。这也不仅是黑格尔一人的问题,而可以说是整个德国唯心主义哲学的通病,它全部都是从自己开始,而不是从自己的对方开始的。相反,费尔巴哈则要求建立一种"从自己的对方中间产生出来的哲学",这种哲学从现实的存在开始,承认感性的、个别的存在的实在性,把自然当做第一性的东西。① 他虽然没有使用唯物主义这个名词,但他在这里所说的显然就是通常所理解的与唯心主义相对立的唯物主义哲学。

费尔巴哈揭穿了黑格尔所玩弄的唯心主义戏法。他说,我从头到尾读完了黑格尔的《逻辑学》,在结尾的地方我又回到了开端。黑格尔的思辨的秘密就在于:只要你承认了开端,也就必然要得到这样的终结,因为终结是早已潜在于开端之中的。一旦承认了作为逻辑的开端的"有",也就承认了作为逻辑的终结的绝对理念。"有"本身就是理念,就是具有直接性的理念,因此从"有"发展到绝对理念的整个过程是早已安排好了的,黑格尔的证明不管有什么样的科学严格性,都只具有形式的意义,因为"黑格尔

---

① 在写了《黑格尔哲学批判》之后两年,费尔巴哈又写了一篇评论莱伊夫著作的文章"论'哲学的开端'"(1841年)。这篇文章不仅是针对莱伊夫的,而且也是从唯物主义立场出发批判了德国唯心主义哲学关于哲学的开端问题的错误观点。在那里,他说:"哲学不是在自己的路途的终端达到实在,而无宁是从实在开始的。只有这条路,而不是作者根据费希特时代以来的思辨哲学所指出的那条路,才是唯一自然的,亦即合理的和正确的路。精神后于感觉,而不是感觉后于精神:精神是事物的终端而不是开端"(《费尔巴哈哲学著作选集》,上卷,第87页)。他还指出,哲学必须从自己的反面,从自己的"他我"(也就是自然界)开始,否则开端将总是主观的,将总为自我所吞没。

把他预先提出来当作中介阶段和环节的东西,已经设想成为绝对理念所规定的东西"①。开端和终结的同一,无非就是意味着,绝对理念里面就包含着"有"和本质,而"有"和本质则只是理念的两个环节而已。所以,在黑格尔那里,绝对理念就是"潜在的逻辑"。

应该承认,费尔巴哈对黑格尔的这一批判是击中要害的,他正是抓住了黑格尔的唯心主义的出发点而加以有力的驳斥,从而使整个黑格尔哲学体系发生了动摇。马克思说"费尔巴哈在他向黑格尔作第一次坚决进攻时以清醒的哲学来对抗醉熏熏的思辨"②时,正是充分肯定了费尔巴哈的这一历史功绩。但是,我们也应该指出,费尔巴哈对黑格尔的这一批判只有在唯物主义同唯心主义斗争的意义上才是完全正确的,一旦超出了这个范围,他的批判就显得片面和不够深刻了。一般地可以这样说,费尔巴哈只看到黑格尔的观点的唯心主义错误性质,而完全没有看到它在方法论上的积极意义。只要把费尔巴哈的看法同马克思主义经典作家作一比较,就能立刻发现他们之间的差距。

例如,费尔巴哈不理解,黑尔格把逻辑的进程看作从抽象到具体的发展,虽然是加以唯心的解释,但作为一种研究方法来说却具有一定的合理性,因为它符合于人的认识发展的辩证法。费尔巴哈只注意到黑格尔把抽象的东西作为开端的错误,而把黑格尔观点中的合理因素和错误的东西一起抛弃掉了。马克思就不是这样。马克思一方面深刻地批判黑格尔的唯心主义错

---

① 《黑格尔哲学批判》,《费尔巴哈哲学著作选集》,上卷,第65页。
② 《神圣家族》,《马克思恩格斯全集》,第2卷,第159页。

误,另一方面又肯定从抽象到具体是"科学上正确的方法"。他指出,在科学研究中从实在和具体开始,从现实的前提开始,似乎是正确的,但更仔细地考察一下就能发现这是错误的。"具体之所以具体,因为它是许多规定的综合,因而是多样性的统一。因此它在思维中表现为综合的过程,表现为结果,而不是表现为起点,虽然它是现实中的起点,因而也是直观和表象的起点。"①所以正确的科学研究方法应该是从一些最简单的、抽象的概念出发,逐步走向愈来愈丰富复杂、愈来愈具体的概念,或者叫作"抽象的规定在思维行程中导致具体的再现"。马克思说,黑格尔的错误就在于他把人们对具体事物的认识过程和具体事物的产生过程混为一谈了。"因而黑格尔陷入幻觉,把实在理解为自我综合、自我深化和自我运动的思维的结果,其实,从抽象上升到具体的方法,只是思维用来掌握具体并把它当做一个精神上的具体再现出来的方式。但决不是具体本身的产生过程。"②只要破除了这种唯心主义的幻觉,把从抽象上升到具体的方法放到唯物的基础上去,就可以使它成为科学研究的有力武器,马克思的《资本论》就是使用这种方法的光辉例证。我们知道,《资本论》的研究是从最简单、最抽象的规定(商品)开始的,但正是在商品交换这种简单的价值形式中,却已经包含着资本主义的尚未展开的一切主要矛盾。马克思通过一步一步的分析揭示了矛盾的发展过程,最后使我们达到了对资本主义社会的完整而具体的认识。列宁说,"不钻研和不理解黑格尔的全部逻辑学,

---

① 《〈政治经济学批判〉导言》,《马克思恩格斯选集》,第2卷,第103页。
② 同上。

就不能完全理解马克思的《资本论》,特别是它的第一章"。① 这样讲不是没有理由的。

又如,费尔巴哈对黑格尔关于认识的圆圈式发展的思想,也缺乏一分为二的正确估价。他揭露和批判了黑格尔的唯心主义的潜在说,却没有看到除了这些糟粕以外,黑格尔的圆圈式发展的思想还以唯心的歪曲形式深刻地反映了认识的矛盾进展的辩证法。而且费尔巴哈对黑格尔的这一思想的理解是过于简单化的。在黑格尔那里,开端和终结确实是同一的。但这决不能理解为,开端就等于终结,二者毫无区别,像 A = A 那样。所谓开端就是终结,无非是说开端的概念是潜在的最终概念,而最终概念则是充分展开了的开端概念。因此,从开端到终结是一个矛盾进展的过程,在开端中矛盾潜在着,到终结时则矛盾得到了充分的展开。从形式上看,这种概念的运动似乎是回复到自身的发展。但这不是简单地回到开端,不是循环论,而是否定的否定,因为开端时的简单而又抽象的概念,到终结时已变得无比丰富而具体了。只要剥掉黑格尔唯心主义的神秘外衣,就能发现在这外衣下所包含着的对人的认识发展的辩证过程的深刻理解。这是费尔巴哈所做不到的,而列宁则做到了。列宁十分重视黑格尔关于认识的圆圈式发展的思想,在《哲学笔记》中曾多次采用"圆圈"的提法,同意"科学是圆圈的圆圈",认为"圆圈"的说法是"一个非常深刻而确切的比喻",并且还指出,"人的认识不是直线(也就是说,不是沿着直线进行的),而是无限地近似于一串圆圈、近似乎螺旋的

---

① 《黑格尔〈逻辑学〉一书摘要》,《列宁全集》,第38卷,第191页。

曲线"。①

从上面这两个例子可以看出,费尔巴哈在关于哲学的开端的问题上对黑格尔的批判是有局限性的,其原因就在于他不懂得把辩证法应用于认识论,也看不到黑格尔把辩证法(尽管是唯心的辩证法)应用于认识论的重大意义。一般说来,这也是马克思主义以前一切旧唯物主义者在认识论方面的根本缺陷。

(二)黑格尔"有论"的起点:
有-无-变

黑格尔把有论分为三部分:质、量和尺度。他不同意康德在《纯粹理性批判》一书中把量列在质之前,认为这是毫无理由的。在他看来,质与量相比较,质就其本性来说是在先的,作为直接的规定性,质是最初的,必须用它来作开端。

作为开端的有,是无规定的直接的东西,它的这种无规定性也就构成它的质。所以黑格尔《逻辑学》的第一个概念——有、纯有,是最简单、最抽象、最直接的,它没有任何更进一步的规定,它只是与自身相同,对内对外都还没有区别。黑格尔这样说道:"有是纯粹的无规定性和空。——即使这里可以谈到直观,在有中,也没有什么可以直观的;或者说,有只是这种纯粹的、空的直观本身。在有中,也同样没有什么可以思维的;或者说,有同样只是这种空的思维。"②这样一个无规定的、空洞的东西,实际上就

---

① 以上见《列宁全集》,第38卷,第251、271、411页。
② 黑格尔:《逻辑学》,上卷,第69页。

是无，比无恰恰不多也不少。于是从有就产生了第二个概念——无，"无与纯有是同一的规定，或不如说是同一的无规定，因而一般说来，无与纯有是同一的东西"①。

在黑格尔看来，有与无是统一的，在每一现实事物或思想中，都不难指出这种有与无的统一。他说，"无论天上地下，都没有一处地方会有某种东西不在自身内兼含有与无两者"②。但是，这样的看法却被有些人当作怪论而拒不接受。"片面的抽象思维经常把自己称为健全的人的知性，它否认有与无的结合。或者是有，或者是无。第三者是没有的。"③很明显，黑格尔在这里说的所谓"健全的人的知性"，指的就是与辩证思维相对立的形而上学的思想方法。

形而上学论者把有与无看作是绝对对立的东西，二者互相排斥，没有任何共同之处，更不能相互转化。他们在绝对不相容的对立中思维，使有与无这两个概念变成了固定的、僵死的、一成不变的东西。"在他们看来，一个事物要么存在，要么就不存在；同样，一个事物不能同时是自己又是别的东西。"④与形而上学的观点相反，黑格尔则论证了有与无之间并没有一条不可逾越的鸿沟。有与无这两个概念是可以互相转化的，有可以转化为无，无也可以转化为有，有与无之间的这种相互的辩证转化，按照黑格尔的说法，就是变。这样，从有与无又得出了一个新的概念——

---

① 黑格尔：《逻辑学》，上卷，第70页。
② 同上，第73页。
③ 参见黑格尔：《哲学初阶》。
④ 恩格斯：《反杜林论》，《马克思恩格斯选集》，第3卷，第61页。

变,它是有与无的真理。

黑格尔指出,有与无固然是统一的,但这里的真理并不是两者的无区别,而是两者并不同一,两者之间有区别,并且每一方都直接消失于它的对方之中。所以,有与无的真理就是"一方消失于另一方之中的运动,即变"。他说,有与无的统一本身包含着区别并建立了区别,只有凭借区别,才能理解这种统一。变不仅是有与无的统一,而又是"内在的不安息"。有与无在变中是有区别的,也只有在它们有区别时,才发生变。所谓变,也就是过渡。"有过渡到无,无过渡到有,为变的原则。"① 这里就可以看到变的两个环节:从有过渡到无,就是消灭;从无过渡到有,就是发生。"两者都同样是变,它们虽然方向不同,却仍然相互渗透、相互制约。"② 值得我们注意的是,黑格尔不仅认为,有与无在其统一(变)中,只是作为消逝的东西,只不过是被扬弃的东西,而且他还认为,有与无不是相互扬弃,不是一个在外面将另一个扬弃,"而是每一个在自身中扬弃自己,每一个在自身中就是自己的对立物"③。因此,不仅有与无是对立的统一,而且有与无这两个概念本身也都是对立的统一,区别是内在地发生的,并导致自己扬弃自己。概念发展的源泉完全不在外部,而在于概念自身的矛盾。这种观点虽然带有唯心主义的性质,却是彻底辩证的。

黑格尔不满足于有与无的一般的对立和统一,而力图去寻找

---

① 黑格尔:《小逻辑》,第208页。
② 黑格尔,《逻辑学》,上卷,第97页。
③ 同上。

更高的"第三者"。这正是他的辩证法思想的高明之处。在他看来,有与无毕竟只是空虚的抽象,只有第三者——变才是第一个具体思想。他说,"无论在什么地方,用什么方式谈到有或无,都必定有这第三者;因为有、无并不自为地持续存在,而只是在变中,在这第三者中。"① 所以,有与无自身辩证的、内在的本性,就是把变表现为它们的真理。如果说,有是肯定,无是否定,那末变就是否定的否定。因此,黑格尔把变放在较高的位置。实际上,变也不仅是黑格尔《逻辑学》中的一个范畴,它始终贯串于黑格尔的整个辩证法体系,成为他的世界观的中心思想之一。一切都处于不断的变化和发展中,一切都在不断地产生和消灭。黑格尔的这种变的思想当然不是偶然产生的,这无非是法国大革命所造成的西欧社会大变革和自然科学新发现所引起的科学变革,在他的思想上的反映。

根据逻辑与历史的一致的原理,黑格尔认为,"那在科学上是最初的东西,必定会表明在历史上也是最初的东西"②。所以,逻辑上的概念的发展过程,是与哲学史上各种学说的发展进程大体上相符合的。只是在逻辑上从一个范畴推进到另一个范畴似乎很容易,而在历史上从一个范畴推进到另一个新范畴则往往要花费数百年之久。像"有-无-变"这样一个逻辑概念发展进程,就可以在古代哲学史上找到相应的根据。代表有这一范畴的是古希腊的埃利亚学派,尤其是巴门尼德;代表无这一范畴的是

---

① 黑格尔:《逻辑学》,上卷,第83页。
② 同上,第77页。

古代东方哲学,例如佛教哲学;而代表变这一范畴的则是赫拉克利特。黑格尔说,逻辑开始的地方也就是真正的哲学史开始的地方,逻辑学以纯有作为开端,真正的哲学史则开始于巴门尼德,因为他把纯有当作绝对物,当作唯一的真理。在这里,黑格尔显然是出于他自己的唯心主义体系的需要,而任意剪裁和曲解哲学史,因为古希腊哲学史决不是从巴门尼德才开始的,这点我们暂且不论。重要的是,黑格尔对赫拉克利特的高度评价实质上表达了他对变这一范畴的理解。他说:"深奥的赫拉克利特举出变这个全面性更高的概念,来反对那种简单片面的抽象,并且说,有比无并不更多一点,或者又说:一切皆流,也就是说,一切皆变。——一切有的东西,在出生中,本身就有它消逝的种子,反过来,死亡也是进入新生的门户。"① 应该说,黑格尔不仅抓住了赫拉克利特哲学的本质,而且也深刻地阐明了辩证法勇于变革的精神。我们还应指出,黑格尔的这一看法是和恩格斯相接近的。②

黑格尔关于"有-无-变"的思想当然是建立在唯心主义基础上的,因为他在这里谈的完全是与物质世界无关的概念本身的矛盾发展。但是,在他的这一思想中确实包含着丰富的辩证法,正因为如此,他受到了来自现代西方哲学家们的批评和反对。例如,曾经被某些人无聊吹捧为"比黑格尔更高明的黑格尔主义者"、英国新黑格尔派的代表之一麦克塔格特,就竭力贬低和缩小黑格尔关于变的思想的意义,硬说变作为一个逻辑范畴是不包含

---

① 黑格尔:《逻辑学》,上卷,第71页。
② 关于这一点,参见《反杜林论》,《马克思恩格斯选集》,第3卷,第60页。

变化的意思的。他说:"变化包含着变化的东西中的某种永恒的因素的存在——这个因素本身是不变的。因为假如两种状态没有任何共同之处,那就没有理由说一种状态会变成另一种状态。因此,任何一个东西要能发生变化,它就必须能分成两种因素,其中一种因素是不变的。而这在质的范畴内是不可能有的。"① 麦克塔格特甚至建议,为了使辩证法的历程更加清楚,干脆取消变这个范畴,而代之以"向实有的过渡"(Welergang in das Dasein),作为有与无的综合。说实话,他这样做决不会使辩证法的历程"更加清楚",而只是用形而上学的精神阉割了辩证法。另一位当代的黑格尔哲学研究者芬德莱,虽然为黑格尔的变的概念作了一点辩护(应该说这一辩护是软弱的、很不像样的),但他也不能理解黑格尔赋予这个概念的重要意义,而认为它像有与无一样仍然是毫无内容的空虚的东西。②

在这个问题上,对黑格尔的另一种来自右面的批判,是由胡塞尔的现象学和存在主义者海德格尔、萨特所提出来的。同时,也可以说,胡塞尔、海德格尔、萨特等人的观点是黑格尔唯心主义向主观主义和反理性主义方向的恶性发展。他们把有与无联系在一起,把二者等量齐观,或把有归结为无。③ 在他们的这些观点

---

① 麦克塔格特:《黑格尔〈逻辑学〉评注》,英文版,1931年,第18页。
② 参见芬德莱:《对黑格尔的一个重新检查》,英文版,1958年。
③ 例如,胡塞尔在"关于一种纯现象学和现象学哲学的想法"一文中,就提出过有就是无的论点。海德格尔更在这方面做了大量文章,他指出,"有与无是互相联系着的"(《什么是形而上学?》,德文版,1949年,第36页),无就是有的本质,"这个无是作为有而存在着的"(同上,第41页)。不仅如此,连 Dasein 也被他界说为:沉入于无。

中,无疑可以看到黑格尔的影响。[①]但是,存在主义者反对黑格尔把有与无看作思维的抽象,而赋予它们以本体论的意义,把它们当作实体性的东西,而使之极端神秘化了。他们实际上是继承了克尔凯郭尔的路线,把有与无同个人的主观感受状态联系起来,使有与无变成既不能加以认识、也不能被思考的不可思议的东西。[②]在他们那里,有与无之间完全没有任何中介的环节,更谈不上向更高的范畴——变的过渡。像萨特就特别反对黑格尔的"扬弃"这个概念,[③]而"扬弃"的概念却正是黑格尔在《逻辑学》中谈到变的时候特别着重加以阐释的。

以上这些情况说明,现代西方哲学家们已经完全没有能力去理解黑格尔关于"有-无-变"的辩证法思想,他们所能做到的只是化神奇为腐朽而已。这是整个资产阶级哲学思想没落的必然结果。

（三）从有到实有,质的规定, 有限与无限

通过变,黑格尔从有进到了实有。实有是规定了的有,而有

---

① 海德格尔说:"难道有不是某种类似无的东西吗? 实际上,不是别人,而正是黑格尔本人说过:'所以纯有与纯无是同一的东西'"(《康德和形而上学的问题》,德文版,第217页)。

② 存在主义所谓的"有",带着强烈的主观唯心主义色彩。海德格尔说,"有是通过人而自称为有的"(《康德和形而上学的问题》),又说:"存在只有就人的本质才说得上,这就是说,只有就人之'有'的方式才说得上"(《论人道主义》)。"无"也同样如此,人面对着无,被无包围着,苦恼就是"对无的具体掌握"(萨特:《有与无》)。

③ 参见萨特:《有与无》。

则是不曾规定的。因此,实有不再是一个抽象,而是一个"具体的东西",在它那里开始出现它的环节的许多规定和各种有区别的关系。

实有是由变产生出来的,是变的结果。黑格尔说:"变由于自身的矛盾而过渡到有与无皆被扬弃于其中的统一。由此所得的结果就是实有。"① 但这里会发生这样的问题:变如何不仅是变,而会有结果呢? 他回答说,变是作为一种完全不安息的状态呈现在我们面前,但它又不能在这种抽象的不安息中保持其自身。不仅有与无会在变中消失,而且变本身也必然会消失。他把变比作一团烈火,把材料烧毁之后它自身也会消灭。但是变的过程的结果却不是空虚的无,而是与否定相同一的有,即实有。实有的最初含义就是它是经过了变的。

黑格尔认为,从抽象的有推进到实有这样一个"具体的东西",乃是变的结果。因此,变不是消极的,而是有积极成果的。实有是作为具有某种规定性的有而出现的,是具有一种性格的有。它的这种规定性、这种直接存在着的性格就是质。实有反映在它自己本身的这种性格里就是实有之物,或某物。黑格尔指出,质和有具有同一性质,某物之所以成为某物,就是由于它的质,如果某物失去它的质,则它就停止为某物了。在这里,我们应该注意,黑格尔所说的实有,并不是指在时间和空间中现实存在的事物,而只是在逻辑意义上的具有规定性的有。② 因此,他所讲的和唯物主义者所说的事物的质的规定性是有区别的。但不可

---

① 黑格尔:《小逻辑》,第210页。
② 在这一点,库诺·费舍的理解是正确的。

否认，他还是以唯心主义的、歪曲的、抽象的形式提出了关于质的规定性的问题。

从实有引出了实在这个概念。黑格尔说，"任何一个实有都是某个在自身内部有分别的有。一方面，它自身存在着；另一方面，它又同别的东西有关系。连同这两个规定一起来加以思考的实有，就是实在。"①他批判了形而上学的实在概念，因为形而上学论者把实在看作不包含矛盾、也不包含否定的那种肯定物，似乎各种实在并不彼此对立，也不互相扬弃。他指出，"在这样的实在概念里，须要假定从思想上排除了一切否定，实在还仍然留存着；但是，这样一来，实在的一切规定性也就被扬弃了。实在是质，是实有；所以它包含否定的环节，而且唯有通过这种环节，它才是被规定的，实在就是这个被规定的东西。"②因此，在黑格尔看来，实在和否定并不是不相容的，相反，它们乃是构成实有概念的两个环节。

前面一开始就说过，黑格尔的所谓实有是规定了的有。否定之所以成为实有的一个环节，就是因为在他看来，一切规定的基础就是否定。黑格尔十分赞赏斯宾诺莎的一句名言：一切规定都是否定，认为这个命题极为重要。他说，不加反省的观察者总以为有规定性的东西只是肯定的，而看不到其中否定的一面。其实，"规定性是肯定地建立起来的否定"。③比如说，这是一个三角形。"三角形"这个规定当然是一种肯定，但它同时也包含着对

---

① 黑格尔：《哲学初阶》。
② 黑格尔：《逻辑学》，上卷，第104页。
③ 同上，第105页。

于"三角形"以外的一切形状的否定,也就是说,这不是一个正方形、长方形、圆形、梯形……以及如此等等。如果看不到规定性本身之中的肯定与否定的辩证关系,也就不能对规定性有正确的理解。

神秘主义哲学家柏麦使用过一个哲学上的双关语,把"质"(qualitas)和"痛苦化"(Qualierung)两重意思结合在一起。黑格尔则对柏麦的这个用语作了新的解释,他说这是指一种质在自身中的运动,"因为质在自己的否定性中(在它的痛苦中),从他物建立并巩固了自己,总之,那是它自身的骚动不宁,就这种不宁静而言,质只有在斗争中才会发生并保持自己"。① 因此,在他看来,质并不是轻而易举地产生,而是要经过否定和矛盾斗争才能建立起来的。从这里又推进到一对新的范畴——某物与他物。

黑格尔指出,质是与实有不可分离的,实有只是"规定了的、质的有"。一个实有之所以区别于别的实有,是由于它的质,由于它自身特有的规定性,所以可以把它称之为"内在之有"。在这个意义上,实有是实有物,是某物。所谓某物,就是区别于其他实有的某个实有,而与某物有区别并与之相对立的实有则是他物。黑格尔认为,某物和他物并不是固定的,两者首先都是实有物或某物,又同样都是他物。他说,哪一个被先提到,并且仅仅因此而叫作某物,这并不重要。"假如我们称一实有为甲,另一实有为乙,那么乙就被规定为他物了。但是甲也同样是乙的他物。用同样的方式,两者都是他物。"② 我们用"这个"来确定区别和确定

---

① 黑格尔:《逻辑学》,上卷,第108页。
② 同上,第111页。

被认为是肯定的某物,但这只是主观的,因为"一切和每个某物,都恰恰既可以是'这个',也可以是'那个'"。① 由此可见,某物和他物都被规定为既是某物,又是他物,所以二者是同一的。

对于任何一个某物来说,都包含两方面。一方面,它是"为他之有";另一方面,它又是"自在之有"。黑格尔说:"为他之有和自在之有构成某物的两个环节。这里出现了两对规定:1.某物与他物;2.为他之有与自在之有。第一对的规定性还没有关系,某物与他物各自分离。但是它们的真理就是它们的关系,因此,为他之有和自在之有就是第一对规定作为同一事物的环节而建立的,并作为这样的规定,即:它们就是关系,而且仍然留在它们的统一中,即实有的统一中。"② 在这里可以看得很清楚,黑格尔强调的是事物之间的关系。任何一个事物如果离开了与其他事物的一切辩证的联系而孤立地加以考察,那就不可能对它有所认识。从这种辩证法的观点出发,黑格尔尖锐地批判了康德关于"自在之物"的学说。他指出,康德关于自在之物不可知的说法似乎很高超,曾被人当作了不起的智慧,而实际上所谓自在之物却只是一个很简单的、没有真理的、空洞的抽象。"假如事物之被称为自在的,是由于一切为他之有抽掉了,总之,这就是说,由于事物没有任何规定,被设想为无:在这种意义之下,当然不能知道什么是自在之物。"③ 形而上学的哲学思维,包括康德的批判哲学在内,都不理解自在之有和为他之有的区别和相互联系,而仅限于

---

① 黑格尔:《逻辑学》,上卷,第111页。
② 同上,第113—114页。
③ 同上,第115—116页。

主张和引出自在之有的东西。

前面在谈到思想对客观性的第二种态度时，已经叙述过黑格尔对康德的自在之物的批判。这里黑格尔又从新的角度、即从事物之间的普遍联系和相互转化的观点，加深了他的批判。列宁认为"好极了！！"并且赞赏地说："这是非常深刻的：自在之物及其转化成为他之物（参看恩格斯）。自在之物一般地是空洞的、无生命的抽象。在生活中，在运动中，一切的一切总是'自在'的，在对他物的关系上又是'为他'的，它们从一种状态转化为另一种状态。"①

黑格尔在说明某物是为他之有和自在之有的统一以后，进一步对某物作了细致的分析，提出了规定、状态和界限等概念。所谓规定，指的是作为自在之有的肯定的规定性，质就可以叫作某物的规定，而某物就是充实了它的规定。例如，人的规定是思维的理性，人就是由于这种规定性而与兽类有区别。所谓状态，指的是作为为他之有从外面获得的规定性，因此发生了这样或那样的状态，就要从外在影响和关系去理解某物。黑格尔认为，假如某物发生变化，那末变化是发生在某物的状态之内，某物本身在变化中仍然保持着自身，变化只涉及其"他有"的不经久的外表，而并不涉及它的规定。至于界限，它也是一种规定性，这个规定性与某物的自在之有同一，又使某物与其他某物自然联合而又互相否定，彼此公开。黑格尔说，"在界限中，某物和它的他物划了界限。——但是他物本身，一般也是一某物；所以某物对他物所具

---

① 《黑格尔〈逻辑学〉一书摘要》，《列宁全集》，第38卷，第110页。

有的界限,也是作为某物的他物的界限,也就是他物的界限。"①因此,界限并不是单方面地仅仅适用于某物的,而必须从某物和它们之间的辩证的相互关系上去理解。不过,界限基本上还是对某物来说的,某物之所以有,就是由于它的界限,这个某物的有由于界限而成其为某物,在界限中有着它的质(黑格尔指出,这里说的是质的界限,决不能把质的界限和量的界限相混淆)。因此,某物只有在界限中才成其为某物,但某物在其界限中又是"不平静"的,它在界限中就内在地是矛盾,而矛盾则迫使它超出自身。正由于这种自身的辩证法,点超出自身就变成线,线变成面,而面则变成全部的空间。黑格尔认为,所有这些都是已经包含在界限的概念之中的。这里,我们可以看到黑格尔辩证法思想中的一些合理的东西。对一个事物来说,界限对它是一种肯定,构成它的实在性,同时又是对它的一种否定、一种限制。但是,由于事物自身的内在矛盾,又驱迫它超出自身,突破界限的限制,于是就有事物的发展,而发展的动力则全在于事物内部的矛盾。这确实不能不说是卓越的见解。

从界限就得出"有限"这个范畴。有界限的某物诚然是一个有限物,但我们说事物是有限的,还不仅仅是说它们是有界限的,倒不如说是因为"非有"构成它们的本性,构成它们的有。换句话说,所谓事物是有限的,就是指它是要消灭的。黑格尔说,"有限物不仅像一般某物那样变化,它并且要消灭。它的消灭不是仅仅可能的,假如是那样,它也就可能不消灭。有限的事物的这

---

① 黑格尔:《逻辑学》,上卷,第121-122页。

样的有,乃是以消灭的种子作它们的内在之有:它们的生时就是它们的死时。"① 所以他又说,有限事物的存在的真理就是它们的终结,有限事物的规定,除了它们的终结,就再没有下一步的规定了。

黑格尔从有限过渡到无限这个范畴。无限是作为对有限的否定而出现的,但是,无限物并不因此就事实上去掉了局限性和有限性,因为存在着两种无限:坏的无限和真正的无限。坏的无限只是:"有限化了的无限",不是真无限,因此黑格尔认为,主要的是要把无限的真概念和坏的无限区别开,把理性的无限和知性的无限区别开。

什么是坏的无限呢? 黑格尔说:"某物成为一他物,而他物自身亦是一某物,因此它亦同样成为一他物,如此递推,以至无限……这种无限是坏的或消极的无限。因为这种无限是空虚的,只是有限之否定,而有限性仍然重复发生,还是没有被扬弃。换句话说,这种无限只表示有限事物之应该扬弃罢了。"② 知性把这种坏的无限当作最高的、绝对的真理,但类似这样的无穷进展却并不是真正的无限。比如说,当我们谈到空间和时间的无限性时,最初想到的总是那时间的无限延长,空间的无限扩展,无论确立一个什么限度,总能超出这个限度继续不断地向前延伸。但我们必须放弃这种无穷地向前进展的思考,这并不是因为作这种思想太崇高,而是因为这太烦琐无聊,无非是同一事情的无穷重

---

① 黑格尔:《逻辑学》,上卷,第125页。
② 黑格尔:《小逻辑》,第216页。

演。我们先立一个限度，又超出这个限度，于是再立一个限度，再超出这个限度，如此递进，以至无穷。在这个过程中，除了表面上的变换以外，没有别的，实际上从来也未能摆脱有限的范围。所以黑格尔指出，"这种坏的无限性，本身就与那种长久的应当是同一的东西；它诚然是有限物的否定，但是它不能够真正从有限物那里解放自己；有限物又在无限本身那里出现为无限的他物，因为这个无限物只是在与它的他物，即有限物的关系中。到无限的进展因此只是重复的单调，是有限物与无限物使人厌倦的、老一套的交替。"① 在这里，黑格尔在批判坏的无限性时，也顺便批评了康德和费希特的伦理思想。他认为，康德和费希特始终没有超出"应当"的观点，而无穷尽地逐渐接近理性律令的假设，就是按这一途径所能达到的最高点。"应当"固然是对限制的超越，但其本身只是一种"有限的超越"。康德和费希特虽然把"应当"作为解决理性矛盾的顶点，但他们的这种立场却反而仅仅是在有限性中、也就是在矛盾中僵化。

与这种坏的无限相对立，黑格尔提出了关于真正的无限的概念，他又把后者称之为"肯定的无限"。在他看来，真正的无限不仅仅是对有限的否定，它本身并不绝对排斥有限，而相反在自身中包含着有限。知性的形而上学却不能理解这一点，它把无限和有限彼此的关系固定地看作质的不同，认为它们在规定中是绝对分离的，相互之间有着不可克服的对立。这样的话，无限就只是对立的双方之一方，成为与有限并立的一个特殊的东西，其自

---

① 黑格尔：《逻辑学》，上卷，第141页。

身也只是有限的了。显然,用这种办法思想是达不到真正的无限的。因此,黑格尔反对把有限与无限绝对对立起来,在两者之间设立无法渡越的鸿沟,而主张真正的无限乃是无限与有限的统一。但是,他又强调指出,有限物与无限物的统一,并不是两者外表上并列在一起,也不是把各不相属,各自分离、对立和独立存在的互不相容的东西联系到一起。恰恰相反,在这一统一中,每一方在自己本身之中都是统一,而且每一方都只是自身的扬弃。"有限性只是对自身的超越;所以有限性中也包含无限性,包含自身的他物。同样,无限性也只是对有限性的超越;所以它本质上也包含它的他物,这样,它在它那里就是它自身的他物。无限物扬弃有限物,不是作为有限物以外现成的力量,而是有限物自己的无限性扬弃自身。"① 所以,黑格尔又说,"当某物过渡到他物时,只是和它自身在一起罢了。而这种在过渡中,在他物中而达到的自我关联,就是真正的无限"。②

  黑格尔用辩证法的观点去考察无限这个概念,有力地驳斥了形而上学对这个概念的理解。这是他的一个功绩。可以说,他对无限的基本看法从我们今天看来也还是有积极意义的。自从康托尔以来的近代数学的发展,虽然在对无限这个概念的具体理解上和黑格尔有所不同,但其基本精神却有一致之处。恩格斯在批判杜林的形而上学的时间和空间观念时,曾经引证黑格尔对坏的无限性的批判,并且指出:"无限性是一个矛盾,而且充满种种

---

  ① 黑格尔:《逻辑学》,上卷,第145页。
  ② 黑格尔:《小逻辑》,第218页。

矛盾。无限纯粹是由有限组成的,这已经是矛盾,可是事情就是这样……正因为无限性是矛盾,所以它是无限的、在时间上和空间上无止境地展开的过程。如果矛盾消灭了,那就是无限性的终结。黑格尔已经完全正确地看到了这一点,所以他以应有的轻蔑态度来对待那些空谈这种矛盾的先生们。"①

不过,我们也应该指出,黑格尔关于有限与无限的理论尽管闪耀着辩证法的光辉,却毕竟是建立在唯心主义基础上的。在他看来,有限与无限的概念并不是客观物质世界的实在关系通过实践在人的头脑中的一种抽象的反映,而是概念本身矛盾发展的产物。特别是,他明确地宣称,一切有限物都是观念的,它们并不是真的有的东西。他甚至说,一种哲学假如把有限的实有看作真的、绝对的有,就不配称之为哲学。古代或近代哲学的本原,如水、物质或原子,都是思想、共相和观念物,而不是直接当前的、感性中的个别事物。因此他得出了一个荒谬的结论,即每一种真正的哲学本质上都必然是观念论(亦即唯心主义),或至少以观念论为原则,所以观念论与实在论哲学的对立并无意义。这样,他就轻而易举地把哲学史上两千多年来的唯物主义和唯心主义的斗争一笔勾销了。还有他把真正的无限说成是包含"在他物中即是在自己中"、"在他物中回复到自己",这也明显地指的是思维、精神或他所谓的理念。这些唯心主义的成分,自然使他的理论减色不少。

---

① 《反杜林论》,《马克思恩格斯选集》,第3卷,第90—91页。

（四）自为之有

依黑格尔的说法，实有达到了无限以后，就过渡到自为之有。自为之有是"无限的有"，质在自为之有中达到顶点，便过渡为量。列宁对《逻辑学》中的这一章评价不高，他说："一般说来，黑格尔之所以用得着自为之有这一套东西，想必也是为了引申出'质是如何转化为量的'——质是规定性、自为的规定性、设定的东西，是一，——这些东西给人一种非常勉强而又空洞的印象。"①列宁的这个意见是完全正确的，在黑格尔关于自为之有的论述中确实找不到多少有价值的东西。因此，我们在这里不拟作过多的停留。

黑格尔认为，自为之有包含着有和实有作为它自身的环节。如果说开始的有、即纯有是完全无规定的，那末实有就是以限制或否定为条件的有，而自为之有则是成功地否定了限制或否定的有，或者可以说，是一种否定的否定。他说，"自为之有，就其为自身关系言，即是直接性，就其为否定性之自身关系言，即是自身存在之物，亦即一。一就是自身中没有区别的东西，因而也就从自身中排斥了他物。"②至于为什么自为之有是一，黑格尔并没有说得很清楚。列宁就指出过，黑格尔在这里的叙述是非常晦涩难懂的。

---

① 《黑格尔〈逻辑学〉一书摘要》，《列宁全集》，第38卷，第118页。
② 黑格尔：《小逻辑》，第221页。

所谓自为之有究竟指的是什么,这从《小逻辑》里可以了解得更清楚些。在那里,黑格尔把"自我"作为自为之有的最切近的例子。他说,我们知道自己是存在的东西,首先与其他存在的东西有区别,并且与它们有关系,但我们又进一步知道这种存在的广度压缩在自为之有的单纯形式里。当我们说"我"时,这个"我"就既表示无限的,同时又表示否定的自我关系。所以,人之所以不同于禽兽或整个自然,就在于人知道自己是"我"。因此,黑格尔断言,只有人才能是自为之有,而其他自然事物则不可能达到自由的自为之有,而永远只能为他物而存在。他的这种看法显然是与他尊崇意识、精神而贬抑自然的唯心主义观点联系在一起的。在他看来,自为之有实际上只能是精神性的东西,所以他把自我意识叫作"完成和建立起来了的自为之有"。①

在谈论自为之有时,黑格尔论述了实在性与理想性(观念性)的关系,发表了一些值得注意的见解。他说,自为之有可以看作理想性,而实有则被看作实在性,它们常被人认作一对有同等独立性而彼此对立的范畴,实际上理想性却并不是在实在性之外的某种东西,而是实在性的真理。一般人区别自然和精神,认为实在性是自然的基本性质,理想性是精神的基本性质,但须知自然并不是可以离开精神而独立自存的固定的、自身完成的东西,它只有在精神里才能达到它的目的和真理。同样,精神也不仅是一个超越于自然之上的世界,它只有扬弃并包括吸收自然于其自身之中,方可成为真正的精神并得到充分的证实。在这里,黑格

---

① 黑格尔:《逻辑学》,上卷,第159页。

尔当然是从精神第一性的唯心主义原则出发的,因而得出了否认自然不依赖于精神而独立存在的荒谬结论。但是,黑格尔的论述中除了这种荒谬的东西以外,也有深刻的、辩证的、合理的因素。他主张理想性和实在性的辩证统一,承认观念的东西和实在的东西之间的相互转化,指出"自为之有的观念性,作为总体,首先转化为实在"。这一点得到列宁很高的评价。列宁强调说:"观念的东西转化为实在的东西,这个思想是深刻的:对于历史是很重要的。并且从个人生活中也可看到,那里有许多真理。反对庸俗唯物主义。"①

在关于自为之有的这一章里,黑格尔还探讨了一与多、排斥与吸引这两对范畴。照他的说法,"一"就是自为之有对自身的单纯关系,自为之有作为"一"是自己否定自己、即自己排斥自己的,从而就建立起"多"。但这样建立起来的"多",其中每一个单位本身都是"一"。由于这种相互排斥的关系,全面的排斥就转化到它的反面——吸引。总之,在他看来,一与多、排斥与吸引都是对立的统一,因此不能把它们看作互不相关的截然相反的东西。"多是一之对方,每一方都是一,或甚至为多中之一;因此它们乃是同一的。"②排斥与吸引之间的关系也是一样。物质就是排斥与吸引的统一,排斥与吸引都是物质的本质属性,"没有排斥,就没有吸引,反之亦然"。③

---

① 《黑格尔〈逻辑学〉一书摘要》,《列宁全集》,第38卷,第117页。
② 黑格尔:《小逻辑》,第223页。
③ 黑格尔:《哲学初阶》。

黑格尔把自为之有和古希腊的原子论哲学联系在一起,他认为,古代的原子论就是把"绝对"界说为自为之有或"一"的哲学。他出于唯心主义的强烈偏见,对古希腊唯物主义者的原子论学说作了曲解,但他也确实抓住了古代原子论和他当时的近代物理学理论的一些弱点。他批评原子论把"一"和"空"(原子和虚空)这些简单的规定性当作一切事物的本原,把世界的无限多样性归结为这种简单的对立。而且使原子聚集在一起的也不是吸引,而是"偶然",亦即一种盲目的力量。因此,原子的聚集纯粹只是一种外在的、机械的结合,是没有内在的必然联系的。他指责近代物理学家仍然未能避免原子论的这种形而上学的缺陷,他们虽然发现了引力,但并没有弄清引力和斥力的相互关系,而把两者并立和对立起来了。黑格尔的这些批评有一定的道理,而且就当时自然科学的发展水平来说,他的观点是难能可贵的。恩格斯指出,黑格尔认为排斥和吸引可以相互转化,这是正确的。"吸引转变成排斥和排斥转变成吸引,在黑格尔那里是神秘的,但是,事实上他在这里预言了以后的自然科学上的发现。就是在气体中也有分子的排斥,而在更稀薄的分散的物质中,例如在彗星尾中更是如此,在那里排斥甚至以非常巨大的力起着作用。甚至在这里黑格尔也显示出他的天才,他把吸引看成是从作为第一因素的排斥中引导出来的第二因素:太阳系不过是由于吸引渐渐超过原来占统治地位的排斥而形成的。"[①]

---

① 《自然辩证法》,《马克思恩格斯全集》,第20卷,第587页。

（五）质和量

质在自为之有中发展到了自己的顶点，进一步就过渡到量。用黑格尔的话来说，"量是扬弃了的自为之有"。①

黑格尔指出，质和量虽然都属于"有"的范围，但它们是有区别的。质是最初的、直接的规定性，它首先就具有与"有"相同一的性质。如果一个东西失去它的质，那么这个东西就不成其为这个东西了。量却不是这样，它虽是纯粹的有，但其性质并不与"有"本身同一，而只是对"有"的"漠不相关的规定性"。对于"有"来说，量多少是外在的，并不立即影响到"有"。比如说，一所房子无论大一点或小一点，总还是一所房子。一块田地改变了界限，也仍然是田地。红色深一些或浅一些，也总还是红色。但是，只要它们的质起了变化，那它们就将不再是房子，不再是田地，不再是红色了。因此，在黑格尔看来，质的界限本质上就是某物的规定性，它决定事物之所以成为它自身。换句话说，质就是一个东西区别于其他东西的那个界限，它是内在于这个东西本身的，与这个东西本身密切相连，使之具有相对稳定性。而量的界限与质的界限相比多少是对事物本身无关轻重的，因为量的大小在一定的范围内不至于影响事物本身的"有"，所以黑格尔又把量称之为"一个不是界限的界限"。

从黑格尔关于质和量的区别的看法，我们可以清楚地知道

---

① 黑格尔：《逻辑学》，上卷，第195页。

为什么他要把质置于量之前了。黑格尔之所以这样做，并不是由于他把质看得比量重要，因为他恰恰是把后出的范畴看得更为重要的。问题在于，他以"有"作为逻辑学的开端，从质和量对"有"的关系来看，就不能不把质放在前面，因为质是"有"的直接规定性，而量则是不会直接影响"有"本身的外在的规定性。所以他把质置于量之前首先是出于他的逻辑体系的需要，至于这是否符合于人对客观世界的认识的顺序，则并不是他所考虑的中心。他在这个问题上对康德的批评，也是从他自己的体系的立场出发的。他认为康德在《纯粹理性批判》的范畴表里把量的规定列在质的规定之前是"毫无理由"的，其实康德这样做也不是没有他自己的"理由"。这同样是出于其哲学体系的需要。作为一个先验唯心主义者，康德是先直观形式，后知觉内容，因此不得不把量置于质之前（因为在他看来，"一切直观都是延扩的量"①）。在这个问题上评判康德和黑格尔孰是孰非是没有必要的，黑格尔比康德高明的地方也决不在于他的体系。从辩证唯物主义的观点来看，世界上一切事物都有质和量这两方面，都是质和量的辩证的统一。对于客观事物来说，并不存在质和量孰先孰后的问题，这个问题只有对认识客观世界的主体才会产生，而究竟应该先从质的方面还是量的方面去认识对象则取决于种种情况和条件，并没有一个固定不变的顺序或框架。康德和黑格尔都把人的无限复杂的认识纳入自己的体系，这种做法本身就是成问题的。

---

① 康德：《纯粹理性批判》，德文第二版，第202页。

在黑格尔的《逻辑学》一书中,关于量的部分占的篇幅最多,其中包含对他当时的数学、特别是微分学的成就所作的哲学考察。但是,黑格尔的这些思想对近代数学的发展几乎没有发生什么作用,至少是没有哪一位重要的数学家曾经明显地受到他的影响。当然,这一部分还是有历史价值的,它表现了一位哲学家对数学问题的哲学思考,值得作为一个专题来加以研究。不过从现代数学和数理逻辑所达到的水平来看,黑格尔的观点是早已过时了,因此我们在这里将不去涉及这方面的问题。黑格尔本人在后出版的《小逻辑》里自己就删去了有关数学的材料,把关于量的那一部分的篇幅大大地加以压缩。列宁在《哲学笔记》中对《逻辑学》的量的部分所作的摘录和评述也最少,这都不是偶然的。所以我们在这一节里打算只限于简略地指出黑格尔关于量的论述中的最主要之点。

按照黑格尔的说法,在量的阶段上首先出现的范畴是纯量,它相当于前一阶段中的纯有。空间和时间便可以作为纯量的例子。黑格尔对纯量的分析,提出了连续性和分立性这两个对立的概念的关系问题。他认为,量就是连续与分立这两个环节的统一,而关于空间、时间、物质等无限可分性的争辩或二律背反都可以归到量的这种性质里去。他批判了康德,对康德所提出的关于宇宙论的四种二律背反之中的第二种作了辩证的解答。

康德所提出的第二种二律背反是这样的:世界上每一复合的实体都由单纯的部分组成,还是世界上并没有由单纯部分构成的复合物,根本就不存在单纯的东西。黑格尔指出,这种二律背反所依靠的无非就是量的概念本身中所包含的连续和分立这两个环节的对立,把本来处于辩证的统一之中的连续性和分立性绝对割裂开和分离起来,当然就无法解决这种矛盾。"按照这种纯分立性看来,实体、物体、空间、时间等都已绝对分割;一是它们的根本。按照连续性说来,这个一只是扬弃了的;分割仍然有可分性,仍然是分割的可能性,作为可能性,就是没有真的达到原子那里。"① 但是,康德把连续性和分立性绝对分割开是错误的,因为它们不仅是对立的,而且也是互相包含的。"既然两个对立面每一个都在自身那里包含着另一个,没有这一方也就不可能设想另一方,那末,其结果就是:这些规定,单独看来都没有真理,唯有它们的统一才有真理。这是对它们的真正的、辩证的看法,也是它们的真正的结果。"② 所以,黑格尔认为,二律背反的真正解决,就在于弄清楚两种对立的规定在各自的片面性中都不能有效,而只能把它们扬弃后,在它们的概念的统一中才有真理。列宁很赞赏黑格尔的这个思想,称之为"真正的辩证法"。

黑格尔从一般的量、即纯量的概念,进到定量的概念。所谓定量,就是具有规定性或一般界限的量,它在具有完全的规定性时就是数。如果说在纯量中连续性和分立性的区别还只是潜在的,那末到了定量中,两者的区别就明显地建立起来了。定量以数作为它的充分发展和完善的形式,数也包含两方面,就数的分立性方面而言是数目,而就数的连续性方面而言则是单位。数本身就是数目和单位二者的统一。黑格尔指出,古希腊的毕达哥拉

---

① 黑格尔:《逻辑学》,上卷,第208页。
② 同上。

斯曾用数来表示哲学问题，即使在近代，也还有人用数来表现思想。但是，他认为，数是处于感性的东西和思想之间的，数无疑是最接近于感性事物的思想，然而毕竟是外在性的思想，如算术的对象中出现的一切关联和区别，却不是在对象之中，而完全是从外面加之于对象的。所以，数并不能充分表示事物的概念或确定的本质，而只是"构成用带着感性的东西来把握共相这种不完善的情况的最后阶段"。① 在他看来，如果毕达哥达斯把宇宙解释为数在哲学史上是前进了一步，那末现代有人还要用数和数的规定来代替思想的规定就完全是一种倒退。数学计算虽然重要，但它毕竟是无思想的、机械的作业，假如把它当作教育的主要内容，其结果就会使精神在形式和内容上变得空虚而迟钝，把精神变为一架机器。②

黑格尔还谈到外延的和内涵的定量，他认为这两种定量虽然有区别，但同时又是同一的、互有联系的。他一方面批评当时的物理学对两者不加区别，另一方面又批评形而上学的通常观念把两者截然分开。他不同意把某些对象看作只有内涵大小，另一些对象只有外延大小，而主张"外延和内涵大小就是定量的一个并且是同一的规定性；它们之所以有区别，只是因为一个所具有的数目是在它自身以内，而另一个所具有的同一的东西，即数目，则是在它自身以外"，并得出结论说，"内涵大小在本质上，也同样

---

① 黑格尔：《逻辑学》，上卷，第227页。
② 黑格尔在这里甚至预见到计算机的出现，他说："因为计算是这样外在的，然而也就是机械的作业，以至可以制造出机器来极其圆满地完成算术的运算"（《逻辑学》，上卷，第230-231页）。但他显然没有估计到未来计算机的伟大作用。

是外延大小"。① 所谓"度数"（Grad）本来是指内涵的大小，但它同样作为一种外延的大小而呈现，例如较高的温度虽是一种主观的感觉，但在寒暑表上也表现为较长的水银柱。

黑格尔在定量这一章里研究了关于量的无限的问题，批判了"坏的量的无限性"。他的论据同前面他批判"坏的无限"的论据差不多，坏的量的无限进展和坏的无限一样，也不是什么真的前进和进展，而是建立、扬弃、再建立、再扬弃的循环往复。引起我们兴趣的是他对康德的崇高概念的批评，他说："坏的无限，尤其是量的无限进展的形式，——即继续飞越界限而无力扬弃界限，并不断回到界限，——常被认为是某种崇高的东西，一种神圣的供献；在哲学中，这种进展同样也被看作是一个最后的东西。这种进展曾多方面供浮夸词藻之用，这些词藻每每被惊叹为崇高的作品。但是这种时髦的崇高，事实上并没有使对象伟大，倒不如说使对象逃掉了，它只是使主体吞噬掉这样巨大的量。"② 他认为，这种量的高扬仍然是主观的，达不到真正的无限，而只是表现出无限物要主宰有限物而又不能主宰有限物的那种软弱无力之感，只有放弃这种空洞的无限进展，才能使真正的无限呈现在面前。他引证了许多数学材料来说明，数学的无限事实上是以真正无限的概念为基础，比通常所谓形而上学的无限高得多。

量的无限进展实际上只是以数规定数的过程，这个过程就是量的比率。量中又出现了质的环节。无限的定量，作为质的规定

---

① 黑格尔：《逻辑学》，上卷，第235-236页。
② 同上，第245页。

性与量的规定性这两个环节的统一,就是比率。黑格尔依次考察了三种比率:正比率、反比率和方幂比率。他的用意在于说明量通过各个环节的辩证运动又重新回复到质。但是,正如列宁所指出的那样,黑格尔关于比率概念的发挥是非常晦涩的。

这样,黑格尔的逻辑学就通过质和量的阶段,而达到了有论中的第三个阶段——尺度。

(六)尺度,质与量的关系与互变

尺度是质和量的统一,是两者的真理。尺度是有质的量,也可以说是完成的"有"。当我们最初说到"有"时,"有"还是完全抽象而无性格的东西,而它在尺度中则达到了完成的性格,成为有质有量的确定的东西。黑格尔说:"举凡一切人世间的事物、财富、荣誉、权力、甚至快乐痛苦等——皆有其确定的尺度,超越这尺度就会招致毁灭。即在客观世界里亦有尺度可寻。在自然界里我们首先看见许多存在,其主要内容乃系为尺度所构成。譬如太阳系即系如此,太阳系我们一般地可以认作有自由尺度的世界。"①

黑格尔在这一部分中深刻地探讨了质和量的相互关系,阐明了从量变转化为质变的辩证法规律。他关于尺度的论述的主要意义也就在于此。

对于质和量来说,尺度是"第三者"。黑格尔指出,康德的

---

① 黑格尔:《小逻辑》,第243页。

《纯粹理性批判》的缺陷是不能为质和量找到"第三者",因而也就不能说明质和量之间的对立统一关系。在他看来,不能把质和量形而上学地割裂开和截然对立起来,它们是相互过渡的。量本身就是一个质,质的真理就是量,质表明自己要过渡为量,这是第一个过渡。"由于第一个过渡,质与量两者的同一才自在地呈现;——质被包含在量中,不过量因此还是一个片面的规定性。反之,量也同样被包含在质中,这个量同样只是扬弃了的,这种情况发生在第二种过渡之中——即回复到质。关于这种双重过渡的必然性的考察,对整个科学方法来说,是很重要的。"① 正因为质和量之间并没有一条不可逾越的鸿沟,所以量变和质变才可能发生相互的转化。从质到量和从量到质的双重过渡,乃是关于量变和质变的辩证法规律的重要前提。

在尺度中,质和量的统一最初只是潜伏的,尚未明显地实现出来。作为尺度的两个环节,质和量在某种程度上保持着自己的性质,各要求其独立的效准。因此,在一定的时间内量的变化可以不影响到质,但是这种不影响质的量的增减也有其限度,一旦超出这个限度,量的变化就会引起质的改变。例如水的温度的增减超过一定的限度就会变成蒸汽或冰,同样,由于量的变化,轻率会变成犯罪,法律会转化为不公平,善会转化为恶,节俭会转化为奢侈或吝啬等等。因此,一切实有的东西都有一个尺度,都有一定的大小,这种大小属于某物自身的本性,某物对这个大小并不是漠不相关的,因为这种大小的改变会导致改变某物的质,使某

---

① 黑格尔:《逻辑学》,上卷,第351页。

物不再是某物。尺度实际上是事物的规定,使量的变化不超出它的质的范围。一旦超出了质的范围,就是所谓无尺度。当然,无尺度也仍然是一种尺度,但它是一个新的尺度,具有新的质,是新的质和量的统一体。可以说,尺度表现着一定的质和量的相互联系和相互依存的辩证关系,在尺度中,质是建立在一定的量的基础上的,而量是一定质的量。

黑格尔关于尺度的论述包含着一个合理的思想,就是对任何一个事物都必须在一定的质量统一的范围内加以考察,离开了这个范围而进行抽象的议论,就会走向谬误。就拿一个国家的宪法来说,在某种限度内,似乎宪法并不依赖于国家面积的大小、居民多少以及其他量的特性,但是,当国家的面积和人口的增减达到某一极限时,这种量的变化就会使得宪法的质不能不发生改变。因此,瑞士一小邦的宪法决不适宜于一个大帝国;同样,罗马帝国的宪法也决不适宜于德国的一个小城;像雅典的共和宪法,就只有在一定大小的国度中才能存在。当然,宪法的差异主要决定于社会制度而不是决定于量的因素(量的因素只能在具体的细节方面起作用,并不决定宪法的本质),但黑格尔在这里是强调必须对具件事物作具体分析的精神,这是符合于辩证法的基本要求的。

特别重要的是,黑格尔在尺度中深入地研究了量变和质变的相互关系和相互转化问题,把渐变(即渐进性)和飞跃这两个范畴作为发展过程的不同环节而加以精辟的论证。

黑格尔认为,事物的变化一般地先要经过量的变化,这种变化往往是一个渐进的过程,是渐变。在实有中,量的规定性是双重的,一方面是它与质相连,另一方面是它可以增减,而不影响到质;但超过了一定的尺度,就会导致一种质或某物的消失。他说,人们通常用渐变这一范畴去说明一种质或某物的消失,因为这很方便,几乎可以用眼睛来看到。"但事实上任何东西都没有由此得到说明;变化本质上同时就是从一种质到另一种质的过渡,或者说从一个实有到一个非实有的较抽象的过渡。这里包含着一种与在渐变中不同的规定;渐变只是增多或减少,是对大小作片面的坚持。"① 换言之,渐变只涉及事物的量的大小,只涉及变化的外在方面,而不涉及变化的质的方面。单纯用渐进性既不能真正解释从一种质向一种质的过渡,也不能真正解释旧质的消灭和新质的产生。

在黑格尔看来,事物发展中的质变是通过不同于渐进性的另一种形式来实现的。这种形式就是飞跃,它表现为渐进性的对立面、渐进性的中断。在发生质变的时候,"从质的方面来看,自身无任何界限的渐进性的单纯量的进展,被绝对地中断了;因为新生的质按其单纯的量的关系来说,对正在消失的质是不确定的另外一种质,是漠不相关的质,所以过渡就是一个飞跃;两者被建立为完全彼此外在的。——人们喜欢通过过渡的渐进性试图理解一种变化;但是,渐进性倒不如说恰恰是单纯的漠不相关的改变,是质变的对立面"② 。当然,这种质变、飞跃并不是与渐进的量变无关的,而是在量变积累的基础上实现的,量变一方面与质变相

---

① 黑格尔:《逻辑学》,上卷,第363页。
② 同上,第401—402页。

对立,另一方面又为质变准备了前提。从量变转化到质变的交错点,黑格尔把它称之为"尺度关系交错线"。这一交错线仿佛是量变的极限,一旦达到了这一交错线,渐进性的发展过程立即宣告中断,而让位于迅速的飞跃,于是旧质就被新质所代替了。他说,"一切生和死,不都是连续的渐进,倒是渐进的中断,是从量变到质变的飞跃。"①

黑格尔对形而上学的发展观进行了批判,因为形而上学的观点把发展仅仅看作量的渐进的变化,而否认质的飞跃。例如,莱布尼兹就公开主张"自然是不飞跃的"。②黑格尔坚决驳斥了这种看法,为发展中的飞跃形式作了科学的论证。他指出:"'有'的变化从来都不仅是从一个大小到另一个大小的过渡,而且是从质到量和从量到质的过渡,是变为他物,即渐进过程之中断以及与先前实有物有质的不同的他物。水经过冷却并不是逐渐变成坚硬的,并不是先成为胶状,然后再逐渐坚硬到冰的硬度,而是一下子便坚硬了。在水已经达到了冰点以后,如果仍旧在静止中,它还能保持液体状态,但是,只要稍微振动一下,就会使它变成固体状态。"③他批评形而上学观点用变化的渐进性来理解发生和消逝,认为这是"同语反复所特有的无聊",因为这意谓着正在发生或消逝的东西,预先就已经是现成的了。

关于量变可能导致质变的问题,早在古希腊哲学家那里已经有所认识了。黑格尔指出,例如关于秃尾和谷堆的悖论,就属于

---

① 黑格尔:《逻辑学》,上卷,第404页。
② 莱布尼兹:《人类知性新论》,Ⅳ,16。
③ 黑格尔:《逻辑学》,上卷,第404页。

这种情况。骤然看来,似乎一粒谷不可能形成一个谷堆,从马尾拔去一根毛也不会形成秃尾,但这种看来不相干的量的增减也有其限度,只要达到这个限度,再加一粒谷就能形成谷堆,再拔一根毛就能形成秃尾。这些例子并不是学究式的玩笑,也不是通常所谓的诡辩,而是表现了这样一个道理,即量是尺度的一个环节,并与质相联系。但是,我们应该承认,在黑格尔以前,谁也没有对量变和质变的区别、联系和相互转化达到全面的、深刻的理解,谁也没有像他那样把量变转化为质变的现象提到规律的高度来看待。因此,马克思主义创始人把发现量变和质变相互转化的辩证法规律的历史功绩,公正地归之于黑格尔,并认为它是"在历史上和自然科学上都是同样有效的规律"。[①] 马克思和恩格斯曾经举出经济学、军事学和自然科学等各方面的许多事例,来证明黑格尔所发现的这一规律的正确性。[②] 在我们现代的历史上,原子弹的发明可以说是对于从量变转化到质变的规律的又一无法辩驳的证明。这个证明如此令人信服,以致要付出十几万条生命来作为代价。

现代西方学者对量变和质变相互转化的规律始终是抱敌视态度的,他们或是不承认黑格尔发现这个规律的历史功绩,或是百般挑剔,力图抹杀它的意义。例如麦克塔格特就说,"黑格尔断定化合物只有在它的原素发生一定的量变之后才会分解——这种量变在达到某个限度以前并不会使化合物分解。这不见得是

[①] 马克思:《致恩格斯》(1867年6月22日),《马克思恩格斯全集》,第31卷,第312页。

[②] 关于这一点,可参《资本论》第一卷、《反杜林论》和《自然辩证法》等著作。

正确的。"① 换句话说,他的用意就在于只承认渐变,而否认飞跃。另一个黑格尔哲学研究者芬德莱,他虽然不得不承认黑格尔有从量变过渡到质变的思想,却对这种思想进行攻击和污蔑。他写道:"对黑格尔来说,尺度关系交错线实际上是他关于量和质的概念的同义语反复的结果,而对马克思主义者来说,它是一个作经验的预言的重要工具。"② 这完全是重复早已被恩格斯驳得体无完肤的杜林的陈词滥调,这位教授的可悲之处也正在于,时间虽然已经过了近一个世纪,他对黑格尔和马克思主义的理解却依然停留在当年杜林的水平上。现代西方资产阶级不能容忍黑格尔所发现的量变转化为质变的辩证法规律,其根本原因是它反对革命的社会变革,反对从旧制度到新制度的飞跃。列宁尖锐地指出:"教授们蔑视黑格尔,把黑格尔当作一条'死狗'来对待,耸肩蔑视辩证法,而自己却又宣扬一种比黑格尔唯心主义还要浅薄和庸俗一千倍的唯心主义;修正主义者就跟着他们爬到哲学上把科学庸俗化的泥潭里面去,用'简单的'(和平静的)'进化论'去代替'狡猾的'(和革命的)辩证法。"③

当然,在这一点上我们也不应把黑格尔评价过高。与《精神现象学》相比,黑格尔在《逻辑学》中对量变和质变相互转化的规律的理论论证是前进了一步,但对这个规律的革命含义的阐明却比以前后退了。在《精神现象学》中,他把法国大革命看作飞跃的突出例证,而在《逻辑学》中则对此避而不谈。尤其是,他给这

---

① 麦克塔格特:《黑格尔〈逻辑学〉评注》,第85页。
② 芬德莱:《对黑格尔的一个重新检查》,第180页。
③ 《马克思主义和修正主义》,《列宁选集》,第2卷,第3页。

个规律披上一件唯心主义的外衣。在他看来,量、质、尺度只是绝对理念发展中的不同逻辑阶段,量变只是为了达到质变的目的的所谓"概念的机巧"。因此从量变转化为质变并不是客观物质世界本身固有的规律,而只属于概念自身的发展。这样,这个规律在黑格尔手里就被神秘化了。辩证法在唯心主义者那里的命运就是如此。

五、黑格尔逻辑学的精华——"本质论"

黑格尔从有进到本质。"本质论"构成他的《逻辑学》的第二部分,恩格斯认为它是该书的"主要部分"[①]或"最重要的部分"[②],因为在这部分中探讨了辩证法的最基本的规律、即对立的相互渗透的规律。在这里,黑格尔用辩证法的观点对一系列重要的哲学范畴作了新的解释,从而使作为一门科学的辩证法得到了丰富和提高。

那么,为什么要从有进到本质呢?黑格尔是这样回答的:"有是直接的东西。由于知要认识真的东西,即自在和自为之有那样的东西,所以知并不停留在直接的东西及其规定上,而是透过直接的东西里面,认定在这个有的后面,还有某种不同于有本身的他物,认定这种背景构成了有之真理。"[③]在他看来,认识不能停留在事物的直接性上面,因为事物的直接存在只不过像一个空壳或帷幕,在这里面或后面还蕴藏着本质,而认识的任务就在于深入到事物的本质中去。所以从有到本质的进展标志着认识

---

① 恩格斯:《致康·施米特》(1891年11月1日),《马克思恩格斯全集》,第38卷,第202页。
② 《自然辩证法》,《马克思恩格斯全集》,第20卷,第401页。
③ 黑格尔:《逻辑学》,下卷,商务印书馆,第3页。

的深化运动。但是,黑格尔又指出,这一运动并不是外在于有的认识的活动,而是有自身的运动。"有在这一过程里表明它由于它的本性把自身内在化了,并且由于进入自身而变成了本质。"①因此,本质不是别的,而是回复到自己的有或内在的有,也正是在这个意义上,可以说本质是有的真理。

本质一方面固然是产生于有自身的运动,另一方面则又是被扬弃的有,因此它们既有联系,又有区别。如果说,在有的阶段上我们看到的是各个规定、范畴之间的过渡,它们之间的联系还只是潜伏的,那么在本质的阶段上,各个范畴之间已不复过渡,而只是相互联系。例如,在有的阶段上,像有与无那样的规定都是独立的,它们之间的关系是相互过渡,从这一方过渡到另一方,这一方就消逝了;而到了本质的阶段,所有的范畴如肯定与否定、本质与现象、形式与内容等等,都处于紧密的相互依赖和相互联系之中,把任何一方独立起来看就毫无意义,而且在这里发生的从一方到另一方的过渡,也并不使任何一方消逝,而仍然保持着它们的关系。所以黑格尔在概括有和本质的区别时指出,"在有里,一切都是直接的,在本质里一切都是相对的"。②

黑格尔所阐明的"本质论"的这个特点,具有重大的哲学意义。在"有论"中,对立统一的规律主要被用于解释事物的外在的变化过程、从某物到他物的过渡。这只是对立统一规律的一个方面,而且还不是最重要的方面。到了"本质论",才进入对事物

---

① 黑格尔:《逻辑学》,下卷,第3页。
② 黑格尔:《小逻辑》,第249页。

的内在关系的分析,从而使对立统一规律得到了更深刻的全面的展示。正是在"本质论"中,黑格尔多方面地揭示了对立面的相互依存和斗争构成事物的内在本质。他对事物内部矛盾关系的分析,把辩证法大大地推向前进了。

照黑格尔的说法,本质的阶段处于有和概念之间,是从有到概念的过渡。本质又分为三个小的阶段来加以考察,即:(1)作为反思自身的本质,(2)现象,(3)现实。用他的话来说,"本质首先在自身中映现自己,或者说是反思;其次,它显现;第三,它启示自身。"①下面我们将依次对每个小阶段中涉及的主要内容作一论述,特别是着重注意黑格尔对某些重要的哲学范畴的阐释。

(一)反思,从映象到本质

在"本质论"中,作为反思自身的本质是从映象开始的。本质是从有发生出来并与有相对立的,与本质比较看来,直接的有首先是非本质的,然而它又不止于仅仅是非本质的东西,而是"无本质的有",是映象。黑格尔指出,所谓映象也就是怀疑论者和康德所说的现象。他批评他们说,怀疑论不容许自己说"有物",康德也不肯把认识看作是关于"自在之物"的知识,但却又容许映象以整个世界的丰富多彩为内容。在他看来,他们的错误就在于把映象和本质截然割裂开,否认映象的客观性。黑格尔则认为,把映象从本质区别开的规定,就是本质自身的规定。映象和本质

---

① 黑格尔:《逻辑学》,下卷,第6页。

并不是漠不相关的,而是对立的统一,因为本质中的映象不是一个他物的映象,而是本质自身的映象。映象本身虽然是非本质的东西,可是本质的东西只是与非本质相对立而存在,本质需要非本质的东西来反映,所以映象在某种程度上也是本质的表现(列宁曾经举例说明这一点,他说:"河水的流动就是泡沫在上面,深流在下面。然而就连泡沫也是本质的表现!"①)。这样看来,映象和本质并不是绝对对立的,黑格尔甚至把映象看作本质的一个规定、一个环节,他得出了这样的结论:"映象就是本质自身,但这是在一种规定性中的本质,这样,这种规定性就只是本质的一个环节,而本质则是其在自身中的映现(Scheinen)"②。

黑格尔认为,本质在它自身中的映现的运动就是反思(Reflexion)。在"本质论"中,反思是一个极其重要的概念,因为根据黑格尔的看法,反思作用或自身反映乃是本质自身特有的性质,而且是本质与直接的有的区别之所在。本质的观点,一般说来也就是反思的观点,所以讲本质是离开不了反思的。黑格尔解释说,反思这个外来语本来是用来讲光的,光直射在镜面上折回转来,便叫作反映。当我们反思一个对象时,情况也同样如此,因为我们所要认识的对象,并不是它的直接性,而是它的间接的反映过来的现象。映象就是直接的反思,映象进入自身就发生了异化,扬弃了直接性。这样,黑格尔就把反思或反映看作进入本质的必经之路。他说,"本质乃是一个反映的有,一个反映他物之

---

① 《黑格尔〈逻辑学〉一书摘要》,《列宁全集》,第38卷,第134页。
② 黑格尔:《逻辑学》,下卷,第13页。

有,也可以说,一个映现在他物中之有。"① 所以,在有的范围内潜伏着的矛盾,到本质的范围内就都明显地建立起来了。

应该强调指出,黑格尔的所谓反思不仅是作为一种主观的运动的认识过程,而且首先是作为一种客观的运动的有本身的发展过程。反思运动是否定之否定的过程,黑格尔说:"进行反思的运动则是作为自在的否定那样的他物;这种否定只是作为自己与自己相关的否定时,才具有一个有。或者说,由于这种对自身的关系正是否定的否定,所以这里便有了作为否定的否定"。所谓"本质的反思运动,是一种从无到无并从而回到自己本身的运动"②,指的也是这个意思。

(二)同一、区别、矛盾,创造性的矛盾学说的提出

在"作为反思自身的本质"这一部分中,最重要的还是讲反思规定的那一章,因为黑格尔在那里探讨了辩证法的一些基本概念,阐明了他关于矛盾的理论。黑格尔认为,反思是本质在自身中的映现,但本质是映现在自己的环节里的,因此这些环节是自身反思的规定。同一、区别、矛盾就是依次相继的反思规定,他说:"本质首先是单纯的自身关系,是纯粹的同一性。这一点是本质的规定,就这一规定说,本质不如说是无规定性。其次,真正的

---

① 黑格尔:《小逻辑》,第255页。
② 黑格尔:《逻辑学》,下卷,第15页。

规定是区别,诚然,它一方面是外在的或漠不相关的区别,即一般的差异,但另一方面则是对立的差异或说对立。第三,对立作为矛盾,便在自身中反思自身,并且回到它的根据里去。"①黑格尔把同一、区别、矛盾作为统一的矛盾发展过程中的不同环节和阶段来加以把握,这在哲学史上是前所未有的。他在这里提出了一个完整的矛盾学说,对辩证法思想的发展起了极大的推动作用,尽管他的矛盾学说是建立在唯心主义的基础之上的。

我们知道,矛盾这个范畴是黑格尔的整个哲学体系、特别是他的逻辑学体系的灵魂,它就像一条红线似地始终贯串在他的全部学说之中。因此,严格地说,不能把这范畴仅仅看作《逻辑学》一书"本质论"中的范畴。不过,黑格尔的矛盾学说确实在"本质论"里发挥得最为透彻,这是因为对立面的统一这个辩证法规律主要是在"本质论"中阐明的,而对立统一规律所研究的中心问题就是矛盾的产生、发展和转化的问题,因此"本质论"的主要问题也就是矛盾及与之有关的范畴问题。可以说,黑格尔关于矛盾的论述乃是"本质论"的精华之所在。

黑格尔的矛盾学说从讲同一开始,他尖锐地批判了形式逻辑和把形式逻辑奉为指针的形而上学思维方法对同一的理解,从辩证法的观点对同一作了新的解释。他在《小逻辑》中写道:"本质映现于自身之内,或本质是纯粹的反映,因此本质只是自我关系,——不是直接的,而是反映的自我关系,亦即自我同一。"②

---

① 黑格尔:《逻辑学》,下卷,第27页。
② 黑格尔:《小逻辑》,第256页。

所以同一是我们在本质论中遇到的第一个重要的范畴,同一在本质论中的地位就正如纯有在有论中的地位一样,它是本质范围内的矛盾运动的出发点。

在黑格尔以前,人们对同一性的理解表现为形式逻辑的同一律和矛盾律,也就是说,一切事物都是与它自身等同的,即 A = A,或者从反面说:A 不能同时既是 A 又不是 A。黑格尔认为,这是抽象的或形式的同一,亦即排除任何区别的同一,它是毫无意义的。他指出,这种形式逻辑的定律其实并不是真正的思想规律,而只是抽象理智的定律,因为像 A = A 这种说法,"不过是同语反复的空话。因此,说这条思维规律没有内容,引导不出什么东西,是对的"。①一个命题总得说出主词与谓词之间的区别,而 A = A 那样的命题的形式自身就陷于矛盾,不能满足它的形式对它的要求,丝毫也不能提供任何新知识。黑格尔说,逻辑教本上所教导的这种定律是和普遍经验相反对的,"照普遍经验看来,没有意识依照同一律思想或想象,没有人依照同一律说话,也没有任何种存在依照同一律存在。如果吾人说话都遵照这种自命为真理的定律(一星球就是一星球,磁力是磁力,心灵是心灵)简直应说是笨拙可笑"。②他认为,专门倡导这种抽象的形式逻辑定律的经院哲学,早就已经在人类的健康常识和理性哲学面前威信扫地了。

黑格尔指出,对于同一的真正意义加以正确的理解是极为重要的,而首先必须特别注意,决不能把同一理解为排斥一切区别

---

① 黑格尔:《逻辑学》,下卷,第 32 页。
② 黑格尔:《小逻辑》,第 257 页。

的抽象的同一。他认为这一点乃是真正配称为哲学的那种哲学有别于一切坏的哲学的关键所在,换句话说,也就是辩证法有别于形而上学思维方法的关键所在。

与形而上学的抽象的同一相对立,黑格尔提出了具体的同一这个概念,具体的同一不仅不排斥差异,而且在自身中就包含着差异。他说:"概念,进而理念,诚然是与它们自身是同一的,但是,它们之所以同一,只由于它们同时包含有差异于其自身。"①

在黑格尔看来,同一本身是一个有差异的东西,同一在其本性中是有差异的。所以同一的概念本身如果没有差异的概念,就会是无法想象的、不可思议的,反之亦然。他批判了形而上学论者、亦即抽象的同一律的拥护者把同一和差异完全对立起来的错误:"由于他们死抓住以差异为其对立面的这个不动的同一,所以他们看不到他们这样做时,就是把同一造成了片面的规定性,而这样的规定并不具有真理"。他说,同一性命题只表达了片面的规定性,只包含一个"抽象的、不完全的真理",而"真理只有在同一与差异的统一中,才是完全的,所以真理唯在于这种统一"。②

同一性自身包含着差异性,这一点在每一个命题中都表现出来。在命题中,要述说一个什么东西时,述语是必须和主语有所不同的。举例来说,如果有这样一个命题:玫瑰花是红的,那末在这里主语和述语就有了差异,不论是在主语中或是在述语中,总有点什么东西是述语或主语所包括不了的,如玫瑰花包括不了

---

① 黑格尔:《小逻辑》,第　　页。
② 黑格尔:《逻辑学》,下卷,第33页。

红，红也包括不了玫瑰花。由此可见，与自身的同一，从一开始就必须有与一切别的东西的差异作为补充。所以黑格尔说，在同一所表述的命题形式中，含有比单纯的、抽象的同一更多的东西，含有纯粹的反思运动。

黑格尔指出，不仅同一命题是这样，而且同一命题的否定的形式、即矛盾命题（A 不能又是 A 又是非 A）也是同样如此。"因为矛盾命题在它的表述中，不仅包含空洞的、单纯的自身等同，也不仅包含这个同一的一般他物，更包含绝对的不等同，自在的矛盾。"① 一句话，无论是同一命题或矛盾命题都包含着比它们所指的东西更多，即绝对的区别本身。

在这里，我们不打算专门探讨黑格尔对形式逻辑的定律的批判正确到何等程度，这是有关形式逻辑与辩证逻辑的区别和相互关系的一个逻辑学问题。应该承认，形式逻辑的同一律和矛盾律反映了在一定条件下进行思维的基本原则，它们在一定的范围内是有效准的，而黑格尔则显然没有充分估计到这一点。他认为这些形式逻辑的定律把抽象同一作为真的事物来表述，所以它们不是思维规律，而不如说是思维规律的反面。这种看法就失之偏颇。但是，黑格尔这样做也是有历史原因的，在他当时具有很大影响的形而上学的思维方法往往和形式逻辑联系在一起，而且是以形式逻辑的定律为基础的。正如恩格斯所指出，"旧形而上学意义下的同一律是旧世界观的基本原则：$a = a$。每一个事物和它自身同一。一切都是永久不变的，太阳系、星体、有机体都是如

---

① 黑格尔：《逻辑学》，下卷，第36页。

此"。① 形而上学的思维方法片面地夸大形式逻辑定律的作用,把它们绝对化了,使之成为观察一切事物的固定不变的原则,这就造成了严重的思想僵化。为了同形而上学作斗争,黑格尔也不得不对形式逻辑展开批判。他在某些场合下没有把形而上学和形式逻辑适当地区分开,这固然是一个缺陷,但他的历史功绩在于深刻地揭示了形式逻辑定律的局限性和内在矛盾,从而根本摧毁了形而上学世界观的理论基础。

在《自然辩证法》里,恩格斯对黑格尔的这一功绩作了充分的肯定。恩格斯详尽地阐述了黑格尔对于形而上学的抽象同一性的批判所具有的重大意义。他指出,抽象的同一性在有机界也是不适用的,植物,动物,每一个细胞,在其生存的每一瞬间,都既和自己同一而又和自己相区别,用抽象的同一性就无法解释这些生命的现象,无法解释生命的发展过程。因此,随着生理科学向前发展,"对同一性内部的差异的考察也愈加重要,而旧的、抽象的、形式的同一性观点,即把有机物看作只和它自己同一的东西、看作常住不变的东西的观点,便过时了"。② 至于说到更大范围内的物种的进化,就更不是抽象的同一性所能解释的了。即使在无机界,抽象的同一性实际上也不存在,因为每一个物体都不断地受到各种机械的、物理的、化学的作用,在不断地发生变化而修改其同一性。但是,尽管抽象的同一性观点已经不能适应科学发展的需要,并且在实践中已被自然科学一点一点地驳倒,然而

---

① 《自然辩证法》,《马克思恩格斯全集》,第20卷,第557页。
② 同上,第556页。

它在理论上却仍然占着统治地位,"大多数自然科学家还以为同一和差异是不可调和的对立,而不是同一个东西的两极,这两极只是由于它们相互作用,由于差异性包含在同一性中,才具有真理性"①。黑格尔批判了这种形而上学观点,便为科学中的辩证思维方法开辟了道路。

黑格尔所提出的与抽象的同一性相对立的具体的同一性,实际上指的是辩证法所说的对立面的同一。如果回想起他在《精神现象学》里对谢林的所谓"无差别的绝对同一"的批判,就可以看出他对同一的理解在辩证法思想的发展上确实是前进了一大步②。当然,黑格尔的所谓具体的同一性是建立在唯心主义的基础之上的,例如他所说的思维与存在的同一就把客观物质世界统一于思维,但是这里的同一也是指对立面的矛盾统一,而决不能理解为形而上学的等同。总之,在黑格尔看来,只有这样地加以辩证的理解的具体的同一,才是真正的同一。不是抽象的自身同一,而是对立面的同一。他说:"事实上无论在天上或地上,无论在精神界或自然界,绝没有象理智所固执的那种'非此即彼'的抽象事物。无论什么可以说得上存在的东西,必定是具体的,包含有区别和对立于其自身。"③

在哲学史上,黑格尔对同一这个概念所作的这种新解释是一

---

① 《自然辩证法》,《马克思恩格斯全集》,第20卷,第558页。
② 一般说来,费尔巴哈并不善于从辩证法的观点对黑格尔哲学作出评价,但在这个问题上他却比较正确地看出了黑格尔和谢林的区别。他指出,谢林的"同一哲学"只看到统一而忽略差异,相反地,黑格尔的特征要素"乃是差异的要素"。参见费尔巴哈:《黑格尔哲学批判》。
③ 黑格尔:《小逻辑》,第266—267页。

个创举,它为最重要的辩证法规律、即对立统一规律奠定了基础。马克思主义哲学批判地继承了黑格尔辩证法中的这一合理内核,并加以唯物主义的改造和进一步的发展。列宁写道:"对立面的同一……就是承认(发现)自然界(精神和社会都在内)的一切现象和过程具有矛盾着的、相互排斥的、对立的倾向。"① 马克思主义对同一的理解显然源自黑格尔,但同时又大大地超越了他。

在黑格尔看来,事物本身在同一中有矛盾,在矛盾中又有同一,它必然要从一个规定过渡到另一个规定。他说:"对一切有的事物本身的考察表明:它在它的自身等同中就是不等同而矛盾的,并且在它的差异中、在它的矛盾中,又与自身同一;它本身就是其一个规定过渡为另一个规定的运动,其所以如此,是因为每一规定都在自身中是自己的对方。"② 这样,他就从同一进到区别。

黑格尔首先对区别这个范畴进行分析。他把区别看作同一本身的本质的环节,强调这种区别是自在、自为的区别,不是由于一个外在物而来的区别,而是由它自身而来的区别,是自身相关的、即单纯的区别。他认为,这样地来把握区别是极为重要的。当然,区别本身也有一个发展的过程,它起初表现为差异或杂多,"所谓杂多即不同的事物各自独立,其性质与别物发生关系后互不受影响,而这关系对于双方是外在的"。③ 由于不同事物的差异的关系是外在的,与本质无关,所以它们之间的区别不在它们之内,而在它们之外,即只在第三者,也就是把它们进行比较的主

---

① 《谈谈辩证法问题》,《列宁全集》,第38卷,第407-408页。
② 黑格尔:《逻辑学》,下卷,第31页。
③ 黑格尔:《小逻辑》,第260页。

体。譬如说，一支笔和一头骆驼这两个对象是有差异的，但它们相互间没有内在的联系和关系，只是由于人们把它们加以比较，才知其相似或不相似。所以这种区别只是外在的不相干的区别，在黑格尔看来是低级的区别。他说，一个人如果能区别一支笔和一头骆驼，或者能知道寺院和教堂的相似，都不能算有什么了不起的聪明。他所着重的乃是事物自身中的区别，也就是要求看出区别中的同一、同一中的区别，于是就进入到区别的更高的阶段——对立。

　　黑格尔写道："在对立中，被规定了的反思，即区别，便完成了。区别是同一与差异的统一；它的环节在一个同一中是有差异的；这样，这些环节便是对立的。"① 对立是本质的区别，是事物自身的区别，有肯定与否定两面。肯定与否定这两面各有其自身的存在，由于一方不是它的对方，但是每一方又要借对方来反映其自身，只是由于对方的存在而才能保持其自身的存在。"在对立中，相异者，不是任一别物，而是与它正相反对的别物，这就是说，每一方面只由于与另一方面有了关系方得到它自己的性格，此一方面只有从另一方面反映回来，方能自己照映自己。另一方面亦然。这样每一方面都是对方自己的对方。"②

　　在黑格尔看来，对立是从差异中发展出来的。在对立中，相异的东西并不是与任何别物相对立，而是与它正相反对的别物相对立。因此，处于对立的相异的东西并不是彼此不相干的东西，而是相互间有着必然的联系。他说："区别一般包含它的两

---

① 黑格尔：《逻辑学》，下卷，第46页。
② 黑格尔：《小逻辑》，第263页。

个方面作为环节；在差异中，这些方面彼此分离，各不相关；在对立本身中，它们是区别的方面，一个环节只有通过另一环节才是规定了的，因此它们只是环节。"① 黑格尔的这个思想具有极其重要的意义。差异固然也包含着矛盾，但在那个阶段，矛盾还只是潜在的，而发展到了对立，矛盾就进一步展开了。如果说差异还只是对立统一的初级的形态，那么对立就是比较成熟的形态了。因此，在黑格尔那里，从区别到矛盾的过渡是通过对立而实现的。

黑格尔认为，"区别一般已经是自在的矛盾"，② 矛盾是由同一和区别中发展出来的，而且代表着比前者更高的阶段。他说："同一、差异和对立之过渡为矛盾，正象它们之过渡为它们的真理一样；假如同一、差异和对立这几个最初的反思规定都用了一个命题来提出，那么，矛盾这一规定就更加应该用'一切事物本身都自在地是矛盾的'这一命题来包括和表达。"他还指出，这个命题比其他命题更加能表述事物的真理和本质。③

在这里，值得我们注意的有这样几点：第一，在黑格尔看来，矛盾是无所不在的、普遍的，用他的另一句话来说，"天地间绝没有任何事物，我们不能或不必在它里面指出矛盾或相反的特性"。④ 第二，矛盾是事物本身所固有的，是客观地存在着的。第三，矛盾有一个发展的过程，它并不是一下子就以最终的尖锐形式表现出来，而首先孕育于同一之中，然后采取差异和对立这样

---

① 黑格尔：《逻辑学》，下卷，第55页。
② 同上。
③ 同上，第65页。
④ 黑格尔：《小逻辑》，第132页。

一些逐步上升的形式。但黑格尔的意思不是说矛盾只出现在事物发展的最后阶段，而认为在事物的整个发展过程中存在着自始至终的矛盾运动。

黑格尔对矛盾的这些看法在哲学思想发展史上是一个伟大的创见，过去的哲学家们虽然也探讨过矛盾的问题，但他们也没有像黑格尔那样赋予矛盾以这样重要的地位，而且除了极少数人以外，他们对矛盾都抱有或多或少的形而上学的否定观点，或者对矛盾的真实性表示怀疑。

大家知道，形而上学只承认各个不同事物之间可能存在矛盾，而根本否认同一事物本身中包含矛盾。这种形而上学的观点早在古代就已开始存在，甚至某些对辩证法思想的发展颇有贡献的大哲学家如亚里士多德，也难免受这种观点的影响。亚里士多德对事物内部矛盾曾经作过一些辩证的猜测，但他一般只把事物内部的对立统一限制在可能性（他所谓的潜能）的范围内。他认为每一潜能中总是包含正反两项，例如人既可能做好事，也同样可能做坏事，既可能健康，也可能患病。然而当他谈到现实这一范畴时，就否认正反两项对立面的同时存在，而作出了现实事物不可能有内部矛盾的错误结论。他把形式逻辑的矛盾律奉为最高的思维原则，认为不能同时既肯定又否定同一个东西，因此在同一个东西中也就不可能同时存在相互对立的规定。① 正由于在亚里士多德那里存在着这种局限性，他的弱点后来就被中世纪的经院哲学所利用和夸大，而被歪曲地发展成为

---

① 参阅亚里士多德：《形而上学》，第4卷，第3、4章。

一整套否认事物内部矛盾的形而上学理论。列宁指出,亚里士多德哲学的最典型的特征就是"处处、到处都显露出辩证法的活的萌芽和探索",而经院哲学和僧侣主义则抓住了亚里士多德学说中僵死的东西,而不是活生生的东西。① 亚里士多德的逻辑学就是这样地被变成僵死的经院哲学,统治了多少年人们的思想。甚至到了近代,随着自然科学的发展,尽管经院哲学的统治遭到了破产,但这种否认事物内部矛盾的形而上学观点却仍然保持下来,并且和十七、十八世纪机械论哲学结合在一起而得到了进一步的发展。

除了根本否认事物的矛盾性的形而上学论者以外,还有一些哲学家,他们虽然并不否认矛盾的存在,但却怀疑矛盾的真实性,或是把矛盾限制在一定的范围内。例如,被黑格尔称为"辩证法的创始者"的芝诺,他首先指出了运动的矛盾性,但他认为正由于运动的观念中包含有矛盾,所以运动是不真的,他还提出著名的反驳运动的四个证明,借以说明运动没有真理性。康德的有名的二律背反,也是承认矛盾的。在他看来,理性在认识世界时必然会陷于矛盾,因为对于同一对象的两种相反的论断都有同样的必然性。但他所承认的矛盾并不是存在于对象本身之中,而只是存在于人的理性之中。矛盾的发生是由于思想企图要去认识无限,因此矛盾只是限于人的主观领域,并不是客观世界本身所固有的一种本质。正如黑格尔批评康德时所说,"他的解答只出于对世界事物的一种过度的温情主义。他似认为世界的本质是不应具有矛盾的污点的,只好说是矛盾仅是由于思想的理性,或心灵的

---

① 参见《亚里士多德〈形而上学〉一书摘要》,《列宁全集》,第38卷,第416页。

本质"。①

黑格尔驳斥了所有这些错误的观点,他从辩证法的立场出发,为矛盾的客观存在作了热情而有力的辩护。在《逻辑学》里有一段议论是十分精彩的,他说:

> 通常人们总是首先把矛盾从事物、从一般有的、真的东西中去掉,断言没有任何矛盾的东西;然后又反过来把矛盾推到主观反思之中,似乎主观反思通过关系和比较才建立了矛盾。但即使在这种反思中,矛盾其实也不存在。因为矛盾的东西是不可想象的、无法思维的。总之,不论在现实的事物中或在思维的反思中,矛盾都被认为是偶然,好像是一种不正常的现象或一种暂时的病态发作。
>
> 但是,至于有人主张没有矛盾,主张矛盾不是当前现有的东西,那么,我们倒不需要为这样的断言去操心;一个本质的绝对规定必定在一切经验中、一切现实事物中、一切概念中都找得到的。

接着黑格尔就反驳说,普通的经验表明,至少有一大堆矛盾的事物、矛盾的结构等等,其矛盾不仅仅呈现于外在反思之中,而且也呈现于它们本身之中。矛盾不是在这里或那里出现的不正常现象,而是"在其本质规定中的否定物,是一切自己运动的根本,而自己运动不过就是矛盾的表现"。黑格尔把矛盾和运动紧密地联系起来,用矛盾去解释事物的运动,从而说明矛盾的客观

---

① 黑格尔:《小逻辑》,第113页。

性和普遍性。他指出,"外在的感性运动本身是矛盾的直接实有。某物之所以运动,不仅因为它在这个'此刻'在这里,在那个'此刻'在那里,而且因为它在同一个'此刻'在这里又不在这里,因为它在同一个'这里'同时又有又非有。我们必须承认古代辩证论者所指出的运动中的矛盾,但不应由此得出结论说因此没有运动,而倒不如说运动就是实有的矛盾本身。"①

因此,在黑格尔看来,矛盾是一切事物本身所固有的,它完全是一种正常的、必然的现象。没有矛盾,就没有运动,就没有整个世界。用他的话来说,在一切种类的对象里,在一切表象、概念和理念中,都可以发现矛盾,而且认识一切对象的矛盾性乃是哲学思考的本质。这里他所说的哲学思考显然指的是辩证的思维,他把认识事物的矛盾性看作辩证思维的本质确实是抓住了关键问题。在哲学史上,黑格尔的最大功绩也就在于他第一个把整个自然界、历史和精神的世界看作一个矛盾的过程,认为它由于自身的矛盾而处于不断的运动和发展中,从而结束了把世界看成一成不变的无矛盾的自身同一的那种形而上学观点的统治。

但是,黑格尔的矛盾学说不仅是承认矛盾的普遍性和客观存在,更重要的还在于他把矛盾看作发展的真正的源泉和动力,这一点可以说是黑格尔辩证法的真髓所在。

黑格尔把矛盾和同一作对比时指出,矛盾是更深刻的、更本质的东西,"因为同一与矛盾相比,不过是单纯直接物、僵死之有的规定,而矛盾则是一切运动和生命力的根源;事物只因为自身具有矛盾,它才会运动,才具有动力和活动"②。他说,抽象的自

---

① 以上见黑格尔:《逻辑学》,下卷,第66—67页。
② 黑格尔:《逻辑学》,下卷,第66页。

身同一,还不是生命力,"某物之所以有生命,只是因为它自身包含矛盾,并且诚然是把矛盾在自身中把握和保持住的力量。但是,假如一个存在物不能够在其肯定的规定中同时袭取其否定的规定,并把这一规定保持在另一规定之中,假如它不能够在自己本身中具有矛盾,那么,它就不是一个生动的统一体,不是根据,而且会以矛盾而消灭"。①

有形而上学思想的人总是害怕矛盾,害怕否定,他们不认识矛盾的肯定方面。用黑格尔的话来说,"非思辨的思维"对于矛盾,就像自然对于空虚那样怀着恐怖。而在黑格尔看来,矛盾则不仅仅包含否定物,也包含肯定物,"矛盾的结果并不仅仅是零"。相反,只有矛盾才是事物的真正的生命。他说:"多样性的东西,只有相互被推到矛盾的尖端,才是活泼生动的,才会在矛盾中获得否定性,而否定性则是自己运动和生命力的内在脉搏。"②在另一处,他又指出,矛盾就肯定的方面说,将变为"绝对的能动性"和"绝对的根据"。黑格尔常常爱说这样一句话:"矛盾引导前进"。他正是这样地勇于正视矛盾,承认矛盾,把矛盾看作事物的发展动力,从这个角度去观察自然界、精神和社会历史的发展,而作出了许多有价值的辩证的猜测。虽然黑格尔的观点是唯心的,所以整个说来是错误的,但他对矛盾发展的把握却向我们提供了一种认识世界的新的辩证方法。

黑格尔关于矛盾的论述,是他的《逻辑学》一书中最精彩的部分,对此列宁给予很高的评价。列宁说:"运动和'自己运动'

---

① 黑格尔:《逻辑学》,下卷,第67页。
② 同上,第69页。

（这一点要注意！自生的〔独立的〕、天然的、内在必然的运动），'变化'，'运动和生命力'，'一切自己运动的原则'，'运动'和'活动'的'动机'（Trieb）——'僵死存在'的对立面，——谁会相信这就是'黑格尔主义'的实质，抽象的和abstrusen（晦涩的、荒谬的?）黑格尔主义的实质呢？"他接着又指出，必须揭发、理解、拯救、解脱、清洗这种实质，并且说马克思主义创始人已经做到了这一点。①

那么，马克思主义应该怎样去"清洗"黑格尔的矛盾学说，才能把它的合理的内核"拯救"出来呢？这就需要揭露和批判黑格尔矛盾学说的一些根本性的缺陷，这些缺陷是和他的整个唯心主义体系紧密地联系在一起的。首先，黑格尔虽然承认客观现实中存在的矛盾，但他的唯心主义哲学的错误前提却妨碍他去正确地认识矛盾的真实性质。他主要到概念和逻辑范畴中去发现矛盾，并且抽象地把矛盾从差异和对立中推演出来，而不是把矛盾的概念看作客观世界本身发展中的矛盾的反映。这样，他就把概念运动中的矛盾当作第一性的东西，把客观世界的矛盾反而当作第二性的东西，犯了本末倒置的错误。马克思指出，真正哲学的批判要揭露实际存在的矛盾，要解释这些矛盾，要理解这些矛盾的根源和必然性，"但是，这种理解不在于像黑格尔所想象的那样到处去寻找逻辑概念的规定，而在于把握特殊对象的特殊逻辑"。② 其次，黑格尔对矛盾采取调和的态度，这也是由于他的保守的体系

---

① 《黑格尔〈逻辑学〉一书摘要》，《列宁全集》，第38卷，第147页。
② 《黑格尔法哲学批判》，《马克思恩格斯全集》，第1卷，第359页。

的影响。按照他的说法,矛盾在根据中得到了调和,他所强调的正是矛盾的调和以及调和矛盾的所谓中介作用。马克思曾经深刻地揭露黑格尔企图调和矛盾的错误,他认为真正互相对立的极端是不能被中介所调和的,并指出"黑格尔的主要错误在于他把现象的矛盾理解为本质中的理念中的统一,而事实上这种矛盾的本质当然是某种更深刻的东西,即本质的矛盾"①。一般说来,黑格尔比较偏重于矛盾中的对立面的统一、综合,而把对立面的斗争放在次位。这一点也正是马克思主义辩证法与黑格尔辩证法的区别所在,因为在马克思主义看来,"对立面的统一(一致、同一、同等作用)是有条件的、暂时的、易逝的、相对的。相互排斥的对立面的斗争则是绝对的,正如发展、运动是绝对的一样"②。最后,还有一点必须指出,黑格尔的矛盾发展观点仍然是不彻底的,带有半途而废的妥协的性质。按照辩证法的观点,除了矛盾发展的无限过程以外,世界上没有任何绝对的、永恒的、最终的东西,而黑格尔则屈服于他的保守的体系的要求,把绝对理念的自我认识宣布为世界发展的终点,从而最后取消了矛盾。黑格尔哲学的根本矛盾、即体系与方法之间的矛盾,也不能不对他的矛盾学说留下了消极的烙印。

但是,黑格尔的矛盾学说的上述缺陷,只有从马克思主义辩证法的观点去看才是明显的。现代西方的黑格尔哲学研究者,包括自称为黑格尔继承者的新黑格尔派在内,都看不到这些根本缺

---

① 《黑格尔法哲学批判》,《马克思恩格斯全集》,第1卷,第358页。
② 《谈谈辩证法问题》,《列宁全集》,第38卷,第408页。

陷，更谈不到对它们进行批判和纠正了。相反，他们不能理解黑格尔关于从同一、区别到矛盾的论述对辩证法思想发展的巨大意义，而千方百计地加以贬低和歪曲。克罗齐是一个明显的例子，他写过一本题为《黑格尔哲学中的活东西和死东西》的著作，对黑格尔的对立统一学说作了批评和"修正"。在克罗齐看来，黑格尔的根本错误在于把对立概念和相异概念互相混淆。他说："我们不能把对立的概念跟相异的概念等同起来，亦不能把对立的概念看作是相异的概念的特例，是相异的概念之一个种类。"①这一指责完全是对黑格尔的曲解，因为黑格尔从来也没有否认差异与对立的区别。问题在于克罗齐通过对黑格尔的批评，否认在一定条件下差异可以发展成为对立，因而差异之中就已包含着矛盾，而形而上学地把相异和对立看作两种截然不同的、互相排斥的东西。这样，他就把矛盾存在的范围大大地缩小了，因为他认为相异概念之间既没有矛盾，也没有对立，而只有高与低的度的关系。因此，克罗齐反对把对立统一看作最普遍的规律，指责黑格尔用对立统一的观点去分析一切是超越了它的适用范围，是对于对立统一理论的一种"滥用"。克罗齐实际上是用形而上学去"修正"黑格尔的辩证法，这不仅表现在他把差异和对立割裂开，否认矛盾的普遍性，而且也表现在他用形而上学的精神去理解对立的统一。他把黑格尔的对立统一片面地解释成"对立面的综合"，说什么对立面的统一是"唯一的真理"，而绝口不谈对立面

---

① 克罗齐：《黑格尔哲学中的活东西和死东西》，商务印书馆，第6页。

的斗争和相互转化。他还根本抹杀矛盾作为发展动力的作用，否认从低级到高级的发展是由于事物内在矛盾运动的结果。凡此种种，都说明克罗齐的所谓黑格尔哲学中的"活东西"完全不是其中的"合理的内核"，黑格尔辩证法中最有价值的东西恰恰被他抛弃了。

  在现代西方学者中间，像克罗齐那样对待黑格尔的矛盾学说并非个别现象。他们之中有的人如库诺·费舍在他的《近代哲学史》第8卷《黑格尔的生平、著作及学说》中，和芬德莱在《对黑格尔的一个重新检查》一书中，都极力缩小黑格尔的矛盾学说及其对形而上学思维方法的批判的意义。有的人如拜莱（《精神现象学》一书英译本的著名翻译者），则企图阉割黑格尔的矛盾学说的革命精神，照他说来，"矛盾或对立中的基本因素，正如黑格尔经常所说，乃是作为对立面的基础的统一、同一。只有在一个共同的基础上能够联合和必然联合起来的那些对立面，才互相包含对方。它们互相发生关系并互相向对方'过渡'，是因为它们分享着共同的生命"①。所以拜莱强调的是"没有同一，也就没有矛盾"，而根本不谈对立面的斗争在矛盾构成中的作用。这样，黑格尔辩证法的革命方面就被窒息了。在这方面做得更彻底的，也许是英国新黑格尔主义者麦克塔格特。他干脆反对黑格尔把对立和矛盾列为范畴，而主张直接从杂多过渡到根据。他问道：我们怎么能够过渡到我们知道它本身是矛盾的这样一个概念呢？他说："辩证方法的全部要旨在于，知觉到有矛盾，是使我们抛弃掉我们发

---

① 拜莱：《黑格尔逻辑学的起源和意义》，英文版，1901年，第297页。

现是矛盾的那个范畴的原因。"① 在他看来,矛盾这个范畴既然自身是矛盾的,那就不能作为同一和区别的合题。所以他认为矛盾不适宜于作为范畴的名称,而建议代之以什么"稳定的本质性"。这个麦克塔格特虽然写过一本名为《黑格尔辩证法研究》的专著,上面这一点却说明他对黑格尔辩证法的真谛是一窍不通的。

黑格尔关于同一、区别和矛盾的论述,是《逻辑学》一书中最有价值的篇章,尽管它蒙着一层神秘的面纱,但只要我们揭开这层面纱去看,就能发现其中富有生命力的辩证法思想。遗憾的是,并非《逻辑学》的每一部分都具有这样的价值。例如,相比之下,"本质论"中紧接着论"根据"的那一章就要逊色得多。

(三)论根据,形式与内容,充足理由律

按照黑格尔的说法,从矛盾这个范畴向前发展便过渡到根据②。恩格斯曾经指出,在黑格尔那里,从矛盾到根据的转化是十分勉强而不自然的,为了论证这一转化,黑格尔甚至不惜求助于文字游戏。连某些资产阶级的黑格尔研究者也不得不承认,向根据的过渡带有相当大的人为的任意性③。照黑格尔说来,矛盾的解决、肯定与否定的扬弃,就进展到根据。他说:"肯定是一种

---

① 麦克塔格特:《黑格尔逻辑学研究》,英文版,1931年,第116页。
② 在《逻辑学》和《小逻辑》中,黑格尔的说法略有不同。在《逻辑学》中,矛盾是与同一、区别并立的一个范畴,它们都属于反思规定,而根据则是与反思规定并立的,与矛盾相衔接。在《小逻辑》中,则没有把矛盾当作一个独立的范畴,而以同一、区别、根据作为纯反思规定的三个范畴。
③ 参见芬德莱:《对黑格尔的一个重新检查》,第195页。

殊异,这种殊异是独立的,但同时与它的对方并非不相干。否定也同样是一种独立自为的消极的自我关系,但同时既是单纯的否定,只有在它的对方里它才有它的自我关系,它的肯定性。因此肯定与否定,表面上是矛盾的,实质上却是同一的。两者之所以如此,由于每方面都是对方的扬弃和自身的扬弃,于是两者便进展到根据。"①

黑格尔认为,根据是同一与区别的统一,是从它们发展出来的真理。当然,这里的统一并不是抽象的统一,为了避免误解,也可以说根据不仅是同一与区别的统一,而且也是和它们不同的东西。他说:"关于根据的定律是这样的:任何事物皆有其充分的根据,这就是说,任何事物的真正本质,不在于说该物为自我同一或异于对方,亦不仅在于说该物为肯定或否定,而在于表明一物之存在乃基于他物,而此他物即是与他自身同一的,即是它的本质。"所以他又说:"根据即是内在的本质,而本质实质上即是根据。"②黑格尔认为根据是内在的本质的这个看法,是有一定道理的。本质必然要有根据,否则就不成其为本质;本质又需要有中介,才能成为本质,而照黑格尔的说法,根据是"实在的中介",是"那个通过其非有回到自身并建立自身的本质"。③他指出,所谓一切事物都有其充分的根据,这个命题的意义无非是说:不应该把事物看作"有"的直接物,而应当把它们看作建立起来的东西。

---

① 黑格尔:《小逻辑》,第267页。
② 同上,第268页。
③ 黑格尔:《逻辑学》,下卷,第72页。

黑格尔在讨论根据时,也按惯例把它分成三个部分:绝对的根据、被规定的根据、条件。他的论述十分抽象、晦涩,有不少神秘而牵强的东西,但其中仍然有些合理的辩证法思想值得我们注意。

在"绝对的根据"中,黑格尔依次论述了形式与本质、形式与质料、形式与内容这三对范畴。①实际上,这里所说的本质、质料和内容都是根据在自身发展中的不同阶段:根据是那种在其否定性中与自身同一的本质,而本质具有一种形式和形式的规定;质料则是无形式的与自身同一的本质,它本身也有形式,但它却表现出对形式漠不相关;而内容之所以成为内容,即由于它包括有成熟的形式在内。如果我们撇开黑格尔的那些故弄玄虚的唯心主义论,就可以发现他的基本思想是可取的,他始终强调这些范畴的辩证统一,而反对把它们形而上学地相割裂开。例如,在考察形式与本质时,黑格尔认为,形式固然是被规定的东西,而与本质相对立,"一切被规定的东西都属于形式;被规定的东西是形式规定,因为它是一个建立起来的东西,所以与它是其形式那样的一个东西相区别",但同时形式与本质又处于辩证的统一中:"形式在其自己特有的同一中具有本质,正如本质在其否定的本性中具有形式。所以不能问形式怎样附加到本质上去的,因为形式只是本质在自身中的映现,是本质自己特有的内在反思"。②对此列

---

① 在《小逻辑》中,黑格尔不是在"根据"这一节中讨论这些范畴,而把"形式与内容"放在后面作为"现象"的一个部分,因此按逻辑范畴推演次序来说,它们出现较晚。从这一点也可看出,黑格尔的逻辑推演系统并没有严格的科学性,连他自己也并不完全遵守。

② 黑格尔:《逻辑学》,下卷,第77、78页。

宁是表示肯定的,所以他评论说:"形式是本质的。本质是有形式的。不论怎样形式都还是以本质为转移的……"①

形式与本质的关系是这样,形式与质料的关系也仍然是这样,黑格尔所着重指出的也还是这两个范畴的相互联系和统一。黑格尔继承了亚里士多德的看法,认为形式是能动的,质料是被动的。但他指出,质料虽然被形式的能动性所规定,可是那表现为形式的活动的东西同样也是质料本身特有的运动。形式与质料实际上是分不开的,如果抽掉某物的一切规定、一切形式,那么余留下来的就只是不曾规定的质料,它是绝对抽象的东西,而凡是经验中人们看得到、摸得到的东西则都是被规定了的质料,即质料与形式的统一体。因此,对于质料来说,形式并不是可有可无的外在的东西,因为质料本身就包含形式,把形式"禁锢"在自身之中。所以黑格尔说,"质料必须形式化,而形式自身也必须质料化"。②他坚决反对把二者孤立地分割开的做法,他这样写道:"我们说把质料孤立出来,认作一种无形式的东西,仅是一种抽象理智的看法,反之,事实上,质料概念里彻底的包括有形式原则在内,而且在经验中再也没有无形式的质料出现。"③应该承认,黑格尔用辩证法的观点去理解形式与质料的相互关系,比亚里士多德前进了一步。但他并没有、也不可能纠正亚里士多德在这个问题上的缺陷,他也像亚里士多德一样错误地把质料看作消极的东西,而夸大了形式的作用。这一点是由他的唯心主义的根本立场

---

① 《黑格尔〈逻辑学〉一书摘要》,《列宁全集》,第38卷,第151页。
② 黑格尔:《逻辑学》,下卷,第81页。
③ 黑格尔:《小逻辑》,第280页。

所决定的。

黑格尔在论及形式与内容这一对范畴时,进一步发挥了他关于辩证统一的基本思想。关于这个问题,也许《小逻辑》里的论述更为精辟。在那里,他说:"关于形式与内容的对立,主要地须得确切把握住一点:即内容并不是没有形式的,内容即具有形式于其自身,同时亦一样的有其外在的形式。"① 所以有双重的形式,有时形式反映自身,它就和内容相同一,二者紧密相连;有时则形式并不反映自身,它就是与内容不相干的外在的存在。黑格尔在谈形式与内容的统一时,说的不是后一种与内容不相干的外在形式。他认为,形式与内容的绝对的相互关系,就是两者的相互回转或转变,"所以内容非他,即形式之回转到内容,形式非他,即内容之回转到形式。这种互相回转乃是思想最重要的特性之一"。②

一般地说,黑格尔在形式与内容的统一中赋予内容以决定性的地位,但他反对某些人忽视形式,把形式看作不重要的无独立性的一面,而主张两者同等重要。他以艺术作品为例,说明完美的形式和超绝的内容一样是不可缺少的,只有形式和内容的彻底统一,才能产生真正的艺术品。如果说某一艺术品具有卓越的内容,可惜的是没有找到适当的形式,那么这种说法就是很坏的自我解嘲,因为如果缺乏适当的形式,这作品就不能算作真正的艺术品。他强调指出,"《伊里亚特》之所以成为有名的史诗,乃是

---

① 黑格尔:《小逻辑》,第286页。
② 同上,第286-287页。

它的诗的形式,而它的内容乃是依此形式陶铸而成。同样又如莎士比亚《罗密欧与朱丽叶》一悲剧的内容,乃由于两姓的仇恨而引起的一对爱人的毁灭,但单是这个故事的内容,尚并不足以造成莎士比亚不朽的悲剧。"① 在他看来,无论是在艺术或是其他一切领域里,内容的真理和价值主要建立在内容自身与形式的合一之上。

作为一个唯心主义者,黑格尔不是把内容和形式首先看作客观物质实在,而是把它们理解为概念的东西。他明白地说:"由于仔细分析所得最后结果,我们就可见得对于一个有学养的人,所谓内容除了指符合思想规律外,没有别的意义了。"② 在这里,我们也可以看到要求客观符合于主观而不是主观符合于客观的那种唯心主义的颠倒。但是,黑格尔既然主张形式与内容不可分割,形式是内容自身所固有的,那末他在承认内容是客观的同时,也就承认形式是客观的。这与主张形式是主观的、由人的理智所赋予对象的那种康德主义观点相比,还是要高出一筹。

从辩证法的观点来看,黑格尔关于形式与内容的看法也不是没有缺陷的。他主要只是强调形式与内容的统一,而忽视它们之间的矛盾和斗争。这也是黑格尔辩证法和马克思主义辩证法的重大区别的表现之一。列宁在概括辩证法的要素时指出的第十五点就是:"内容和形式以及形式和内容的斗争。抛弃形式、改造内容。"③ 在马克思主义者看来,形式与内容的统一是建立在它

---

① 黑格尔:《小逻辑》,第288页。
② 同上。
③ 列宁:《哲学笔记》。

们的矛盾和斗争的基础上的,特别是随着事物的发展,形式往往落后于内容,于是旧形式与新内容便发生矛盾和冲突,直至消灭旧形式,建立与新内容相适应的新形式,从而达到形式与内容的新的统一。这种革命的理解在黑格尔那里是看不到的。

"根据"的第二部分是"被规定的根据"。在这一部分中,黑格尔讨论了"形式的根据"、"实在的根据"和"完全的根据"。在这里使我们感到兴趣的是他对形式逻辑的充足理由律①的批判。

大家知道,充足理由律是莱布尼茨首先提出来的。他在《单子论》一书中说,我们的推理是建立在两大原则,即矛盾原则和充足理由原则之上的。根据充足理由原则,"我们认为:任何一件事如果是真实的或实在的,任何一个陈述如果是真的,就必须有一个为什么这样而不那样的充足理由,虽然这些理由常常总是不能为我们所知道的"。②莱布尼茨所提出的这个原则既有本体论方面的含义,又有认识论方面的含义,他自己也没有解释清楚。黑格尔一方面肯定莱布尼茨对充分根据的理解要比通常的理解更为深刻,因为莱布尼茨涉及事物的最终原因或目的(但黑格尔认为,目的论的根据属于概念、理性的范围,不应在"根据"这一章里研究),另一方面则对形式逻辑企图把充足理由律作为一条思想规律的做法,予以尖锐的指责和驳斥。他说,这条形式逻辑的定律主张一切真实的思考必须要有根据,但"形式逻辑于阐明这一思想律时,却对于别的科学提出一坏的榜样。因为形式逻辑要求别

---

① 在德语中,Grund 一词兼有根据、理由之意,充足理由也可译为充分根据。
② 《十六—十八世纪西欧各国哲学》,商务印书馆,第297页。

的科学〔须说出根据〕,勿以直接与料为有效准,但其自身却提出一未经推证、未经说明间接根据的思想律"。①

黑格尔指出,在形式的根据里,根据和有根据的东西是同一的,也就是说,由根据所证明的结果即是根据自身。"由于根据和有根据的东西这种同一性之故,无论就内容说,或者就形式说,根据都是充分的(所谓充分,就是限于这种情况而言);在有根据的东西中所没有的东西,在根据中也丝毫没有,同样,在根据中所没有的东西,在有根据的东西中也丝毫没有。"②所以他认为,用这种形式的根据去说明某种现象,仍然是单纯的形式主义和空洞的同语反复。他猛烈地批评当时的自然科学,尤其是物理学,指责这些科学中充满着这一类同语反复。例如,在说明行星绕日运动时就以地球和太阳的相互引力作根据,这无非是仅仅用自身反思的规定(即力的形式)说出了现象(即这些星体在运动中的相互关系)所包含的东西而已。显然,用这种形式主义是解决不了问题的,正如当问题在于要认识一个植物的本性时,而我却说:一个植物的本性就是植物。

到了实在的根据,根据和有根据的东西开始具有差异的内容,因此不再是同语反复,但根据关系的偶然性和外在性也一起进入那里去了。因为每一个具体事物都有许多内容规定,但其中哪一个应该被当作本质的内容规定和根据又是不确定的,所以在它们之间可以自由地选择。结果,实在的根据并不比形式的根据

---

① 黑格尔:《小逻辑》,第269页。
② 黑格尔:《逻辑学》,下卷,第88页。

高明多少,仍然避免不了形式主义。黑格尔指出,对于同一的内容我们就可以提出不同的根据,甚至正相反对的根据,单靠充足理由律就无法解决问题。他举出偷窃与士兵临阵脱逃为例,说明在处理这种案件时,执法和犯法的双方都可以找到理由,对同一事实就可以有不同的根据。对于这种情况,黑格尔认为,"一方面,任何根据都是充足的,另一方面,没有根据可以说是充足的",因为"这种形式的根据并无本身自决的内容,因此并无自我主动性和自我创造性"。① 在他看来,这种本身自决、自我主动的内容,只有到概念中才能找到,也只有概念才是真正充足的根据。

  黑格尔对形式逻辑的充足理由律的批判,实质上也是对诡辩论的批判,因此这种批判是具有积极意义的。他指出,一般人以为诡辩只是一种歪曲正义和真理、从错误的观点去认识事物的思想方式,其实这并不是诡辩的最初原有的趋向,因为苏格拉底和柏拉图称之为诡辩的东西,无非是从根据来论证而已。诡辩派的立场和原则就是只寻求形式的根据,他们教人寻求足以解释事物的各种不同的观点,而这些不同的观点也正是根据。问题在于,"诡辩者并不深究所须辩护者之真理的内容,他只求说出根据的形式,凭借这些理由或根据,他可以为一切辩护,但同时也可以反对一切"。② 黑格尔说,在我们的时代,人们只要有一点"教养",就总能为世界上一切最坏、最不合理、最腐败的事物找到一些好的理由或根据,而替不道德的违反行为寻求根据,并不难于为道

---

① 黑格尔:《小逻辑》,第271页。
② 同上,第272页。

德的合法行为寻求根据。因此,要决定哪一种根据较好,就只能由各人主观地按自己的观点自行抉择,于是众所公认的本身有效的标准的客观基础便被摧毁了。黑格尔把辩证法和这种诡辩对立起来,说苏格拉底用辩证的方法指出形式的根据站不住脚,从而将真的、善的、普遍的客观标准又重新建立起来了。

黑格尔是一个唯心主义者,他没有、也不可能到客观现实世界中,到物质实践中去寻找这个普遍的客观标准,而只能到概念的发展中、到理念本身中去寻找这个标准。这当然是徒劳无功的。但是,他通过对形式的根据的批判,揭露了诡辩论的认识根源,即认识的片面性、主观主义和相对主义,这是很深刻的。在他看来,诡辩并不是没有根据,而是坚执着片面的根据,因为这种根据并不包含事情的全部范围,不能穷尽那"构成各根据的连结并包含一切根据的事情"。与诡辩的这种片面的根据相反,辩证法则要求全面性,全面地把握事情的一切方面和一切根据。列宁称赞黑格尔的基本思想是"天才的",即:"万物之间的世界性的、全面的、活生生的联系,以及这种联系在人的概念中的反映"。列宁说,这是唯物地颠倒过来的黑格尔,并且指出,"这些概念必须是经过琢磨的、整理过的、灵活的、能动的、相对的、相互联系的、在对立中是统一的,这样才能把握世界"。① 经过列宁的改造,黑格尔辩证法的合理因素就充分显示出来了。

在"被规定的根据"中,最后阶段是完全的根据,它同时包含了形式的和实在的根据。紧接着黑格尔就从根据进到一个新的

---

① 《黑格尔〈逻辑学〉一书摘要》,《列宁全集》,第38卷,第153-154页。

概念：条件。他说，一个根据可以产生某种实效，也可以不产生某种实效；可以发生某种后果，也可以不发生某种后果。因此，单靠根据还是不能使事情进入存在，要做到这一点还需要一定的条件。黑格尔指出，"事情的运动，一方面通过其条件，另一方面通过其根据而建立起来，不过是中介映象的消失。事情之被建立起来，因此是一个发生，是在存在中单纯的自身表露，是事情到自身的纯粹运动。假如当前有了一个事情的一切条件，那么，这个事情便进入存在了。"① 在他看来，存在是从根据发展出来的"有"，是经过间接历程才达到的"有"。一个事情虽然潜在地早已"有"了，但只有通过根据和条件、通过中介，才能达到存在。如果说，在"有"的阶段，黑格尔只讲纯粹抽象的逻辑范畴的自己发展，那么到了存在的阶段，他就开始注意到使事物存在的客观条件了。在这一点上，黑格尔或多或少地摆脱了他的哲学神秘主义的影响，而回到比较现实的基地上来。列宁肯定了黑格尔的这一思想，他指出："好极了！这跟绝对理念和唯心主义有什么关系呢？"②

（四）论本质与现象，规律

本质不仅在自己本身中映现自己，而且还必须表现出来。如果说本质在自己本身中的映现是反思，那末本质的显现就是现象。因此，"现象"构成了《逻辑学》"本质论"的第二部分。在现

---

① 黑格尔：《逻辑学》，下卷，第113页。
② 《黑格尔〈逻辑学〉一书摘要》，《列宁全集》，第38卷，第154页。

象这个阶段,黑格尔又逐个考察了存在、现象和本质的对比。

黑格尔指出,本质表现出来,首先就是存在和存在物,或者说,就是事物。前面在谈论根据的时候,我们可以看到,凡是某个事物的东西,都具有一个根据,或者说都是一个建立起来的东西、有中介的东西。黑格尔认为,这样就必须也提出一个存在命题,即:一切是某个事物的东西,都存在。从表面上看,"有"和存在有相似之处,但"有"是直接的东西,而存在则是从本质发生的"有",因此存在比"有"更高,"有的真理不是要成为一个最初的直接物,而是要成为在直接性中发生的本质"。①存在的某物与"有"的某物是有区别的,因为存在的某物是由中介的自身反思而发生,自身中具有中介的环节,所以它是一个事物(Ding)。黑格尔的所谓事物,指的是具体的物质的东西,相当于通常所说的物体的范畴。

在黑格尔看来,事物是有它自己的种种规定性的,这些规定性就是事物的特性。他说:"一个事物只有通过规定性,才是这个事物,而规定性则唯在于事物的特性。事物由于特性而与其他事物相区别,因为特性就是否定的反思和进行区别;所以事物只是以其特性才在自身中具有它与其他事物的区别。"②事物失去了它的一切特性,也就停止了存在。从这样的观点出发,黑格尔又一次批判了康德关于"自在之物"的说法。他认为,康德的"自在之物"无非是抽掉一切规定性的空洞抽象,康德坚持"自在之物"不可知,既然它已经被抽掉了一切规定,那么从它那里当然什么也

---

① 黑格尔:《逻辑学》,下卷,第117页。
② 同上,第129页。

不能知道了。在这里,黑格尔不仅揭露了康德的不可知论,而且还进一步批判了他的主观主义,因为康德把"自在之物"的一切规定都看作是被引入外在反思而造成的结果,也就是人的意识的产物。他指出,康德的先验唯心论"把事物的一切规定,无论就形式或就内容说,都挪移到意识之中,按照这一立场,那么,我看树叶不是黑的,而是绿的,太阳是圆的,不是方的;我尝味糖是甜的,不是苦的;我规定钟鸣一响和二响是前后相续,不是彼此并列的,第一响既不是原因,第二响也不是结果等等便都归在自我之内,归在主观之内"。① 他批评康德说,康德的主要错误就在于死抓住抽象的"自在之物"作为终极的规定,并把特性的规定性和多样性与"自在之物"对立起来,而实际上"自在之物"本身却是一个具备自己特有规定、具备特性的"自在之物"。

列宁认为,黑格尔对康德的这一批评,实质是反对主观主义,反对把自在之物同现象割裂开来。因此,黑格尔比康德是大大地前进了一步。黑格尔强调的是"自在之物"及其规定性、事物及其特性之间的辩证统一,从而消除了它们在康德那里的形而上学的割裂。按照黑格尔的这种辩证法的观点,具有各自特性的事物,它们不是由外来的观点、而是由其自身来相区别,而且这些事物由于它们的特性而处于本质的相互作用之中,"特性就是这种相互作用本身,而事物在相互作用之外便什么都不是"。② 他不仅肯定事物内部的辩证联系,而且也强调事物之间的相互辩证联系。这种事物之间的相互联系和相互作用,也同样不是外在的

---

① 黑格尔:《逻辑学》,下卷,第127页。
② 同上,第128页。

反思或人的意识外加于事物的,而是由于事物本身的特性所形成的。就这一点而论,黑格尔对事物的认识要比康德深刻。

黑格尔是坚定的唯心主义者,因此在物质和精神何者居于第一性地位的问题上,他的立场始终是很明确的。归根到底,在终极的意义上,他把整个物质自然界看作精神的异在、外化。但是,作为一个聪明的唯心主义者,他不否认事物的物质性。他不怕承认事物是物质的实在,这就比某些现代西方哲学流派的代表人物、例如海德格尔高明得多。① 不过,黑格尔也指出了当时自然科学认为事物是由许多独立的物质组成的那种看法的局限性。他说,把事物分解成各种独立的物质,并不能真正探知事物的奥秘,而且这种做法只能应用于无机的自然界(例如化学家把食盐分解成各种成分,地质学家认为花岗石由不同成分所构成等等),不能应用于有机的生命界。我们可以说,这一个动物是由骨骼、筋肉、神经等所构成,但这显然和花岗石由某些成分构成的意义大不相同,"因为在花岗石里,各种素质的联合完全不相干,即不联在一起,各个素质,仍可独立存在。反之一个有机体的各部分各肢节只有在它们的联合里方有存在,彼此一经分离便失掉其为有机体的存在"。② 黑格尔反对把事物割裂成互不相干的独立的物质,而把事物看作有机的统一体。他的看法是符合于辩证法的。

按黑格尔的说法,事物自身消解,就过渡为现象。与直接的存在或"有"相比,现象是更高的真理,因为它是本质的存在。他

---

① 在《有和时间》里,海德格尔甚至不高兴用 Ding 这个名词,因为这会导致显示出像实体性、物质性、广延等存在的性质。他选择了 Zeug 这个词来代替 Ding。
② 黑格尔《小逻辑》,第279页。

反对康德把现象和本质截然割裂成两个互相隔绝的世界,认为本质并不在现象之后或现象之外,就在现象之中。在他看来,本质不是现象之外的某种东西,而只是表现为现象的那种东西;同样,现象也不是与本质无关的东西,而是本质的表现。因此,如果我们真正彻底认识了现象,也就是认识了本质。这样,黑格尔就在唯心主义哲学所允许的限度内,从坚持现象和本质的辩证统一的观点出发,驳斥了康德关于本质世界永远处于认识彼岸的那种不可知论的结论。

黑格尔在谈到现象时,着重探讨了"现象的规律"这个重要的范畴。他借以引申出规律的方式是纯粹思辨的。但列宁指出,黑格尔的叙述虽然极其晦涩难懂,却也包含活的思想:"规律的概念是人对于世界过程的统一和联系、相互依赖和整体性的认识的一个阶段",① 并且说黑格尔反对把规律的概念绝对化、简单化、偶像化。

在关于规律的问题上,黑格尔的观点也正好与康德针锋相对。康德认为,规律并不是现象世界所固有的,而是认识的主体加于现象界的,因此规律虽然有其必然性,却只是主观的东西。相反,在黑格尔看来,规律并不是从外面强加于现象界的,而即存在于现象之中,因此不仅现象是客观的,规律也同样是客观的。他说,规律"是在现象交替中自身等同、长留不变的东西",② 又指出,"现象和规律有同一个内容。规律是现象在自身同一中的反

---

① 《黑格尔〈逻辑学〉一书摘要》,《列宁全集》,第38卷,第158页。
② 黑格尔:《逻辑学》,下卷,第140页。

思"。① 这就是说,规律与现象之间并没有一条原则上的区别的界限,不能把二者割裂开,因为规律就是现象本身所固有的。

黑格尔认为,规律是现象的基础,所以它是本质的现象。规律与现象之间存在着一种反映的关系,他说:"规律因此不在现象以外,而在现象中直接现在;规律王国是存在的或现象的世界静止的反映。但两者不如说是一个总体,而且存在的世界本身是规律的王国。"② 规律和现象是一个总体,在这个总体内,规律是基础,是反映本质的,但这种反映只是"静止的反映",它反映的是现象中稳定不变的东西。列宁非常赞赏黑格尔关于规律是现象的静止的反映这一提法,他指出,"这是极其唯物主义的、极其确切的(从"静止的"这个词来看)规定。规律把握住静止的东西——因此,规律、任何规律都是狭隘的、不完全的、近似的。"③

为什么规律具有一定的狭隘性,这从黑格尔的叙述中可以得到解释。黑格尔认为,规律的王国是现象的静止的内容,这就产生了一个问题:现象之中固然有某种稳定的静止的东西,这种东西构成现象的规律,可是现象本身却表现为不静止的更迭交替,是在不断地变化着,而这个不静止的形式却并不包含规律。因此,黑格尔说,"现象与规律对比起来,就是总体,因为它包含规律,但还多一些,即自身运动的形式这一环节"。④ 规律固然反映

---

① 黑格尔:《逻辑学》,下卷,第144页。
② 同上,第145页。
③ 《黑格尔〈逻辑学〉一书摘要》,《列宁全集》,第38卷,第159页。
④ 黑格尔:《逻辑学》,下卷,第145-146页。

着运动着的现象中的本质的东西,但它并不能包括现象所有的全部多样性。因此,现象总是比规律更丰富,如果说现象作为一个总体,那末规律就只能反映它的一个部分,而不得不把现象自身运动的形式中的许多丰富多彩的东西舍弃掉。正是在这个意义上可以说,"任何规律都是狭隘的、不完全的、近似的";也正是因为这个缘故,所以黑格尔反对把规律的概念绝对化、简单化、偶像化。黑格尔对规律的这种理解,对于反对机械决定论来说具有重要的意义,机械决定论把规律完全理解成某种注定的、呆板的、宿命的东西,这是同辩证法对规律的看法有原则区别的。

在黑格尔关于规律的论述中,列宁还要我们注意"规律是本质的现象"这一提法。列宁指出:"规律和本质是表示人对现象、对世界等等的认识深化的同一类的(同一序列的)概念,或者说得更确切些,是同等程度的概念。"① 黑格尔从认识论的角度去考察问题,把规律和人的认识的深化过程联系起来,因此从现象到规律就是从现象到本质的进展,对规律的认识就是透过现象去寻找本质。这种见解无疑是符合于认识发展的辩证法的。但是,我们当然也必须看到黑格尔对规律所作的唯心主义的、神秘的解释。归根结底,他把规律理解为理念的自己发展中的一个特定阶段,而不是把它看作客观物质世界运动的规律及其在人的头脑中的反映。

黑格尔从规律的范畴推进到本质关系(或译对比)的范畴,在他看来,现象世界和本质世界(规律的王国)既是对立的,又

---

① 《黑格尔〈逻辑学〉一书摘要》,《列宁全集》,第38卷,第159页。

是同一的，它们两者都是存在的独立整体，而每一个总体本质上都在自身中具有另一总体的环节。这样就出现了关系（Das verhältnis）。他说："本质的相互关系是事物表现其自身所采取的确定的完全普遍的方式。凡一切存在的事物都在相互关系中。而这种相互关系即是每一存在的真实性质。"[1] 黑格尔认为，规律就是本质的关系，而本质的关系乃是现象的真理。

在本质的关系中，黑格尔考察了整体与部分的关系、力及其外在化的关系和外与内的关系，其中后两种关系是由前一种关系转化来的。黑格尔的这一部分论述价值不大，用列宁的话来说，这些东西中十之八九都是些"外壳"、"皮屑"。但是，即使在这里也并不是毫无可取之处，例如他用辩证法的观点去解释内与外的关系，反对机械地把二者割裂开，而主张二者的统一。他写道："外与内乃是同一的内容。凡物内面如何，外面亦见得是如何。反之，凡物外面如何，内面亦见得是如何。凡现象所表现的没有不在本质内的。凡在本质内的没有不表现于外的。"[2] 照黑格尔的说法，这种内与外的真实的同一就使本质发展到一个新的阶段——现实。

（五）论现实，可能与现实，偶然与必然

按照黑格尔的说法，现实是内与外的统一，也是本质与存在

---

[1] 黑格尔：《小逻辑》，第289页。
[2] 黑格尔：《逻辑学》，下卷，第193页。

的统一。现实这个范畴比前面经历过的"有"和存在都要高,因为"有"还不是现实的,它只是最初的直接性,它的反思是变和过渡为另一种"有";存在虽然是从根据和条件、或者说从本质及其反思发生的直接性,但还不是反思与直接性的统一。只有在现实中才达到这种统一,"在这种统一中,存在或直接性和自在之有,根据或反思的东西,完全都是环节"。① 根据库诺·费舍的看法,黑格尔的所谓现实应该被理解为活动,也就是说,现实不是僵死的、而是活动的东西。费舍认为,按黑格尔学说的基本思想来说,现实是和理性等同的。② 费舍的这种理解有一定的道理,因为黑格尔一开始就把现实说成是绝对物的展示,而黑格尔所理解的绝对物也就是理性、理念。

把现实首先看作绝对物是《逻辑学》一书中的说法,而不见于《小逻辑》。在这部分论述中,黑格尔所使用的绝对物概念相当于斯宾诺莎的实体概念,还采用了斯宾诺莎的属性、样式等说法。值得注意的是,他从唯心主义辩证法的立场对斯宾诺莎哲学进行了批评。他说:"规定性即否定——是斯宾诺莎哲学的绝对原则;这个简单的真知灼见,使实体的绝对统一有了基础。但是斯宾诺莎停留在作为规定性或质那种否定上面;他不进一步去认识作为绝对的、即否定自身的否定那样的否定;因此他的实体本身不包含绝对形式,对实体的认识也不是内在固有的认识。"③ 在黑格尔看来,斯宾诺莎的缺点在于:实体缺少"人格的原则",对

---

① 黑格尔:《逻辑学》,下卷,第193页。
② 参见库诺·费舍:《近代哲学史》,第8卷:《黑格尔的生平、著作及学说》。
③ 黑格尔:《逻辑学》,下卷,第187页。

实体的认识又是外在的反思,对绝对物的说明本身欠缺自身反思。这种缺点多少在莱布尼兹的单子概念中得到了弥补。因为单子本质上是观念的,"它尽管是一个有限物,它却没有被动性,它的变化和规定都是它本身的表现"。①

早在《精神现象学》里,黑格尔就已不指名地批评了斯宾诺莎,提出了实体应是主体的思想。现在黑格尔也仍然是抱着这样的观点,所谓"人格的原则"也就是要把实体看作主体。他强调的是实体的自己运动,他在一定意义上肯定莱布尼兹的单子,就是因为它消除了被动性。就这一点而论,黑格尔是力图纠正斯宾诺莎哲学中的形而上学的缺陷,因而应该予以积极的评价。但同时必须指出,黑格尔的批评也是针对斯宾诺莎的唯物主义观点的。他强调实体的自身反思和自我认识,也就是要把实体加以唯心主义的改造,使之成为精神性的东西。

黑格尔用唯心的观点去解释现实,把现实看作理性、理念的体现,这当然是错误的。但他从思维与存在的统一出发,反对把二者割裂开的形而上学观点,还是具有积极的意义。他说,现实和思想常常很可笑地被人当作彼此对立的东西,抽象的理智坚执着现实和思想的区别,似乎某种思维虽然非常正确,但却只存在于人们的头脑里,在现实中却找不到,也无法在实际上实现。他认为,对于这种形而上学的看法必须用科学和健康理性的名义断然地予以驳斥,"因为一方面观念或理念并不是仅藏在我们的头脑里,理念大体上讲来并不是薄弱无力以致它自身的实现和不实

---

① 黑格尔:《逻辑学》,下卷,第190页。

现,均须得依赖人的意愿。反之,理念乃是绝对能动并且绝对真实的。另一方面,现实亦并不是那样的污浊、不合理,有如那盲目的头脑单纯的狂诞的改革家所想象的那样。就现实之有别于仅仅的现象而言,并就其本来为内外的统一而言,现实并不居于与理性对立的地位,而乃是彻头彻尾地合理的。任何不合理的事物,即因其不合理,便不得认作现实"。① 黑格尔后来在《法哲学原理》中的一个著名的命题:"一切现实的都是合理的,一切合理的都是现实的",也正是在这个意义上提出来的。关于这个命题,我们将在后面再来讨论。

在黑格尔那里,现实是相当高的、很重要的一个范畴。只有在现实中,事物才有真正的存在,而许多没有现实性的事物,则只有不真实的存在。因此,评判一种思想也要看它是否现实。黑格尔在评价柏拉图的理想国时,就是从这一观点出发的。他说,真实的理想并非应该是现实的,而本身就是现实的,并且是唯一现实的东西,如果一个理想太美妙了,以致在现实中并不存在,那末这理想本身就有缺陷,柏拉图的理想国之所以是一个幻想,并不是因为人类缺乏他所描述的那些卓越的东西,而是因为那些东西对于人类来说还不够好。所以黑格尔强调必须知道并区别开什么是真正地现实的东西,不能把偶然的、暂时性的东西和真正的现实性混为一谈。②

黑格尔在讨论现实时,把现实分为三个阶段,即:(1)偶然或

---

① 黑格尔:《小逻辑》,第304页。
② 参见黑格尔:《哲学史讲演录》,第2卷,三联书店,第247-248页。

形式的现实,可能和必然;(2)相对的必然或实在的现实,可能和必然;(3)绝对的必然。在这里,他对现实性和可能性、偶然性和必然性这些重要的哲学范畴作了探讨。列宁曾经指出,黑格尔在《小逻辑》中常常用具体的例子更清楚地说明问题,因此我们在考察黑格尔有关这些范畴的论述时,可以更多地依据《小逻辑》。

按黑格尔的说法,现实最初只是一种可能性,"什么是现实的,就是可能的。这样的可能性还只是属于主观思维的一种抽象,还只是形式的可能性。由于这种可能性只是自身同一的形式规定,所以就这种形式的可能性意义上说,一切不自相矛盾的东西,都是可能的;可能性的王国因此是无边无际、花样繁多的"。① 但是,可能性在它本身中也有矛盾,一切事物都同样是一个矛盾的东西,因此也可以说,可能性就是不可能,一切事物也都是不可能的东西。黑格尔指出,抽象的理智往往喜欢谈论这种形式的可能性,而实际上这是很无聊的,因为任何内容都可以用抽象的形式去设想,于是只要把一个内容从它所有的许多关系中分离出来,那末无论什么荒谬的内容,就都可被看作是可能的了。他挖苦说,如果用这种形式的可能性去设想,就可以说月亮今晚可能落到地球上来,而土耳其皇帝也可能成为罗马教皇。这种关于可能性的说法,就是用抽象形式的方式去玩弄充足理由律,所以只要能找到一个理由,就可以说任何事物都是可能的。在黑格尔看来,这种抽象的形式可能性是毫无价值的,一个人对于客观事物的确定关系愈是缺乏认识,他在观察事物时就愈会驰骛于各

---

① 黑格尔:《逻辑学》,下卷,第195页。

种空疏的可能性里。有理性并有实践精神的人，决不能受这种可能性的欺骗，而必须坚持要把握现实。

　　这种形式的可能性规定自身只是可能性，所以还不是实在的现实，而只是形式的现实，这种形式的现实还只是"有"或一般的存在而已。实在的现实就不只是形式，而具有一个内容。"实在的现实本身首先是有许多特性的事物，是存在的世界；但它不是自身消解为现象那样的存在，而是它作为现实，同时既是自在之有，又是自身反思……什么是现实的，便能够起作用；某个事物通过它所发生的东西来宣布它的现实。"① 要达到这样的实在的现实，就需有实在的可能性。所谓实在的可能，首先是"富于内容的可能"。黑格尔说，"假如人们深入一件事情的规定、环境、条件，以便从而认识其可能，那么，人们便不会停留在形式的可能上，而要考察其实在的可能了。"② 因此，实在的可能是与形式的可能不同，而且是相对立的。形式的可能不顾及某一事物成为现实所需要的条件和环境，相反，实在的可能却包含着这些东西在内。所以黑格尔说，"实在的可能性构成条件的整体"，又指出"一件事情的实在可能，就是与这事情相关的环境的实有的多样性"。③ 实在的可能本身就是直接的存在，因为它是实在的东西，它在本身中就有直接的存在这个规定。假如一件事情的一切条件都完全具备，那它就进入了现实，所以在这里具有决定意义的是事情的内容，而不是抽象而空洞的形式。因此，黑格尔写

---

① 黑格尔：《逻辑学》，下卷，第199页。
② 同上，第200页。
③ 同上，第200、201页。

道:"一个事物之可能与不可能完全系于那一事物的内容,这就是说,系于现实之各环节各阶段的全体,而现实在它发展的过程里证明它自身的必然性。"①这样,实在的可能性就与必然性联系起来了。在黑格尔看来,由于实在的可能性在自身中具有现实的环节,它本身就已经是必然。实在的可能性只有一种,具有实在可能性的事物就只能以这种方式出现,而不能够是任何别的东西,因为在这样的条件和环境之下,该事物不能有其他的结果。所以他认为,实在可能性和必然性相区别,只是貌似的。

黑格尔关于形式的可能性与实在的可能性相区别的理论,是对主观唯心主义和形而上学的批判,因为他要求尊重客观辩证法,反对主观任性。特别是,他强调实在的可能性本身包含由可能性转化为现实的条件的总和,这个见解确实是精辟的。但是,他认为实在的可能性只有一种的看法,却并不完全符合于辩证法的精神,它不仅抹杀各种不同的可能性之间的矛盾斗争,而且容易导致思想僵化,坚执一种可能性,而丧失在几种可能性中进行抉择的自由余地。在这里,黑格尔的这一观点看来也是受到了他的保守的体系的影响,因为他的体系早已规定整个世界的发展必须按照理性的要求只能这样地而不能以另一种方式进行的。

黑格尔关于偶然与必然这一对范畴的论述,是和可能与现实另一对范畴交叉在一起的。按照黑格尔的说法,现实是从可能性开始的,现实与可能的统一就是偶然。"某个是可能的东西,就在现实的这种意义上,是一个现实的东西;它只有作为偶然的现实

---

① 黑格尔:《小逻辑》,第307页。

那样多的价值；它本身是一个偶然的东西。"① 他又把可能性与偶然性看作现实的两个环节，可能性是现实的内在的一面，而偶然性则是外在的一面。一般地说，所谓偶然性就是指一个事物存在的根据不在自身而在他物之中。现实呈现在我们面前，最初大都采取偶然性的形式，而这种偶然性常被人误认为现实本身。"但偶然性仅是现实的片面的形式——反映他物的那一面或就现实之为单纯的可能性的那一面。因此我们认为偶然性系指一物能存在或不能存在，能这样存在或能那样存在，以及一物之存在或不存在，这样存在或那样存在均不系于自己，而依赖他物。"② 正因为偶然性的东西具有这种特性，所以它既没有根据，又有根据。说它没有根据，是因为它是偶然的东西，是没有内在根据的；说它有根据，同样也因为它是偶然的，不能没有任何根据而产生，所以就具有一个根据。

黑格尔认为，偶然性虽然只是现实的一个方面，不能与现实相混淆，但作为理念的形式之一，偶然性在客观世界里仍有相当的地位。他说，科学、特别是哲学的职责，诚然在于从偶然性的假象里去认知潜蕴着的必然性，但这意思并不是说，偶然的事物只属于我们主观的表象，因此，为求得真理起见，只消完全予以排斥就行了。因此，他虽然认为科学的任务就是要克服偶然性，并把必然性看得更重要，可是并不否认偶然性的存在，而且他还特别指出在自然界以及在语言、法律、艺术等领域中，偶然性都起着重要的作用。就他承认偶然性的地位和作用这一点来说，他无疑是

---

① 黑格尔：《逻辑学》，下卷，第197页。
② 黑格尔：《小逻辑》，第308页。

反对形而上学的机械论观点的。

在哲学史上,机械论者或具有机械论倾向的哲学家们一般都不重视偶然性,甚至根本否认偶然性的存在。从古希腊的德谟克里特开始,就一直有人对偶然性这个哲学范畴表示怀疑。到了近代,随着机械唯物主义思想的兴起,这种观点就更为流行。例如斯宾诺莎就曾断言:"自然中没有任何偶然的东西(contingens),反之一切事物都受神的本性的必然性所决定而以一定方式存在和动作。"① 十八世纪法国唯物主义的卓越代表霍尔巴赫也认为,"在这个自然之中,没有偶然,没有属于意外的事物,也决没有没有充分原因的结果,一切原因都遵循着固定的、一定的法则而活动……当我们把自然的种种结果归之于偶然时,正表示出我们对于自然的能力和法则茫然无知"。②

机械论者排斥偶然性,而只承认必然性。他们用形而上学的观点把二者抽象地、绝对地对立起来,认为偶然性与必然性是两个永远互相排斥的规定,一个事物只要是必然的,就决不可能是偶然的。他们既然把一切都看作必然的,也就把一切偶然性都说成是必然性。他们以为这样可以更好地说明世界上一切事物的产生和变化的严格规律性,实际上这种做法却适得其反。正如恩格斯所说,"偶然性在这里并没有从必然性得到说明,而倒是把必然性降低为纯粹偶然性的产物。如果某个豆荚中有六粒豌豆而不是五粒或七粒这一事实,是和太阳系的运动规律或能量转化规

---

① 斯宾诺莎:《伦理学》,商务印书馆,第27页。
② 霍尔巴赫:《自然的体系》,商务印书馆,第66—67页。

律处于同一等级,那末实际上不是偶然性被提高为必然性,而倒是必然性被降低为偶然性。"①

黑格尔对于机械论观点的驳斥,不仅在于他赋予偶然性以一定的地位,而且更重要的是在于他辩证地解决了偶然性与必然性之间的相互关系。在他看来,偶然性与必然性之间并不存在着绝对的界限,而是相互联系和相互转化的:偶然性的背后有着必然性,而必然性则通过偶然性而表现出来,在一定的情况下,偶然的东西就是必然的,而必然性自己规定自己为偶然性。他说,必然性与实在的可能性只有表面上的区别,"但这个必然同时又是相对的。——这就是,它有一个事先建立(前提),它从那里开始,它以偶然的东西作它的出发点"。②黑格尔把这种相对的必然性称之为实在的必然。实在的必然的东西是一个有限制的现实,由于限制的原故,这个现实从另外的观点看来又只是一个偶然的东西。所以黑格尔指出,"实在的必然,事实上又自在地是偶然。——这一点是这样表现的:实在的必然物,就形式看,诚然是一个必然物,但就内容看,却是一个被限制的东西,并由于内容而有其偶然性。不过偶然也包含在实在必然的形式之中"。③

这样,黑格尔就第一次彻底打破了已往被人视作理所当然的偶然性与必然性之间的形而上学的对立,而提出了解决这种对立的闻所未闻的新观点。现在,偶然性不再是与必然性互相排斥,而是包含在必然性之中,而规定自己为偶然的,原来就是必然本

---

① 《自然辩证法》,《马克思恩格斯全集》,第20卷,第562页。
② 黑格尔:《逻辑学》,下卷,第203页。
③ 同上,第204页。

身。恩格斯充分肯定了黑格尔的这个新发现,他说,"在历史的发展中,偶然性起着自己的作用,而它在辩证的思维中,就象在胚胎的发展中一样包括在必然性中"。①他还指出,达尔文学说是黑格尔关于必然性和偶然性的内在联系的论述在实践上的证明。

在黑格尔看来,实在的必然性包含偶然,这样就有了必然和偶然的统一,这个统一就叫作绝对的必然。照他的说法,绝对的必然性是绝对物的反思或形式,它是自己决定自己、不依赖于其他东西的。在绝对的必然性中,就不再有偶然性了。他这样写道:"我们总以为凡必然的事物必是被建立起来的,是一有前提的间接的事物。但假如我们固执着必然性是间接地从前提派生出来的,那么我们就还没有了解必然性的真正意义。那仅是间接派生的事物,其存在由于依他,而非自依,因而它仍然仅是偶然的。反之,我们所欲达到的必然性,即一物之所以是一物乃由于其自身,这虽仍可说是间接派生的,但它却同时能扬弃其所自派生的前提,而包含于自身之内作为一成分。"②黑格尔的这一思想也有其一定的合理意义,因为他把必然性看作导源于事物本身的内部原因,而不是决定于次要的外部原因。

黑格尔把条件、实质和活动列为必然性的三个环节,这种看法也包含着可贵的辩证因素。必然性固然离不开条件和实质,但是有了条件和实质,必然性的实现还必须经过活动的中介。反过来说,活动之所以可能,也是由于有了条件和实质。用他的话来说,活动"是一种从条件里建立起实质(实质本来潜伏在条件里)

---

① 《自然辩证法》,《马克思恩格斯全集》,第20卷,第565页。
② 黑格尔:《小逻辑》,第313页。

的运动,并且是由扬弃那具有条件的存在,而给予实质以存在的运动"。① 在这里,黑格尔强调的是人的主观能动作用,反对把必然性看作人们在它面前无能为力只能消极服从的盲目力量,这也是和形而上学的机械论观点完全对立的。当然,黑格尔所理解的活动主要还是指人的精神活动,而不是人们的社会物质实践,因此他的辩证法和马克思主义辩证法仍有原则的区别。

应该指出,黑格尔用辩证法的观点去解释偶然性和必然性,使人们摆脱了过去形而上学的思想束缚,这是有历史功绩的。但是,我们也不能不看到,作为一个唯心主义者,他的论述中也充斥着不少唯心主义的谬论和宗教神秘主义的胡说,这特别表现在他对必然性的解释中。归根到底,他到概念中去寻找必然性的根源,说什么概念是必然性的真理,包含并扬弃了必然性在内,而必然性不过是潜在的概念。他把必然性移入了概念的领域,不承认概念中的必然性只是现实界的必然性在人的头脑中的反映,从而把事物的真实关系完全弄颠倒了。此外,他还借助于必然性的概念来宣扬神学目的论,硬说认世界为必然性所决定的看法与关于天道或神意的信仰并不是彼此互相排斥的,"真正的历史哲学实具有证明天道不爽或表明世事符合天意的意义"。他甚至用所谓必然性的观点来进行赤裸裸的宗教说教,要人们认识到"凡人莫不自作自受",而不要把自己所遭的不幸去责备别人、责备环境。他说,"假如一个人承认他所遭遇的横逆,只是由他自身演变出来的结果,他自己只是担负他自己的罪责,那么他便挺身为一自由

---

① 黑格尔:《小逻辑》,第318页。

的人,他并会相信,凡他所遭遇的一切,并没有冤枉……只要一个人能意识到他的自由性,则他所遭遇到的不幸将不会扰乱他灵魂的谐和和心情的平安。所以必然性的观点就是决定人的平安和不平安,亦即决定人的命运的观点。"① 在这里,黑格尔已不是以哲学家的身份在讲话,而是公开扮演牧师的角色了。

(六)论因果关系,相互作用,自由与必然

黑格尔从绝对的必然前进到绝对的关系,因为照他说来,绝对的必然不是作为"有"那样的"有",而是"它有,因为它有"这样的"有"。他把绝对的关系又分为实体性关系、因果关系和相互作用来加以考察。

绝对的必然是自己决定自己的,它就是实体。所谓实体性的关系,也就是实体与偶性的关系。黑格尔在前面关于绝对物的论述中谈到过斯宾诺莎的实体,现在他又再一次回到实体概念上来。他在《小逻辑》中指出,实体就是它的各个偶性的总和,它表现在偶性中作为它们的绝对否定性,同时又作为全部丰富的内容。实体性是绝对的形式活动和必然性的力量,而这种绝对的力量是通过对偶然的否定而表现出来的。在这里,他明确地说,实体是理念发展过程中的一个重要阶段,但还不是绝对理念本身,而是处在仍受限制的必然性形式下的理念。列宁驳斥了黑格尔

---

① 黑格尔:《小逻辑》,第330页。

对实体所作的这种唯心主义的曲解,认为"应该读做:人类对自然界和物质认识的发展过程中的重要阶段"。①列宁正是从人对客观世界的认识逐步深化的辩证法的角度去理解实体这个概念的,所以他指出,"一方面,应该从认识物质深入到认识(理解)实体,以便探求现象的原因。另一方面,真正地认识原因,就是使我们的认识从现象的外在性深入到实体"。②这样,列宁就把黑格尔蒙在实体上面的神秘外衣彻底剥去了。

照黑格尔说来,实体是威力,而且是建立规定并与自己相区别的威力。实体的这种能动状态就是原因,而建立起来的"有"则是结果。这样,实体性关系便过渡为因果关系。

众所周知,因果关系问题是哲学史上许多人探讨过的重要问题。在黑格尔以前,有两种观点占着统治地位,一种是以休谟和康德为代表的主观唯心主义、不可知论的观点,另一种是以斯宾诺莎和十八世纪法国唯物主义者为代表的形而上学的机械决定论的观点。前者否认事物之间的因果关系的客观性,把因果性看作纯粹是主观的东西;③后者则把因果关系绝对化,认为任何一切事物都处于无限的因果锁链上,都是严格地预先决定的,甚

---

① 《黑格尔〈逻辑学〉一书摘要》,《列宁全集》,第38卷,第167页。
② 同上,第167-168页。
③ 例如休谟认为,我们在经验中看到某一现象随着另一现象而产生,但却毫无根据来断定前者是后者的原因,post hoc(在这以后)决不能确证 propter hoc(由于这)。他说:"一件事情虽然跟着另一件事情而来,可是我们永远看不到它们中间有任何纽带。它们似乎是'会合'在一块的,却不是'联系'在一块的"(《人类理解研究》,商务印书馆,第60页)。因此,他把因果性说成是一种心理的习惯性联系。康德的看法和休谟有所不同,他把因果性看作人类知性所固有的先天的范畴,但他们在否认客观世界中因果关系的客观存在这一点上是一致的。

至一件些微小事也是在历史上造成巨大结果的充分原因①。黑格尔既反对主观唯心主义,也反对机械决定论对因果关系的理解,他从自己的客观唯心主义辩证法的观点对这个问题提出了新看法。

在黑格尔看来,因果关系并不是认识的主体赋予对象的东西,而是现实本身的一种绝对的关系。他承认因果关系的客观性,把它看作事物之间客观存在的一种内在的必然联系。当然,如果寻根究底,那末黑格尔的所谓现实也只是绝对理念发展的一个阶段。因此他所承认的因果关系的客观性与唯物主义者的理解仍有原则的区别。但是,无论如何,他还是比根本否认客观的因果关系的主观唯心主义者前进了一步。

不过,在因果关系的问题上,黑格尔的批判锋芒主要是指向形而上学的机械决定论的,他的主要贡献就在于反驳了对因果的形而上学的理解,而阐明了原因与结果这两个范畴之间的真实的辩证关系。他说,抽象的理智特别喜欢去追溯因果关系,而没有看到因果关系的有限性即在于固执着原因与结果的区别,但实际上原因与结果二者不仅有区别,而且也是同一的,它们不是抽象

---

① 这种机械决定论观点的著名代表霍尔巴赫就坚决主张,宇宙本身不过是一条原因和结果的无穷的锁链,必然性就是原因及其结果二者之间决不会错的和不变的联系,所以我们所见的一切都是必然的,不能不是现在这样子的。"我们也应该相信,没有什么微小的或遥远的原因不会在我们身上有时产生最大、最直接的结果。说不定一阵暴风雨的一些最初的因素就是在利比亚干燥的平原里聚集起来的,这个暴风雨,被风卷着,向我们奔驰而来,加重了我们的大气,影响到一个人的气质和情绪,而这个人由他自己的一些情况又能影响到许多其他的人,并且依照着他的意志来决定许多民族的命运"(《自然的体系》,第52页)。他甚至达到了这样难以置信的荒谬结论,说什么"一次节食、一杯水、一次出鼻血,有时就足以挽救一些王国"(同上书,第218页)。

地、绝对地对立,而是可以互相转化的。他指出,原因在其结果中才是真正现实的和自身同一的东西,结果之所以是必然的,因为它正是原因的表现。"因此,结果总之一点也不包含原因所不包含的东西。反过来说,原因也一点不包含不是在其结果中的东西。原因只有在它发生了一个结果时,才是原因,而且原因无非是具有一个结果这样的规定,结果也无非是具有一个原因这样的东西。"① 所以说,结果就在原因中,原因就在结果中。不表现为结果的原因,就不是原因;而假如原因消失,结果也就不再是结果。黑格尔举例说明原因与结果的内容的同一性,他说,雨是湿的原因,湿是雨的结果,但两者都是同一存在的水。因此,原因与结果在这里只有形式的区别。而且,原因与结果并不是固定不变的,而是可以相互转化的:"同一个事情,此时表现为原因,彼时表现为结果。"② 显然,黑格尔并不把原因与结果孤立起来加以考察,而把它们看作普遍联系的一个环节。

列宁肯定了黑格尔的这一观点中的合理因素,并加以唯物主义的改造。列宁说:"原因和结果只是各种事件的世界性的相互依存、(普遍)联系和相互联结的环节,只是物质发展这一链条上的一环。"因为因果关系是相对的,有它的局限性,所以列宁又指出:"因果性只是片面地、断续地、不完全地表现世界联系的全面性和包罗万象的性质。"③

黑格尔强调指出,不容许把因果关系应用到生理-有机的和

---

① 黑格尔:《逻辑学》,下卷,第217页。
② 同上,第218页。
③ 《黑格尔〈逻辑学〉一书摘要》,《列宁全集》,第38卷,第168页。

精神的生活的关系上去。这也是为了反对机械决定论对因果所作的片面的、肤浅的理解而提出的,因为当时的机械唯物主义者确实经常用一些简单的表面原因去解释复杂的生理现象和社会现象。在黑格尔看来,有生命的机体并不是消极地承受外部原因的作用,它不让原因达到其结果,而把原因扬弃了。精神的本性则比一般有生命者的特性更高,它不在自身中接受一个另外的原始的东西,不让一个原因在精神中连续下去,而要使原因中断和转化。所以不容许说,食物是血的原因,或某些菜肴或寒冷、阴湿是发烧的原因,也不容许提出伊阿尼的气候是荷马诗作的原因,或凯撒的野心是罗马共和制度灭亡的原因。黑格尔认为,用这种表面上的因果关系实际上是说明不了问题的,有人从微小的原因推出巨大的结果,把一件轶闻奇事作为广泛而深刻的重大事件的第一原因,这已成了历史上常见的笑话。他说,"这样一个所谓的原因,看来不过是一种机缘,或外在的激发;事件的内在精神并不需要这种机缘,或者也可以使用无数的其他机缘,从而在现象中开始透露并表现自己,这样就其自身说是微小而偶然的东西,不如说恰恰相反,仅仅是被精神规定为精神的机缘的。所以历史的那种阿拉伯式彩画,让一幅巨大的形象从一根细柔的麦管发生,虽然是聪明的、但也是极肤浅的办法。"①

黑格尔不满足于机缘或外在的激发,而要求到事件的"内在精神"中去寻找更深刻的、本质的原因,这种思想是有合理因素的。列宁关于这一点指出,"这种'内在精神'(参看普列汉诺夫

---

① 黑格尔:《逻辑学》,下卷,第221页。

的著作)是唯心主义的和神秘主义的东西,但却非常深刻地指出各种事件的历史原因。"列宁还说,黑格尔对因果性的理解要比现在许多"学者"深刻和丰富千百倍。①列宁在这里所说的普列汉诺夫的著作,指的是后者的"黑格尔逝世六十周年"一文。在这篇论文里,普列汉诺夫正确地评价了黑格尔的历史观,因而博得了恩格斯的赞赏。普列汉诺夫认为,黑格尔到普遍精神中去寻找历史运动的原因,这当然是不正确的,但当他"到某种不以人的任性为转移的力量中去找寻历史运动的解释时,就给予科学一种任务,即按照规律去解释历史现象,这个任务如能解决,就能取消所有关于精神的假设的必要了,因为在这种解释工作中,关于精神的假设是完全没有根据的"。②黑格尔自己虽然并没有解决这个任务,但却为真正科学地解决这个任务开辟了道路。

在黑格尔看来,由于原因与结果的相互转化,原因作为结果又有其原因,结果作为原因又有其结果,因此,无论是从原因到原因的追溯,或是从结果到结果的进展,都是无穷尽的,而且这两种过程实际上是同一个东西。这样,无穷系列的原因同时又表现为一无穷系列的结果,陷入了"坏的无限"。这种"坏的无限"到相互作用的范畴中才被扬弃,于是就从因果关系推进到相互作用。一般说来,黑格尔只把因果性看作普遍联系的一个规定,到了相互作用,就能更全面地表现这种普遍联系。

黑格尔指出,"相互作用首先表现为互为前提、互为条件的

---

① 《黑格尔〈逻辑学〉一书摘要》,《列宁全集》,第38卷,第169页。
② 《普列汉诺夫哲学著作选集》,第1卷,三联书店,第490-491页。

实体的相互的因果性；每一个对另一个都同时是能动的、又是被动的实体。"① 相互作用是因果关系的充分的发展，同时也表明因果关系之不足。在相互作用中，因果关系虽然尚未达到它的真实性质，但已经扬弃了那种从原因到结果、从结果到原因的直线式的无穷进展，而转为圆圈式的历程而能回复到自己了。在这里，结果不是单由原因而产生，而是由于两个实体的相互作用和反作用。正是由于这种相互作用，一切事物就处于普遍联系之中。黑格尔认为，一个民族的性格和礼俗，以及它的宪章和法律，就可依据相互作用的原则去了解，它们都是互相影响、互为因果的。这种观点也适用于研究自然、特别是有生命的有机体，因为有机体的每个官能和功能都是处于彼此发生相互作用的关系之中的。恩格斯肯定了黑格尔关于相互作用的思想，他指出："自然科学证实了黑格尔曾经说过的话……：相互作用是事物的真正的终极原因。"又说："只有从这个普遍的相互作用出发，我们才能了解现实的因果关系。"②

但是，虽然黑格尔把相互作用看得高于因果关系，认为它是由因果关系直接发展出来的真理，他却并不以此为满足。在他看来，相互作用只能说是快走进概念的门槛，而为了求得概念式的知识，是不能满足于相互作用的。因为只依据相互作用的观点去考察问题，我们只能得到一堆枯燥无味的事实，而仍然对事物的本质缺乏概念式的把握。他说，相互作用不但不等于概念，而且

---

① 黑格尔：《逻辑学》，下卷，第230页。
② 《自然辩证法》，《马克思恩格斯全集》，第20卷，第574—575页。

它本身还应当被理解。为了要理解相互作用的关系,我们不应当把有关的双方当作直接被给予的事实,而应确认它们是某一更高的"第三者"的两个环节。照黑格尔的说法,这个更高的"第三者"也就是概念。举例来说,如果把斯巴达人的社会风尚当作他们的宪法的原因,或者反过来把他们的宪法当作他们的社会风尚的原因,那末在某种程度上这两种看法都是对的。但这些看法却不能最后解决问题,因为它无论是对斯巴达人的宪法或是对他们的社会风尚都说明不了。因此,黑格尔认为,应该到概念、到民族精神的本性中去寻找那更高的"第三者",而把斯巴达人的宪法、社会风尚以及其他一切方面都看作以斯巴达民族的概念为根据,并从这里来求得解释。①

不消说,黑格尔在这里表述的观点浸透着唯心主义,他对古希腊社会以及整个世界历史的看法乃是彻底的唯心史观。他既然把全部历史看作世界精神的自己发展,那么他用斯巴达人的民族精神去解释斯巴达社会的各个方面也是完全符合于他自己的逻辑的。但是,除了这种错误的、荒谬的观点以外,黑格尔也确实深刻地看到了相互作用这个范畴的局限性,而提出了一个重要的问题,那就是要在社会中相互起作用的各种因素中寻找一个决定性的因素、即更高的"第三者"。也就是说,处在相互作用中的各个方面,应该有一个共同的基础。当然,黑格尔只是提出了问题而并没有正确地解决这个问题,但他显然要比那些只看到社会生活各方面相互影响、陷于相互作用的循环之中而不能自拔的资产阶

---

① 参见黑格尔:《小逻辑》,第156节附释。

级学者要高明得多。正如普列汉诺夫所说,黑格尔哲学的优点在于没有丝毫的折衷主义。正是在批判地继承黑格尔哲学的基础上,马克思主义的创始人科学地解答了黑格尔提出的问题。他们同黑格尔一样,致力于探求社会生活中一切互相作用着的力量的统一的源泉,可是他们不再到绝对精神中、而是到社会经济发展中去寻找这种源泉,从而创立了唯物史观,在社会科学的领域内真正实现了伟大的变革。

相互作用是"本质论"中探讨的最后一个范畴,继续前进就将进入"概念论"的范围。黑格尔在"本质论"的末尾又重新谈到必然性,着重论述必然与自由的辩证关系。根据黑格尔的说法,纯粹的自身相互作用的历程就是实现了的必然性,而"必然性的真理即是自由"。他说:"必然性发展的历程是采取克服它最初所见坚硬的外在性,而逐渐显示它内在本质的方式。由此便可见得那彼此互相束缚的两方,事实上并非彼此陌生的,而只是一个全体中不同的环节。而每一环节,与对方发生关系,正所以回复到它自己,自己与自己结合。这就是由必然性到自由的过程。"① 在他看来,以往把自由与必然看作彼此互相排斥的那种形而上学观点是十分错误的。一种不包含必然性于其自身的自由,或是一种无有自由的纯粹必然性,只是一些抽象而不真实的范畴罢了。自由本质上是具体的,永远自己决定自己,因此同时又是必然的。通常所说的从外面去决定的那种必然性,只是一种外在的必然性,并非内在的必然性,而内在的必然性就是自由。从另一方面

---

① 黑格尔:《小逻辑》,第329页。

来看,自由是以必然为前提的,它包含必然在内作为扬弃了的成分。正因为自由与必然的这种辩证统一和相互转化,所以只要人们认识和掌握了必然性,他们便获得自由,而这种自由不是消极的、抽象的自由,而是积极的、具体的自由。例如一个有德行的人如果充分意识到自己行为内容的必然性和义务性,他就不会感到妨害了他的自由,相反,正由于他意识到了这种必然性和义务性,他才得到真正的内容充实的自由。黑格尔用辩证法的观点去考察必然与自由的关系,得到了恩格斯的充分肯定,他这样写道:"黑格尔第一个正确地叙述了自由和必然之间的关系。在他看来,自由是对必然的认识。'必然只是在它没有被了解的时候才是盲目的。'"[①]

应该指出,黑格尔在这里讨论必然与自由,也是为了适应他的逻辑体系的需要。由必然到自由的转化,也就是由现实到概念的过渡,这样就"自然而然地"从"本质论"过渡到"概念论"。在他看来,受必然性支配固然是最确定不移的事实,但对必然性进行思考就可以消融那最确定不移的必然性,因为思想的意义就是在对方里自己与自己结合在一起。因此,只有在思想中、在概念中才有自由。他说,思想就是一种解放。这种解放,作为独立自存的主体而言,就叫作"自我";而就其发展成为一个全体而言,就叫作"自由精神"。在这一点上也可以看出当时德国的现实在黑格尔思想上留下的烙印,黑格尔对自由的渴望并没有随着年岁的增长而消失,但"确定不移"的丑恶现实所能允许的最大限度

[①] 《反杜林论》,《马克思恩格斯全集》,第20卷,第125页。

的自由至多只是某种程度的思想自由(即使是思想自由也是极为可怜的),而黑格尔所说的思想解放,也始终只能在狭小的哲学思辨的领域内进行。